Bären

Bären

Alle Arten vom Regenwald
bis zum Polareis

Beratender Herausgeber:
Ian Stirling, Ph.D.

Illustrationen:
David Kirshner, Ph.D
Frank Knight

Wolfshead/Ben Osborne

ORBIS VERLAG

By arrangement with Weldon Owen
Produced by Weldon Owen Pty Ltd
59 Victoria Street, McMahons Point, NSW, 2060, Australia

© der Originalausgabe 1993 by Weldon Owen Pty Limited
Übersetzung © by Jahr-Verlag GmbH & Co.

Eine Weldon Owen Produktion

Titel der Originalausgabe: Bears

© 2002 by Orbis Verlag in der Verlagsgruppe FALKEN/Mosaik,
einem Unternehmen der Verlagsgruppe Random House GmbH, 81673 München

Übersetzung: Dr. Derek Vinyard
Satz: Partner Satz GmbH, Hamburg
Druck: Kyodo Printing, Singapore
Printed in Singapore

ISBN 3-572-01332-1

817 2635 4453 6271

05 04 03 02

Vordere Umschlagseite: Ein Braunbär beim Lachsfang in BrookFalls, Alaska.
Foto: The Photo Library/David E. Myers
Hinter Vorsatzblätter: Schwarzbären (Ursus americanus) schwimmen gern, besonders an heißen Sommertagen,
Foto: Erwin und Peggy Bauer/Bruce Colman Ltd

Seite 1:	Ein Braunbär fischt einen Lachs aus dem klaren Wasser eines Alaska-Sees.
Seite 2:	Dieser schlafende Zimtbär ist vor Störungen und potentiellen Gefahren sicher.
Seite 3:	Ein großer Panda (Alluropada melanoleuca) überblickt die Baumwipfel in Sichutan (China).
Seite 7:	Zwei junge Grizzlies kämpfen spielerisch am McNell River (Alaska). Zur Laichzeit der Lachse kommen hier zahlreiche Bären zusammen. Diese Gegend ist bei Touristen sehr beliebt, die Bären in ihrer natürlichen Umgebung sehen möchten.
Seite 8-9:	Als dieser junge Grizzly sich schüttelte, bildeten funkelnde Wassertropfen einen Heiligenschein um das Tier.
Seite 10-11:	Beim Heranfahren verscheucht ein Boot ein Eisbärenweibchen mit seinen beiden einjährigen Jungen (Wager Bay, Northwest Territories, Kanada).
▸ Rechts:	in der eisigen Schönheit der kanadischen Arktis liebkost eien Eisbärenmutter ihr Junges voller Hingabe.

Stephen J. Krasemann/NHPA

4

HERAUSGEBER

Dr. Ian Stirling
Senior Research Scientist, Canadian Wildlife Service, Canadian Department of the Environment; Adjunct Professor of Zoology, University of Alberta, Edmonton, Alberta, Canada

DIE AUTOREN

Alison Ames
Senior Officer for the Universities Federation
for Animal Welfare, Potters Bar, England

Dr. Fred. L. Bunnell
Professor of Forest Wildlife Ecology and Management,
University of British Columbia, Vancouver, British Columbia,
Canada

Wendy Calvert
Biologist with the Canadian Wildlife Service,
Canadian Department of the Environment,
Edmonton, Alberta, Canada

Dr. Joseph D. Clark
Assistent Chief (Research), Arkansas Game and
Fish Commission, Little Rock, Arkansas, USA

Peter L. Clarkson
Wolf and Brown Bear Biologist, Department of Renewable
Resources, Goverment of NW Territories, Inuvik, NW Territories, Canada

Shelley M. Cox
Curatorial Assistant and Laboratory Supervisor,
George C. Page Museum, California, USA

Dr. Andrew E. Derocher
Research Biologist, Canadian Wildlife Service Polar Bear Project,
Canadian Department of the Environment, Edmonton, Alberta,
Canada

Dr. David L. Garshelis
Bear Project Leader, Minnesota Department of Natural
Resources, Grand Rapids, Minnesota, USA

Dr. Valerius Geist
Professor of Environmental Sciences and Programme Director
for Environmental Sciences,
The University of Calgary, Alberta, Canada

Dr. Stephen Herrero
Professor of Environmental Science and Biology,
The University of Calgary, Alberta, Canada

Dr. Robert S. Hoffmann
Assistant Secretary for Research, Smithsonian Institution,
Washington, DC, USA

Fred W. Hovey
Department of Biological Sciences, Simon Fraser University,
Burnaby, British Columbia, Canada

Jack W. Lentfer
Independent wildlife consultant specializing in marine mammals;
member of the Alaska Board of Game

Robert K. McCann
The Center for Applied Conservation Biology,
Faculty of Forestry,
University of British Columbia, Vancouver, Canada

Judy A. Mills
Research Associate, IUCN/SCC Bear Specialist Group,
US Fish and Wildlife Service,
University of Montana, Missoula, Montana, USA

Dr. Stephen J. O'Brien
Chief, Laboratory of Viral Carcinogenesis,
National Cancer Institute, Frederick, Maryland, USA

Dr. Michael R. Pelton
Professor of Wildlife Science, Department of Forestry,
Wildlife, and Fisheries,
University of Tennessee, Knoxville, Tennessee, USA

Dr. Malcolm A. Ramsay
Associate Professor, Department of Biology, University of
Saskatchewan, Saskatoon, Saskatchewan, Canada

Donald G. Reid
Department of Zoology, University of British Columbia,
Vancouver, Canada

Dr. Lynn L. Rogers
Wildlife Research Biologist,
US Forest Service's North Central Forest
Experiment Station, Ely, Minnesota, USA

Dr. Barry Sanders
Peter and Gloria Gold Professor, English and the History of
Ideas, Pitzer College, Claremont, California, USA

Dr. John Seidensticker
Curator of Mammals, National Zoological Park,
Smithsonian Institution, Washington, DC, USA

Dr. Christopher Servheen
Grizzly Bear Recovery Coordinator, US Fish and Wildlife
Service; Co-chairman, IUCN/SSC Bear Specialist Group;
Adjunct Research Professor, School of Forestry, University of
Montana, Missoula, Montana, USA

Christopher A. Shaw
Collection Manager, George C. Page Museum, California, USA

Scott D. Shull
Research Assistant, Arkansas Cooperative Fish and Wildlife
Research Unit, University of Arkansas, Fayetteville, Arkansas,
USA

Dr. Kimberly G. Smith
Professor of Biological Sciences, University of Arkansas,
Fayetteville, Arkansas, USA

Dr. Blaire Van Valkenburgh
Associate Professor, Department of Biology,
University of Califomia, Los Angeles, California, USA

Alasdair M. Veitch
Department of Zoology, University of Alberta, Edmonton,
Alberta, Canada

Diana L. Weinhardt
Zoologist, Lincoln Park Zoological Gardens, Chicago, Illinois,
USA; Editor, International Spectacled Bear Studbook

Wenshi Pan
Professor of Zoology, Beijing University, Beijing, China

Dr. W. Chris Wozencraft
Research Assistant, Winrock International Institute for Agricultural Development, Arlington, Virginia, USA

Dr. Zhi Lü
Department of Zoology, Beijing University, Beijing, China

Inhalt

Bären haben wohl jeden irgendwann einmal fasziniert, ob wir ihnen nun im Zoo oder in der Wildnis begegneten. Bären sind im allgemeinen große Tiere – die kleinsten Arten besitzen beinahe die Größe eines Menschen, und die größten sind vier- bis fünfmal so groß – und erreichen wie wir ein hohes Alter.

Gewissermaßen erinnern Bären an uns selbst. Wenn sie aufgeschreckt werden, richten sie sich auf und blicken uns an, und wir fühlen eine gewissen Zuneigung zu ihnen. Ihre Sehkraft ist möglicherweise mit der unseren zu vergleichen, aber sie besitzen ein feines Gehör, und fremdartige Objekte identifizieren sie mit ihrem hochentwickelten Geruchssinn. Eingeborene, die mit Bären aufwuchsen, haben einen großen Respekt vor ihnen, und häufig werden diese Tiere zu Bestandteilen ihrer Mythologie. Einigen Legenden zufolge paarten sich die Bären mit den Menschen und schufen so eine eigene Rasse. Zudem sind die größten Arten äußerst respekteinflößend, weil sie in gereiztem Zustand lebensgefährlich sind.

Im Jahre 1968 befand ich mich in einem Feldlager auf Sri Lanka, in einem Gebiet, das von Lippenbären bewohnt ist. Als ich eines Nachts an den Fluß ging, um Wasser zu holen, begegnete ich einem Bären. Es ist schwer zu sagen, wer von uns überraschter war. Zwar war es für mich nicht das erste Mal, daß ich in der Wildnis einen Bären traf, doch in der Dunkelheit war ich außerordentlich erschrocken. Der Bär richtete sich auf seine Hinterbeine auf und brüllte, und beide wandten wir uns zur Flucht. Dies ist typisch für Begegnungen zwischen Menschen und Bären, zweier Arten, die einander ebenbürtig sind.

Eine erlesene Auswahl von Autoren hat diesen schönen Band zusammengestellt, der die Biologie, das Verhalten und den Schutz der Bären behandelt. Ich hoffe, daß sich die Leser dadurch angeregt fühlen, aktiv daran mitzuwirken, daß die Welt für diese großartigen Tiere sicherer wird.

John F. Eisenberg
Professor für Ökologie und Naturschutz
der Universität Florida

Dan Guravich

EINFÜHRUNG

Nur von denen, die das Schauspiel der Evolution bewundern können, kann man erwarten, daß sie ihre Bühne, die Wildnis, zu schätzen wissen oder eine ihrer herausragenden Entwicklungen, den Grizzly.
Aldo Leopold

Die acht lebenden Bärenarten sind außerordentlich verschieden hinsichtlich ihrer Körpergröße, ihrer Verbreitung und der Anpassung an die verschiedenen Lebensräume, wie sie Tropenwälder und polare Eisfelder darstellen. Die größte Art ist zehnmal schwerer als die kleinste. Obwohl die meisten Bären Omnivoren (Allesfresser) sind, haben einige spezielle Rollen von Carnivoren (Fleischfresser) und Herbivoren (Pflanzenfresser) übernommen. Dennoch können Große Pandas, die normalerweise nur von Bambus leben, immer noch Fleisch fressen, und die auf Robbenjagd spezialisierten Eisbären fressen unter Umständen auch Beeren. Der Lippenbär ernährt sich sogar größtenteils von Termiten. So wundervoll die Bären sein mögen, darf nicht unsere Neugier, hinter ihre wissenschaftlichen Geheimnisse zu kommen, im Vordergrund stehen. Unsere erste Sorge sollte darauf zielen, das nackte Überleben dieser Tiere zu gewährleisten. Sehr viele Bären werden illegal erlegt, um traditionellen Heilpraktiken den Rohstoff zu liefern, und die menschliche Bevölkerung konkurriert mit ihnen um Lebensraum. Bären bewohnen in geringer Dichte umfangreiche Areale. Die Streifgebiete terrestrischer Arten reichen von unter zehn Quadratkilometer bis zu über 2000 Quadratkilometer. Die Streifgebiete von Eisbären, die auf treibendem Packeis leben, können in einigen Gebieten mehr als 300 000 Quadratkilometer umfassen. Um gesunde Bärenpopulationen zu erhalten, ist es unabdingbar, großräumig natürliche Lebensräume zu erhalten, was heute immer schwieriger wird. Indem man Gebiete unter Schutz stellt, die für wilde Bärenpopulationen ausreichend dimensioniert sind, wächst auch die Chance, ganze Ökosysteme und die natürlichen Beziehungen zwischen allen dort lebenden Pflanzen und Tieren zu bewahren.
Ian Stirling, Herausgeber

▲ Am Ufer eines Flusses in Alaska fischt ein halberwachsener Braunbär nach vorüberziehenden Lachsen.

EVOLUTION

UND BIOLOGIE

WIE DIE BÄREN ENTSTANDEN

W. CHRIS WOZENCRAFT UND ROBERT S. HOFFMANN

Die größten heute lebenden terrestrischen Carnivoren sind zwei eng verwandte Arten der Bären der Familie der Ursidae innerhalb der Ordnung Carnivora. Ausgewachsene männliche Eisbären (*Ursus maritimus*) erreichen ein Gewicht zwischen 400 bis 880 Kilogramm, und einige nördliche Populationen von Braunbären (*Ursus arctos*) wiegen zwischen 525 bis nahezu 700 Kilogramm. So eindrucksvoll diese Bären heute auch erscheinen, ihre Vorfahren würden selbst die Rekordgrößen der heutigen Zeit noch übertreffen.

▼ Selbst wenn sie nur spielerisch miteinander kämpfen, stecken hinter den Krallen und Zähnen dieser beiden erwachsenen Eisbärenmännchen mehr als 1000 Kilogramm einer ungeheuren Zerstörungskraft.

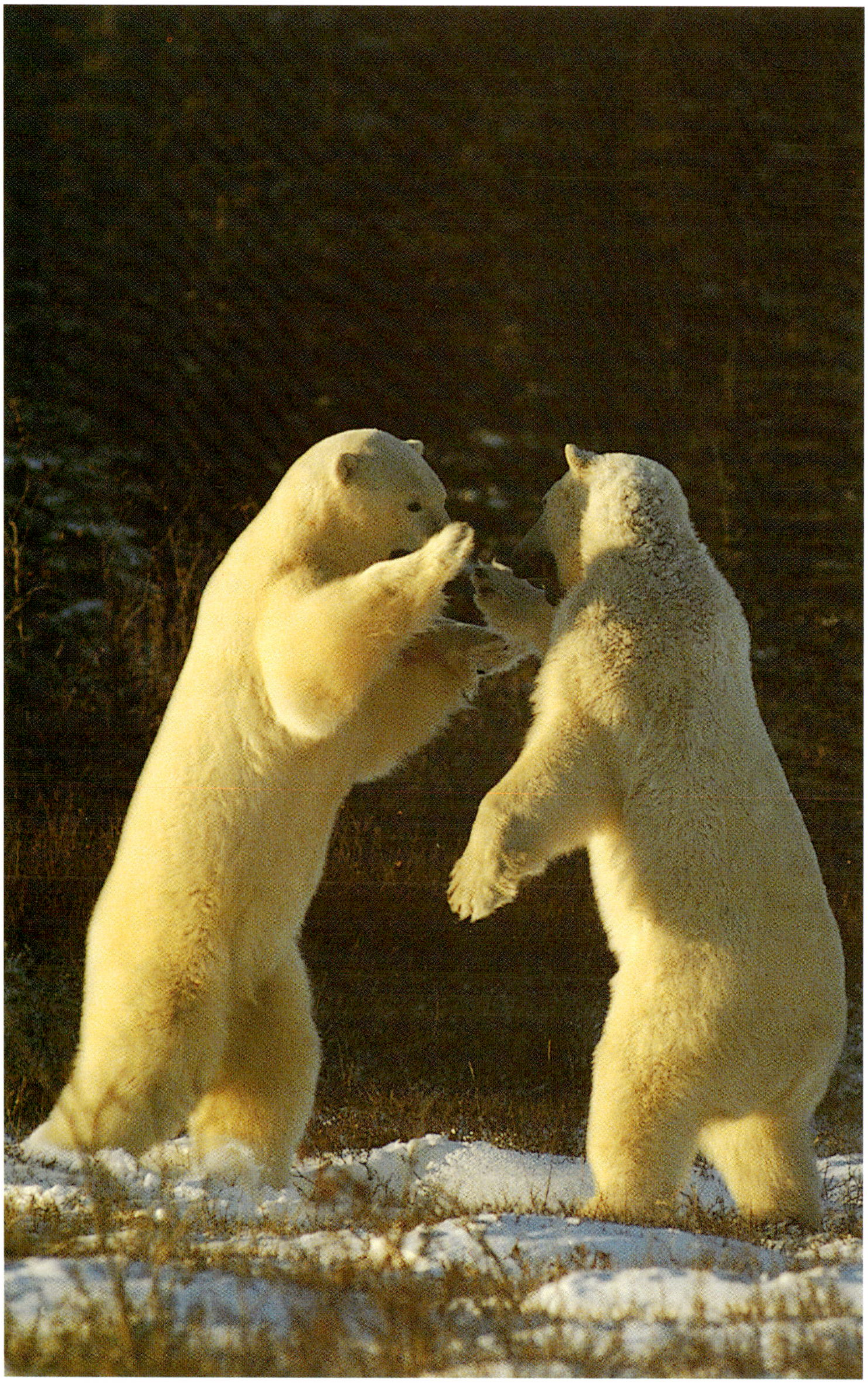

C.L.B./Planet Earth Pictures

Tom McHugh/National Museum of Natural History/Photo Researchers

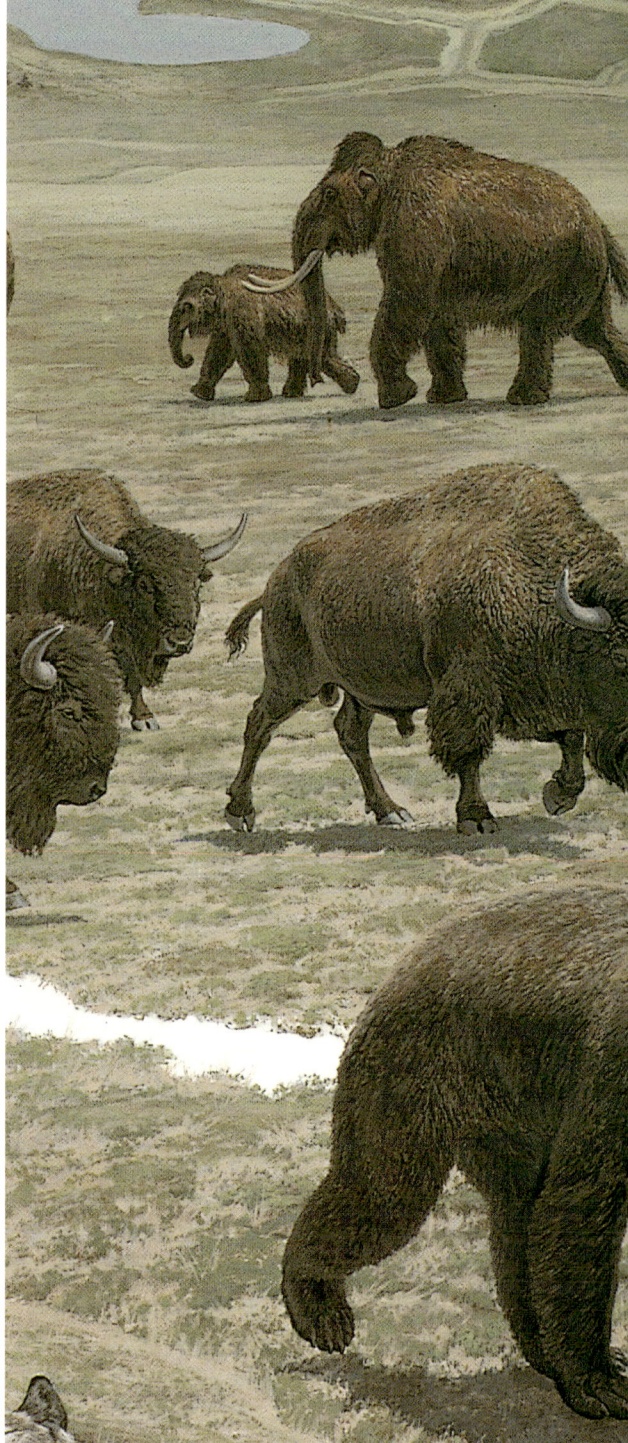

Der ausgestorbene Riesen-Kurzschnauzenbär (*Arctodus simus*) war mindestens doppelt so groß wie der Kodiakbär und erreichte möglicherweise ein Gewicht zwischen 600 und 1000 Kilogramm.

Die Familie der Bären, der Ursidae, zeichnet sich durch eine Fülle von Größen und Anpassungen aus, deren umfangreiche Fossilfunde sich bis zu einem kleinen, fuchsähnlichen Vorfahren, *Cephalogale*, zurückverfolgen lassen, der im Oligozän vor beinahe 40 Millionen Jahren in Europa lebte. Bären sind – oder waren – weit über die nördliche Hemisphäre verbreitet, wenngleich einige wenige auch auf der Südhalbkugel leben. Sie spielen eine herausragende Rolle in der Geschichte zahlreicher Kulturen. Heute werden sie durch acht Arten repräsentiert und sind mit Ausnahme der Antarktis und Australiens auf allen Kontinenten zu finden. An den meisten Orten sind sie nicht annähernd so zahlreich, wie sie es in vorgeschichtlicher und frühhistorischer Zeit waren. Sechs Arten werden sogar als gefährdet auf der CITES-Liste geführt.

WIE SIE SICH UNTERSCHEIDEN
Die Bären unterscheiden sich von anderen Carnivoren wie Katzen, Hunden, Waschbären, Dachsen und Wieseln. Im Prinzip sind es diese Unterscheidungs-

▼ In einem eiszeitlichen Refugium Alaskas vor etwa 12 000 Jahren - einem geographischen Gebiet, das von den Klimaveränderungen der Umgebung unbeeinflußt blieb – waren die meisten Säugerarten, Räuber und Beute, größer als ihre heute lebenden Nachkommen. In dieser Darstellung sieht man Bisons, Mammute, den Riesen-Kurzschnauzenbären, den Vielfraß, den Braunbären und den Yak.

drei im Unterkiefer sowie vier Prämolaren, große Caninen (Eckzähne) und sechs obere und sechs untere Schneidezähne. Dies kommt den ursprünglichen Verhältnissen der meisten Carnivoren recht nahe. Die Prämolaren, mit denen die meisten Fleischfresser ihre Beute festhalten, sind bei pflanzenfressenden Bären nicht so stark entwickelt, ja in dieser Familie normalerweise reduziert, und bei einigen fehlen sie den erwachsenen Exemplaren sogar ganz. Bei den meisten Carnivorenfamilien besitzen der vierte obere Prämolar und der erste untere Molar die größte Bedeutung, da vorwiegend mit diesen das Fleisch zerschnitten wird. Die Entwicklung dieser Zähne stimulierte noch die Fortentwicklung der Carnivoren von ihren Vorfahren. Bei den Bären dagegen sind diese Zähne kleiner als die ihnen folgenden Molaren; sie haben also keine schneidende Funktion mehr, sondern dienen dem Zermalmen. Die Ohrregion des Bärenschädels ist einzigartig, und allein an diesem Merkmal kann man Bären leicht von anderen Carnivoren unterscheiden. Bei den meisten Carnivoren, etwa bei Katzen, Hunden, Waschbären und Wieseln, besteht das Mittelohr aus einer ballonförmigen knöchernen Struktur, die als ein Resonanzraum das Trommelfell umgibt. Diese als Bullae tympanicae bezeichneten, aufgeblasenen Strukturen, die die Hörempfindlichkeit verstärken, bilden sich durch die Fusion zweier Knochen, des Entotympanicums und des Ektotympanicums. Bei den meisten Carnivorenfamilien besteht diese aufgetriebene Kammer überwiegend aus dem Entotympanicum, während das Ektotympanicum nur einen kleinen Anteil der gesamten Wandstrukturen bildet. Bei den Bären ist dagegen das Entotympanicum reduziert, bildet auch keinen nennenswerten Anteil der Bullae-Wände und ist zudem von außen nicht sichtbar. Schaut man von unten auf die Ohrregion eines Bärenschädels, kann man nur das flache, nicht aufgetriebene Ektotympanicum sehen. Alle Bären besitzen fünf Zehen an jedem Fuß, deren Krallen, wie bei den meisten Carnivoren, jedoch anders als bei Katzen, nicht einziehbar sind. Sie haben einen plantigraden Gang, gehen also wie Menschen auf den Sohlen ihrer Hinterfüße. Obwohl bei den meisten Bären das Schlüsselbein wenig entwickelt ist oder fehlt, wie es für große Nichtprimaten unter den Säugetieren typisch ist, können die meisten Arten geschickt auf Bäume klettern, doch sind sie unfähig, an den Vorderextremitäten zu schwingen.

▲ Der kleine Carnivore *Ursavus* tauchte vor ungefähr 20 Millionen Jahren auf. Vermutlich entwickelten sich aus den Nachkommen dieser Gattung die meisten lebenden Bärenarten.

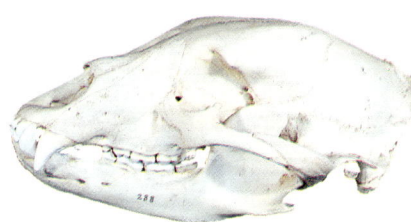

▲ Der Schädel des Schwarzbären (*Ursus americanus*) besitzt eine niedrige Stirn und einen wesentlich leichteren Knochenbau als der des Braunbären.

merkmale, die den Paläontologen erlauben, sich in der reichen fossilen Vielfalt zurechtzufinden. Im Gegensatz zu vielen Carnivorenarten, die schon früh von den überwiegend pflanzenfressenden Vorfahren abzweigten und sich auf Fleischnahrung spezialisierten (etwa die Katzenfamilie, die Felidae), zeigen die Bären eine Tendenz zu einer allgemeineren Ernährungsweise. Zwar überwiegt die pflanzliche Nahrung, doch nimmt ein Bär im Laufe des Jahres auch Fleisch zu sich. Damit sie von Pflanzen leben können, müssen Bären die pflanzlichen Zellen aufbrechen, um die darin enthaltenen Nährstoffe freizusetzen. Sie weisen auch entsprechende Anpassungen auf, denn sie besitzen die größten Höcker aller Carnivorenzähne. Ihre Fähigkeit, in günstigen Zeiten große Mengen pflanzlicher Nahrung zu sich zu nehmen und zu anderen Zeiten auf tierische Nahrung umzuschwenken, ermöglichte ihnen, mit Erfolg eine nur unter den Bären vorkommende Pflanzenfresser/Räuber-Nische zu besetzen.

Moderne Bären besitzen sechs bis sieben postcanine Zähne, nämlich zwei Molaren im Ober- und

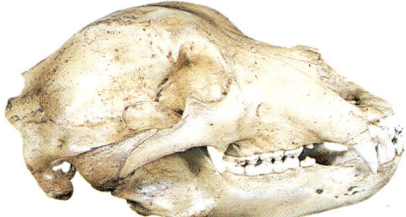

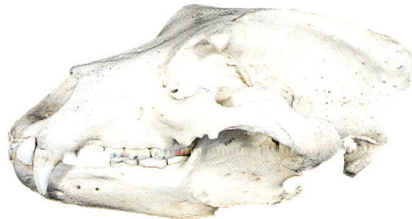

Ken Lucas/Planet Earth Pictures

▲ Braunbärenschädel sind äußerst unterschiedlich. Dies verleitete einen Taxonomen zu dem Extrem, nicht weniger als 232 ausgestorbene und lebende Braunbärenarten zu beschreiben. Hier sind einige gegenwärtig anerkannte Unterarten abgebildet: ganz oben der Kodiakbär (*Ursus arctos middendorffi*), in der Mitte der ausgestorbene Kalifornische Braunbär (*Ursus arctos californicus*) und unten ein Braunbär (*Ursus arctos horribilis*) aus dem Yellowstone-Nationalpark in den USA.

◄ Aus unmittelbarer Nähe stellt das Drohen mit geöffnetem Maul die Bewaffnung eines Bären wirkungsvoll zur Schau und reicht unter Umständen aus, eine Auseinandersetzung zu beenden. Manchmal verhaken große Männchen ihre Kiefer ineinander und verdrehen sie, in aggressiver Weise gegeneinander drängend, so daß ihre Eckzähne abbrechen.

▼ Die Maße des Riesen-Kurzschnauzenbären (*Arctodus simus*) werden in dramatischer Weise deutlich, wenn man seinen fossilisierten Schädel (rechts) mit dem eines heutigen Braunbären vergleicht.

Jeff Foott/AUSCAPE International

FOSSILE BÄREN

Der hundeähnliche *Cephalogale* war im Miozän (vor 24 bis fünf Millionen Jahren) weit verbreitet. Ursprünglich wurde dieses Tier in die Unterfamilie der sogenannten Hemicyoninae eingeordnet (»hemi« bedeutet »halb« und »Cyon« bedeutet »Hund«), deren Vertreter gemeinsame Merkmale von Hunden und Bären aufwiesen.

Von diesem kleinen, hundeähnlichen Vorfahren stammte der erste wirklich bärenähnliche Carnivore, *Ursavus*, ab, von dem sich beinahe alle weiteren Bären herleiten. Wahrscheinlich stand *Ursavus depereti* oder eine ähnliche Art an der Basis der Agriotherinae, deren bekannteste Vertreter *Agriotherium* und *Indarctos* waren. Diese Bären lebten im Pliozän (vor fünf bis zwei Millionen Jahren) und im Pleistozän (vor zwei Millionen bis 10 000 Jahren) und besaßen wesentlich kürzere Schnauzen als die heutigen Formen. Der vierte Prämolar war, anders als bei den

modernen Bären, relativ ausgeprägt. Eine Untersuchung ihrer Gebisse zeigt, daß sich *Agriotherium* und *Indarctos* in zwei verschiedene Richtungen entwickelten. Die Linie von *Agriotherium* wurde zunehmend raubtierhafter, während der Zweig von *Indarctos* sich in Richtung des Pflanzenfressers entwickelte und irgendwann zu einem der wenigen stark pflanzenfressenden modernen Carnivoren führte, dem Großen Panda (*Ailuropoda melanoleuca*).

Im späten Pleistozän zweigten zwei weitere Linien von diesem *Ursavus*-ähnlichen Vorfahren ab. Zu dieser Zeit tauchten erstmals die Kurzschnauzenbären auf und brachten den größten bekannten terrestrischen Carnivoren hervor, den langbeinigen *Arctodus simus*, der offenbar ein hochmobiles, räuberisches Leben führte. Daneben gab es den wesentlich kleineren *Plionarctos*, aus dessen Entwicklungslinie eine der primitvsten heute noch lebenden Bärenarten hervorgehen sollte, der Brillenbär (*Tremarctos ornatus*)

Emilee Mead

DER HÖHLENBÄR

VALERIUS GEIST

Der Höhlenbär (*Ursus spelaeus*) war eine große, offenbar herbivore Art, deren größte Vertreter ebenso groß waren wie die riesige Braunbären der Halbinsel von Alaska. Wie sein Vorfahr, der kleinere Deninger-Höhlenbär (*Ursus deningeri*), der vor 700 000 bis 300 000 Jahren lebte, war er auf den westeuropäischen Raum beschränkt.

Der Höhlenbär besaß einen großen Kopf mit massiven Eckzähnen. Die Prämolaren waren wenig ausgeprägt oder fehlten ganz. Der dritte Molar war der größte, der sich unter den Bären jemals entwickelt hat, und aufgrund einer intensiven Kautätigkeit war er häufig stark abgenutzt. An seinem breiten, hochgewölbten Schädel boten sich Ansatzstellen für die großen Kaumuskeln. Das Gesicht des Höhlenbären war etwa konkaver geformt als das eines Grizzly, und die große Schnauze war reich innerviert. Die massiven Vorderbeine trugen gewaltige Tatzen mit großen, breiten Klauen - ähnlich denen des Grizzlybären. Dagegen waren Becken und Hinterbeine vergleichsweise klein.

Eine Zeichnung in der Höhle von Le Colombier in Ain (Frankreich), die aus dem oberen Paläolithikum stammt (vor 35 000 bis 15 000 Jahren), zeigt, daß der Höhlenbär kurze Ohren und ein schweineähnliches Gesicht besaß. Er war eben ein riesiger »Teddy« – der bärenähnlichste aller Bären.

Die Männchen waren etwa doppelt so schwer wie die Weibchen, und die Körpergröße variierte von einem Gebiet zum anderen ganz erheblich. Zieht man auch seine geringe geographische Verbreitung in Betracht, spricht dies dafür, daß der Höhlenbär – im Gegensatz zu dem verwandten Braunbären – nur wenig umherwanderte.

Sobald Bären Zugang zu reichen Proteinquellen haben, seien es laichende Lachse oder die Kadaver von Bisons, die durch das Eis größerer Flüsse brechen und ertrinken, werden sie sehr groß. Es ist daher wahrscheinlich, daß auch der grundsätzlich herbivore Höhlenbär manchmal Fleisch fraß. Seine großen Tatzen und Klauen, die mächtigen Vorderbeine und Schultern deuten darauf, daß er einen großen Teil seiner Nahrung aus dem Boden grub. Vielleicht fraß er die Wurzeln der Pflanzen, die im tiefen eiszeitlichen Schlick wuchsen, etwa wie Grizzlybären, die an der Basis großer Gletscher am westlichen Yukon Knäuel von dickem, süßem *Hedysarum* ausgraben. Seinen Proteinbedarf deckte er vielleicht dadurch, daß er große Kolonien des Steppenmurmeltiers (*Marmota boback*) aus ihren Bauten grub.

Aufgrund der großen Eckzähne kann man vermuten, daß die Männchen um die weiblichen Tiere und um Nahrungsressourcen kämpften. Wahrscheinlich

haben viele halberwachsene Tiere die Winterruhe nicht überlebt, weil die nahrungsreichen Stellen von geschlechtsreifen Tieren verteidigt wurden, so daß die jüngeren im Herbst nicht genug Fett ansetzen konnten.

Immer wenn die riesigen Gletscher schmolzen, die einen großen Teil Europas bedeckten, ging auch die Größe der Höhlenbären etwas zurück, und sie zogen sich in größere Höhenlagen zurück. Vielleicht hing dies mit der geringeren Schlickproduktion der Gletscher zusammen, so daß auch weniger Wurzeln zur Verfügung standen.

Als im späten Pleistozän die Zahl der Braunbären in Europa zunahm, gingen die Verbreitung und die Populationen der Höhlenbären zurück. Am Ende der Vereisung, vor 10 000 Jahren, waren sie verschwunden, jedoch sprechen mehrere nicht fossilisierte Knochenfunde von Höhlenbären dafür, daß einige von ihnen noch in späteren Zeiten gelebt haben müssen.

Am erstaunlichsten ist vielleicht, daß die Knochen dieser Bären zu Tausenden in den Höhlen in ganz Europa von Frankreich bis nach Rußland gefunden wurden. Im Laufe der Jahre wurden diese Knochen von Tausenden überwinternder Bären zertreten und verschleppt, so daß zusammenhängende Skelette recht selten gefunden werden. Und kaum jemals wurden die Reste von Höhlenbären mit denen anderer Großsäuger in den Fossilienbetten nachgewiesen, wie es etwa mit den Überresten von Braunbären der Fall ist.

Die Höhlenbären hielten in den Höhlen ihren Winterschlaf, und die Weibchen brachten hier vermutlich auch ihre Jungen zur Welt. Die Bären hinterließen ihre Fußspuren auf dem Schlamm der Höhlenböden, markierten die Wände mit ihren Krallen und polierten die Wände enger Durchgangsstellen mit ihrem Fell. Vermutlich haben die frühen Menschen den kleineren Braunbären gejagt, doch gibt es keinerlei Indizien dafür, daß sie auch Höhlenbären nachstellten.

▶ Höhlenbären verdanken ihren Namen der Tatsache, daß sie den Winter in Höhlen verschliefen. In einigen Höhlen sammelten sich zahlreiche Bärenknochen an, was dafür spricht, daß sie über viele Generationen benutzt wurden. Nach Schätzungen starben in der österreichischen Drachenhöhle bei Mixnitz 30 000 bis 50 000 Bären.

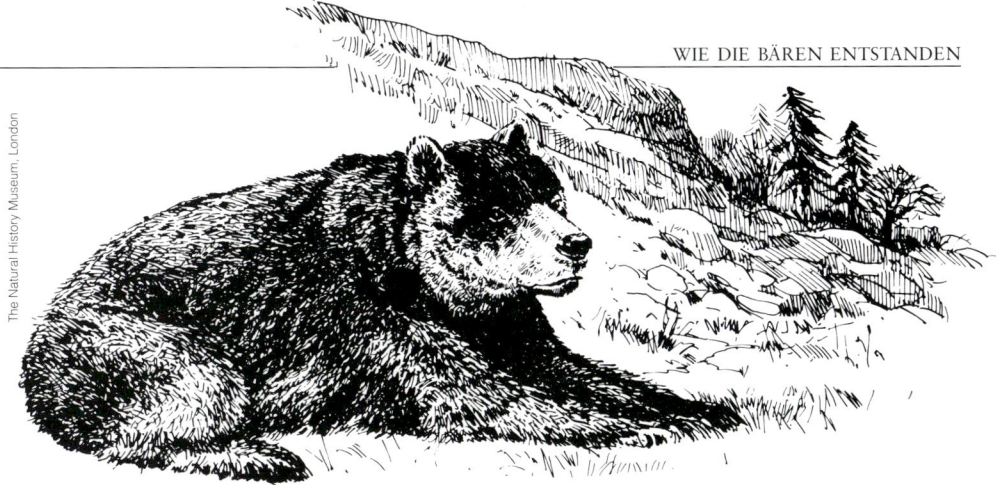

des nordwestlichen Südamerika. Dieser Bär besitzt eine kurze Schnauze, ursprünglichere Bullae als andere moderne Arten und zudem ein Gebiß, dessen Eigenschaften zwischen dem primitiven *Ursavus* und dem stärker auf pflanzliche Nahrung spezialisierten *Ursus* liegen. Die zweite Linie, die zu dieser Zeit entstand, führte schließlich zu den echten Bären der Unterfamilie Ursinae.

Der miozäne Urbär (*Ursavus elmensis*) war nicht viel größer als ein Waschbär, jedoch erinnerte seine Gestalt mehr an die Vorfahren moderner Bären. Erst im späten Pliozän, in einer Phase weitreichender, relativ rascher Klimaveränderungen, tauchte die erste unzweifelhaft identifizierbare Art der Gattung *Ursus* auf - *U. minimus*. Zu dieser Zeit nahm die Körpergröße – wie bei den Kurzschnauzenbären – grundsätzlich auch bei *Ursus* zu, was den Tieren in einem Klima, dessen jahreszeitliche Gegensätze immer weiter zunahmen, die Regulierung der Körpertemperatur erleichterte. Etwa zu Beginn der Eiszeiten vor 2,5 Millionen Jahren entstand aus der Linie von *Ursus minimus* eine neue Art, *Ursus etruscus*. Diese großwüchsige Art, die vielleicht dem Kragenbären (*Ursus thibetanus*) ähnlich war, bildete schließlich eine Ahnform der vielfältigen modernen Bären der nördlichen Hemisphäre. Der Höhlenbär (*Ursus spelaeus*), der vor etwa 300 000 Jahren auftauchte und dessen Untergang der frühe Mensch noch erlebte, ist vermutlich eng mit dem modernen Braunbären verwandt. Eigenartigerweise ähnelt er in vielen physischen Merkmalen den entfernt verwandten Kurzschnauzenbären.

The Natural History Museum, London

▲ *Agriotherium* war eine kurzlebige, aber weitverbreitete Gattung primitiver Bären. Sie hatte sich im Miozän Europas entwickelt und breitete sich im Pliozän über Nordamerika, Asien und Afrika aus.

MIT WELCHEN SÄUGETIEREN SIND DIE BÄREN VERWANDT?

Unter allen lebenden Carnivorenarten sind die Bären mit der Familie der Seelöwen und Walrosse, die als Otariidae bekannt sind, am nächsten verwandt. Vermutlich besitzen beide Familien einen gemeinsamen Vorfahren. Die Schädel von Seelöwen und Eisbären sehen recht ähnlich aus – beide besitzen eine langgezogene Schnauze, ein beinahe in zwei parallelen Reihen angeordnetes Gebiß und abgeflachte Bullae. Die frühen Robbenjäger bezeichneten die Seelöwen gewöhnlich als »Seebären«, weil sie in ihrer Art, über die Felsen zu gehen, an Bären erinnern.

Ricard Drews

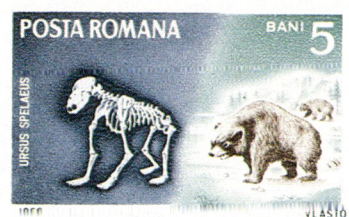

▲ Eine rumänische Briefmarke aus dem Jahr 1966 mit dem Bild des ausgestorbenen Höhlenbären.

▼ Der relativ kleinwüchsige, scheue südamerikanische Brillenbär ist der einzige noch lebende Verwandte des gefährlichen Riesen-Kurzschnauzenbären, der noch bis vor 10 000 Jahren den Süden Nordamerikas durchstreifte.

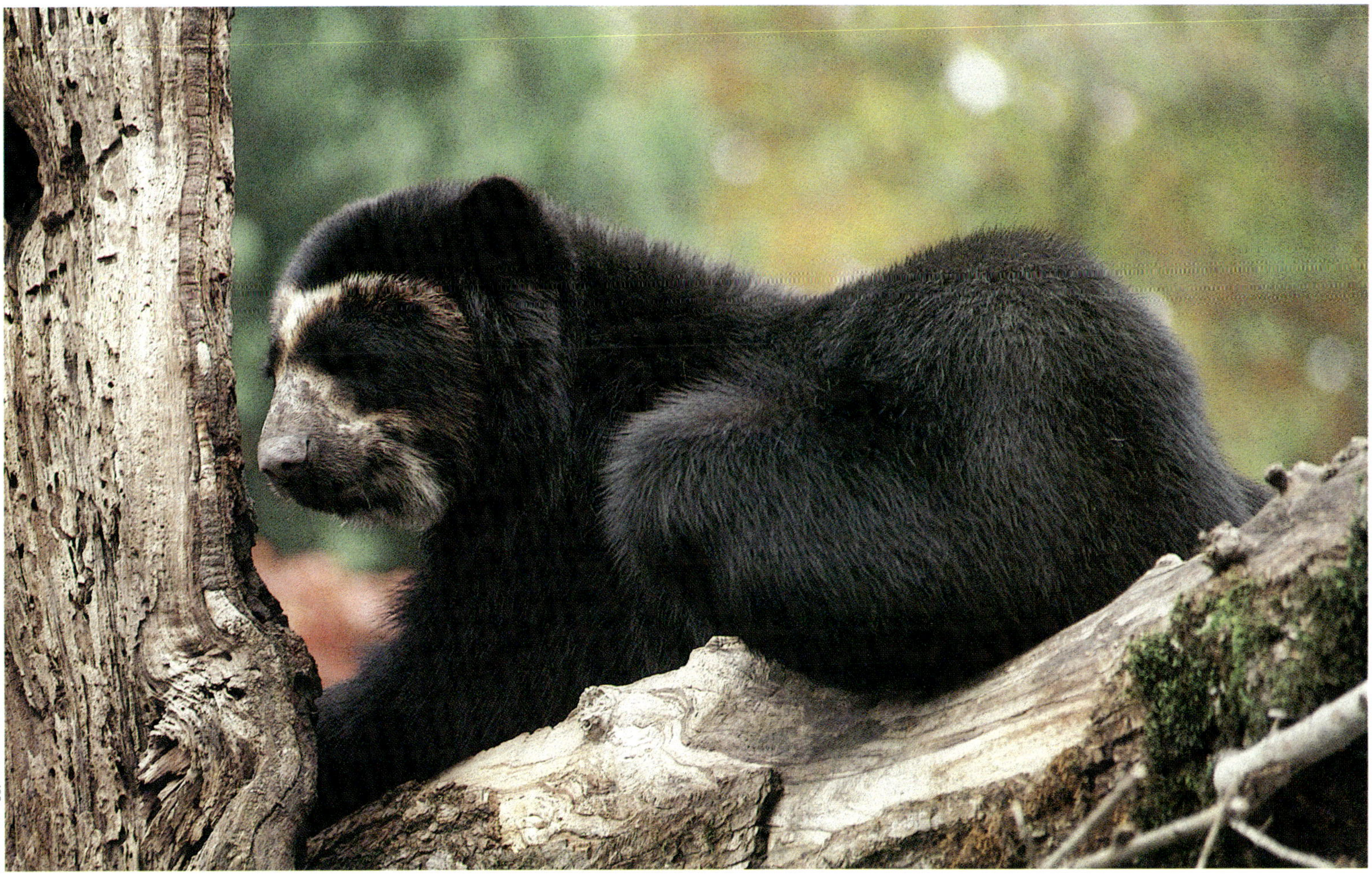

Erwin and Peggy Bauer/Bruce Coleman Ltd

Peter Johnson/NHPA

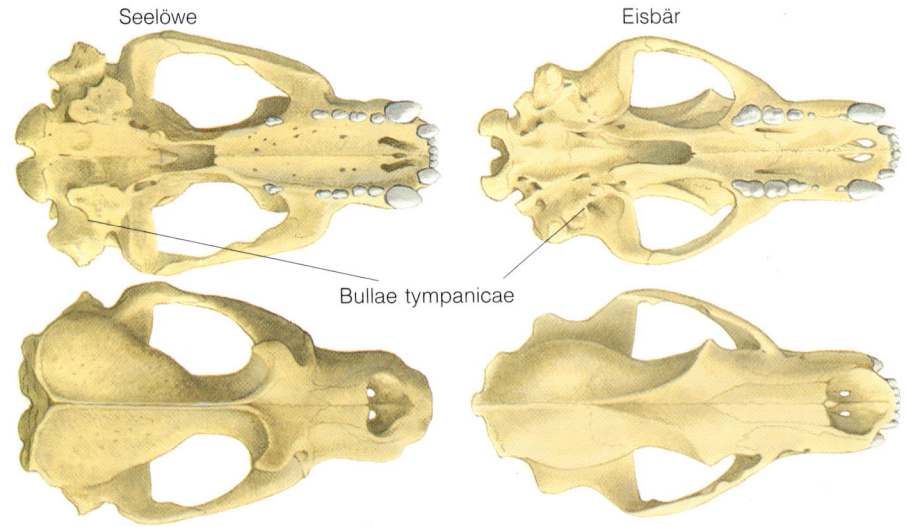

Seelöwe

Eisbär

Bullae tympanicae

▲ (Oben) Der auf den subantarktischen Inseln südlich von Neuseeland lebende Neuseeland-Seelöwe (*Phocarctos hookeri*) ist ein Vertreter der Familie Otariidae, der Pelzrobben und Seelöwen. Die Skelettmorphologie der Ohrenrobben ist der von Bären ähnlicher als jeder anderen Gruppe lebender Carnivoren.

▲ Die Schädel der Seelöwen und der Bären weisen mehrere Ähnlichkeiten auf. Vor allem besitzen beide eine lange Schnauze, parallele Zahnreihen und abgeflachte Bullae tympanicae.

Geht man im Familienstammbaum einen Schritt zurück, gehören diese Tiere zu einer Carnivorengruppe, die unter der Bezeichnung Arctoidea bekannt ist. Sie umfaßt die Robben (Phocidae), Hunde und Füchse (Canidae), Wiesel und Ottern (Mustelidae) und die Waschbären (Procyonidae). Ihre frühesten Vorfahren unter den fossilen Arten waren Vertreter der Amphicyonidae, die manchmal auch als »Bärenhunde« bezeichnet werden. Im Oligozän und im Miozän, vor 36 bis fünf Millionen Jahren, hatten die Amphicyoniden ihre größte Artenauffächerung und gehörten zu den dominierenden Carnivoren Eurasiens.

DIE BEIDEN PANDAS
Während über die Verwandtschaft der Bärenfamilie zu den übrigen Carnivorenfamilien offenbar weitgehend Einigkeit besteht, sind die Verwandtschaftsverhältnisse der Arten innerhalb der Familie noch um-

stritten. Am stärksten sind die Kontroversen um den Großen Panda und den rätselhaften Kleinen Panda oder Katzenbären (*Ailurus fulgens*). Der Katzenbär kam westlichen Naturforschern erstmals 1825 zu Gesicht, und der Name »Panda« stammt aus dem französischen Versuch, einen nepalesischen Namen für dieses katzenähnliche Tier auszusprechen. Einige Zeit später wurde auch das größere Tier von Europäern entdeckt und zunächst als »schwarzweißer Bär« beschrieben. Schon die frühen Anatomen stellten heraus, daß diese Art (wie der Katzenbär) vom Bambus lebte und ähnliche Anpassungen in der Ernährungsweise aufwies und hielten sie in vielerlei Hinsicht für eine »Großform« des Panda. Seitdem waren beide Arten unter der Bezeichnung »Panda« zusammengefaßt, und ihre einzigartigen Anpassungen an die Bambusnahrung haben die üblichen Merkmale verdeckt, die von Evolutionsbiologen dazu benutzt werden, Verwandtschaftsverhältnisse unter den Arten zu klären.

Biochemiker, Molekularbiologen und Paläontologen haben die Entwicklungsgeschichte des Großen Panda bis zu der ausgestorbenen Unterfamilie Agriotherinae zurückverfolgt, die von den fossilen Gattungen *Indarctos* und *Agriotherium* repräsentiert wird. Der Kleine Panda blieb dagegen problematisch. Obwohl er dem nordamerikanischen Waschbären ähnelt, teilt er mit ihnen, wie Biologen kürzlich herausstellten, keineswegs die Merkmale, die allen anderen Vertretern der Waschbärenfamilie gemeinsam sind. Nach Ansicht einiger Fachleute könnte er einer ausgestorbenen Unterfamilie der Bären, den Amphicyondontinen, sehr nahe verwandt sein, die im Oligozän Eurasien bewohnten. Detaillierte Untersuchungen führten zu widersprüchlichen Aussagen: Einige Biologen ordnen den Katzenbären näher zu der Waschbärenfamilie, andere stellen ihn näher zu den Bären, während wieder andere sie in der Mitte zwischen beiden Familien ansiedeln. Vielleicht bildet die ausgestorbene Gattung *Parailurus* aus Eurasien und Nordamerika eine Zwischenstufe zwischen dem Großen und dem Kleinen Panda, was auch den zentralasiatischen Ursprung der Pandas weiter sichert.

WIE DIE ÜBRIGEN BÄREN EINGEORDNET WERDEN
Soweit es die übrigen Bären betrifft, besteht unter den Fachleuten allgemeine Übereinstimmung darüber, daß der südamerikanische Brillenbär die ursprünglichste Form darstellt – der nächste Ast auf dem Baum oberhalb der Pandas. Allerdings endet an diesem Punkt bereits alle Übereinstimmung, da für die verbleibenden sechs Bären ebensoviele Einordnungsvorschläge wie Arten existieren. Alle diese Arten sind offenbar eng verwandt und repräsentieren das Ergebnis einer Entwicklungsgeschichte der letzten fünf Millionen Jahre. Die Verwirrung ist vor allem der großen Formenvielfalt zuzuschreiben, die bei einigen der weitverbreiteten Arten auftritt. So wurden beispielsweise allein 232 Arten und Unterarten des Braunbären (*Ursus arctos*) beschrieben, der heute als eine einzige variable Art gilt. Diese Fülle an Größen und Formen entspricht vermutlich der hohen Anpassungsfähigkeit des Braunbären, die ihm ermöglichte, noch leicht voneinander abweichende ökologische Positionen in der gesamten gemäßigten nördlichen Zone zu besetzen.

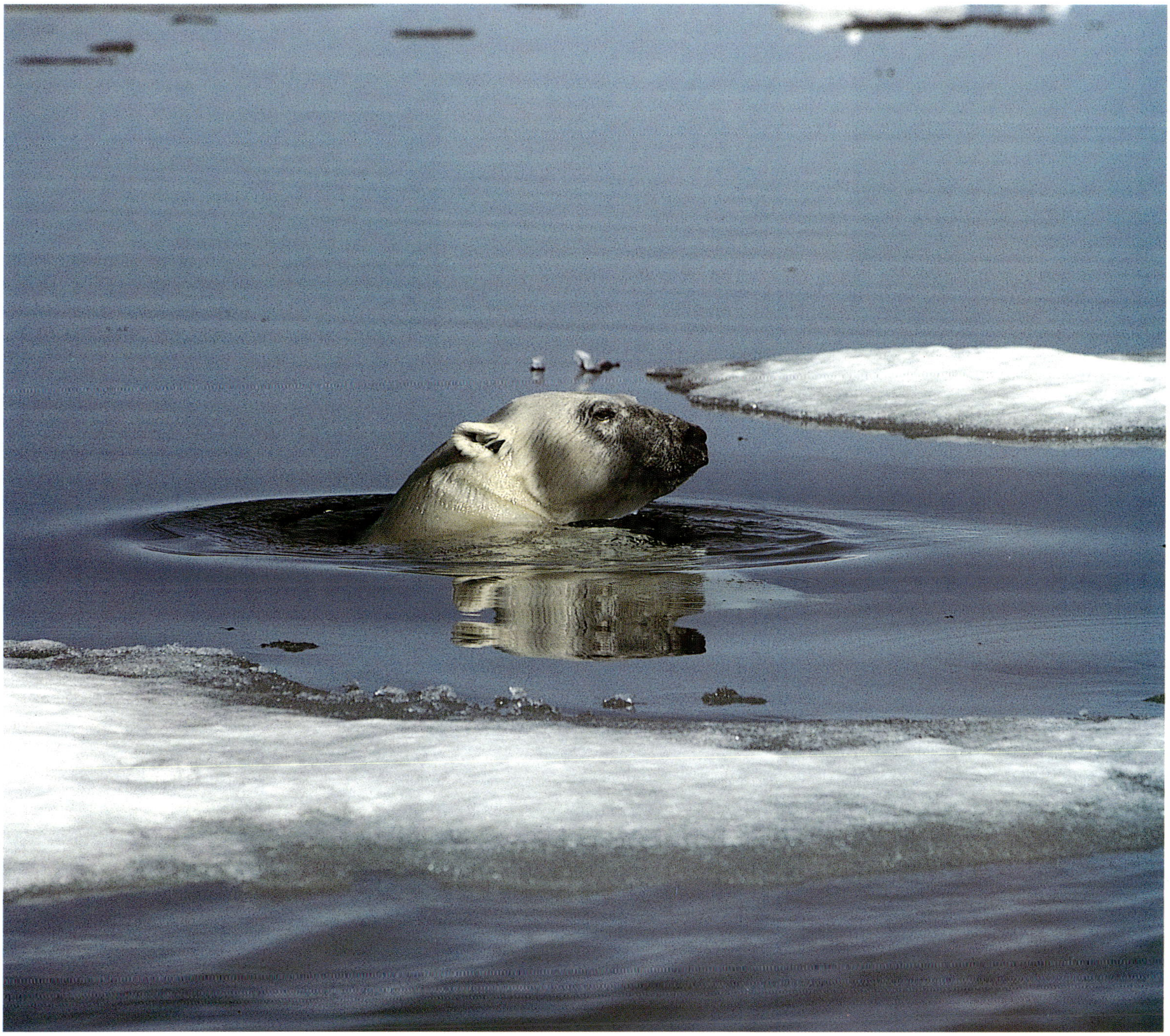

Dan Gu avich

Als einzige lebende Art ist der Eisbär, dessen nächster Verwandter der Braunbär ist, zu einer überwiegend räuberischen Lebensweise zurückgekehrt. Von den vier *Ursus*-Arten gelten der Schwarzbär (*U.americanus*), der Kragenbär (*U.thibetanus*) und der Eisbär (*U.maritimus*) als am engsten untereinander verwandt. Dagegen herrschen noch heftige Kontroversen über die Gattungszugehörigkeit des Kragen- und des Malaienbären. So wurden diese zu unterschiedlichen Zeiten in zwei getrennte Gattun-

▶ Der Schädel des Großen Panda hat in Anpassung zu seiner Ernährungsweise bedeutende morphologische Veränderungen erfahren. Das runde Gesicht und der kugelige Kopf resultieren aus den großen Muskeln, die sich von der Schädelspitze zum Unterkiefer hinziehen und mit denen der Bär den Bambus zermahlt.

Jean-Paul Ferrero/AUSCAPE International

▶ (Ganz rechts): Wie schon beim Großen Panda, ist auch der schwere Schädelbau des Katzenbären (*Ailurus fulgens*) eine Anpassung an seine Nahrung. Diese Ähnlichkeit führte einige Anatomen zu dem Schluß, beide Arten seien eng verwandt.

Ken Lucas/Planet Earth Pictures

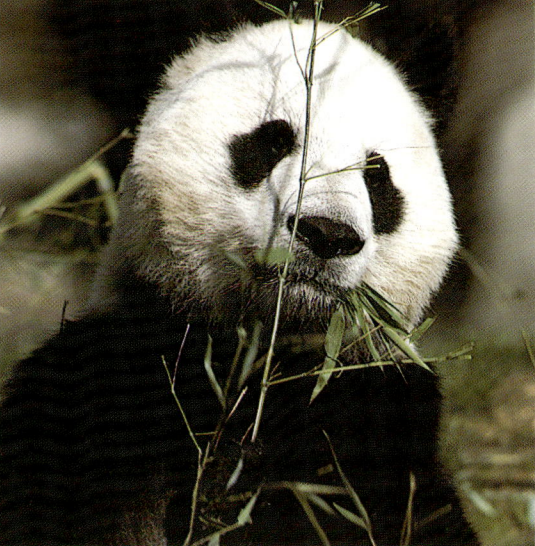

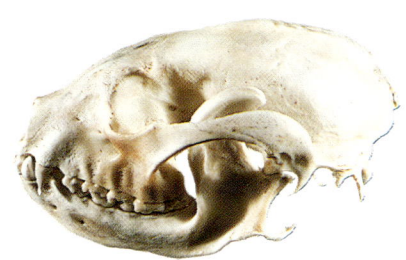

▲ Ein ausgewachsener männlicher Eisbär schwimmt zwischen Eisschollen umher. Der Schädel des Eisbären erinnert stark an den der Seelöwen, und beide Tiere sind durch einen gemeinsamen Vorfahren eng miteinander verwandt.

▲ Die Schädel des Lippenbären (*Melursus ursinus*, oben) und des Malaienbären (*Ursus malayanus*, unten) sind in ihrem Grundbauplan denen anderer ursiner Bären, etwa des Schwarzbären (siehe Seite 16), erstaunlich ähnlich und weisen auf ihre enge taxonomische Verwandtschaft hin.

gen (*Melursus* und *Helarctos*) oder in derselben Gattung (*Melursus*) eingeordnet. In letzter Zeit wurden sie in die Gattung *Ursus* aufgenommen, obwohl sie sich in einigen Merkmalen von anderen ursinen Bären unterscheiden.

Die Ursidae waren die letzte Carnivorenfamilie, die in den Fossilfunden des Oligozän auftaucht. Der größte Teil ihrer heutigen Artenvielfalt gründet sich auf einen Zeitraum von nur fünf Millionen Jahren und ist vor allem den zunehmenden Klimaschwankungen zuzuschreiben. Während dieser Zeit haben die Bären überwiegend die Nischen von Herbivoren und Omnivoren besetzt. Vermutlich ist der Große Panda der am stärksten auf pflanzliche Kost spezialisierte Carnivore, während der Eisbär vor allem Fleisch frißt. Mit Ausnahme des Malaienbären repräsentieren die Bären die größten terrestrischen Carnivoren unter den Säugetieren, sowohl heute als auch in der Fossilgeschichte.

DER RIESEN-KURZSCHNAUZENBÄR

CHRISTOPHER A. SHAW UND SHELLEY M. COX

Während des Pleistozäns vor etwa zwei Millionen bis 10 000 Jahren besaß die Familie der Bären in Amerika eine wesentlich größere Artenvielfalt als heute. Zusätzlich zu den drei herausragenden Arten der Gattung *Ursus* war auch die Unterfamilie der Tremarctinae in Nordamerika vertreten. Letztere umfaßte außer einem ausgestorbenen Brillenbären (*Tremarctos floridanus*) auch zwei Kurzschnauzenbären (*Arctodus simus* und *A. pristinus*). Damals lebten in Südamerika einige engverwandte Arten des modernen Brillenbären (*Tremarctos ornatus*) sowie drei ausgestorbene Kurzschnauzenbären (*Arctodus bonariensis, A. pamparus* und *A. brasiliensis*). Der Riesen-Kurzschnauzenbär (*Arctodus simus*) war das größte und vermutlich auch das gewaltigste Raubtier der pleistozänen Welt.

In seinen Schädelproportionen ist der Riesen-Kurzschnauzenbär dem heutigen Brillenbären am ähnlichsten. Allerdings war das Gesicht des ersteren im Profil eher katzenähnlich: Der Schädel war lang und hoch gewölbt, er trug eine gedrungene, breite Schnauze und einen breiten Gaumen. Über ähnlich geformte Wangenknochen erhoben sich die weit nach vorn verlagerten Augen, die unmittelbar vor einer niedrigen Stirn lagen. Der letzte obere Prämolar und der untere erste Molar bildeten eine gegeneinandergreifende Schere, um Fleisch zu zerschneiden. Sie waren kräftiger entwickelt als bei irgendeinem lebenden Bären. Die (wie bei Katzen) großen, konischen Eckzähne standen weit auseinander und waren imstande, einen außerordentlich kräftigen Biß beizubringen. Zusätzlich besaß der Bär eine Grube vor dem Kaumuskel, eine paarige Einkerbung des Unterkiefers (eine Struktur, die unter den lebenden Bären nur noch bei *Tremarctos* zu finden ist), die mit der Anheftung kräftiger Kaumuskeln verbunden ist. Dies alles spricht dafür, daß der Riesen-Kurzschnauzenbär stärker carnivor lebte als die heutigen Formen – mit Ausnahme des Eisbären.

Im Vergleich zu anderen Bären besaß der Riesen-Kurzschnauzenbär lange, schlanke Beine. Die oberen Extremitätenknochen waren im Verhältnis länger als die unteren, und die Vorderbeine waren kürzer als die hinteren. Im Gegensatz zu den meisten Bären, die mit »einwärtsgedrehten Zehen« laufen, bewegte sich das Tier auf flachen Sohlen voran. Dieser ungewöhnliche Extremitätenbau und der relativ kurze Körper bewirkten, daß der Riesen-Kurzschnauzenbär schneller laufen konnte als andere Bären.

Vielleicht ermöglichte ihm dieser Körperbau auch, leichter das hohe Gras oder andere Vegetation zu überblicken. Jedenfalls waren die Anpassungen am Schädel und an den Extremitäten für eine rasche Fortbewegung besser als bei anderen Bären dafür geeignet, große Pflanzenfresser wie Kamele, Bisons und Pferde zu erbeuten, die Nordamerika im Pleistozän bewohnten.

Der Sexualdimorphismus war bei diesen Tieren stark ausgeprägt, denn die männlichen Skelette waren im Durchschnitt um 25 Prozent größer als die der Weibchen. Ein durchschnittlich großes Männchen wog etwa 610 Kilogramm, jedoch wurde das größte bekannte Exemplar auf

▲ Diese Rekonstruktion zeigt den Größenunterschied zwischen einem Riesen-Kurzschnauzenbären und einem Braunbären.

◄ Der ausgestorbene Riesen-Kurzschnauzenbär (*Arctodus simus*) ist das größte räuberische Säugetier, das jemals an Land lebte. Die im Vergleich zu heutigen Arten langen Beine sprechen dafür, daß er seine Beute manchmal hetzte.

ein Gewicht von wenigstens 1000 Kilogramm geschätzt. Da in einigen Höhlenablagerungen überwiegend weibliche Tiere gefunden wurden, dürften derartige Orte wohl bevorzugt zur Überwinterung aufgesucht worden sein, und hier wurden auch die Jungen zur Welt gebracht.

Der Riesen-Kurzschnauzenbär bewohnte Nordamerika gemeinsam mit einer kleineren und primitiveren Art, dem Kleinen Kurzschnauzenbären (*A. pristinus*), allerdings offenbar, ohne daß sich deren Verbreitungsgebiete überlappt hätten. Der Kleine Kurzschnauzenbär ist nur aus dem Südosten der Vereinigten Staaten bekannt, wo er im Norden bis zum südöstlichen Pennsylvania vorkam. Dagegen war der Riesen-Kurzschnauzenbär weit über Nordamerika, von Alaska über den Westen Kanadas und die Vereinigten Staaten bis nach Mittelmexiko verbreitet. Zudem bewohnte er verschiedene Lebensräume von der Steppentundra und dem borealen Wald bis zur offenen Savanne. Während die Herkunft der Riesen-Kurzschnauzenbären noch unklar ist, könnte der Kleine Kurzschnauzenbär dessen Vorfahr gewesen sein. Der andere tremarctine Bär Nordamerikas, der ausgestorbene Florida-Brillenbär (*Tremarctos floridanus*), der auch als »Florida-Höhlenbär« bekannt ist, war auf den Süden der Vereinigten Staaten und auf Mexiko beschränkt. Offenbar hatte er mit den lebenden südamerikanischen Brillenbären mehr Skelettmerkmale und Verhaltensweisen gemeinsam als mit den Kurzschnauzenbären.

Einige Überreste der Riesen-Kurzschnauzenbären wurden in Ablagerungen gefunden, die auch vom Menschen hergestellte Gegenstände enthielten. Vermutlich lebten diese Tiere also noch kurz vor ihrem Aussterben mit den Paläoindianern zusammen. Ihr Untergang wurde vermutlich durch dramatische Veränderungen des Klimas und der Vegetation verursacht. Vielleicht wurde die Lage durch die Ankunft eines neuen Räubers auch verschärft – gemeint ist der Mensch –, der die großen Beutetiere ausrottete, von denen die Bären lebten.

BÄREN UND DER FRÜHE MENSCH

VALERIUS GEIST

Es war ein Glück für die Europäer der letzten Eiszeit, die Neandertaler und die Cro-Magnon-Menschen, daß sich der Höhlenbär (*Ursus spelaeus*) überwiegend von Pflanzen ernährte und einen großen Teil seines Lebens schlafend in tiefen Höhlen verbrachte. Aus nicht näher bekannten Gründen wurden die europäischen Bären nicht so groß wie der Riesen-Kurzschnauzenbär (*Arctodus simus*) Nordamerikas oder der arktische Eisbär (*Ursus maritimus*). Der Braunbär oder Grizzly (*Ursus arctos*), der das untere Nordamerika besiedelte, nachdem der carnivore Riesen-Kurzschnauzenbär am Ende der Eiszeit ausgestorben war, ist kein spezialisierter Fleischfresser. Er besiedelte die großen Ebenen, wie es der Riesen-Kurzschnauzenbär zuvor getan hatte, drang jedoch als kälteangepaßte Form – anders als letzterer – niemals bis nach Südamerika vor. Die Gebirge Nordmexikos bleiben seine südliche Grenze.

Die Europäer begegneten sowohl dem Höhlenbären als auch dem kleineren Braunbären und profitierten möglicherweise von dem Verhältnis zwischen diesen beiden Tieren. Dank ihrer riesigen Eckzähne und ihres massiven Körperbaues sorgten die Höhlenbären dafür, daß sich die Braunbären in deren Nähe vorsichtig verhielten oder ihnen zum Opfer fielen. Vermutlich verteidigten die Höhlenbären einzelne Stellen mit reicher Pflanzennahrung und waren wenig umgänglich. Bis heute überwintern Braunbären nur selten in natürlichen Höhlen, wie es die Höhlenbären taten, sondern graben sich neue Unterkünfte an abgelegenen Stellen und bleiben auch dort wachsam, als hätten sie Angst, entdeckt zu werden. Wo beide Arten vorkommen, spielt eine den Unterlegenen, wie es bei Schwarz- und Braunbären in Nordamerika der Fall ist. Der Braunbär des eiszeitlichen Alaska lebte mit dem Riesen-Kurzschnauzenbären zusammen, so daß sich der Grizzly möglicherweise als eine Art entwickelte, die unterwerfungsbereit und vorsichtig zu Werke ging und Auseinandersetzungen möglichst vermied.

Da die Höhlenbären sie größtenteils ignorierten und die Braunbären Schwierigkeiten aus dem Wege gingen, konnte der Mensch, auch ohne wirkungsvolle Waffen und Haushunde, als Jäger im eiszeitlichen Europa leben. Die Forschung zeigt, daß die eiszeitlichen Jäger zwar Braunbären, nicht aber Höhlenbären töteten. Die Ursachen dafür findet man in historischen Berichten von der Bärenjagd mit primitiven Waffen. Nur unter Schwierigkeiten und mit Hunden konnten diese Jäger Braun- und Eisbären erlegen. Vermutlich waren also Höhlenbären und Kurzschnauzenbären zu groß und zu gefährlich, um sie auf diese Weise zu jagen.

Bären sind gefährliche Gegner, die sich mit primitiven Waffen nur schwer töten lassen. Aus späteren Zeiten kennt man Berichte von berittenen Männern, die in Nordamerika Grizzlybären mit Lanzen angriffen. Die Lanzen der Kavallerie besitzen schmale Klingen, die sich aus einem durchbohrten Körper rasch lösen lassen. Dennoch unternahmen die Grizzlies mit mehreren Lanzen im Leib einen Gegenangriff und töteten mehrere Kavalleristen und Pferde, ehe sie unterlagen. In diesen Fällen wurden keine Hunde eingesetzt, um die Bären abzulenken, wie es die mittelalterlichen europäischen Jäger taten, die zur Bärenjagd Wildschweinspeere mit breiten Klingen benutzten. Auch die arktischen Inuit verwendeten Hunde und Lanzen mit breiter Klinge. Die eingeborenen Bewohner der amerikanischen Prärien gingen gruppenweise auf die Grizzlyjagd, wie zum Krieg gerüstet und auf alles vorbereitet. Die Eingeborenen Kaliforniens wurden von den Grizzlies gezwungen, ihre reichsten Landstriche zu verlassen, und sie priesen die musketenbewaffneten Spanier, die die Tiere ausrotteten und den Einheimischen die Rückkehr ermöglichten.

Da also Höhlenbären und Kurzschnauzenbären wahrscheinlich nicht ohne ein übermäßiges Risiko von den Eiszeitjägern erlegt werden konnten, bedeutete dies für Europa vermutlich, daß die Menschen den Höhlenbären aus dem Wege gingen und das Wild der Ebenen, in erster Linie

Rentiere, jagten. Die Neandertaler ernährten sich von Fleisch. Ihre Nachfolger, die Cro-Magnon-Menschen, waren vermutlich weniger festgelegt und keineswegs auf pflanzliche Nahrung angewiesen. Für die Höhlenbären galt dies vermutlich nicht.

In Nordamerika begann die menschliche Besiedlung, als die Herrschaft des Riesen-Kurzschnauzenbären endete. Es gibt allerdings verwirrende Funde einer früheren menschlichen Besiedlung in Südamerika. Es hat den Anschein, daß große Carnivoren zusammen mit vielen in ökologischer Hinsicht spezialisierten riesigen Herbivoren den Menschen ein Leben in Nordamerika unmöglich machten. Und erst als diese Fauna zusammengebrochen war, unternahmen die Menschen die ersten Vorstöße.

Lauros-Giraudon

Zwischen 13 000 und 8000 vor Christus nahm die Zahl der Feuerstellen pro 1000 Jahre der Besiedlung langsam zu, als die Zahl der Megafauna-Arten zurückging.

Das größte Hindernis für die Menschen Nordamerikas dürften die riesigen Carnivoren gewesen sein, insbesondere der Riesen-Kurzschnauzenbär. Die Jäger wären niemals imstande gewesen, eine Jagdbeute gegen dieses Tier zu verteidigen. Keine Hütte wäre in der Nacht sicher gewesen, kein Mensch hätte diesem Bären entkommen können und in dem offenen Land, wo dieses Tier lebte, gab es nur wenige Bäume mit einer ausreichenden Höhe, auf die sich Menschen vor den Bären hätten flüchten können. Der Geruch von gebratenem Fleisch und Fett hätte auf den Bären eine unwiderstehliche Anziehungskraft ausgeübt. Die Skelette des Riesen-Kurzschnauzenbären füllen natürliche Höhlenfallen und Pechgruben, die von Grizzlybären dagegen nicht. Dies zeigt, daß erstere unbekümmert einer verlockenden Beute nachstellten. Die zerbrechlichen, schmalen Speerklingen hätten gegen diese Masse von 550 bis 700 Kilogramm nichts ausgerichtet. Die einzig empfehlenswerte Möglich-

keit, die dem Menschen blieb, war, größtmöglichen Abstand zu halten.

Das Ende des Riesen-Kurzschnauzenbären fiel mit einem Kälteeinbruch vor etwa 12 500 Jahren zusammen, während dessen vermutlich auch die Beutetiere stark zurückgingen. Bald nach dem Untergang des Riesen-Kurzschnauzenbären nahm die Zahl der pflanzenfressenden Tiere wieder zu, und sie wurden zur Beute der Paläoindianer. Als die Zahl der nordamerikanischen Säugerarten abnahm, wanderten andere Arten aus Sibirien ein, darunter Braunbär, Wolf, Elch, Wapiti und Bison. Die Braunbären wurden in Nordamerika recht zahlreich, und es gelang dem Schwarzbären ebenso wie dem Menschen, sich diesen anzupassen.

◄ Eine in Nordeuropa gefundene Bärengravur. Sie stammt aus dem Magdalénien vor 12 000 bis 17 000 Jahren.

▼ Dieses aus dem 19. Jahrhundert stammende Ölgemälde von Emmanuel Benner vermittelt einen sehr romantischen Eindruck davon, wie sich steinzeitliche Menschen möglicherweise gegen einen herumstreunenden Braunbären zur Wehr setzten.

DIE MOLEKULARE EVOLUTION DER BÄREN

STEPHEN J. O'BRIEN

D ie Familie der Bären stellt alle, die sich mit ihrer Evolutionsbiologie und Taxonomie (der biologischen Klassifizierung) beschäftigten, vor eine besondere Herausforderung. Die Linie der Bären ist fossil nur unvollständig belegt, und zahlreiche Fragen über die ancestralen Verwandtschaftsverhältnisse zwischen den acht heute noch lebenden Arten bleiben unbeantwortet.

Dan Guravich

▶ Im Profil ist ein Braunbär schon von weitem an seinem charakteristischen Schulterbuckel und dem konkaven Gesicht zu erkennen.

▼ Analoge Merkmale sind zwar in Bau und Funktion ähnlich, besitzen jedoch unabhängige entwicklungsgeschichtliche Ursprünge, wie zum Beispiel die Flügel einer Fliege und einer Fledermaus. Die Tatsache, daß sowohl Insekten als auch Fledermäuse flugfähig sind, besagt noch nicht, daß sie verwandt sind. Dagegen verweisen homologe Merkmale mit ihrem ähnlichen Bau auf eine gemeinsame Herkunft. So wirken die Vordertatze eines Bären und die Flosse eines Wals durchaus verschieden, da sie Anpassungen zu unterschiedlichen Umgebungen darstellen. Dennoch sind die Knochen in Bau und Zahl ähnlich. Das liegt daran, daß die Skelette beider Säuger denselben Grundbauplan aufweisen.

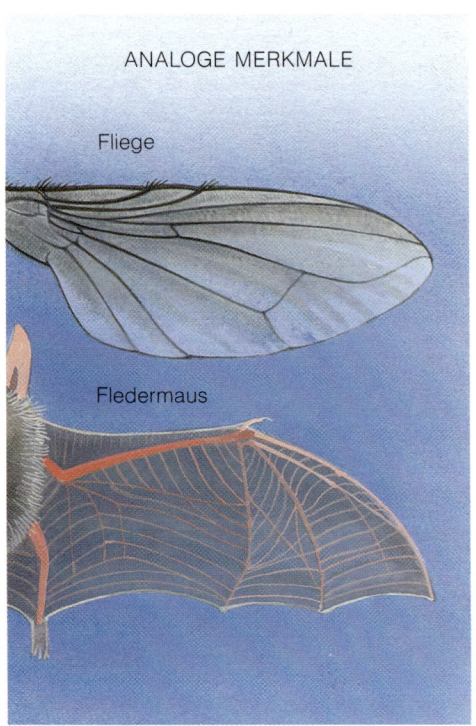

ANALOGE MERKMALE

Fliege

Fledermaus

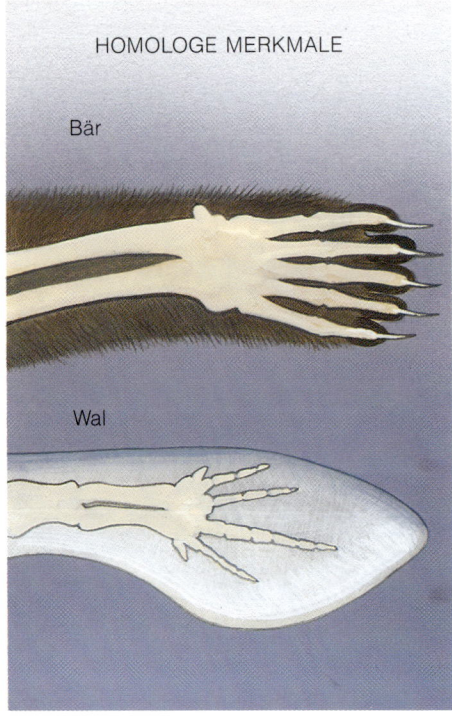

HOMOLOGE MERKMALE

Bär

Wal

Die biologische Klassifizierung ist in starkem Maße darauf angewiesen, die Entwicklungsgeschichte einer Artengruppe zu rekonstruieren. Die Taxonomen versuchen, alte Verwandtschaftsverhältnisse abzuleiten, indem sie einzelne Exemplare verwandter Arten miteinander vergleichen. So sind zum Beispiel die Bären groß und stämmig gebaut, und die meisten können geschickt auf Bäume klettern. Sie haben mehrere einzigartige Merkmale des Gebisses und Knochenbaus gemeinsam, und alle besitzen einen feinen Geruchssinn. Alle diese gemeinsamen Merkmale bilden die Grundlage dafür, daß sie in der Familie Ursidae zusammengefaßt werden.

GEMEINSAME MERKMALE

Die Klassifizierung der Bärenarten ausschließlich aufgrund ihrer Gestalt und Verhaltensweisen war immer schon problematisch und häufig mit Widersprüchen verbunden. Die Schwierigkeiten erwachsen aus der Notwendigkeit, die richtigen Merkmale auszuwählen, aufgrund derer man seine entwicklungsgeschichtlichen Schlüsse ziehen kann. Im Idealfall sollten nur homologe Merkmale ausgewählt werden, also solche Merkmale, die unter engverwandten Arten deswegen auftraten, weil sie von einem gemeinsamen Vorfahren ererbt wurden. So besitzen beispielsweise alle Vertreter der Klasse Mammalia Haare auf dem Körper, Junge, die von den Brustdrüsen der Weibchen genährt werden sowie ein vierkammeriges Herz. Alle Vertreter der Katzenfamilie haben einziehbare Krallen, vier Zehen an den Hinterfüßen und zusammengezogene Pupillen. Der Grad der entwicklungsgeschichtlichen Verwandtschaft wird davon bestimmt, wieviele homologe Merkmale von den betroffenen Arten geteilt werden: Je mehr gemeinsame Merkmale, desto enger ist auch die Verwandtschaft.

Allerdings tauchen verstreut in jedem Artenvergleich auch analoge Merkmale auf, also ähnliche Merkmale, die unter nicht-verwandten, aber unter ähnlichen Umweltbedingungen lebenden Arten auftreten. Die Flügel der Vögel, Fledermäuse und Insekten sind Beispiele analoger Merkmale wie auch der Erwerb eines gegenüberstellbaren »Daumens« unter hominoiden Primaten und dem Großen Panda. Analoge Merkmale erfüllen identische Funktionen, sind jedoch unabhängig voneinander entstanden. Mitunter bringen sie den Prozeß der Herleitung durcheinander und führen den Naturforscher in die Irre.

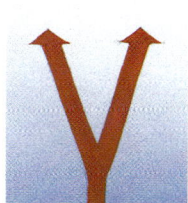

Divergente Evolution

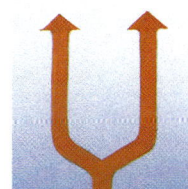

Parallele Evolution

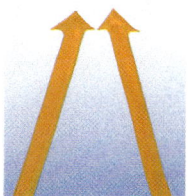

Konvergente Evolution

▲ Man kennt drei Grundmuster, nach denen die Entwicklung von Arten unter dem Druck der Evolution erfolgt. Bei der divergenten Evolution entwickeln sich zwei oder mehr Gruppen aus demselben Ursprung in unterschiedlicher Weise, zumeist weil sie geographisch voneinander isoliert wurden und unterschiedlichem Umweltdruck ausgesetzt waren. Bei der parallelen Evolution werden genetisch verwandte Gruppen zwar voneinander isoliert, entwickeln sich jedoch unter einem ähnlichen Selektionsdruck nicht sehr weit auseinander. Bei der konvergenten Evolution entwickeln Tiere, die überhaupt keine Verwandtschaft zueinander aufweisen, aufgrund eines vergleichbaren Umweltdrucks ähnliche Strukturen.

◄ Weit über die Waldgebiete Nordamerikas verstreut leben heute vermutlich mehr als eine halbe Million Schwarzbären.

▲ Der Brillenbär ist der einzige lebende Vertreter der tremarctinen Bären, von denen einst mehrere Arten über den nördlichen Raum Südamerikas und das südliche Nordamerika verbreitet waren.

▼ Die entwicklungsgeschichtlichen Beziehungen der Bären, wie sie durch molekulare Methoden bestimmt wurden, zeigen, daß sich die Familien der Waschbären und der echten Bären vor etwa 30 Millionen Jahren trennten. Diese Analyse ordnet den Panda der Familie der Ursidae (Bären) und nicht der Procyonidae (Waschbären) zu. Allerdings unterscheiden sich der Panda und der Brillenbär so sehr von den übrigen Gattungen, daß sie die Einordnung in eigene Unterfamilien rechtfertigen.

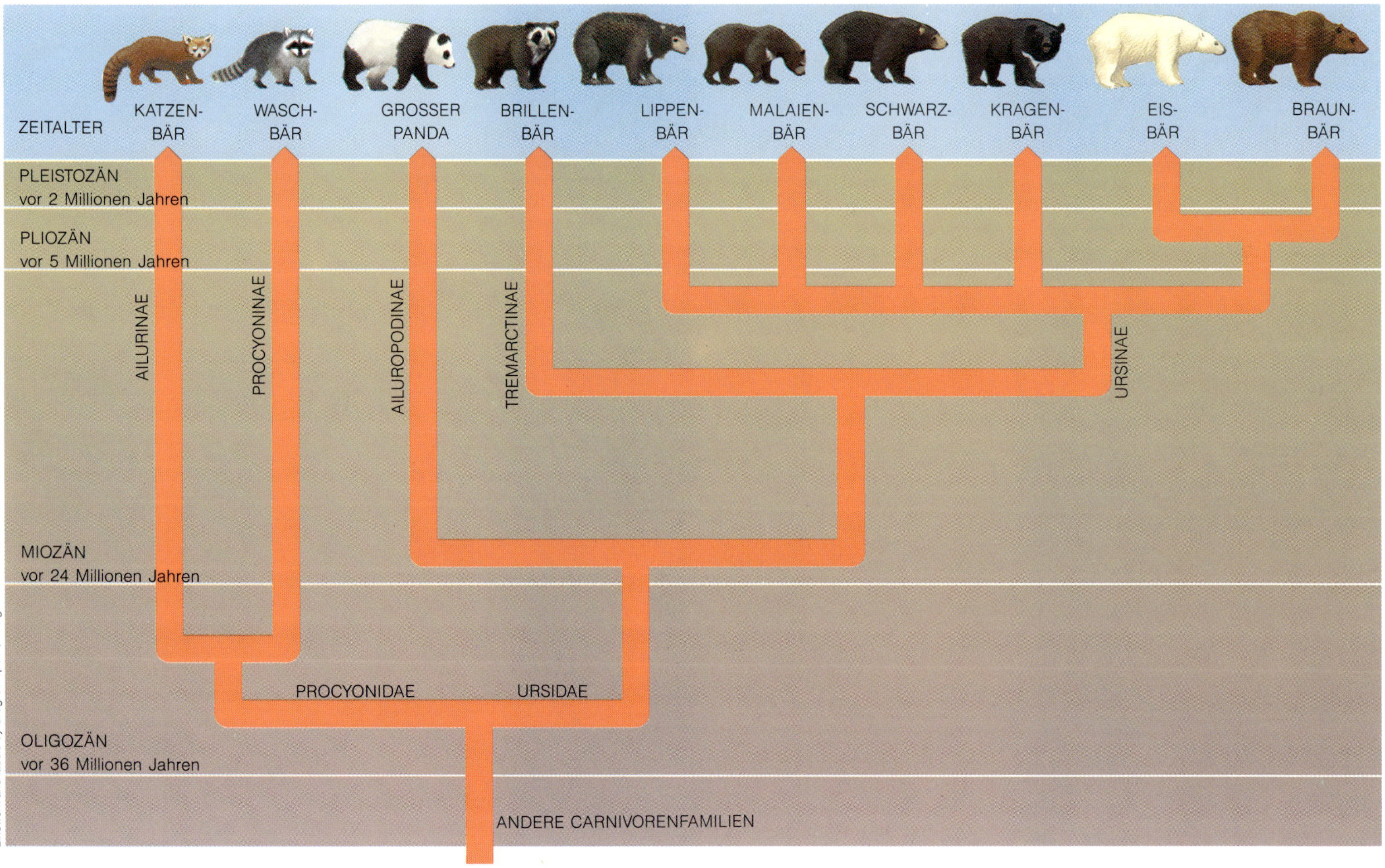

Eine weitere Komplikation, die bei der Auswahl homologer Merkmale entstehen kann, besteht darin, daß ihre genetische Grundlage nur selten erforscht ist. So könnte zum Beispiel eine geringe Veränderung in der Anatomie eines Tieres durch eine größere genetische Reorganisation ausgelöst sein, oder eine offensichtlich große anatomische Veränderung (wie etwa der »Daumen« des Panda) könnte die Folge einer kleineren genetischen Umstellung sein.

Wenn Forscher brauchbare Merkmalsgruppen sammeln, um Arten miteinander zu vergleichen, sollte die Zahl der genetischen Veränderungen für jedes Merkmal gleich sein, um Überschneidungen zu vermeiden. Bei anatomischen Merkmalen ist dies nur selten möglich. Bedenkt man, daß es 135 135 verschiedene Möglichkeiten gibt, acht Arten in ein entwicklungsgeschichtliches Schema einzuordnen, kann man leicht verstehen, warum die Suche nach den richtigen Verwandtschaftsbeziehungen zwischen den Arten trügerisch und turbulent sein kann.

DER MOLEKULARE ANSATZ

In den letzten Jahrzehnten entwickelte man einen neuen Weg, um entwicklungsgeschichtliche und taxonomische Verwandtschaftsverhältnisse abzuleiten. Die Idee besteht darin, homologe Gensequenzen und proteinöse Genprodukte (Aminosäuresequenzen) bestimmter Arten zu untersuchen. Dann konstruiert man aus den DNA-Molekülen, die die Informationen für – sagen wir – einen Braunbären, einen Großen Panda oder einen Brillenbär kodieren, die entwicklungsgeschichtlichen Verwandtschaftsverhältnisse. Der molekulare Ansatz geht bis an den genetischen Quellcode, der durch die Keimzellen von einer Generation zur nächsten weitergereicht wird. Die genetische Information bestimmt nicht nur Form und Funktion des Tieres, sondern bildet das Rohmaterial, das den Entwicklungen und Anpassungen unterliegt, wenn im Laufe der Zeit neue Arten entstehen.

Die Ermittlung einer genetischen Homologie ist ein relativ unkomplizierter Prozeß, zumal homologe Gene einen hohen Gehalt identischer DNA-Sequenzen aufweisen. Ebenso ist das »Gewicht« verschiedener Gen- oder DNA-Veränderungen bekannt, da sich die Größe unterschiedlicher Gene messen läßt. Schließlich ist die Anzahl der Gene, die für eine solche Untersuchung zur Verfügung steht, praktisch unbegrenzt. Die genetische Ausstattung des Bären umfaßt mehr als drei Milliarden DNA-Basenpaare und codiert etwa 100 000 genetische Einheiten, die im Durchschnitt jeweils 1000 Basenpaare lang sind. Und wenn die Forscher einmal im Zweifel sind, können sie immer noch auf weitere Informationen zurückgreifen!

Wenn man einen entwicklungsgeschichtlichen Baum mit molekularen Daten konstruieren möchte, muß man dazu einen wichtigen begrifflichen Fortschritt verstanden haben – die molekulare Uhr. Diese Hypothese geht davon aus, daß Arten, wenn sie sich von einem gemeinsamen Vorfahren entfernen, in dem chromosomalen Rahmenwerk ihrer DNA Mutationen ansammeln, und zwar zufällig,

ZEITALTER	KATZEN-BÄR	WASCH-BÄR	GROSSER PANDA	BRILLEN-BÄR	LIPPEN-BÄR	MALAIEN-BÄR	SCHWARZ-BÄR	KRAGEN-BÄR	EIS-BÄR	BRAUN-BÄR

PLEISTOZÄN
vor 2 Millionen Jahren

PLIOZÄN
vor 5 Millionen Jahren

AILURINAE PROCYONINAE AILUROPODINAE TREMARCTINAE URSINAE

MIOZÄN
vor 24 Millionen Jahren

PROCYONIDAE URSIDAE

OLIGOZÄN
vor 36 Millionen Jahren

ANDERE CARNIVORENFAMILIEN

Mark Newman/AUSCAPE International

Linework and labels by Greg Campbell, Design to Print

aber regelmäßig. Je länger zwei Arten getrennt sind, desto größer ist der Umfang der Abweichung. Das Ausmaß der Unterschiede (die sogenannte genetische Distanz) zwischen zwei Arten ist – grob gerechnet – dem Zeitraum proportional, der verstrichen ist, seitdem ihre Vorfahren sich von ihrem mutmaßlichen »missing link« entfernten. Arbeitet man sich mit einer Matrix genetischer Distanzen zwischen den Arten zurück, kann man mit Hilfe ausgeklügelter mathematischer Methoden einen Stammbaum entwickeln, der den Daten möglichst nahe kommt. Man kennt heute drei theoretische Methoden (die sogenannte distanzbasierte Methode, die Parsinomy-Methode und die Wahrscheinlichkeitsmethode), mit Hilfe derer entwicklungsgeschichtliche Stammbäume konstruiert werden. Wenn jede dieser Methoden – zumal mit unterschiedlichen DNA-Abschnitten – dieselben Ergebnisse erbringt, kann man im Prinzip davon ausgehen, daß die erarbeiteten Verwandtschaftsverhältnisse der Wahrheit recht nahe kommen.

Allerdings ist die Hypothese der molekularen Uhr nicht unumstritten. So betonen Kritiker, daß die Ansammlungen von Mutationen keineswegs im richtigen Verhältnis zu der verstrichenen Zeit auftreten, so daß die Uhr letztlich Stammbäume mit fehlerhafter Astlänge verursacht. Trotz ihrer Unbequemlichkeit setzen diese Kritikpunkte aber nicht den Ansatz als solchen außer Kraft, um Verwandtschaftsbeziehungen zu bestimmen. Vielmehr wird deutlich, daß die Analysen mit jeweils verschiedenen Genen und DNA-Abschnitten wiederholt werden müssen. In der Praxis haben die molekularen Methoden die zeitliche Bewährungsprobe bestanden.

MOLEKULARE METHODEN AUF BÄREN ANGEWANDT

Als man molekulare Methoden auf die Entwicklungsgeschichte und Taxonomie der Bären anwandte, erwiesen sie sich als überzeugend und aufschlußreich. Bisher wurden verschiedene molekulare Methoden mit Blut- und Hautzellenkulturen dazu benutzt, die Verwandtschaftsverhältnisse zwischen den Bärenarten zu klären. Drei dieser Methoden – die Verwandschaftsanalyse mit Hilfe von Allozymen, die Ermittlung der genetischen Distanz durch zweidimensionale Elektrophorese und der immunologische Vergleich von Albuminen – messen Unterschiede in den (von den Genen hervorgebrachten) Proteinsequenzen.

Ein weiteres Verfahren, die DNA-DNA-Hybridisierung, schätzt die Ähnlichkeit des gesamten DNA-Komplements, indem die DNA-Stränge einer Art getrennt werden (die DNA bildet eine strickleiterähnliche Struktur mit komplementären Strängen). Anschließend bestimmt man die Fähigkeit eines Einzelstranges, sich mit der komplementären DNA einer anderen Art wieder zu verbinden. Die Zahl der DNA-Hybridmoleküle, die sich im Experiment bilden, hängt davon ab, wieviele zueinander passende DNA-Sequenzen sich in den DNA-Fragmenten der beiden Arten finden. Da die Ähnlichkeit homologer DNA-Segmente unterschiedlicher Arten mit einer Funktion der Zeit abnimmt, die verstrichen ist, seit-

Richard P. Smith/Tom Stack & Associates

▲ Im warmen Klima der tropischen Regenwälder entwickelte der Malaienbär ein weniger zottiges Fell als die Arten der nördlicheren Gebiete.

▼ Das hellgefärbte Rückenhaar verleiht einigen Braunbären ein graues Erscheinungsbild, insbesondere im Gegenlicht. Daher stammt ihr Name »Grizzly«.

Dan Guravich

BEWEISE FÜR DIE URSPRÜNGLICHE STELLUNG DES KATZENBÄREN

STEPHEN J. O'BRIEN

Der Kleine Panda oder Katzenbär (*Ailurus fulgens*) wurde den westlichen Naturforschern erstmals im Jahre 1825 von Frédéric Cuvier vorgestellt, der dieses scheue, baumbewohnende Tier mit seinem tief purpurroten Fell als »das schönste lebende Säugetier« beschrieb. 44 Jahre lang war dies der einzige dem Westen bekannte Panda, und sowohl das Tier als auch seine merkwürdige herbivore Ernährungsweise wurden ausführlich beschrieben.

Beinahe alle Taxonomen und Säugetierfachleute des 19. Jahrhunderts, darunter Milne-Edwards, Gervais und Mivart, waren der Ansicht, daß sich der Katzenbär von den Vorfahren der heutigen Procyoniden ableite (der Gattung, die die Waschbären, Nasenbären, Makibären und andere umfaßt) und sich vor 20 Millionen Jahren von der ursprünglichen Entwicklungslinie abgezweigt habe.

Einige Fachleute waren jedoch anderer Ansicht. So vertrat der britische Naturforscher R.I. Pocock die Meinung, daß sich der Katzenbär und der Große Panda so weit von den Procyoniden und voneinander unterschieden, um in eine eigene Familie gestellt zu werden, und er ordnete den Katzenbären in die nur eine Art umfassende Familie der Ailuridae ein. Nachdem sie das Tier eingehend untersucht hatten, stimmten Thenius und Eisenberg mit Pocock überein.

Im Jahre 1973 zeigten molekulare Untersuchungen von Vincent Sarich, daß die Katzenbären den echten Bären näher standen als den Procyoniden, was auch Segalls Vorstellung stützte, die dieser schon 1943 geäußert hatte, nämlich, daß der Katzenbär in Wirklichkeit eine primitive Bärenform darstellt. Anschließend äußerten Schaller und dessen chinesische Kollegen Jinchu Hu, Wenshi Pan und Zhu

Gérard Lacz/NHPA

▲ Der auch als Kleiner Panda bekannte Katzenbär bewohnt die Bergwälder und das Bambusdickicht des Himalaya im gesamten südlichen Zentralchina. Ein Weibchen, das mit Hilfe eines Senders im Halsband über einen Zeitraum von neun Monaten verfolgt wurde, besaß ein Streifgebiet von 3,5 Quadratkilometer. Katzenbären sind geschickte Kletterer.

Jing, daß der Katzenbär und der Große Panda aufgrund ihrer körperlichen und verhaltensphysiologischen Ähnlichkeiten beide in die Familie der Ailuridae einzuordnen seien.

Auch eine eingehende Untersuchung, die Wozencraft kürzlich vornahm und bei der er sich auf die Hennigsche Kladistik stützte (ein Verfahren, das sich auf gemeinsame abgeleitete Merkmale stützt, um stammesgeschichtliche Verwandtschaften abzuleiten), spricht dafür, den Katzenbären eher zu den echten Bären (einschließlich des Großen Panda) zu stellen als zu den Procyoniden.

Allerdings legten drei unterschiedliche molekulare Methoden (DNA-Hybridisierung, Allozym-Untersuchungen und die Bestimmung der genetischen Distanz durch zweidimensionale Elektrophorese), wenn auch nur schwach, die Möglichkeit nahe, den Katzenbären zu den Procyoniden zu stellen. Da die Protein-Analyse außerordentlich viele (etwa 7400) DNA-Basenpaare umfaßte und weil sowohl die kladistische als auch die Analyse der genetischen Distanz dafür spricht, Katzenbären und Waschbärenverwandte zusammenzufassen, ist die Vorstellung nicht von der Hand zu weisen, daß der Katzenbär einen procyoniden Vorfahren besitzt, obgleich einige Fachleute dies ignorieren.

Es ist schwer oder vielleicht unmöglich, den Zeitpunkt zu bestimmen, an dem sich der Katzenbär von der stammesgeschichtlichen Linie (sei es der Bären, der Procyoniden oder einer dazwischenliegenden Stelle) abgezweigt hat, da dieses Geschehen so viele Jahrmillionen zurückliegt. Dennoch hofft man, durch zukünftige Forschungsarbeit die Entwicklungsgeschichte dieser bemerkenswerten Tierart weiter zu erhellen.

dem die zum Vergleich stehenden Arten sich von einem gemeinsamen Vorfahren entfernten, bietet dieses Verfahren eine Möglichkeit, die entwicklungsgeschichtliche Zeit oder genetische Distanz zu schätzen.

Die nächste molekulare Methode untersucht die komplizierten Banden (oder Streifen) ausgestreckter Chromosomen mit Hilfe spezieller Techniken. Die Chromosomen einer jeden Art weisen unterschiedliche erbliche Muster auf. Diese können verglichen werden, um die Bruchstellen, den Austausch und die Wiederanordnung der Chromosomen zu rekonstruieren, die während der Entwicklungsgeschichte der Bären auftraten.

Jede dieser Methoden bietet eine unabhängige Einschätzung der geschichtlichen Abweichung unter den Arten, und Forscher, die jedes dieser Verfahren nutzten, kamen zu denselben Schlußfolgerungen. Die Befunde ergaben, daß sich die Vorfahren der Ursiden und der Procyoniden (der Waschbärenfamilie) im Oligozän, also vor 30 Millionen Jahren, auseinanderentwickelten. Innerhalb von zehn Millionen Jahren danach zweigte der Katzenbär (*Ailurus fulgens*) von der Procyonidenlinie ab. Es gibt 19 Arten moderner Procyoniden, und bis auf den Katzenbären leben alle auf den amerikanischen Kontinenten. Auf der Entwicklungslinie der Ursiden trennte sich der Große Panda (*Ailuropoda melanoleuca*) vor 25 bis 18 Millionen Jahren – einige Zeit nach der Abgliederung von den Procyoniden – von den übrigen Bären.

Die nächste Abzweigung erfolgte zwischen dem Brillenbären (*Tremarctos ornatus*) und den ursinen Bären vor 15 bis 12 Millionen Jahren. Und die Entwicklungslinien, die zu den übrigen ursinen Arten führen – der Malaienbär (*Ursus malayanus*), der Lippenbär (*U. ursinus*), der Schwarzbär (*U. americanus*), der Kragenbär (*U. thibetanus*), der Braunbär (*U. arctos*) und der Eisbär (*U. maritimus*) – trennten sich erstmals vor fünf bis sieben Millionen Jahren.

Aufgrund der molekularen Daten war es bisher unmöglich, das Verzweigungsmuster der ursinen Bären aufzudecken, denn ihre Aufsplitterung erfolgte offenbar nahezu gleichzeitig. Die einzige Ausnahme findet man beim Braunbären und beim Eisbären. Offenbar spalteten sich diese beiden Arten später von einem gemeinsamen Vorfahren ab, als sich die übrigen Arten von dem Vorfahren der ursinen Bären entfernten.

PRÜFEN DER ABZWEIGUNGSDATEN

Obgleich die mit molekularen Methoden gewonnenen Berechnungen zu schlüssigen Aussagen über relative Verwandtschaftsverhältnisse führen, müssen die Daten der Verzweigungspunkte mit den Fossilfunden der Bärenvorfahren verglichen werden. Glücklicherweise gibt es mehrere Fossilien, die nicht nur mit dem molekularen Stammbaum übereinstimmen, sondern aufgrund ihrer geologischen Datierung zugleich eine zeitliche Einordnung erlauben. So hält man zum Beispiel grundsätzlich *Agriarctos* für einen frühen Vorfahren der Entwicklungslinie der Pandas, der vor 15 Millionen Jahren im Miozän lebte. Der gemeinsame Vorfahr oder »missing link« der nicht zu den Pandas gehörenden Ursiden ist *Ursavus*, der auf ein Alter zwischen 18 und 20 Millionen Jahren datiert wird. Und *Plionarctos* gilt als ein Vorfahr der Brillenbären aus dem späten Miozän vor sechs Millionen Jahren, während der etwa fünf Mil-

John Shaw/NHPA

▲ Die Waschbären gehören zu den Procyoniden, der am nächsten mit den Bären verwandten Säugetierfamilie. Wie der Gemeine Waschbär Nordamerikas (*Procyon lotor*) können sie alle ausgezeichnet klettern.

Norman Tomalin/Bruce Coleman Ltd

◀ Der auch als Kleiner Panda bekannte Katzenbär (*Ailurus fulgens*) galt früher als der nächste lebende Verwandte des Großen Panda. Der Katzenbär bewohnt die Gebiete von Nepal über Burma bis ins südliche Zentralchina.

TAXONOMIE DER BÄREN UND PANDAS

Ordnung Procyonidae

I. Unterfamilie Procyonidae – neuweltliche Procyoniden

      Katzenfrette (2 Arten)

      Waschbären (7 Arten)

      Nasenbären (3 Arten)

      Wickelbär (1 Art)

      Makibären (5 Arten)

II. Unterfamilie Ailurinae – altweltliche Procyoniden

      Katzenbär (*Ailurus fulgens*)

Ordnung Ursidae

I. Unterfamilie Ailuropodinae

      Großer Panda (*Ailuropoda melanoleuca*)

II. Unterfamilie Tremarctinae

      Brillenbär (*Tremarctos ornatus*)

III. Unterfamilie Ursinae

      Malaienbär (*Ursus malayanus*)

      Lippenbär (*Ursus ursinus*)

      Schwarzbär (*Ursus americanus*)

      Kragenbär (*Ursus thibetanus*)

      Braunbär (*Ursus arctos*)

      Eisbär (*Ursus maritimus*)

Art Wolfe

lionen Jahre alte *Ursus minimus* wohl ein primitiver Vorläufer der Ursinen war.

Zusätzlich kann man die molekularen Veränderungsraten der Bären mit den Veränderungen vergleichen, die während der Evolution der Primaten in denselben Genen auftraten, wo wesentlich präzisere fossile Datierungen vorliegen. Da sich die Gene von Bären und Primaten offensichtlich in denselben Raten entwickeln, kann man Primatendaten verwenden, um entsprechende Datierungen bei Ursiden zugrundezulegen. Man verglich also fossile Ursidendaten und Primatendaten mit den molekularen Ergebnissen der Bären und kam dabei zu einer erheblichen Übereinstimmung.

TAXONOMIEAUFSTELLUNG

Obwohl die Aufsplittung der sechs ursinen Bärenarten in ihren Einzelheiten noch immer eine gewisse Unsicherheit birgt und man noch immer darüber streitet, ob der Katzenbär zu den Ursiden oder zu den Procyoniden gehört, decken sich die wesentlichen Merkmale des entwicklungsgeschichtlichen Stammbaums der Bären mit dem, was wir bisher über die Evolution der Bären wissen. Unter Berücksichtigung der molekularen Forschungsergebnisse, der datierten Fossilien und der paläontologischen, morphologischen und verhaltensphysiologischen Befunde kam man zu einer taxonomischen Übereinkunft, die hier vorgestellt werden soll. Die Auseinanderentwicklung der Procyonidae und der Ursidae im Oligozän unterstützt ihre Position als Ordnungen innerhalb der Klasse Mammalia. Andererseits rechtfertigt die frühe Trennung der neuweltlichen Procyoniden (Waschbären, Wickelbären, Makibären und andere) und des altweltlichen procyoniden Katzen-

bären die Einrichtung des Unterfamilienstatus sowohl für den Katzenbären (Ailurinae) als auch für die übrigen Arten (Procyonidinae). Die Abzweigung, die der Vorfahr des Großen Panda vor zehn Millionen Jahren vollzog, nachdem die Ursiden von den Procyoniden abgesplittet waren, liegt nahe genug zurück, um diese Art innerhalb der Ursidae anzusiedeln (und nicht in einer separaten Familie oder bei den Procyonidae). Allerdings rechtfertigt die relativ weit zurückreichende Abweichung des Großen Panda von den übrigen Bären zugleich, ihm den Status einer Unterfamilie (Ailuropodinae) zu verleihen. In ähnlicher Weise war die weniger weit zurückliegende, aber immer noch primitive Abgliederung des

Brillenbären von den ursinen Bären die Grundlage dafür, diese Art in eine eigene Unterfamilie (Tremarctinae) zu stellen. Sowohl der Große Panda als auch der Brillenbär weichen in ihrer Morphologie und chromosomalen Ausstattung erheblich von den ursinen Bären ab, was dieses Schema unterstützt.

Die ursinen Bären der dritten ursiden Unterfamilie, der Ursinae, setzten sich aus sechs Arten zusammen, die alle der Gattung *Ursus* angehören. Obwohl die sechs ursinen Bärenarten historisch als fünf unterschiedliche Gattungen klassifiziert wurden, zeigt ihre relativ spät einsetzende Aufspaltung, daß sie eng verwandt sind. Es empfiehlt sich daher heute, sie innerhalb einer Gattung anzusiedeln.

▲ Das weiße Fell des Eisbären, das ihm in der Arktis eine gute Tarnung verleiht, entstand vermutlich aus einer hellen Farbvariante der Braunbären, die die asiatische Küste des Eismeeres bewohnten.

UNKLARE ANSICHTEN ÜBER DIE HERKUNFT DES GROSSEN PANDA

STEPHEN J. O'BRIEN

So war die Fragestellung über viele Jahre erhalten geblieben: Die Anhänger der Bärengruppe, die der Waschbärengruppe und die noch Unentschlossenen legten ihre diversen Argumente mit der denkbar deutlichsten Logik vor. Währenddessen führte der Große Panda in den Bergen von Szechuan ein friedliches Leben und verschwendete keinen Gedanken an die Kontroversen, die er dadurch ausgelöst hat, daß er einfach er selbst ist.

Edwin Colbert, 1938

Der scheue, sanfte Große Panda (*Ailuropoda melanoleuca*) führt ein nomadisches Leben hoch im alpinen Bambuswald am Rande des tibetischen Hochlands in Westchina. Mit seinen reizenden Augenflecken, den Mickey-Mouse-Ohren und seinem verspielten Erscheinungsbild wurde er zum Symbol für alle gefährdeten Arten der Welt.

Vom entwicklungsgeschichtlichen Standpunkt war der Große Panda ein einziges Rätsel. Beinahe 130 Jahre lang, schon seit der Zeit, da er der westlichen Wissenschaft bekannt wurde, stand er im Mittelpunkt einer der heftigsten Debatten in der Geschichte der Taxonomie.

Erstmals für den Westen wurde dieses Tier im Jahre 1869 von dem französischen Missionar und Naturforscher Père David beschrieben. Dieser sandte eine Beschreibung des Pandas, den er *Ursus melanoleuca* (schwarzweißer Bär) genannt hatte, an seinen Mentor Alphonse Milne-Edwards, den Sohn (und späteren Nachfolger) des Direktors des Pariser naturhistorischen Nationalmuseums. Nach genauer Betrachtung des Fell- und Skelettmaterials, das David ihm geschickt hatte, kam Milne-Edwards im folgenden Jahr zu der Ansicht, daß einige Knochen und Zähne denen des Katzenbären (*Ailurus fulgens*) ähnlicher waren als denen anderer Bären. Und da der Katzenbär in die Familie der Waschbären, der Procyonidae, eingeordnet war, entschied sich Milne-Edwards dafür, den Großen Panda als einen Procyoniden zu betrachten, bei dem sich gewisse bärenähnliche Merkmale entwickelt hatten.

Obwohl der Große Panda wie ein Bär aussieht, besitzt er einige einzigartige Merkmale und Verhaltensweisen. Er ist, wie der Katzenbär, überwiegend herbivor und ernährt sich in erster Linie von den Keimlingen, Sprossen und Blättern des Bambus. Diese Ernährungsweise führte zu besonderen Anpassungen, von denen einige in den Vorfahren des Panda deutlich werden, die vor mindestens acht Millionen Jahren lebten. Schädel und Kiefer des Großen Panda sind äußerst massiv. Er besitzt kräftige Kiefermuskeln, und seine Zähne sind dafür angelegt, die Nahrung zu zerhacken und zermahlen. Zudem trägt das Tier an den Vorderfüßen einen sechsten Finger, die entwicklungsgeschichtliche Anpassung eines zum »Daumen« verlängerten Handwurzelknochens. Diese Merkmale sprechen dafür, daß der Große Panda darauf spezialisiert ist, lange Zeit auf seinem Hinterteil zu sitzen und Bambus zu fressen.

Aber der Panda besitzt noch weitere Merkmale, die für Bären untypisch sind. So sind die Genitalien der Männchen nur klein und weisen, wie bei den Waschbären, nach hinten. Auch verhält sich der Panda nicht wie ein richtiger Bär. Die meisten Bären der gemäßigten und arktischen Regionen Nordamerikas und Eurasiens halten eine Winterruhe, der Panda jedoch nicht. Dies liegt möglicherweise daran, daß ein Panda aus dem Bambus, einer relativ unergiebigen Energiequelle, nicht genügend Fettreserven bilden kann. Bären brüllen oder knurren, während der Große Panda blökt, etwa wie ein Schaf oder eine Ziege.

Widersprüchliche Schlußfolgerungen

Im vergangenen Jahrhundert wurden mehr als 50 Abhandlungen publiziert, die sich mit der wissenschaftlichen Klassifizierung der beiden Pandas beschäftigen. Einige von ihnen enthielten neue Informationen, während viele jedoch nur frühere Befunde neu interpretierten. Mit nahezu gleichbleibender Häufigkeit kam man immer wieder zu dem Schluß, daß der Große Panda ein spezialisierter Vertreter der Bärenfamilie, der Ursidae, sei, ein spezialisierter Vertreter der Waschbärenfamilie, der Procyonidae, oder daß er – allein oder zusammen mit dem Katzenbären – eine eigene Carnivorenfamilie, die Ailuropodinae, repräsentiere.

1869, in dem Jahr, in dem Milne-Edwards den Großen Panda den Procyoniden zuordnete, untersuchte Gervais das Gehirn des Tieres und ordnete den Panda zu den Bären. Im Jahre 1885 überarbeitete Mivart die Klassifizierung der arctoiden (bären- und hundsähnlichen) Carnivoren und stellte den Großen Panda zu den Procyonidae. Seine Schlußfolgerungen wurden während des folgenden Jahrhunderts von britischen und amerikanischen Naturforschern unterstützt. Der hervorragende britische Taxonom R.I. Pocock war der Ansicht, daß dem Großen Panda ein eigener Rang zukomme und stellte ihn in eine separate Familie, die Ailuropodinae.

Im Jahre 1964 publizierte dann D. Dwight Davis, damals Kurator für Säugetiere im Chicago's Field Museum of Natural History, eine außergewöhnliche Monographie, die sich auf die Anatomie von Su Li stützte, einen männlichen Panda, der 1938 im Brookfield Zoo gestorben war. Dieses Werk, kürzlich von Stephen Jay Gould als »die größte vergleichend-anatomische Arbeit unseres Jahrhunderts« gewürdigt, beschrieb allein 50 Organsysteme. Davis' taxonomische Schlußfolgerungen waren weithin zu hören: »Der Große Panda ist ein Bär, und nur sehr wenige genetische Mechanismen – vielleicht nicht einmal ein halbes Dutzend – waren an den primären Anpassungen beim Übergang von *Ursus* zu *Ailuropoda* beteiligt.« Diese Ansicht wurde von Fachleuten wie Gould und Ernst Mayr bereitwillig akzeptiert. Andere stimmten damit nicht überein und warfen ihm vor, seine Analyse gründe sich überwiegend auf anatomische Merkmale und folge nicht den üblichen taxonomischen Prinzipien. Zudem bemerkten die Kritiker, daß viele seiner Befunde vom entwicklungsgeschichtlichen Standpunkt her irrelevant waren, zumal gemeinsame Merkmale von Bären und Pandas auch bei vielen anderen Carnivoren vorkommen. Auf der ersten Seite seiner Monographie hatte Davis zugegeben, er sei von vornherein davon überzeugt gewesen, daß der Große Panda ein Bär sei und habe dies durch den ganzen Text vertreten, ohne den Versuch zu unternehmen, vergleichende Daten gegenüberzustellen. Dazu sagte er selbst: »Dies wurde so schwierig, daß ich aufgab«. Wie Gould kürzlich bemerkte, muß »Davis' persönliche Tragik in seinem Unvermögen gelegen haben, seine Kollegen zu überzeugen.«

In ihrer ausgezeichneten, 1973 publizierten Monographie über die Carnivoren kam R.F. Ewer zu der gleichen Ansicht, wie sie in einer umfassenden Überarbeitung der Herkunft des Pandas von Ramona und Desmond Morris, Kuratoren am Londoner Zoo, im Jahre 1966 vertreten worden waren. Nachdem es sowohl die Anatomie als auch das Verhalten des Tieres untersucht hatte, kam das Ehepaar Morris zu dem Befund, es handele sich um einen Procyoniden. In jüngerer Zeit sprachen sich dann die Ethologen John Eisenberg und George Schaller unabhängig voneinander dafür aus, dem Panda einen separaten Familienstatus zu geben. Auch mehrere Paläontologen (C. Chu, T. Wang, W.C. Pei und E. Thenius) waren dieser Ansicht, nachdem sie die mageren Fossilfunde der Ursiden und Procyoniden überarbeitet hatten. Als dann die erste Chromosomenbanden-Untersuchung vorgenommen wurde, fand diese Ansicht Unterstützung, denn Pandas besitzen 42 überwiegend metazentrische (zweiarmige) Chromosomen, während bei den meisten Bären 74 überwiegend akrozentrische (einarmige) Chromosomen vorkommen – das ist ein erheblicher Unterschied.

Im Jahre 1986 wurde in China eine 600 Seiten umfassende Abhandlung über die Anatomie des Großen Panda veröffentlicht. Sie war von einer Gruppe von Zoologen aus den zoologischen Gärten von Peking und den angeschlossenen Universitäten verfaßt worden und basierte auf der Untersuchung von 27 Exemplaren. Nach Ansicht dieser Wissenschaftler waren die Unterschiede zu den Bären so groß, daß die Einordnung in eine eigene Familie gerechtfertigt erschien.

Genetische Studien

Später haben molekulargenetische Untersuchungen die Frage gelöst. Man bearbeitete die Gene und Genprodukte des Großen Panda, des Katzenbären, der Bären und Waschbären mit fünf verschiedenen Methoden. Jedesmal zeichnete man aufgrund der Befunde einen entwicklungsgeschichtlichen Stammbaum, der in allen Fällen übereinstimmte. Es scheint also heute klar zu sein, daß sich die Vorfahren des Großen Panda vor etwa 20 Millionen Jahren von der Entwicklungslinie der Bären entfernten, zehn bis 15 Millionen Jahre, nachdem sich die Ursiden von den Procyoniden getrennt hatten. Der Katzenbär repräsentiert eine primitive Abspaltung von den neuweltlichen Procyoniden, die vor weniger als zehn Millionen Jahren nach der Trennung von Ursiden und Procyoniden eintrat. So sollte man den Großen Panda in der Tat zu den Bären rechnen, den Katzenbären dagegen zu den Waschbären.

Was soll nun mit dem Material geschehen, das verschiedene Autoren als Beweise für eine entwicklungsgeschichtliche Abweichung zwischen den Bären und dem Großen Panda vorgelegt haben? Zunächst ist es wichtig herauszustellen, daß die Einzelheiten aus der Monographie von Dwight Davis die Verwandtschaft des Großen Panda mit den Bären bestätigt haben. Zweitens sind zahlreiche gemeinsame Merkmale zwischen dem Großen Panda und dem Katzenbären nur darauf zurückzuführen, daß beide Arten überwiegend herbivor leben. Die meisten dieser Merkmale (etwa Mahlzähne, der massive Schädel, ein »Daumen«, Ähnlichkeiten im Verhalten) lassen sich einfach als Anpassungen an ihre Ernährungsweise deuten. Und bei anderen Merkmalen, die beiden Pandas gemeinsam sind, könnte es sich lediglich um primitive Carnivorenmerkmale handeln, die bei den Pandas erhalten blieben, bei den Bären und den neuweltlichen Procyoniden jedoch verlorengingen.

Die Fragestellung nach der Herkunft des Großen Panda bot Wissenschaftlern hervorragende Möglichkeiten herauszufinden, wie wirkungsvoll gewisse biologische Merkmale Aussagen über die Verwandtschaft

John Cancalosi/AUSCAPE International

▲ In früheren Untersuchungen hielten die Forscher den Großen Panda für einen Bären, da dieser mit ihnen Ähnlichkeiten in den Körperproportionen und anatomischen Details aufweist, etwa im Bau des Gehirns, der Gehörknochen und der Atemwege.

verschiedener Organismen geben können. Was man aufgrund dieser großen taxonomischen Kontroverse herausfand, hat gezeigt, wie sich die kombinierte Deutung molekularer, morphologischer und paläontologischer Befunde heranziehen läßt, um auch die entwicklungsgeschichtliche Vergangenheit anderer Gruppen aufzuklären.

DIE LEBENDEN BÄREN

IAN STIRLING

Trotz ihrer grundsätzlich ähnlichen Erscheinungsform haben Bären eine bedeutende Vielfalt von Anpassungen entwickelt. Soweit es die ganze Gruppe betrifft, bewohnen sie die unterschiedlichsten Lebensräume, angefangen vom tropischen Regenwald über die Gebirge und Ebenen der gemäßigten Breiten bis zum Treibeis des Polarmeeres.

Bären sind mittelgroße bis große Säugetiere, deren Gewicht von nur 27 Kilogramm (beim weiblichen Malaienbären) bis zu über 800 Kilogramm (bei einem ungewöhnlich großen Eisbärenmännchen) reicht. Selbst wenn man die kleineren Arten mit einschließt, sind die Bären im Durchschnitt erheblich schwerer als alle anderen Arten terrestrischer Carnivoren. Das Ausmaß der Unterschiede zwischen Männchen und Weibchen – der sogenannte Geschlechtsdimorphismus – fällt bei einigen Arten kaum ins Gewicht, während bei anderen die Männchen etwa doppelt so schwer sind.

Es gibt acht Arten lebender Bären in drei Unterfamilien, die überwiegend auf der Nordhalbkugel zu Hause sind. Soweit man bisher weiß, hat es in Australien niemals Bären gegeben. Zwar hat man in Südafrika fossile Bären nachgewiesen, doch bleibt es nach wie vor ein Rätsel, warum in einem der ökologisch reichsten Gebiete der Erde keine lebenden Arten mehr vorkommen. In historischer Zeit hatte sich bis zur Mitte des vorigen Jahrhunderts eine kleine Braunbärenpopulation in den Bergen Nordwestafrikas erhalten. Im Pleistozän (bis vor einer Million Jahre) lebten in Südamerika mehrere Bärenarten, von denen jedoch nur der Brillenbär überlebt hat.

Obwohl heute nur noch wenige Bärenarten existieren, war ihre Taxonomie oder Klassifizierung von überraschend umfangreichen Auseinandersetzungen begleitet. Mehrere Jahre lang stritten sich die Wissenschaftler darum, ob der Große Panda eher den Bären oder den Waschbären zuzuordnen sei, und erst in letzter Zeit erbrachte die moderne genetische Analyse den Befund, daß es sich um einen Bären handelt.

Noch im Jahre 1953 unterteilte ein Wissenschaftler die Braunbären, nachdem er die stark ausgeprägten strukturellen Unterschiede ihrer Schädel ausgewertet hatte, in 232 rezente und 39 fossile Arten und Unterarten! Heute besitzt in der Convention on International Trade in Endangered Species (CITES) nur noch eine Art Gültigkeit, der Braunbär (*Ursus arctos*), der mit verschiedenen in Europa, Ostasien und im westlichen Nordamerika lebenden Populationen auf Anhang II aufgelistet ist. Zwei Unterarten (der tibetische und der himalayanische) stehen sogar auf Anhang I. Obwohl unterdessen eine gewisse Einigkeit über die Zahl der Bärenarten erzielt wurde, streitet man nach wie vor über die Benennung und Gültigkeit von Unterarten. Die im folgenden aufgeführte Taxonomie ist der fünften Auflage (1991) von *Walker's Mammals of the World* entnommen.

FAMILIE URSINAE

DER INTERNATIONALE SCHUTZSTATUS DER BÄRENARTEN

KLASSIFIZIERUNG	ÜBEREINKUNFT ZUM INTERNATIONALEN HANDEL MIT GEFÄHR- DETEN ARTEN (CITES)[1]	ROTES BUCH DER IUCN[2]	
UNTERFAMILIE AILUROPODINAE			
Großer Panda			
Ailuropoda melanoleuca	Anhang I	gefährdet	
UNTERFAMILIE TREMARCTINAE			
Brillenbär			
Tremarctos ornatus	Anhang I	gefährdet	
UNTERFAMILIE URSINAE			
Malaienbär			
Ursus malayanus	Anhang I	gefährdet	
Lippenbär			
Ursus ursinus	Anhang I	gefährdet	
Schwarzbär			
Ursus americanus	Anhang II	nicht klassifiziert	
Kragenbär			
Ursus thibetanus	Anhang I	selten	
Braunbär			
Ursus arctos	Anhang I	nicht klassifiziert	
Eisbär			
Ursus maritimus	Anhang II	selten	

[1] Definitionen für die CITES-Klassifizierung

Anhang I: Die Arten sind selten oder gefährdet, und der Handel mit ihnen für primär kommerzielle Zwecke wird nicht gestattet. Für wissenschaftliche oder bildende Zwecke dürfen die Tiere gefangen werden. In Gefangenschaft gezüchtete Tiere, oder solche, die vor Inkrafttreten der Schutzbestimmung gefangen wurden, dürfen gehandelt werden. Dazu sind Genehmigungen sowohl des exportierenden als auch des importierenden Landes erforderlich.

Anhang II: Die Arten sind zur Zeit weder selten noch gefährdet, könnten aber in diesen Status verfallen, wenn der Handel nicht kontrolliert wird. Ausfuhrgenehmigung des Herkunftslandes und des wissenschaftlichen Beratungsgremiums von CITES sind erforderlich.

[2] Definitionen für die IUCN-Klassifizierung

Gefährdet: Vom Aussterben bedroht. Wenn die verursachenden Faktoren nicht abgestellt werden, ist ein Überleben unwahrscheinlich.

Selten: Tierarten, die mit hoher Wahrscheinlichkeit in nächster Zeit gefährdet sein werden, wenn die verursachenden Faktoren weiter wirksam bleiben. Davon sind unter Umständen Arten betroffen, deren Populationen zwar noch umfangreich sind, jedoch durch schädliche Einflüsse bedroht werden könnten.

UNTERFAMILIE TREMARCTINAE
Tremarctos ornatus
Brillenbär

ÄUSSERE ERSCHEINUNG: Der Brillenbär ist klein und dunkel. Seine Farbe variiert zwischen schwarz und braun, und einige Exemplare besitzen einen rötlichen Stich. Um die Augen herum trägt das Tier deutlich abgesetzte, kreis- oder halbkreisförmige cremefarbene Zeichnungen, die an eine Brille erinnern. Normalerweise erstrecken sich weiße Linien oder Flecken auch auf Kehle und Brust. Der Umfang und das Muster der weißen Markierungen können stark variieren.

GRÖSSE: Von diesem Bären liegen nur wenige Messungen vor. Die Körperlänge erwachsener Tiere beträgt etwa 150 bis 180 Zentimeter, und die Männchen sind um 30 bis 40 Prozent größer als die Weibchen. Männliche Tiere erreichen ein Gewicht von 100 bis 155 Kilogramm, und die Weibchen werden 64 bis 82 Kilogramm schwer. Bei ihrer Geburt haben die Jungen ein Gewicht von 300 bis 360 Gramm.

LEBENSRAUM: Brillenbären sind außerordentlich anpassungsfähig und in den unterschiedlichsten Lebensräumen zu finden, etwa im Regen- und Nebel- oder Trockenwald, in der Steppe und in der küstennahen Buschwüste. Aufgrund des Verlustes ihrer Lebensräume und der Verfolgung durch Menschen sind sie im dichten Wald offenbar häufiger. Die Art wurde in Höhenlagen zwischen 180 und 4200 Meter nachgewiesen, jedoch bevorzugen sie die feuchten Wälder zwischen 1800 und 2700 Meter. Bisher ist noch keine Population aus Gebieten bekanntgeworden, in denen keine Bromeliaceen und Früchte wachsen.

VERBREITUNG: Brillenbären findet man überwiegend auf den Hängen oder in der Nähe bewaldeter Gebirge von Venezuela und Kolumbien über Ecuador und Peru bis nach Bolivien.

FORTPFLANZUNG: Die Weibchen erreichen ihre Geschlechtsreife in einem Alter von vier bis sieben Jahren. Die Paarung erfolgt von Mai bis Juni, und die Paare bleiben eine oder zwei Wochen zusammen, wobei sie mehrmals kopulieren. Von November bis Februar werden dann Würfe mit einem, zwei oder manchmal auch drei Jungen geboren.

SOZIALSYSTEM: Die soziale Organisation des Brillenbären in der Wildnis ist praktisch nicht erforscht. In Gefangenschaft kommunizieren die Weibchen mit ihren Jungen regelmäßig durch Laute. Dabei geben die Mütter zwei und die Jungen fünf verschiedene Lauttypen von sich.

ERNÄHRUNG: Brillenbären ernähren sich sehr vielfältig. Sie verzehren unter anderem Kaninchen, Mäuse, Vögel, Beeren, Gräser und Orchideenknollen. Allerdings haben sie eine starke Vorliebe für die Blätter, Basen und Zentren der Bromeliaceenfamilie sowie die Früchte anderer Pflanzengruppen. Manchmal erklimmen sie Opuntien, um deren oben wachsende Früchte zu fressen. Häufig errichten sie Baumnester in Gestalt einer Plattform. Von dort aus fressen sie von den früchtebeladenen Ästen, oder sie nutzen sie zum Schlafen.

UNTERFAMILIE URSINAE
Ursus malayanus
Malaienbär

ÄUSSERE ERSCHEINUNG: Der Malaienbär trägt ein kurzhaariges, sei-
diges, schwarzes Fell. Die kurze, graue Schnauze verblaßt zu einer oran-
gen Färbung. Der halbmondförmige Brustfleck besitzt eine gelbliche oder
weißliche Farbe. Die Schnauze ist kürzer und heller gefärbt als beim
Schwarzbären, und bei vielen dehnt sich der helle Bereich bis über die Augen aus. Die Ohren sind klein und rund. Die großen Tatzen tragen nackte
Sohlen, was vermutlich als eine Anpassung an die kletternde Lebensweise
zu deuten ist. Die großen Krallen sind gebogen und spitz.
GRÖSSE: Dies ist die kleinste Bärenart. Erwachsene Tiere sind 120 bis
150 Zentimeter lang und wiegen zwischen 27 und 65 Kilogramm. Die
Männchen sind um zehn bis 20 Prozent größer als die Weibchen.
LEBENSRAUM: Malaienbären bewohnen die tropischen Regenwälder
des Tieflandes. Vermutlich schlafen die exzellenten Kletterer auf Bäumen.
VERBREITUNG: Zwar ist die Verbreitung dieser Art nicht gut dokumentiert. Allerdings kennt man sie aus dem gesamten südostasiatischen
Bereich von Nordburma und Bangladesch, nach Süden und Osten über
Laos, Kambodscha, Vietnam und Thailand sowie weiter südlich von der
malaysischen Halbinsel und den Inseln Borneo und Sumatra. Aufgrund
der umfangreichen Zerstörung der Lebensräume und der Wilderei dürfte
sich die Verbreitung des Malaienbären in letzter Zeit auf die nördlichen
und westlichen Regionen beschränkt haben.
FORTPFLANZUNG: Über das Fortpflanzungsverhalten in der Wildnis
ist nur wenig bekannt. Allerdings kommen die Jungen offenbar über das
ganze Jahr verteilt zu Welt. Die Tragzeit wurde in sechs Fällen im Ostberli-
ner Zoo mit 95 bis 96 Tagen angegeben, vorausgesetzt, daß sich die Einnistung nicht verzögerte. Im Gegensatz dazu dauerten drei Schwanger-
schaften im Zoo von Fort Worth (Texas) 174 bis 240 Tage, so daß man
hier von einer verzögerten Einnistung ausgehen kann. Die Würfe bestanden aus einem oder zwei Jungen mit je etwa 325 Gramm. Die Jungen leben angeblich mit ihren Müttern zusammen, bis sie ausgewachsen sind.
SOZIALSYSTEM: Die soziale Organisation ist vollständig unbekannt.
ERNÄHRUNG: Malaienbären sind Allesfresser. Sie ernähren sich nachweislich von Termiten, kleinen Säugetieren, Vögeln und den Wachstums-
spitzen von Palmen und Nestern wilder Bienen. Manchmal richten sie in
bebauten Gebieten, etwa unter Ölpalmen, erhebliche Verwüstungen an.

UNTERFAMILIE URSINAE
Ursus maritimus
Eisbär

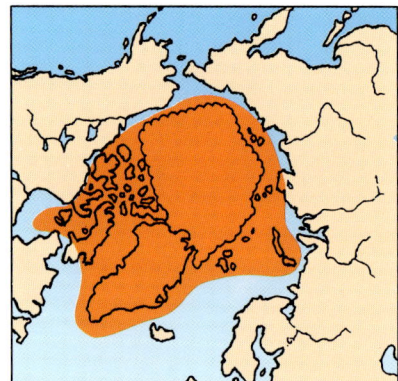

ÄUSSERE ERSCHEINUNG: Der Eisbär ist sofort an seinem unverwechselbaren weißen Fell zu erkennen. Sein Hals ist länger als bei anderen Bärenarten. Auch der Kopf ist verlängert, aber die Ohren sind relativ klein. Die großen Vordertatzen werden beim Schwimmen wie Paddel eingesetzt, während die Hinterfüße nachgeschleift werden. Die Nase und die unter dem Fell liegende Haut sind schwarz. Die Fußsohlen tragen kleine Papillen und Hohlräume, die wie Saugnäpfe arbeiten und ein Ausrutschen auf dem Eis weitgehend verhindern.

GRÖSSE: Der Eisbär ist der größte heute lebende Landcarnivore. Erwachsene Männchen erreichen ein Gewicht von 400 bis 600 Kilogramm und überschreiten manchmal sogar 800 Kilogramm. Die Weibchen sind etwa halb so groß und wiegen zwischen 200 und 300 Kilogramm. Unmittelbar bevor ein trächtiges Weibchen im Herbst seine Wurfhöhle aufsucht, kann sein Gewicht aufgrund der enormen gespeicherten Fettmassen 500 Kilogramm übersteigen. Erwachsene Männchen messen 240 bis 260, die Weibchen 190 bis 210 Zentimeter Länge. Bei ihrer Geburt wiegen die Jungen 600 bis 700 Gramm.

LEBENSRAUM: Der bevorzugte Lebensraum des Eisbären ist das Eis, das sich alljährlich an den Küsten der Kontinente und Archipele überall in der zirkumpolaren Arktis bildet. Winde und Strömungen führen zu

Bruchstellen im Eis, an denen sich die Robben, ihre bevorzugte Beute, sammeln. Obwohl Eisbären noch bis 88 Grad im Norden angetroffen wurden, dringen sie nur selten in die Zone des zentralen Polarbeckens mit seinem schweren, mehrjährigen Eis vor, da dieses Gebiet biologisch unproduktiv ist und nur wenig zu fressen bietet. In Gebieten wie der Hudson Bay, wo das Eis für wenige Monate im Spätsommer und im Herbst vollständig schmilzt, verbringen die Bären den Sommer an Land, ruhen sich aus, um Energie zu sparen, und warten darauf, daß das Meer erneut zufriert. Während die Männchen im allgemeinen an der Küste bleiben, halten sich Familiengruppen und subadulte Tiere weiter landeinwärts auf.

VERBREITUNG: Eisbären findet man überall in der zirkumpolaren Arktis. Der südlichste Punkt, den Eisbären ganzjährig bewohnen, ist James Bay in Kanada, der etwa auf demselben Breitengrad wie London liegt. Wenn im Winter das polare Packeis weiter nach Süden vordringt, wandern die Eisbären bis nach Neufundland und in das nördliche Beringmeer. Sobald sich der Südrand des Packeises im Sommer zurückzieht, wandern die Tiere wieder nach Norden zurück.

FORTPFLANZUNG: Eisbären paaren sich von Ende März bis Ende Mai. Allerdings verzögert sich die Einnistung des befruchteten Eies bis Ende September oder Anfang Oktober, und die Jungen kommen zwischen Ende November und dem Beginn des folgenden Jahres zur Welt. Nicht ganz 70 Prozent der Würfe bestehen aus Zwillingen, 25 bis 30 Prozent aller Fälle sind Einzeltiere, und außerdem kommen in seltenen Fällen auch Drillinge vor. Zwar wurden auch schon Würfe mit vier Jungen beschrieben, doch sind diese extrem selten, und vermutlich können auch nicht alle Jungtiere eines solchen Wurfes überleben. Die Jungen bleiben bei ihrer Mutter, bis sie zweieinhalb Jahre alt sind, so daß sich die meisten Weibchen nur alle drei Jahre fortpflanzen.

SOZIALSYSTEM: Über den größten Teil des Jahres leben die Eisbären als Einzelgänger verteilt. Eine Ausnahme bilden nur Weibchen in Begleitung ihrer Jungen. Sie besitzen große, überlappende Streifgebiete, verteidigen jedoch keine Jagdreviere. Das Geschechterverhältnis erwachsener Tiere beträgt 1:1, doch da die meisten Weibchen sich nur alle drei Jahre fortpflanzen, steht nur ein Drittel von ihnen in jeder Fortpflanzungssaison zur Verfügung. Dadurch kommt es zu einer intensiven Konkurrenz zwischen den Männchen um die Paarungspartner, was vermutlich auch einer der Gründe dafür ist, daß die Männchen doppelt so groß werden wie Weibchen.

ERNÄHRUNG: Eisbären sind die am stärksten carnivor ausgerichteten Bären. Sie leben beinahe ausschließlich von Ringelrobben, in kleinerem Umfang auch von Bartrobben. Wie man weiß, erbeuten sie auch junge Walrosse und fangen gelegentlich sogar Narwale und Belugas. Wenn sie sich während des Sommers an der Küste aufhalten, fressen sie auch Gräser, Tang oder Beeren oder vergreifen sich an den Kadavern von Land- oder Meeressäugern.

UNTERFAMILIE URSINAE
Ursus ursinus
Lippenbär

ÄUSSERE ERSCHEINUNG: Der Lippenbär ist von kleinem Wuchs und trägt zumeist ein langes, zottiges Fell, insbesondere über den Schultern. Zwischen dem dunklen Fell kommen auch braune und graue Haare vor, und auch zimtfarbene oder rötliche Individuen wurden schon beschrieben. Diese Art trägt einen deutlichen Brustfleck in Form eines breiten U, manchmal auch in Form eine Y, wenn sich der untere Teil der weißen Haare an der Brust hinunter erstreckt. Die hellgefärbte Schnauze ist sehr beweglich, und die Nasenlöcher können willentlich verschlossen werden. Vermutlich handelt es sich bei der reduzierten Behaarung der Schnauze um Anpassungen an die Verteidigungssekrete der Termiten.

GRÖSSE: Erwachsene Tiere sind 150 bis 190 Zentimeter lang. Die Männchen erreichen ein Gewicht von 80 bis 140, die Weibchen von 55 bis 95 Kilogramm.

LEBENSRAUM: Lippenbären leben in bewaldeten Gebieten und im Grasland, insbesondere in niedrigeren Höhenlagen. Offensichtlich ziehen sie trockenere Wälder vor, und häufig wurden sie in Gebieten angetroffen, in denen der nackte Fels zutage tritt.

VERBREITUNG: Die meisten Lippenbären leben in Indien und auf Sri Lanka, doch kommen sie auch in Bangladesch, Nepal und Bhutan vor.

FORTPFLANZUNG: Die Paarung erfolgt von Mai bis Juli. In Gefangenschaft kommen die Paare nur an einem oder zwei Tagen zusammen, und dabei geht es recht laut und gewaltsam zu. Die Tragzeit dauert sechs bis sieben Monate. Die meisten Würfe bestehen aus einem oder zwei Jungtieren, doch wurden auch schon Drillinge beschrieben. Die Jungen kommen in einer Erdhöhle zur Welt und

verlassen diese offenbar erst im Alter von zwei bis drei Monaten. Anschließend bleiben sie noch mindestens zwei Jahre bei der Mutter.

SOZIALSYSTEM: Über die soziale Organisation ist nur wenig bekannt. Nach Beobachtungen aus der Wildnis leben die Tiere – abgesehen von Weibchen mit ihren Jungen – vermutlich einzeln.

ERNÄHRUNG: Lippenbären ernähren sich in großem Umfang von Termiten und haben dafür besondere Anpassungen entwickelt. Sie können ihre nackten Lippen vorstülpen, und da das innere Paar der oberen Schneidezähne fehlt, verfügen sie über eine Lücke, durch die die Termiten eingesogen werden können. Die Sauggeräusche, die die Bären dabei entwickeln, sind noch 100 Meter entfernt zu hören. Sie fressen zudem Eier, andere Insekten, Honigwaben, Aas und verschiedene Pflanzen. In Nepal ernähren sie sich von März bis Juni in großem Umfang von Früchten.

UNTERFAMILIE URSINAE
Ursus thibetanus
Kragenbär

ÄUSSERE ERSCHEINUNG: Dieser mittelgroße, schwarz gefärbte Bär besitzt eine helle Schnauze. Die Ohren sind nicht nur in Relation zum übrigen Kopf, sondern auch im Vergleich mit anderen Bärenarten recht groß. Auf der Brust trägt diese Art ein weißes, V-förmiges Muster und am Kinn einen weißen Fleck. Zudem kommt auch eine Braunfärbung vor.

GRÖSSE: Trotz der begrenzten Informationen über diesen Bären kann man annehmen, daß erwachsene Tiere 130 bis 190 Zentimeter lang werden. Ausgewachsene Männchen wiegen 100 bis 200, erwachsene Weibchen 50 bis 125 Kilogramm.

LEBENSRAUM: Kragenbären leben überwiegend in bewaldeten Gebieten, insbesondere in hügeligem und gebirgigem Gelände. Im Sommer wurden diese Tiere in Höhen über 3000 Meter gesehen. Im Winter suchen sie niedrigere Höhenlagen auf. Offensichtlich überwintern sie im nördlichen Teil ihres Verbreitungsgebietes in Höhlen. Vermutlich halten sie an den recht warmen südlichen Grenzen ihres Verbreitungsgebietes keinen Winterschlaf, jedoch wurde diese Ansicht noch nicht bestätigt.

VERBREITUNG: Der Kragenbär ist über weite Teile Südasiens verbreitet. Er kommt entlang der Gebirge von Afghanistan über Pakistan und Nordindien, Nepal, Sikkim und Bhutan bis nach Burma und den nordöstlichen Teil Chinas vor. Man findet ihn auch im Südosten Rußlands, auf Taiwan, sowie auf den japanischen Inseln Honshu und Shikoku.

FORTPFLANZUNG: Bisher liegen nur wenige detaillierte Informationen über die Fortpflanzung bei Kragenbären vor. Es scheint jedoch Unterschiede zwischen den Populationen Südwest- und Südostasiens zu geben. Bei den Weibchen tritt die Geschlechtsreife vermutlich im Alter von drei bis vier Jahren ein. In Rußland paaren sich die Tiere, wie berichtet wird, im Juni und Juli, und die Jungen kommen zwischen Dezember und März zur Welt. In Pakistan paaren sich die Bären im Oktober, und die Jungen werden im Februar geboren. Nach weniger als sechs Monaten sind die Jungen entwöhnt, doch bleiben sie zwei bis drei Jahre lang mit ihrer Mutter zusammen. Manchmal wurden Weibchen mit Jungtieren verschiedener Altersstufen gesichtet.

SOZIALSYSTEM: In Rußland sind die Streifgebiete angeblich zehn bis 20 Quadratkilometer groß. Man weiß kaum etwas über die soziale Organisation des Kragenbären. Die Tiere gelten als überwiegend nachtaktiv und verschlafen den Tag auf Bäumen oder in Höhlen.

ERNÄHRUNG: Auf dem umfangreichen Speisezettel der Kragenbären stehen Früchte, Bienennester, Insekten und andere Wirbellose, kleine Wirbeltiere und Aas. Manchmal erbeuten sie auch Haustiere, doch weiß man nicht, in welchem Maße sie wilden Huftieren nachstellen. Im Herbst errichten sie häufig blattbedeckte Freßplattformen auf nüssetragenden Bäumen.

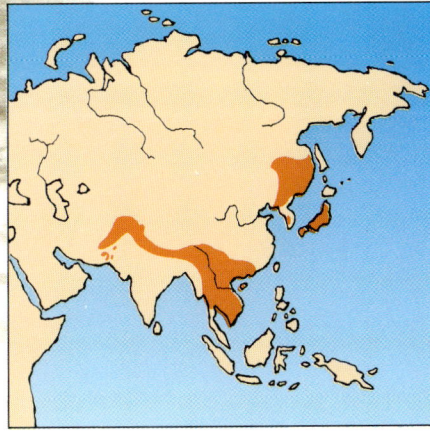

UNTERFAMILIE URSINAE
Ursus americanus
Schwarzbär, Baribal

ÄUSSERE ERSCHEINUNG: Dieser mittelgroße Bär ist in der Regel schwarz gefärbt und besitzt eine braune Schnauze. Ein Schulterbuckel fehlt, und häufig trägt das Tier einen weißen Fleck auf der Brust. Obwohl schwarz die vorherrschende Farbe ist, sind auch schokoladen- und zimtbraune Farbvarianten häufig, wodurch er häufig mit dem Braunbären verwechselt wird. Hin und wieder kommen auch Schwarzbären mit weißem und blaßblauem Fell vor (die sogenannten Kermode- beziehungsweise Gletscherbären). Kermode-Bären sind entlang der nördlich-zentralen Küste Britisch-Kolumbiens verbreitet, während Gletscherbären in Alaska, im Nordwesten Britisch-Kolumbiens und im kanadischen Yukon-Territorium vorkommen. Schwarzbären besitzen kräftige, stark gekrümmte Krallen, und ihr Gesicht wirkt im Profil – verglichen mit dem konkaven Profil des Braunbären – eher konvex.

GRÖSSE: Ausgewachsene Männchen werden etwa 130 bis 190 Zentimeter lang und 60 bis 300 Kilogramm schwer. Die Weibchen messen 90 bis 150 Zentimeter und wiegen 40 bis 80 Kilogramm. Schwarzbären variieren ganz erheblich in der Größe, je nachdem, welche Nahrung gerade zur Verfügung steht. Die Männchen sind 20 bis 60 Prozent größer als die Weibchen. Bei ihrer Geburt wiegen die Jungen 225 bis 330 Gramm.
LEBENSRAUM: Schwarzbären kommen meistens nur in bewaldeten Gebieten vor, zeigen jedoch innerhalb eines solchen Lebensraums eine hohe Anpassungsfähigkeit. Sie bewohnen sowohl trockene als auch feuchte Wälder vom Meeresniveau bis zu einer Höhe von 2000 Meter. Historisch begründet sich ihre Abneigung gegen offenes Gelände vermutlich aus der Gefahr, Braunbären zum Opfer zu fallen. Sie haben sich jedoch in der Tundra im Norden Labradors etabliert, wo es keine Braunbären gibt.
VERBREITUNG: Der Schwarzbär ist überall in den bewaldeten Gebieten Nordamerikas weit verbreitet, obwohl er aus einem Teil seines ursprünglichen Verbreitungsgebietes vollständig vertrieben wurde. Er bewohnt gegenwärtig Nordmexiko, 32 Staaten der USA und alle Provinzen und Territorien Kanadas mit Ausnahme von Prince Edward Island.
FORTPFLANZUNG: Die Weibchen werden mit drei bis vier Jahren geschlechtsreif, die Männchen etwa ein Jahr später. Die Tiere paaren sich

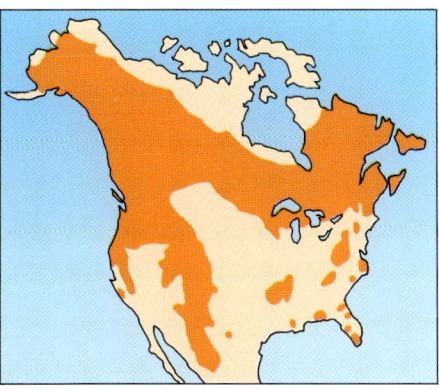

von Juni bis August, und die Paare bleiben wenige Stunden oder mehrere Tage zusammen. Die Weibchen tragen etwa 220 Tage lang, und die Jungen kommen im Januar und Februar in Wurfhöhlen zur Welt. Ein Wurf umfaßt ein bis fünf, zumeist jedoch zwei Junge. Diese sind nach sechs bis acht Monaten entwöhnt, bleiben jedoch noch eineinhalb Jahre bei ihrer Mutter. Daher können sich weibliche Schwarzbären, wenn sie ihre Jungen nicht vorzeitig verlieren, günstigstenfalls alle zwei Jahre paaren. In der Wildnis beträgt die Lebenserwartung 20 bis 25 Jahre.

SOZIALSYSTEM: Sieht man von den Weibchen, die Junge führen, einmal ab, verbringen die Schwarzbären den größten Teil ihres Lebens allein. Zur Fortpflanzungszeit bleiben ein Männchen und ein Weibchen mehrere Tage hintereinander zusammen, und bei ausreichendem Nahrungsangebot suchen die Bären dicht nebeneinander in Gruppen ihre Nahrung. Die Streifgebiete der Weibchen umfassen drei bis 40 Quadratkilometer. Während die Streifgebiete einzelner Bären normalerweise Individuen des gleichen Geschlechts ausschließen, sind diejenigen der Männchen größer und überlappen sich unter Umständen mit denen mehrerer Weibchen. Nicht selten darf ein junges erwachsenes Weibchen sein Territorium innerhalb des mütterlichen Areals anlegen, während subadulte Männchen dort nicht geduldet werden.

ERNÄHRUNG: Schwarzbären sind omnivor und fressen, was gerade verfügbar ist. In den meisten Gebieten setzt sich der Hauptteil ihrer Nahrung aus Insekten (insbesondere Ameisen), Nüssen, Beeren, Eicheln, Gräsern, Wurzeln und anderen Pflanzen zusammen. Zudem jagen sie mit Erfolg Hirsch- und Elchkälber. In einigen Küstengebieten Britisch-Kolumbiens und Alaskas ernähren sie sich auch von laichenden Lachsen.

UNTERFAMILIE URSINAE
Ursus arctos
Braunbär

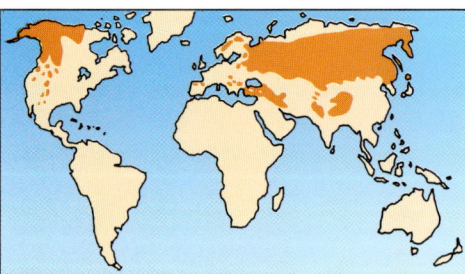

ÄUSSERE ERSCHEINUNG: Der Braunbär (in Nordamerika wird er manchmal als Grizzly bezeichnet) ist ein großes, normalerweise dunkelbraun gefärbtes Tier, dessen Fellfarbe jedoch von einem hellcremefarbenen Schatten bis schwarz variieren kann. Die langen Deckhaare der Schultern und des Rückens besitzen häufig eine weiße Spitze, wodurch das Fell aus der Entfernung grau aussehen kann. Der Braunbär zeichnet sich durch einen deutlichen Schulterbuckel, ein leicht konkaves Gesichtsprofil sowie durch lange Krallen an den Vordertatzen aus.

GRÖSSE: Die Größe der Braunbären variiert erheblich je nach Population und ihrer verfügbaren Nahrung. Aber auch die Bestimmung repräsentativer Körpergewichte bestimmter Populationen ist insofern schwierig, als verschiedene jahreszeitlich bedingte Auswirkungen berücksichtigt werden müssen. So können einige Bären im Herbst etwa doppelt so schwer sein wie im Frühjahr. Erwachsene Männchen wiegen 135 bis 390 Kilogramm, die Weibchen 95 bis 205 Kilogramm. Die Jungen wiegen bei ihrer Geburt zwischen 340 und 680 Gramm. Die größten Bären findet man an den Westküsten Britisch-Kolumbiens und Alaskas sowie auf den Alaska vorgelagerten Inseln wie Kodiak und den Admiralitätsinseln. Dort wiegen die Männchen im Durchschnitt über 300, die Weibchen über 200 Kilogramm. Dagegen erreichen die Braunbären aus dem Landesinneren Nordamerikas, Europas und der Subarktis nur etwa zwei Drittel der Körpergröße ihrer Vettern aus Alaska und Kamtschatka.

LEBENSRAUM: Braunbären bewohnen eine große Vielfalt von Lebensräumen, unter anderem dichte Wälder, subalpine Gebirgsregionen und Tundren. Einst waren sie auf den nordamerikanischen Prärien verbreitet, wurden dort jedoch ausgerottet.

VERBREITUNG: Von allen Bärenarten besitzt der Braunbär die weiteste Verbreitung. Man findet ihn in örtlich begrenzten Populationen in Ost- und Westeuropa, im gesamten nördlichen Asien und in Japan. In Nordamerika lebt diese Art in Westkanada, Alaska, sowie in den Staaten Wyoming, Montana, Idaho und Washington.

FORTPFLANZUNG: Weibliche Braunbären erreichen ihre Geschlechtsreife in einem Alter zwischen viereinhalb und sieben Jahren. Zwar gilt dies wohl auch für die Männchen, doch sind diese vermutlich erst mit acht bis zehn Jahren groß genug, um der Fortpflanzungspopulation beizutreten. Die Paarung erfolgt von Anfang Mai bis Mitte Juli, die Einnistung verzögert sich jedoch bis zum Oktober oder November. Die ein bis vier Jungtiere eines Wurfes – es sind zumeist zwei – kommen von Januar bis März zur Welt. Wenigstens zweieinhalb Jahre lang bleiben die Jungen bei ihrer Mutter, so daß ein Weibchen höchstens alle drei Jahre paaren kann. In einigen Gebieten, etwa an der arktischen Küste, sind die Fortpflanzungsintervalle jedoch bedeutend länger. Die Lebenserwartung beträgt in der Wildnis 20 bis 25 Jahre.

SOZIALSYSTEM: Zumeist leben Braunbären – ein Ausnahme bilden Mütter mit ihren Jungen – für sich allein. Zur Fortpflanzungszeit schließt sich ein Männchen einem Weibchen für etwa zwei Wochen zur Paarung an. Braunbären leben in einander überlappenden Streifgebieten verteilt, wobei die der Männchen größer sind als die der Weibchen. Trotz ihrer Vorliebe für ein einsames Leben kommen Braunbären durchaus in hoher Dichte vor, wo es Nahrung im Überfluß gibt, so zum Beispiel an Lachsbächen oder Abfallhaufen. Unter solchen Umständen dominieren die erwachsenen Männchen.

ERNÄHRUNG: Braunbären ernähren sich vorwiegend von Pflanzen wie Gräsern, Seggen, Knollen und Wurzeln. Sie fressen aber auch Insekten, etwa Ameisen, sowie Fische und Kleinsäuger. In einigen Gebieten entwickelten sie sich zu erfolgreichen Beutegreifern, die großen Huftieren, wie Elchen, Karibus und Wapitis, nachstellen.

UNTERFAMILIE AILUROPODINAE
Ailuropoda melanoleuca
Großer Panda

ÄUSSERE ERSCHEINUNG: Die stark kontrastierende Schwarzweißfärbung und die typische stämmige Form eines Bären machen den Großen Panda zu einem der am leichtesten zu erkennenden Tiere überhaupt. Der Kopf, der obere Halsbereich, der Rumpf und die hinteren Beinbereiche sind weiß, während kleine Flecken um die Augen herum, die Ohren, Schultern und vorderen Beinbereiche schwarz gefärbt sind. Im Vergleich zu anderen Bären besitzt der Große Panda einen relativ großen Kopf. Die Vordertatze besitzt einen sechsten Finger: Das am Handgelenk liegende Sesambein verlängerte sich zu einem unbeholfenen, aber funktionstüchtigen, opponierbaren Daumen. Die männlichen Genitalien sind nur klein und nach hinten gerichtet, was dieses Tier dem Katzenbären (*Ailurus fulgens*) ähnlicher macht als den übrigen Bären.

GRÖSSE: Ein ausgewachsener Panda besitzt eine Körperlänge zwischen 160 und 190 Zentimeter. Die Männchen sind geringfügig länger als die Weibchen, haben kräftigere Vorderbeine und sind um zehn bis 20 Prozent schwerer. In der Wildnis wiegen die Männchen 85 bis 125 Kilogramm, die Weibchen nur 70 bis 100 Kilogramm. Das Gewicht neugeborener Jungtiere liegt bei nur 85 bis 140 Gramm.

LEBENSRAUM: Der Große Panda lebt in einer Höhe von 1200 bis 3500 Meter. Hier bewohnt er Bergwälder, die sich durch dichte Bambusbestände auszeichnen. Die Streifgebiete umfassen im Durchschnitt bei Männchen 8,5 und bei Weibchen 4,6 Quadratkilometer.

VERBREITUNG: Pandas leben nur im Südwesten Chinas am Ostrand des tibetischen Hochlandes. Obwohl sie einst weiter verbreitet waren, ist ihr Vorkommen heute auf sechs kleine Gebiete der Provinzen Sichuan, Gansu und Shaanzi beschränkt, die zusammen nur 14 000 Quadratkilometer bedecken.

FORTPFLANZUNG: Pandas werden in einem Alter zwischen viereinhalb bis sechseinhalb Jahren geschlechtsreif und paaren sich im Frühjahr vom März bis Mai. Zwar befinden sich die Weibchen ein bis drei Wochen lang im Östrus, jedoch sind sie nur wenige Tage wirklich empfängnisbereit. Von August bis September kommen Würfe von einem, zwei oder gelegentlich auch drei Jungen zumeist in einem hohlen Baum oder in einer Höhle zur Welt. Normalerweise wird nur ein Junges aufgezogen. Obwohl es zumeist nach neun Monaten entwöhnt ist, bleibt es noch bis zu 18 Monaten bei seiner Mutter.

SOZIALSYSTEM: Abgesehen von Weibchen, die Junge führen, leben Pandas als Einzelgänger. Zur Fortpflanzungszeit kämpfen manchmal mehrere Männchen um ein Weibchen. Die Streifgebiete der Weibchen schließen einander normalerweise aus, obgleich sie manchmal überlappen. Dagegen überschneidet sich das Streifgebiet eines Männchens durchaus mit dem mehrerer Weibchen. Pandas kommunizieren untereinander, indem sie eine sauer duftende Substanz, die aus Drüsen ihrer anogenitalen Region stammt, auf Baumstümpfe und Steine reiben. Sie markieren auch Bäume mit den Krallen. Die Markierung der Territorien wird vermutlich überwiegend von männlichen Tieren ausgeübt. Pandas sind recht stimmgewaltig. Allein elf verschiedene Rufe wurden in der Wildnis identifiziert, obgleich ihre jeweilige Funktion noch ungeklärt ist. In Gefangenschaft geben die Weibchen auch während des Östrus Laute von sich.

ERNÄHRUNG: Mehr als 99 Prozent der von Pandas verzehrten Nahrung besteht aus den Zweigen, Sprossen und Blättern von mindestens 30 Bambusarten, deren Zusammensetzung von einer Region zur anderen variiert. Erwachsene Tiere fressen täglich 12 bis 15 Kilogramm an Bambusblättern und -sprossen. Wenn sie neue Bambusschößlinge zu sich nehmen, können sie jedoch bis zu 38 Kilogramm am Tag fressen, was etwa 40 Prozent ihres durchschnittlichen Körpergewichtes entspricht. Obwohl der Anteil kaum ins Gewicht fällt, nehmen Pandas in kleinen Mengen auch andere Pflanzen und Fleisch zu sich. Die Tiere fressen zumeist auf ebener Erde, können jedoch auch gut Bäume erklettern. Sie sind überwiegend dämmerungs- und nachtaktiv.

DIE BIOLOGIE DER BÄREN

BLAIRE VAN VALKENBURGH

Viele der ungewöhnlichen Merkmale in der Biologie der Bären haben mit ihrer Größe und den Ernährungsgewohnheiten zu tun: Große Tiere haben Probleme, ihre Körpertemperatur zu regulieren und den Körper zu stützen, und zudem besitzt pflanzliche Nahrung einen geringeren Energiegehalt als tierische und ist auch schwerer zu verdauen. Um mit diesen Schwierigkeiten fertigzuwerden, haben Bären eine Reihe physischer Anpassungen entwickelt.

Bären sind ungewöhnliche Vertreter der Ordnung Carnivora, zu der an Land auch die Katzen, Hunde, Marder, Schleichkatzen und Hyänen und im Meer die Robben, Seelöwen und Walrosse gehören. Mit Ausnahme des räuberisch lebenden Eisbären nehmen die Bären unter allen Carnivoren den höchsten Anteil pflanzlicher Nahrung zu sich und leben mehr von Früchten und Knollen als von tierischer Beute. Alle acht Arten sind großwüchsig, und die kleinste von ihnen, der Malaienbär, wiegt mehr als ein Wolf, der größte der Caniden. Dagegen sind der Eisbär und der Kodiakbär heute die größten Carnivoren. Die Männchen dieser Arten haben manchmal ein Gewicht von 800 Kilogramm und annähernd die Größe eines erwachsenen männlichen Bisons. Erstaunlicherweise erreichen die Bären ihre ungewöhnliche Größe nicht dadurch, daß die Jungen so rasch heranwachsen. Im Vergleich zu anderen Carnivoren sind neugeborene Bärenjunge neben ihrer Mutter geradezu winzig und wachsen nur langsam heran.

Daniel J. Cox

▲ Schwarzbären mästen sich für den Winterschlaf, indem sie im Herbst große Mengen von Beeren zu sich nehmen. Sie »sortieren« ihre Nahrung, so daß sie nur wenige Blätter enthält.

Francois Gohier/Ardea London Ltd

GESCHWINDIGKEIT UND STÄRKE

Alle Bären besitzen einen großen Kopf mit kleinen Ohren, massive Schultern, einen gedrungenen Rücken und einen kurzen Schwanz. Der ganze Körper wird von dicken Extremitäten und breiten Tatzen getragen. Im Vergleich zu Katzen haben die Bären eine längere Schnauze und einen kürzeren, steiferen Rücken, und im Vergleich zu großen Hunden sind ihre Beine stämmig und die Füße stärker gespreizt.

Im Gegensatz zu diesen anderen Carnivoren gehen Bären auf den Sohlen ihrer Hinterfüße, wobei sich der Knöchel genau über dem Boden befindet. Diese sogenannte plantigrade Fortbewegung unterscheidet sich von der digitigraden Haltung der Katzen und Hunde, bei denen die »Fußsohle« mit dem Knöchel angehoben ist und nur die Zehen den Boden berühren. Um zu verstehen, warum die Bären ganz anders gebaut sind als Katzen und Hunde, muß man zunächst die Vorzüge digitigrader Füße erläutern.

Eine digitigrade Fortbewegung auf den Zehen ist dann vorteilhaft, wenn es auf Geschwindigkeit ankommt. Das Tempo ergibt sich aus der Schrittlänge und der Schritthäufigkeit. Eine Anhebung des Knöchels verlängert den Teil der Extremität, der die Schrittlänge bestimmt, also von der Schulter oder Hüfte bis zum Aufsatzpunkt am Boden. Längere Beine greifen weiter aus, und daher ist eine digitigrade Fußhaltung für schnellaufende Säuger typisch. Zudem besitzen digitigrade Tiere im allgemeinen re-

▼ Ein junger Braunbär frißt nahe am Wasser Sukkulenten. Da er wenig sieht, erhebt er sich auf die Hinterbeine, um nach potentieller Gefahr Ausschau zu halten.

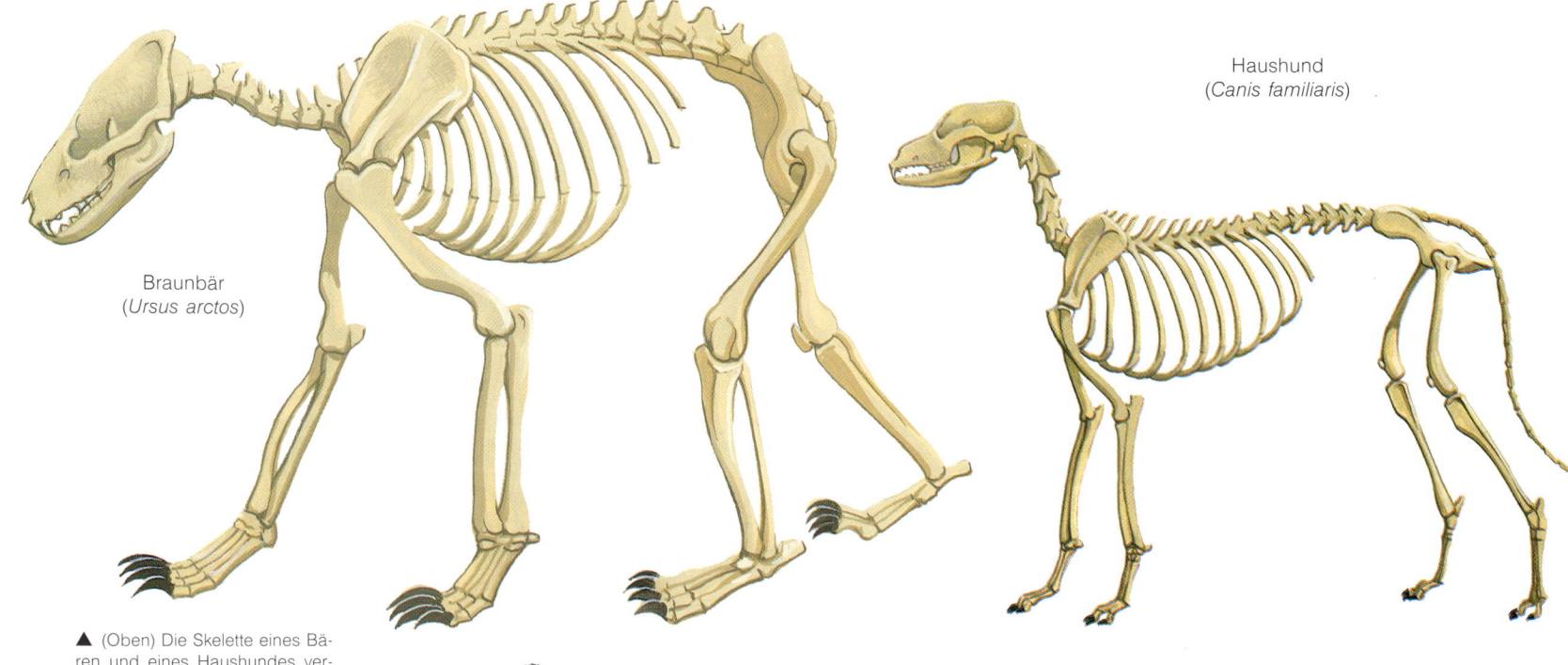

Braunbär
(*Ursus arctos*)

Haushund
(*Canis familiaris*)

▲ (Oben) Die Skelette eines Bären und eines Haushundes verdeutlichen die Unterschiede zwischen einer plantigraden und einer digitigraden Körperhaltung. Der digitigrade Hund steht auf seinen Zehen und hebt die Fußsohle (die Mittelfußknochen) vom Boden ab. Im Gegensatz dazu liegen die hinteren Sohlen des Bären flach auf dem Boden auf, wie beim Menschen, und verleihen ihm eine plantigrade Haltung. Bei den semiplantigraden Vorderpfoten des Bären nehmen die Mittelhandknochen eine Zwischenstellung ein. Digitigrade Tiere laufen im allgemeinen schneller als plantigrade, unter anderem deshalb, weil ihre Gliedmaßen durch ihre Körperhaltung vergleichsweise länger werden.

▼ Da Bären nur wenige Feinde zu fürchten haben und kaum jemals ihrer Beute nachjagen, müssen sie selten hohe Geschwindigkeiten erreichen. Wie dieser Lippenbär schlendern sie eher auf den flachen Sohlen ihrer Füße.

lativ lange Mittelfußknochen, die die Fußsohle bilden und die Gesamtlänge der Extremitäten noch erhöhen. Ihre Arm- und Beinmuskeln sind in der Nähe der Schulter- und Hüftgelenke wesentlich dicker und laufen in Richtung der Zehen als lange, elastische Bänder zu. Dieser Aufbau reduziert die Muskelmasse in der Nähe der Knöchel und der Füße, wo die Gliedmaßen sich beim Gehen am schnellsten bewegen, so daß Trägheitseffekte weitgehend vermieden

werden. Hält man sich den zusätzlichen Energieaufwand vor Augen, der nötig wird, wenn man mit Knöchelgewichten oder schweren Schuhen gehen oder laufen muß, werden die Nachteile schwerer Füße sofort klar. Zudem ziehen Läufer einen weiteren Vorteil aus ihren langen, sehnigen Muskelansätzen. Sehnen sind elastisch und funktionieren beim Laufen wie energiesparende Federn. Wenn die Extremität unter dem Gewicht des Tieres gebeugt wird, strecken sie sich, schnellen dann zurück und treiben den Körper nach vorn und nach oben. Diese Zusammenstellung aus digitigradem Gang, langen Mittelfußknochen und einer kompakten Muskulatur mit lang ausgreifenden Sehnen ist typisch für Carnivoren, die an eine schnelle Fortbewegungsweise angepaßt sind.

Bären sind fraglos nicht auf hohe Geschwindigkeiten spezialisiert. Obwohl ihre Vorderfüße semi-digitigrad sind, befinden sich die hinteren in plantigrader Stellung. Zudem sind die Mittelfußknochen kurz, und die Muskulatur ist über die ganze Länge der Extremität kräftig entwickelt. In vielerlei Hinsicht sind Bären den Dachsen ähnlicher als anderen Carnivoren vergleichbarer Größe, wie etwa Tiger, und dies zeigt sich auch in ihrem Tempo. Die höchste Geschwindigkeit, die bisher bei Schwarz- und Braunbären gemessen wurde, liegt bei 50 Kilometer in der Stunde, während der vollständig digitigrade Löwe oder Wolf 55 bis 65 Stundenkilometer schafft.

Wenn der Körperbau der Bären also nicht für ein hohes Tempo ausgelegt ist, wozu ist dann die Kombination aus massiven Gliedmaßen, plantigraden Hinterfüßen, plumpen Tatzen und einem gedrungenen Rücken zu gebrauchen? Die Antwort ist einfach: Der Bär erreicht damit eine große Stärke und Beweglichkeit seiner Extremitäten. Die gedrungenen Arme eines Bären können über eine wesentlich größere Bewegungsspanne viel mehr Kraft ausüben als die von Hunden oder sogar von Katzen. Bären nutzen diese Fähigkeiten, wenn sie Nahrung ausgraben, eine Höhle erweitern, Lachse fangen oder auf Bäume klettern, um einer Gefahr zu entgehen. Aber auch

Sue Earle/Planet Earth Pictures

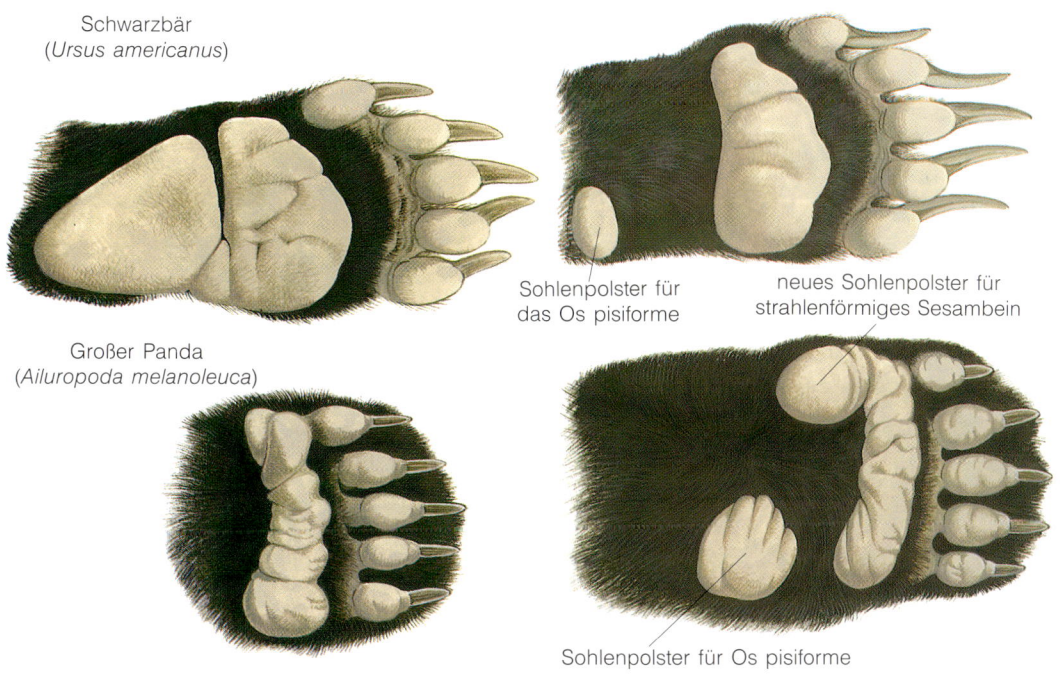

Schwarzbär
(*Ursus americanus*)

Großer Panda
(*Ailuropoda melanoleuca*)

Sohlenpolster für
das Os pisiforme

neues Sohlenpolster für
strahlenförmiges Sesambein

Sohlenpolster für Os pisiforme

vergrößertes
strahlenförmiges
Sesambein

▲ Das Skelett des lin-
ken Vorderfußes (Hand)
eines Braunbären (links) und eines Großen
Panda (rechts), von oben gesehen. Das strah-
lenförmig vergrößerte Sesambein erweckt den
Eindruck, als hätte der Panda sechs Finger.
Der dem »Daumen« des Panda entsprechende Knochen ist beim Braunbären wesentlich kleiner und von diesem Blickwinkel
aus nicht zu sehen.

▼ Über 99 Prozent der Nahrung des Panda
bestehen aus den Sprossen, Zweigen und
Blättern des Bambus. Der Panda beißt mit seinen Schneidezähnen in die Sproßbasis und
reißt dann Streifen von dem Stück herunter,
das er zwischen den Pfoten hält.

▲ Ein Blick auf die Sohlen des linken Hinterfußes (links) und der Vorderfüße (rechts) eines Schwarzbären und eines Großen Panda.
Der »Daumen« der Panda ist als die Basis des »L« in der L-förmigen Sohle seines Fußes erkennbar. Die isolierten Polster unterhalb
des Hauptballens der Vorderfüße beider Bären schützen einen großen Knochen des Handgelenks, das Os pisiforme. Da der Schwarzbär seine Nahrung häufig ausgräbt, besitzt er wesentlich längere Krallen als der Panda, der nur selten im Boden gräbt.

zum Kampf mit Artgenossen oder anderen Raubtie-
ren sind sie sehr nützlich.

TATZEN UND KLAUEN

Obwohl alle Bären offenbar einen ähnlichen Körperbau besitzen, bringt ein genauer Blick auf ihre Füße
Unterschiede zutage, die ihren vielfältigen Lebens-
weisen und Fähigkeiten entsprechen. Zweifellos gehören die bemerkenswertesten Bärentatzen dem Großen Panda. Dieser besitzt einen modifizierten Hand-
wurzelknochen (das Sesambein), das einen sechsten
Finger bildet und etwa in der Art eines menschlichen
Daumens eingesetzt wird. Die Pandas sitzen bequem
auf dem Hinterteil, ergreifen ihre Hauptnahrung,
Bambus, mit den Händen und führen sie zum Maul.
Obwohl auch andere Bären diesen Knochen besitzen, ist er nur bei den Pandas zu einem zusätzlichen
Finger vergrößert. Die Füße des Eisbären tragen
kleine Papillen und saugnapfartige Hohlräume, die
ihnen einen rutschfesten Gang auf dem Eis ermöglichen.

Die Klauen der Bären sind nicht (wie bei Katzen)
einziehbar, haben sich jedoch in Größe und Form ihrer jeweiligen Verwendung angepaßt. So sind die
Krallen solcher Arten, die häufig Bäume erklimmen,
wie etwa die des Malaienbären, des Brillenbären und
des Schwarzbären, hakenförmig und stärker gebogen
als die der überwiegend bodenbewohnenden Braun-
und Eisbären. Der Lippenbär, der sich in großem
Umfang von Ameisen und Termiten ernährt, besitzt
große, gebogene Klauen, mit denen er die Nester seiner Insektenbeute aufbricht. Hat er dann eine Wand
aufgegraben, legt der Lippenbär seine beweglichen
Lippen gegen die freigelegten Gänge und saugt die
Bewohner heraus. Auch der Braunbär verfügt über
relativ lange Krallen, mit denen er hauptsächlich
Pflanzen aus dem Boden gräbt. Ebenso kann er damit jedoch Erdhörnchen aus ihren unterirdischen
Gängen graben oder wandernde Lachse aus einem
Bach herausschleudern.

Ben Osborne/Ardea London

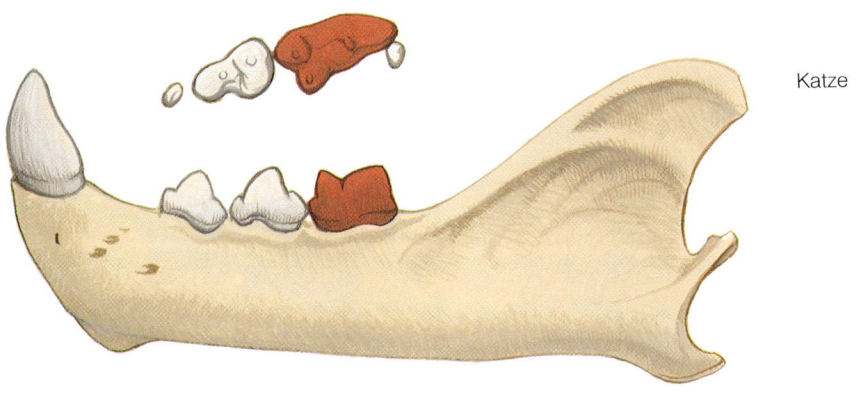

Katze

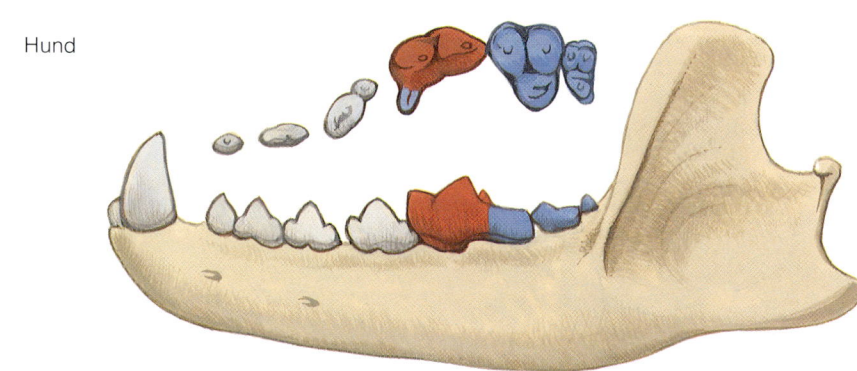

Hund

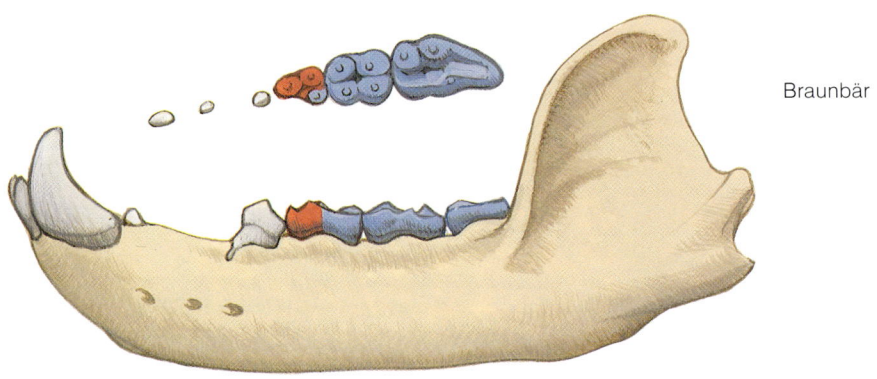

Braunbär

Carnivoren-Gebisse im Vergleich. Gezeigt werden Seitenansichten der Unterkieferbezahnung sowie die Bißstellung der entsprechenden Zähne des Oberkiefers. Zähne oder Teile von Zähnen, die für das Zerschneiden von Fleisch entwickelt sind, wurden rot dargestellt; andere, mit denen Wirbellose und Pflanzen zermahlen werden, sind blau gefärbt. Die hochcanivore Katze hat sich auf Fleischnahrung spezialisiert und alle Mahlzähne verloren. Im Gegensatz dazu weisen die allesfressenden Hunde und Bären eine allgemeinere Bezahnung auf, die sowohl schneidende als auch mahlende Funktionen einschließt. Der extrem herbivore Große Panda hat die Fläche der Mahlzähne gegenüber der seiner schneidenden Zähne vergrößert, um wirkungsvoll Bambus kauen zu können.

Großer Panda

SCHÄDEL UND ZÄHNE

Der Schädel und insbesondere die Zähne verraten viel über die Lebensweise eines Säugetieres, da sie sowohl die Nahrung als auch die Art des Nahrungserwerbs widerspiegeln. Fleischfresser haben mit ganz anderen Problemen zu tun als Pflanzenfresser. Das Fleisch muß gejagt und zerlegt werden, während ein Herbivore seine Nahrung nur aufsuchen und verzehren muß. Da es jedoch wesentlich schwieriger ist, Energie aus Pflanzen als aus Fleisch zu gewinnen, zeigen herbivore Säuger häufig Anpassungen in ihrem Gebiß, die die Effizienz der Verdauung erhöhen.

Bei vielen Pflanzenfressern findet man hohe Zähne mit einer komplizierten, aus Graten und Vertiefungen zusammengesetzten Oberfläche. Sie dienen dazu, die Pflanzen in kleine Stücke zu zermalmen, die dann rasch verdaut werden können. Zudem wachsen diese Zähne häufig endlos nach, um die starke Abnutzung zu kompensieren, die durch das Kauen der pflanzlichen Fasern entsteht. Als omnivore Säuger gehen die meisten Bären die widerstandsfähigsten Nahrungspflanzen, etwa den Gräsern, aus dem Weg und weisen daher nicht so extreme Anpassungen ihrer Zähne auf. Dennoch findet man unter den Ursiden verschiedene Zahnformen, die ihrer unterschiedlichen Nahrung entsprechen.

Das Nahrungsspektrum der Bären reicht von beinahe vollständig carnivoren Arten, wie dem Eisbären, bis zu nahezu vollständig herbivoren Formen, wie sie der Große Panda repräsentiert. Es gibt sogar einen Ursiden – den Lippenbären –, der sich auf Insekten spezialisiert hat. Bei den meisten lebenden Arten handelt es sich allerdings um Gemischtfresser, die häufiger Insektenlarven, Beeren und krautige Pflanzen zu sich nehmen als Hörnchen, Mäuse oder Hirsche. Entsprechend unterscheiden sich ihre Zähne und Schädel erheblich von denen ausgesprochener Fleischspezialisten wie den Katzen. Im Vergleich zu letzteren besitzen Bären einen größeren Schädel und eine längere Schnauze, in der mehr Molaren (Backenzähne) vorhanden sind, um die Nahrung zu zermalmen und deren Verdauung zu beschleunigen. In der Regel besitzen Bären 32 bis 42 Zähne, wobei nur die Zahl der Prämolaren variieren kann. Die Größe der Prämolaren ist bei den Bären reduziert. Ihre funktionale Bedeutung ist offenbar sehr gering, so daß sie ohne negative Folgen auch verlorengehen können.

Die oberen und unteren Molaren arbeiten wie Stößel und Mörser zusammen, indem sie die Nahrung zerhacken und pulverisieren. Der Unterschied, der in der Gebißfunktion zwischen Bären und Katzen besteht, wird in der Form des ersten unteren Molaren deutlich. Dieser Zahn besitzt nämlich bei den Vertretern der Ordnung Carnivora eine doppelte Funktion. Vorn bildet er eine schneidende Klinge, die mit dem oberen Gegenstück eine Art Schere bildet, mit der das Fleisch zerschnitten wird. Die hintere Seite des Zahns ist dagegen beckenförmig ausgehöhlt und bildet den Mörser für den vom Oberkiefer aus greifenden Stößel. Man muß nur die Anteile des ersten Molaren messen, die jeweils zum Schneiden und zum Zermahlen vorgesehen sind, um in hervorragender Weise die Nahrung vieler Arten bestimmen zu können. So besitzen die Bären sehr kurze Klingen und lange Becken, was ihrer omnivoren Lebensweise entspricht, während die Katzen als kompromißlose Fleischfresser den Klingenanteil vergrößert und das

J. M. Labat/AUSCAPE International

Becken vollständig verloren haben. Es ist nur konsequent, daß die am stärksten carnivore Form, der Eisbär, den Umfang der fleischschneidenden Klingen im Verhältnis zu anderen Bären vergrößert hat, wenngleich diese Vergrößerung nicht das Ausmaß der Klingen der Katzen erreicht. In entsprechender Weise ist bei dem vegetarischen Panda die mahlende Zahnoberfläche vergrößert, um den Bambus zerhacken und zermalmen zu können. Zusätzlich zu ihrer ungewöhnlichen Größe verfügen die Molaren der Pandas über zusätzliche Höcker, die ein effizienteres Mahlen ermöglichen. Der Lippenbär hat zwei obere Schneidezähne verloren und die Größe der übrigen Zähne reduziert, so daß er Ameisen und Termiten, die seine Hauptnahrung bilden, ins Maul saugen und dann verschlucken kann.

Die Eckzähne sind von besonderer Bedeutung, um Beute zu töten, und es überrascht wohl kaum, daß ihre Größe bei allen Bären, auch beim Eisbären, reduziert ist. Eine Ausnahme bildet der Malaienbär, der im Vergleich zu seiner Größe ungewöhnlich lange Eckzähne besitzt, die denen von Löwen und Tigern durchaus vergleichbar sind. Leider ist über die Ökologie und das Verhalten des Malaienbären so wenig bekannt, daß der Grund für die Größe der Caninen noch ein Geheimnis bleibt. Soweit man weiß, besteht seine überwiegend vegetarische Nahrung überwiegend aus Baumfrüchten und Palmenspitzen.

Norman Tomalin/Bruce Coleman Ltd

▲ Die großen Eckzähne des Braunbären kommen beim Imponierverhalten zum Vorschein, insbesondere, wenn er die Unterlippe vorstreckt. Im abgebildeten Fall liegt der jüngere Bär unterwürfig am Boden.

◀ Selbst der Malaienbär, die kleinste aller Bärenarten, besitzt wohlentwickelte Eckzähne, die er als Waffen oder als Werkzeuge einsetzt, um Bäume auseinanderzureißen oder an Bienennester heranzukommen.

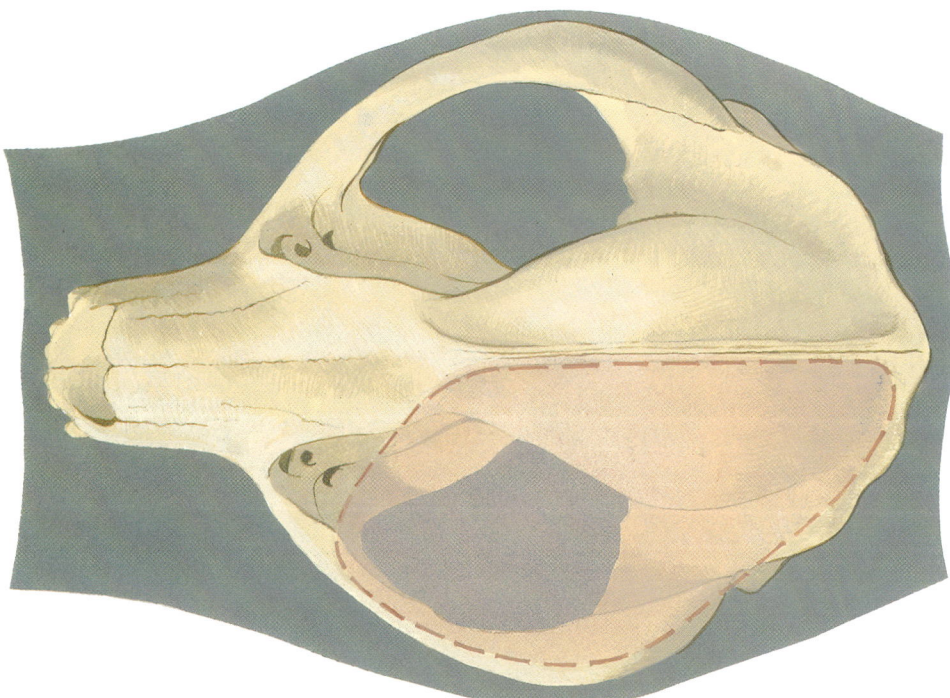

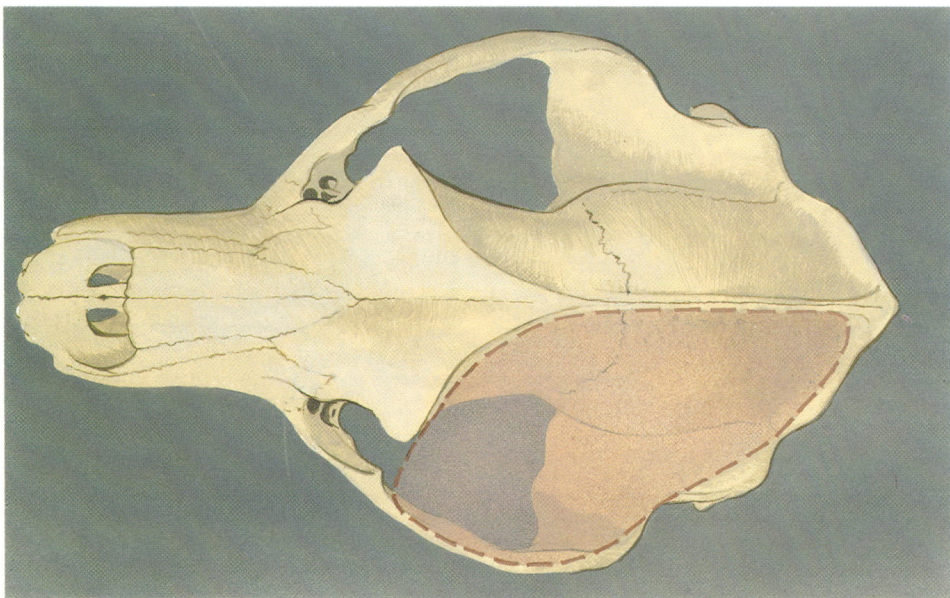

▲ Der Schädel eines Braunbären (unten) weist eine vergleichsweise kleinere Ansatzfläche für die Kaumuskulatur auf als der eines Großen Panda (oben). Beide Schädel wurden etwa auf dieselbe Größe gebracht, um diesen Unterschied herauszuarbeiten. Das auf der linken Schädelseite rosa dargestellte Feld wird von dem großen Kaumuskel, dem Temporalis, eingenommen. Die Kaumuskulatur des Großen Panda ist deswegen so groß, weil der Bambus nur dann rasch verdaut werden kann, wenn er zuvor kräftig durchgekaut wurde.

▶ Mit seinen großen Eckzähnen und langen Klauen fängt der Braunbär wandernde Lachse aus dem McNeil River in Alaska.

▶ (Gegenüber) Einer der Hauptgründe für die Größe der Braunbären, die die Küsten Britisch-Kolumbiens, Alaskas und Kamtschatkas bewohnen, besteht darin, daß sie alljährlich Zugang zu wandernden Lachsen haben, einer enorm reichhaltigen Nahrungsquelle.

Art Wolfe

Obwohl die Zähne am besten über die Nahrung Aufschluß geben, kann auch der Schädel etwas über die Ernährungsgewohnheiten verraten. Die Muskeln, die den Kiefer schließen, haben ihren Ursprung hinter der Augenhöhle, dem Teil des Schädels, der das Auge umgibt, und ihre Größe variiert unter den Bären entsprechend der jeweiligen Nahrung. Wieder nimmt der Große Panda eine Sonderstellung ein. Da Bambus extrem schwer zu kauen ist, entwickelte diese Art massive Kiefermuskeln und einen dicken Schädel. Während der Schädel bei den meisten Bären etwa ein Fünftel des Skelettgewichtes ausmacht, liegt das Schädelgewicht des Pandas beinahe bei einem Drittel. Um dem gewaltigen Zug zu widerstehen, den die großen Kaumuskeln ausüben, ist das Schädeldach eines Pandas etwa doppelt so dick wie das eines Braunbären. Im Gegensatz zu den typischeren pflanzenfressenden Säugetieren, wie etwa Pferden und Rindern, die ihre Kiefer seitlich bewegen, um Blätter und Sprosse zwischen den gleitenden Zähnen zu zermahlen, zermalmen die Pandas ihren Bambus mit auf- und abführenden Bewegungen.

Die Tatsache, daß der Panda diese effizientere seitliche Mahlbewegung nicht ausführen kann, spricht für das Alter seiner Herkunft. Bei allen Carnivoren sind die Kiefergelenke zu ausgelegt, daß sie nicht zu seitlichen Bewegungen fähig sind (vielleicht durch die Erfordernis, Beutetiere zu erwürgen), und der Panda muß mit dieser ererbten Last leben.

WIE SIE AN IHRE NAHRUNG KOMMEN

Ähnlich wie das Gebiß ist auch der Verdauungstrakt eines Tieres seiner Nahrung angepaßt. Viele herbivore Säugetiere haben einen Teil ihrer Eingeweide zu einer Fermentierungskammer erweitert, in der symbiotische Mikroorganismen die Zellulose der Pflanzenzellen aufbrechen, um die darin enthaltenen Proteine und Kohlenhydrate freizusetzen. Kein Carnivore hat eine solche Kammer entwickelt, nicht einmal der extrem herbivore Panda. Da sich die pflanzliche Nahrung zudem recht sperrig verhält, verfügen Pflanzenfresser normalerweise über einen Darm, der wesentlich länger ist als der von Carnivoren. So ist zum Beispiel der Darm einer Kuh oder eines Hirsches etwa 25mal länger als der Körper, während der Darm der Hunde und Katzen nur das Vier- bis Fünffache der Körperlänge erreicht.

Die omnivoren Bären besitzen zumeist einen Darm, dessen Länge etwa sechs- bis zehnmal der Körperlänge entspricht. Allerdings ist der Darm des Pandas, der am stärksten vegetarisch lebenden Art, nur vier- bis fünfmal so lang wie der Körper. Angesichts einer Nahrung aus Bambus, einem relativ niedrig entwickelten Darm und der fehlenden Fermentierungskammer verdaut ein Panda nur etwa 21 Prozent der aufgenommenen Nahrung, während die Effizienz eines Wiederkäuers, etwa einer Kuh, immerhin bei 60 Prozent liegt. Aufgrund dieser relativ wirkungslosen Verdauung nimmt ein Panda täglich zwischen 12 und 15 Prozent seines Körpergewichtes an Bambus zu sich und muß, um überleben und wachsen zu können, 12 bis 14 Stunden mit der Nahrungsaufnahme zubringen. Im Gegensatz dazu arbeiten Löwen nur etwa vier Stunden am Tag, um ihren Energiebedarf zu decken. Da die Nahrung der übrigen omnivoren Bären etwa dreimal soviel verwertbare Energie enthält wie der Bambus, fällt es

WARUM BÄRENJUNGE BEI IHRER GEBURT SO KLEIN SIND

MALCOLM A. RAMSAY

Bei den plazentalen Säugetieren – dies sind Säuger, die nicht zu den Marsupialiern (Beuteltieren), wie Känguruhs und Wombats, oder zu den Monotremen (Schnabeltiere und Schnabeligel) gehören - ist das Gesamtgewicht der neugeborenen Jungen exakt auf das Gewicht der Mutter abgestimmt. Von der Spitzmaus bis zum Blauwal wird dieses Größenverhältnis eingehalten – eine Ausnahme bilden nur die Bären.

Weibliche Bären bringen in einem Wurf Junge zur Welt, die höchstens zehn Prozent dessen wiegen, was man aufgrund der Körpergröße des Weibchens erwartet. So wiegen die Jungen einer Eisbärin von 200 Kilogramm nur jeweils etwa 800 Gramm und nicht 22 Kilogramm, wie man erwarten sollte. Woran liegt das?

Abgesehen von den tropischen Arten, verbringen die trächtigen Bären den größten Teil ihrer Tragzeit und der anfänglichen Nährzeit in einer Höhle ohne Nahrung. Alle ihre erforderlichen Nährstoffe sowie die der heranreifenden Nachkommen müssen daher vollständig von gespeicherten Körperreserven bereitgestellt werden, in erster Linie vom Fett. Mit Ausnahme einiger Bartenwale gibt es keine anderen Säugetiere, die über längere Abschnitte ihrer aktiven Tragzeit leben, ohne Nahrung und Wasser aufzunehmen.

Beim Fasten kommt es im Körper eines Säugetiers zu einer starken Umstellung der Energiestoffe, die die Körperprozesse aufrechterhalten. Dabei wechselt der Organismus von einer Glukoseversorgung zu einer Versorgung durch Fettsäuren, die aus den gespeicherten Fetten freigesetzt werden. Da Säugetierfeten jedoch offenbar unfähig sind, freie Fettsäuren als Energiequellen zu verwenden, kann ein fastendes Weibchen dem Glukosebedarf ihrer heranwachsenden Feten nur durch Abbau ihrer körpereigenen Proteine begegnen. Dadurch ist auch das Leben der Mutter bedroht.

Im Gegensatz dazu sind neugeborene Säugetiere imstande, ihren Energiebedarf nahezu ausschließlich durch freie Fettsäuren zu decken. Indem das Weibchen die Tragzeit verkürzt und sehr kleine Nachkommen zur Welt bringt, kann es die vormals unverfügbaren Fettsäuren aus seinem Körperfett in die Milch für die Jungen einbauen. Also dürfte bei trächtigen Weibchen etwa von Bären, die durch Umweltbedingungen zum Fasten gezwungen sind, ein starker Selektionsdruck dazu geführt haben, die Tragzeit zu verkürzen und die Jungen so bald wie möglich zur Welt zu bringen.

Der Schwachpunkt in dieser Argumentation sind die tropischen Bären und der Panda. Auch diese Arten bringen winzige Junge zur Welt, obwohl sie während ihrer Tragzeit nicht über längere Zeit fasten. Sollten jedoch die physiologischen und verhaltensbezogenen Anpassungen, die mit der Produktion ungewöhnlich kleiner Nachkommen zu tun haben, schon früh in der Entwicklungsgeschichte der Bären aufgetreten sein, könnten die tropischen Bären diese Anpassung noch immer zeigen, obwohl der unmittelbar ursächliche Druck (das jahreszeitlich aussetzende Nahrungsangebot) nicht mehr vorhanden ist. Man weiß jedoch, daß die Überwinterung in Höhlen bei den Vorfahren der Bären vor etwa zehn Millionen Jahren als Folge des wechselnden Nahrungsangebotes auftrat.

▼ Bei ihrer Geburt wiegen junge Braunbären nur 340 bis 680 Gramm, und ihre Augen sind noch geschlossen. Ein Wurf umfaßt zwei bis vier Junge. Sie kommen mitten im Winter in isolierten Erdhöhlen zur Welt, und die Mutter kuschelt sie an ihre Brust, wo sie sie nähren und warmhalten kann.

diesen Arten leichter, ihren täglichen Energiebedarf zu erfüllen.

Angesichts ihrer Größe benötigen alle Bären erhebliche Nahrungsmengen und haben dann Probleme, diesen Bedarf in den Wintern der kühlen gemäßigten Klimate zu befriedigen. Wenn auch gelegentlich noch Wirbeltiere als Nahrung zur Verfügung stehen, gilt dies für sukkulente Pflanzen, Früchte, Knollen und Insektenlarven nicht mehr. Die Bären kälterer Regionen haben dieses Problem der Nahrungsverknappung durch den Winterschlaf gelöst. In den gemäßigten Regionen verbringen Braun-, Schwarz- und weibliche Eisbären den Winter schlafend, wobei sie 30 Prozent ihrer Körpermasse oder mehr aufzehren. Während dieser Ruhephase fressen die Tiere nicht, sondern überleben durch ein Aufzehren ihrer Fettreserven, die sie im Herbst angefressen haben. Nachdem sie ihre Überwinterungshöhlen verlassen haben, erreichen Bären rasch wieder ihr ursprüngliches Gewicht, wobei sie am Tag mindestens etwa ein Kilogramm zunehmen.

Es ist bezeichnend, daß nur weibliche, aber keine männlichen Eisbären eine Winterhöhle aufsuchen. Die Robben, die die Hauptnahrung der Eisbären bilden, sind im Winter nicht so selten, daß ein Winterschlaf notwendig wäre, um nicht zu verhungern. Daher bleiben die Eisbärenmännchen ganzjährig aktiv, und die Weibchen überwintern wegen der Fortpflanzung. Wie es auch bei Braun- und Schwarzbären der Fall ist, kommen Eisbären während der Winterruhe zur Welt. Die zwei oder drei winzigen Jungtiere trinken Milch, schlafen und wachsen während dieser Zeit so heran, daß sie ihre Mutter im Frühjahr begleiten können. Da für Eisbären eine isolierende Fettschicht lebenswichtig ist, enthält ihre Milch einen wesentlich höheren Fettanteil als die tropischer Arten, etwa des Malaienbären (46 zu fünf Prozent). Vermutlich ist es in kälteren Klimaten von entscheidender Bedeutung, daß die Jungen während des Winterschlafs zur Welt kommen. Bei allen Bärenarten sind die Jungen im Vergleich zu anderen Carnivoren extrem klein. Sie würden daher vermutlich erfrieren, wenn sie nicht von ihrer Mutter in einer isolierten Umgebung gewärmt würden. Bedenkt man außerdem, daß ein Bär eine bestimmte Größe erreichen muß, um den folgenden Winter ohne Nahrung überleben zu können, ist es für sie wahrscheinlich erforderlich, lange vor Einsetzen des Frühlings geboren zu werden. Die Winzigkeit neugeborener Bären ist im Vergleich zu anderen Carnivorenarten bemerkenswert. So besitzen eben geborene Bären nur ein bis drei Prozent des Körpergewichts ihrer Mutter,

▼ Junge Braunbären bleiben wenigstens zweieinhalb Jahre lang, manchmal sogar noch länger, mit ihrer Mutter zusammen, ehe sie selbständig werden. Zum Überwintern suchen Mutter und Kinder gemeinsam eine Höhle auf.

Dan Guravich

Norbert Rosing

Norbert Rosing

▲ (Oben) Eisbären bewegen sich nicht schneller als unbedingt erforderlich und nutzen dabei ihre Energie sehr effizient. Falls nötig, erreichen sie jedoch über kürzere Strecken eine Geschwindigkeit von mehr als 40 Stundenkilometer.

▲ Bei Bären ist der Geruchssinn hoch entwickelt. So können Eisbären die Atemlöcher ihrer Hauptbeute, der Ringelrobbe, aus einer Entfernung von mindestens einem Kilometer wittern, und ein Männchen kann nur durch Riechen an der Spur eines fortpflanzungsbereiten Weibchens feststellen, welchen Weg dieses über das Eis genommen hat.

während entsprechende Werte junger Hunde und Katzen zwischen zehn und 20 Prozent liegen.

Viele, aber nicht alle Bären zeigen bei der Fortpflanzung eine verzögerte Einnistung, so daß die Embryonalentwicklung nicht fortlaufend stattfindet. Sie wird vielmehr für mehrere Monate unterbrochen, so daß die Paarung und Geburt in den günstigsten Jahreszeiten erfolgen können.

WIE SIE ÜBERHITZUNG VERMEIDEN

Insgesamt betrachtet, fällt es Säugetieren schwerer, eine Überhitzung und Wasserverluste zu vermeiden, als sich gegen das Erfrieren zu schützen. Dies gilt besonders für großwüchsige Formen wie Bären, da ihr geringes Verhältnis zwischen Körperoberfläche und Körpervolumen die Bindung der Körperwärme begünstigt. Wie alle Säugetiere besitzen auch die Ursiden in ihren Nasengängen dünne, aufgefaltete Kno-

chenplättchen, die sogenannten Turbinalia. Die zerbrechlichen Plättchen werden von einer feuchten Nasenschleimhaut bedeckt, die dazu dient, die ein- und ausgeatmete Luft zu temperieren. Auf dem Weg zu den Lungen wird die Luft erwärmt und angefeuchtet und beim Austreten wieder abgekühlt, wodurch das Wasser in der Nasenhöhle kondensiert. So wird der atmungsbedingte Wasserverlust geringgehalten.

Die Turbinalia der Bären erscheinen komplizierter und umfangreicher als die der Hunde und Katzen, was vielleicht auf den größeren Wuchs zurückzuführen ist. Wenn Tiere größer werden, verändert sich das Volumen schneller als die Fläche. Daher sind anatomische Strukturen, etwa Därme oder Turbinalia, deren Funktion an die Oberfläche gebunden ist, bei schwereren Tieren im allgemeinen größer, um das notwendige Verhältnis zwischen Oberfläche und Volumen zu bewahren.

Das Organ, das durch eine Temperaturerhöhung

am stärksten beeinträchtigt wird, ist das Gehirn. Daher haben die Ursiden einen Mechanismus entwickelt, der das Blut abkühlt, ehe es das Gehirn betritt. Eines der größeren Gefäße, die das Hirn mit Blut versorgen, die innere Carotiden-Arterie, bildet an der Schädelbasis in einem Bereich kühleren, venösen Blutes eine flache S-Kurve. Innerhalb dieses venösen Bereichs sind die Wände der Carotiden verdünnt, so daß das arterielle Blut seine Wärme an das venöse abgeben kann. Auch andere große Carnivoren, etwa Löwen, verfügen über ähnliche Gegenstrom-Wärmeaustauscher, die entlang der das Gehirn versorgenden Arterien angelegt sind. Allerdings befinden sie sich an einer anderen Stelle des Schädels.

Trotz dieser Anpassungen überhitzen sich Eisbären beim Laufen offenbar leicht und sind dann unfähig, sich schneller als im Schrittempo fortzubewegen. Ihre Neigung zur Überhitzung wird durch ihre Fettschicht noch verstärkt, die bis zu elf Zentimeter dick sein kann und zweifellos nützlich ist, wenn die Tiere durch gefrorene arktische Gewässer schwimmen. Versuche, die man mit Eisbären auf Tretmühlen durchführte, zeigten, daß die Fortbewegung bei ihnen mehr Energie erfordert als bei Hunden, selbst bei niedriger Geschwindigkeit. Bären sind zweifellos mehr auf Kraft als auf Tempo angelegt.

Die Sinnesorgane der Ursiden wurden bisher wenig untersucht. Offenbar verlassen sich die Bären bei der Nahrungssuche überwiegend auf ihren Geruchssinn und ihre Augen. Obwohl das Gehirn der Bären im Vergleich zur Körpergröße geringfügig umfangreicher ausfällt, sind die für den Geruchssinn zuständigen Teile, die Riechlappen, nur von durchschnittlicher Größe. Schwarzbären können nachweislich Farben sehen, was vermutlich auch für alle anderen Bären gilt, so daß sie genießbare Pflanzen, wie Früchte und Nüsse, leicht erkennen.

▲ Wenn Eisbären auf dem Meereseis versuchen, Ringelrobben an deren unter dem harten Schnee verborgenen Atemlöchern zu fangen, erheben sie sich auf ihre Hinterbeine und werfen sich mit den Vorderfüßen senkrecht nach unten. Hier setzt ein junger Eisbär diese Technik ein, um Lemminge unter dem Schnee zu fangen.

ZYKLEN DES SCHLEMMENS UND DES FASTENS

MALCOLM A. RAMSAY

Für die meisten Tiere bilden Fette oder Lipide die beste Lösung, wenn es darum geht, große Mengen an Stoffwechsel-Brennstoff im Körper zu speichern. Fette besitzen eine wesentlich größere Energiedichte als andere potentielle Brennstoffe, wie etwa Kohlenhydrat, und erfordern daher weniger Speicherplatz. Diese Speicherfette sind keineswegs einheitlich über den Organismus verteilt, sondern befinden sich im Inneren besonderer Zellen, der sogenannten Adipozyten.

Obwohl das Fettgewebe zu den häufigsten Gewebearten des menschlichen Körpers zählt, ist die funktionelle Bedeutung seiner Verteilung im Körper kaum untersucht und erregte bisher nur wenig wissenschaftliche Aufmerksamkeit. Allerdings ist die westliche Bevölkerung bezüglich seiner Verteilung stark vorbelastet: Millionen von Menschen unterwerfen sich Fastenkuren, und in vielen Haushalten fließt ein großer Teil des Essenbudgets in Nahrungsmittel mit reduziertem Fett- und Kaloriengehalt. Die Ablehnung des Fettes wird von den Medien noch ge-

Tiere werden in eindrucksvoller Weise korpulent und haben große Mengen von Fett unter ihrer Haut und im Abdomen gespeichert: Wenn der Winter fortschreitet – dies hängt von den örtlichen klimatischen Bedingungen ab –, suchen die Bären für wenige Wochen oder sogar für mehr als sechs Monate eine Höhle auf.

In ihren Höhlen nehmen die Tiere keine Nahrung mehr auf und halten ihre Körperfunktionen mit den gespeicherten Energiereserven aufrecht. Während des Winterfastens geht das Körpergewicht eines Bären ständig zurück, wobei schon Verluste von mehr als einem Kilogramm pro Tag festgestellt wurden. Wenn das Tier dann im Frühjahr seine Höhle wieder verläßt, wiegt es unter Umständen nicht einmal die Hälfte dessen, was es im Herbst auf die Waage gebracht hatte. Am Ende des folgenden Sommers hat der Bär jedoch seine Verluste wieder ausgeglichen und ist bereit, wiederum zu fasten.

Die bei Bären gemessenen Gewichtsunterschiede und die ökologischen und physiologischen Folgen ihrer Ernährungsweise sind so grundlegend, daß die Wissenschaftler diesem Aspekt in letzter Zeit mehr Aufmerksamkeit gewidmet haben.

ENTWICKLUNGSGESCHICHTLICHE FOLGEN

Warum begeben sich die Bären gemäßigter Breiten in eine Höhle und enthalten sich im Winter jeder Nahrung, anstatt weiter nach Futter zu suchen, wie es die im selben Lebensraum vorkommenden Wölfe und Hirsche tun? Vermutlich ist ihr Verhalten darauf zurückzuführen, daß sie zwar primär herbivor leben, sich jedoch erst vor kurzem von einer Entwicklungslinie carnivorer Säugetiere abgezweigt haben.

Die Vorfahren der modernen Bären waren Fleischfresser. Daher besitzt der Verdauungtrakt dieser Tiere nicht, wie bei vielen herbivoren Säugern, eine Fermentierungskammer, in der die Zellulose der pflanzlichen Zellwände abgebaut werden kann, um die Proteine und Kohlenhydrate freizusetzen. Zudem sind die Zähne des Bären nur unzureichend dafür angelegt, faserige pflanzliche Stoffe zu zermahlen und aufzulösen, so daß die Zellinhalte möglichst effizient dem Organismus verfügbar gemacht werden können. Dagegen sind Bären auf pflanzliche Nahrung angewiesen, die einen relativ hohen Anteil leicht zugänglicher Nährstoffe enthält. In den hohen Breiten stehen derartige Nahrungsstoffe jedoch nur zu bestimmen Jahreszeiten zur Verfügung, und im Winter gibt es wenig oder gar nichts zu fressen. Daher sind erzwungene Fastenzeiten die Regel, und die Tiere müssen sich erhebliche Energievorräte zulegen, wenn sie überleben wollen.

▼ Die Braunbären der nördlichen temperierten Regionen verbringen bis zu sechs Monaten in ihren Überwinterungshöhlen und leben dabei nur von ihren Fettreserven. In Jahren mit einem reichen Nahrungsangebot im Herbst werden sie manchmal träge und hören auf zu fressen, ehe sie ihre Höhlen aufsuchen. Zu Beginn des Winters kann das Gewicht eines Bären doppelt so hoch sein wie im Frühjahr.

schürt, die ihr Publikum mit Bildern schöner, aber bemerkenswert dünner Models bombardieren. Die anatomische Verteilung des Fettes ist das große Geschäft.

ERST SCHLEMMEN, DANN FASTEN

Wahrscheinlich müßte man sich über die Gesundheit von Menschen Sorgen machen, die alljährlich eine Schlemmerorgie durchführen, ihr Gewicht dabei verdoppeln oder gar verdreifachen und dann fasten. Dies ist jedoch exakt die Ernährungsweise der Bären gemäßigter und arktischer Zonen. Im Spätsommer stopfen sich die Bären der hohen Breiten mit Nahrung wie Beeren, Nüssen, Fischen, Insekten, Aas und Beutetieren voll, und diese kalorienhaltige Nahrung läßt ihr Körpergewicht rasch ansteigen. Die

EISBÄREN

Eisbären sind von allen Bärenarten am stärksten auf Fleischnahrung spezialisiert, und sie ernähren sich nahezu ausschließlich von Robben. Dennoch gibt es – ebenso wie bei ihren herbivoren Vettern – in ihrem Lebensraum Zeiten, in denen sie nur wenig oder überhaupt nichts Freßbares vorfinden, und sie bereiten sich darauf vor, indem sie sich umfangreiche Fettspeicher anfressen, solange noch genügend Nahrung verfügbar ist. Am meisten fressen sie im Frühjahr und im Sommer, wenn die gerade entwöhnten Jungrobben in großer Zahl vorhanden sind. Manchmal sind diese Robben so zahlreich, daß die Eisbären nur deren unter der Haut gelegene Fettschicht, den sogenannten Blubber, fressen und die Muskeln unberührt lassen. In solchen Zeiten haben Eisbären unter Umständen die größte Kalorienaufnahme durch Fett, die bei Säugetieren bekannt ist, und sie nehmen dann rasch an Gewicht zu. Im Spätsommer jedoch schmilzt das Eis des Meeres, so daß die Bären immer seltener Robben fangen können. Sie leben dann mehrere Monate lang von ihren Fettreserven, bis das Meer wieder zufriert oder sich die Eisflächen für sie günstiger verteilen, so daß sie die Jagd wieder aufnehmen können. Trächtige Weibchen müssen dagegen eine Höhle aufsuchen, um ihre Jungen dort zur Welt zu bringen. Da sie dort mehr als vier Monate ohne Nahrung zubringen, sind umfangreiche Fettreserven für sie überlebenswichtig.

DIE NACHTEILE DER KORPULENZ

Die Strategie, Fett zu speichern, ist keineswegs nur vorteilhaft, denn fette Tiere sind weniger beweglich und zudem langsamer als schlanke Tiere. Für Tiere, die vor Gefahren rasch davonlaufen oder Beutetiere einholen müssen, sind Beweglichkeit und Tempo unabdingbar. Da Bären jedoch große Allesfresser sind, die normalerweise keine Beute jagen müssen und auch nur wenige natürliche Feinde haben, sind sie auf Wendigkeit weniger angewiesen als die meisten anderen Säugetiere. Daher wirkt sich ein großes Körpergewicht für sie nicht nachteilig aus.

WO DAS FETT GESPEICHERT WIRD

Die Hauptaufgabe des Fettgewebes besteht in der Aufnahme, der Speicherung und der kontrollierten Freisetzung von Fetten. Am effizientesten lagert sich dieses Gewebe am Schwerpunkt eines Tieres ab, am besten im Hinterleib. Bei vielen Säugetieren jedoch und besonders bei Bären wird das meiste Fettgewebe subkutan (unter der Haut) und in relativ weiter Entfernung vom Schwerpunkt gelagert. Ein Bär besitzt viele derartige Fettspeicher, insbesondere an den Oberschenkeln und am Rumpf, und selbst bei einem vergleichsweise schlanken Exemplar können derartige Ablagerungen mehrere Zentimeter dick sein. Einer Hypothese zufolge bewirkt eine solche Verteilung der Fettreserven zugleich eine Isolierung gegen Kälte.

Bei Säugern, die in kalten Gebieten zu Hause sind, etwa bei den Bärenarten hoher Breiten und insbesondere bei den halbaquatischen Eisbären der Arktis, leuchtet diese Theorie sofort ein. Bei vollständig aquatischen Säugern, etwa Robben oder kleineren Walen, sorgt die subkutane Fettablagerung sicherlich für eine Wärmeisolierung, und beinahe alle Fettspeicher befinden sich dort. Dagegen speichern die meisten terrestrischen Säuger – darunter auch alle Bären – ihr Fett nicht nur unter der Haut, sondern auch in den Abdominalhöhlen, eine höchst ineffiziente Verteilung, wenn es im wesentlichen um Wärmeisolierung ginge. Zudem werden die abdominalen Fettspeicher nicht vor den subkutanen aufgebraucht, wie man aufgrund der Wärmeisolierungs-Hypothese erwarten müßte.

Eine wahrscheinlichere Erklärung für die dicken subkutanen Fettschichten der Bären gründet sich auf zwei Dinge. Erstens speichern Bären zu gewissen Jahreszeiten relativ zum Körpergewicht mehr Fett als die meisten Säuger, da sie lange Zeit ohne Nahrung auskommen müssen. Und zweitens sind bei den größeren Säugetierarten die inneren Organe, und daher auch die Abdominalhöhle, verhältnismäßig kleiner als bei den kleineren Arten. So umfassen etwa die Abdominalorgane eines Wiesels mehr als 20 Prozent seines gesamten Körpergewichts, während die eines

Stan Osolinski/Oxford Scientific Films

▼ Ohne seine Mutter hat es ein junger Braunbär nicht leicht, genug zu fressen zu finden, geschweige denn Fett für den Winter zu speichern. Heranwachsende Tiere sind bei der Nahrungssuche noch unerfahren und werden von den besten Futterplätzen häufig durch größere Artgenossen vertrieben.

(e) Ende Februar bis April: Mutter und Jungtiere verlassen die Wurfhöhle zu einer Zeit, in der die Mutter ihre Fettreserven auffüllen kann, indem sie junge Ringelrobben jagt. (Die Bärenmütter behalten ihre Jungen zweieinhalb Jahre bei sich, ehe sie sich erneut paaren.)

(a) März und April: In jedem Jahr legen erwachsene Eisbärenmännchen auf der Suche nach fortpflanzungsfähigen Weibchen kilometerlange Wanderungen zurück und kämpfen dann um die Paarungsrechte.

(b) April und Mai: Durch häufige Kopulationen im Zeitraum von ein bis zwei Wochen wird die Ovulation induziert.

FORTPFLANZUNGSZYKLUS

(d) November bis Januar: Das trächtige Weibchen bringt seine Jungen zur Welt und nährt sie in der Wurfhöhle.

(h) Mit Ausnahme der trächtigen Weibchen bleiben Eisbären den Winter über aktiv. Nur bei extremer Kälte oder bei Stürmen legen auch sie sich Schützhöhlen an und leben vorübergehend von ihren Fettreserven.

▲ Ernährungs- und Fortpflanzungszyklen des Eisbären. Die meisten Bären fasten nur während des Winters in ihren Höhlen. Dagegen können Eisbären sich zu jeder Jahreszeit Fett anfressen oder fasten, je nach Gelegenheit und Erfordernis.

Bären kaum fünf Prozent erreichen. Daher kann die Abdominalhöhle großer Säuger vergleichsweise weniger Fett aufnehmen als es bei den kleineren der Fall ist. Ein großer Säuger muß also mehr Fett unter der Haut speichern als ein kleiner, selbst wenn der prozentuale Fettanteil bei beiden gleich ist. Die umfangreichen subkutanen Fettspeicher der Bären sind daher wohl eher auf Unterbringungsprobleme im Darmbereich als auf thermische Belastung zurückzuführen.

Bei Männern wird der größte Teil des Fetts in der Abdominalhöhle gespeichert, bei Frauen dagegen auf den Hüften und an den Oberschenkeln. Die erste Form bringt mehr medizinische Komplikationen und eine höhere Todesrate mit sich als die letztere. Bei den Bären entspricht die Fettverteilung beider Geschlechter dem Muster der weiblichen Menschen. Die Ablagerung des Fettes an physiologisch weniger bedenklichen Stellen dürfte ein Grund dafür sein, warum Bären ohne Risiko die periodischen Zunahmen extremer Korpulenz auf sich nehmen können.

FETTZELLEN UND FETTLEIBIGKEIT

Kürzlich wurden neue Befunde über das Fett der Bären und die Eigenschaften ihrer Adipozyten, der Zellen, in denen das Fett gespeichert wird, bekannt. Anders als bei vielen anderen Säugetierarten bleibt die Gesamtzahl der Fettzellen bei einem Bären mit zunehmendem Alter relativ konstant, jedoch kann ihr Volumen auf mehr als das Zehnfache anwachsen und entsprechend schrumpfen, je nachdem, ob das Tier Fett gespeichert oder verbraucht hat. Die extremsten Größenunterschiede findet man bei trächtigen Weibchen – vermutlich eine Anpassung an ihre Bedürfnisse, während sie ohne Nahrungsaufnahme Junge austragen und nähren.

Bei den meisten anderen Säugetieren und beim Menschen zeigen die Adipozyten nicht annähernd dieselbe Neigung, ihr Volumen so zu verändern wie bei den Bären. Stattdessen vervielfältigen sich mit zunehmender Korpulenz. Sollte geklärt werden, wie die Bären die Teilung der Fettzellen begrenzen, könnte man korpulenten Menschen helfen.

(f) April bis Juli: Ringelrobben, die Hauptbeute des Eisbären, gebären ihre Jungen
im April, und sechs Wochen später sind
diese entwöhnt. Diese fetten Jungrobben
sind völlig arglos, und Eisbären
reißen sie in großer Zahl.

(c) September: Das befruchtete Ei nistet sich im Uterus
ein. Ende Oktober oder Anfang November graben die
trächtigen Weibchen ihre
Wurfhöhlen.

(g) August bis November: Wenn Ende Juli das
Eis des Meeres schmilzt, kommen die Eisbären
ans Ufer und leben von ihren Fettreserven, bis das Meer wieder
zufriert und sie wieder auf
Robbenjagd gehen können.

ERNÄHRUNGSZYKLUS

KONTAMINANTIEN

Fettlösliche Kontaminantien wie Polychlor-Biphe-
nyle (PCBs) und andere organische Chlorverbindun-
gen reichern sich, nachdem sie gefressen wurden, im
Fettgewebe an. Weibliche Bären bestreiten damit ihre
gesamte Tragzeit und die ersten Monate des Säugens,
während sie von ihren Reserven leben. Infolgedessen
stammen sämtliche Nährstoffe für die heranwachsenden Feten und die neugeborenen Jungen aus den
Körperreserven der Mutter. Zu Beginn der Fastenperiode können die Fettspeicher eines Weibchens mehr
als die Hälfte seines gesamten Körpergewichts aus-
machen. Zwar gibt es auf diesem Gebiet bisher nur
wenige Untersuchungen, doch besteht ein ernster
Grund zur Sorge, daß die plötzliche Freisetzung fett-
löslicher Kontaminantien die Embryonalentwicklung und andere kritische physiologische Vorgänge
beeinträchtigen könnte.

Während des Fastens gehen alle Bären das Risiko
ein, von fettlöslichen Kontaminantien geschädigt zu
werden. Am schlimmsten steht es jedoch um den
Eisbären, da er an der Spitze der arktischen Nahrungskette des Meeres steht. Je höher ein Tier in der
Nahrungskette steht, desto stärker wird es von hohen Konzentrationen der Kontaminantien in seinem
Gewebe bedroht. So können sich Kontaminantien,
die die marine Planktongemeinschaft beeinträchtigen, im Laufe der folgenden Nahrungskette bis zum
Zwei- oder Dreimilliardenfachen der ursprünglichen
Wirkung konzentrieren. Erste Untersuchungen haben ergeben, daß die Konzentrationen von PCBs und
verschiedener anderer Kontaminantien im Fett einiger Eisbären schon hohe Werte erreicht haben.

Andere, überwiegend herbivore Bärenarten stehen
auf einer niedrigeren Stufe der Nahrungskette und
laufen daher weniger Gefahr, vergiftet zu werden. Allerdings besteht bei allen Bären, die umfangreiche
Fettreserven anlegen, die Gefahr, kontaminiert zu
werden. Auch Bärenpopulationen. die zu gewissen
Jahreszeiten laichende Fischschwärme nutzen, stehen
weit oben in der Nahrungskette und dürften daher
ebenfalls stark gefährdet sein.

65

DIE BÄRENMILCH

ANDREW E. DEROCHER

Wasser, Fett, Protein und Zucker sind die Inhaltsstoffe jeder Säugetiermilch. Die Milch der Bären enthält mehr Fett und Protein, aber weniger Kohlenhydrate als die Milch anderer terrestrischer Carnivoren. Damit liegt der Energiegehalt der Bärenmilch etwa dreimal so hoch wie derjenige der menschlichen oder der Kuhmilch. Er ähnelt eher der Milch der Robben und Wale.

Da die Jungen bei ihrer Geburt extrem klein sind und rasch heranwachsen müssen, ist die Milchqualität bei den Bären von besonderer Bedeutung. Bis sie die Wurfhöhle verlassen, leben die Jungen ausschließlich von der Milch ihrer Mutter. Und selbst wenn die kleinen Bären schon selbst Nahrung suchen, werden sie von der Mutter weiter gesäugt und mit zusätzlichen Nährstoffen versorgt. Bei allen Arten säugen die Weibchen ihre Jungen, bis die Familie sich auflöst, was bei Eis- und Braunbären bedeutet, daß die Nachkommen bis zu drei Jahre lang ununterbrochen gesäugt werden. Vermutlich werden durch das Säugen die Familienbande gestärkt.

Die Bärenmilch ist dickflüssig und viskos. Die gehaltvollste Milch ist die der Eisbären und dann der Braun- und Schwarzbären. Diejenige des Malaienbären und des Großen Panda scheint weniger gehaltvoll zu sein. Da ein Weibchen während der Überwinterung nichts trinkt, könnte der hohe Fettgehalt auf der Konzentration beruhen, die durch Wasserersparnis hervorgerufen wird.

Bei den relativ wenigen Proben von Bärenmilch, die bisher analysiert wurden, variierte der Fettgehalt zwischen fünf und 46 Prozent.

(Menschliche Milch enthält im Durchschnitt 4,1 Prozent, Kuhmilch 3,7 Prozent Fett.) Bei den Eisbären liegt der Fettgehalt hoch, solange sich die Weibchen von Robben ernähren und sinkt ab, sobald sie wieder fasten.

Im Vergleich zu den Verhältnissen anderer Säuger ist die Bärenmilch reich an Protein, und der Gehalt reicht von vier bis 19 Prozent. (Die menschliche Milch enthält etwa 0,8 Prozent und die Kuhmilch 3,2 Prozent Protein.) Der Eiweißgehalt variiert erheblich zwischen den Arten und entspricht auch jeweils der unterschiedlichen Ernährungslage. Die Bärenmilch enthält nur ein bis zwei Prozent Lactose (den häufigsten Milchzucker), wogegen der Mineralgehalt im Vergleich zu anderen Arten wieder hoch ist. Zudem ist die Milch einigermaßen reich an den Vitaminen B6, B12, Riboflavin, Thiamin, Nikotinsäure und Kalziumpantothenat und enthält auch mehr Vitamin A und E als die Kuhmilch.

In letzter Zeit sind die Wissenschaftler darüber besorgt, daß die Milch der Eisbären durch Toxine kontaminiert sein könnte, die sie mit der Nahrung aufnehmen.

▼ Vom Zeitpunkt ihrer Geburt bis zum Verlassen der Wurfhöhle leben junge Bären ausschließlich von der Milch ihrer Mutter. Braun- und Schwarzbären besitzen sechs funktionsfähige Zitzen, Eisbären nur vier.

Daniel J. Cox

Konrad Wothe/Oxford Scientific Films

NUTZEN FÜR DIE MENSCHEN

Bisher wurden die meisten Untersuchungen über den Auf- und Abbau von Fettgewebe nur an wenigen Säugetieren durchgeführt – im Prinzip waren es Labor-Nagetiere, einige Haustierarten und Menschen – von denen keines unter normalen Umständen wirklich korpulent wird. Tiere, deren Lebensräume eine saisonal begrenzte Aktivität aufweisen, fressen sich zu bestimmten Jahreszeiten Fettspeicher an, ohne daran Schaden zu nehmen. So zeigen die Bären zum Beispiel eines der extremsten Beispiele saisonaler Fettleibigkeit, die man unter Säugern kennt, und ganz fraglos haben sie Möglichkeiten entwickelt, trotz ihrer Korpulenz gesund zu bleiben. Die Untersuchung der Ernährungsgewohnheiten der Bären gewährt einen Einblick in die faszinierenden Phänomene eines Lebens mit „Fasten und Schlemmen".

Sorgfältig geplante Forschungsprogramme über Bären dürften erhebliche Informationen zu den Fragen beitragen, wie die Tiere beim Fasten Energie sparen, wie der Körper ohne ein gesundheitliches Risiko Fett als primäre Energiequelle nutzen kann und warum umfangreiche Fettmengen offenbar ohne Schäden toleriert werden. Neben praktischen Auswirkungen für den Schutz der Bärenpopulation auf der ganzen Welt sind diese Untersuchungen auch für verschiedene medizinische Gebiete relevant. So wird

man mit Hilfe der Bären vieles erfahren können, was zur Bekämpfung gesundheitlicher Bedrohungen beiträgt, die mit extremer Korpulenz und Anorexia nervosa verbunden sind.

▲ Ein männlicher Braunbär hat zur Nahrungssuche seine Winterhöhle verlassen.

▼ Wenn sich Braunbären mit Lachsen ihre Fettreserven anfressen, lassen sie Reste zurück, die Aasfressern zugute kommen.

Art Wolfe

DER WINTERSCHLAF

MALCOLM A. RAMSAY

Vieles konnte man über den Winterschlaf der Bären in Erfahrung bringen, – und vieles muß noch erforscht werden. Dem offenbar einfachen Vorgang, bei dem ein Bär im Herbst eine Höhle aufsucht, liegt eine erstaunliche Reihe von Anpassungen zugrunde, die ihm erlauben, in einer überraschend belastenden Umwelt zu überleben.

In jedem Herbst suchen die Schwarzbären in den Laubwäldern des östlichen Nordamerika schweigend ihre Höhlen auf und beginnen einen Winterschlaf, der bis zum folgenden Frühjahr dauert. Alle vier Bärenarten, die die gemäßigten und arktischen Regionen Nordamerikas und Eurasiens bewohnen – der Schwarzbär, der Kragenbär, der Braunbär und der Eisbär – zeigen ein ähnliches Verhalten. Obwohl die Menschen schon seit der Antike wissen, daß Bären einen Winterschlaf halten, hat sich das Verständnis für die Einzelheiten, die diesem Verhalten und den damit verbundenen physiologischen und ökologischen Phänomenen zugrundeliegen, erst in letzter Zeit entwickelt. Neue Techniken, etwa die Fernüberwachung der Körpertemperatur und Aktivitätsrhythmen, sowie Methoden zur Bestimmung der Stoffwechselraten der Bären in ihren Höhlen und der Verfolgung einzelner Tiere über Satellit ermöglichen den Wissenschaftlern heute, Bären weitaus genauer zu studieren als früher.

Nahrungsverknappung

Bären werden keineswegs durch die Kältebelastung dazu getrieben, einen Unterschlupf aufzusuchen, sondern aus Gründen der Ernährung. Für die Bewohner der gemäßigten und arktischen Regionen der Nordhalbkugel ist der Winter eine Zeit der Nahrungsknappheit. Und bei warmblütigen Arten, wie Vögeln und Säugern, sind jahreszeitliche Nahrungsverknappungen deswegen so kritisch, weil sie ihre Körpertemperatur auf einem relativ hohen Niveau erhalten müssen. Dazu muß ihnen umfangreiche Nahrung zur Verfügung stehen. Viele Vogelarten können sich eine fortlaufende Nahrungsversorgung dadurch sichern, daß sie über den Winter in wärmere Gebiete ziehen, während die zumeist flugunfähigen Säugetiere dazu nicht in der Lage sind. Stattdessen schlagen sie sich im Winter bei begrenztem Nahrungsangebot und relativ minderwertiger Nahrung durch.

Insbesondere für die terrestrischen Bären gibt es im Winter nichts oder nur sehr wenig zu fressen, so daß sie sich über längeren Zeitraum in ihre Höhlen zurückziehen. Dort nehmen sie keine Nahrung zu sich, sondern leben von ihren Körperreserven und warten auf ein neues reiches Nahrungsangebot im nächsten Frühjahr.

Anpassungen an das Fasten

Bären sind nicht die einzigen Warmblüter, die lange Zeit ohne Nahrung auskommen. So unternehmen zum Beispiel einige Kleinsäuger, wie Erdhörnchen und einige Fledermäuse, im Winter lange Ruhepausen, während derer sie ihre Körpertemperatur, den Herzschlag und die Stoffwechselrate herabsetzen, um Energie zu sparen. Auch Kaiserpinguine und einige Robben fasten während der Fortpflanzungszeit über längere Zeiträume, obgleich sie nicht überwintern, und sie haben dazu einige der gleichen Besonderheiten entwickelt wie die Bären.

Dennoch ist der Winterschlaf der Bären in mehrerlei Hinsicht einzigartig. Zunächst fressen die Bären nichts, und ihre Fastenzeit dehnt sich in einigen Gebieten bis zu sechs Monaten aus. Sie trinken und urinieren auch nicht und geben keinen Kot ab. Dagegen nehmen sie in starkem Maße ab, da Körpergewebe abgebaut wird, um dem Organismus den nötigen Brennstoff bereitzustellen. Anstatt zu fasten, befinden sich diese Tiere in einem präzise regulierten physiologischen Zustand, in dem über 90 Prozent ihrer benötigten Energie aus dem gespeicherten Fett gedeckt wird. Und um eine ausreichende Nahrungsversorgung sicherzustellen, nehmen Bären rechtzeitig große Mengen energiereicher Nahrung zu sich und werden korpulent. Ihre Fettreserven machen dann mehr als 50 Prozent ihres Körpergewichtes aus. Proteine, die im Verlaufe des täglichen Verschleißes abgebaut werden, werden während der Fastenperiode größtenteils wieder aufgebaut, so daß die Proteinmasse der Bären konstant bleibt oder nur geringfügig abnimmt. Ganz anders sieht es bei anderen Säugetieren – einschließlich des Menschen – aus, bei denen der Proteingehalt während des Fastens ständig zurückgeht. Ohne Recycling der Proteine würde der Eiweißverlust auch bei überwinternden Bären zu abgestorbenen Feten und zum Tode führen.

Trächtigkeit und Fasten

Ein zweiter Aspekt des Winterschlafes bei Bären besteht darin, daß die Tragzeit und die frühe Laktation, die energieaufwendigsten Teile der Fortpflanzung bei Säugetieren, vollständig in die Fastenperiode fällt. Zur Zeit der Geburt hat ein überwinterndes Weibchen schon viele Wochen ohne Nahrung und Wasser hinter sich, und je nach Breitengrad und Umgebung dauert das Fasten noch weitere Wochen, während derer es seine neugeborenen Jungen säugt. Abgesehen von einigen der größten Bartenwale sind Bären die einzigen Säugetiere, die während der Tragzeit über

▲ Schwarzbären sind bei der Wahl ihrer Überwinterungsplätze sehr vielseitig. Sie wurden schon in Abwasserkanälen entdeckt, die unter Schnellstraßen verliefen und sogar im Hohlraum nicht unterkellerter Häuser. Selbst ein Haufen von Sträuchern wie dieser kann geeignet sein, sobald erst genügend Schnee gegen die Kälte isoliert.

Daniel J. Cox

längere Zeit auf Wasser und Nahrung verzichten. Und auch nur Bären, einige Wale und einige Robben fasten während längerer Laktationszeiten. Für die meisten Säugetiere wäre es lebensgefährlich, während der Tragzeit zu fasten, zumal diese Zeit einen hohen Energieaufwand erfordert und ein hohes Maß an Stoffwechselabfällen entsteht. Das Gleichgewicht des Gegenspiels von Trächtigkeit und Fasten ist eine außerordentliche stoffwechselphysiologische Leistung der Bären.

Bären zeigen während der Überwinterung nur einen geringen Abfall ihrer Körpertemperatur und ihrer Stoffwechselrate und sind daher leicht wieder wach, wenn sie in ihrer Höhle gestört werden. Warum senken Bären nicht die Temperatur ihres Körperkerns bis nahe zum Gefrierpunkt und sparen dabei Energie, wie es andere Winterschläfer tun? Eine Ursache dafür ist die zeitliche Einteilung der Geburt. Die meisten Säugetiere, die in einer jahreszeitlich geprägten Umwelt leben, bringen ihre Jungen im Frühjahr zur Welt, also kurz vor dem Zeitpunkt, an dem wieder reichlich Nahrung vorhanden ist. Daher steht den Neugeborenen der Frühling und der Sommer zur Verfügung, um heranzuwachsen und Fettreserven anzusammeln, ehe sie den Winter überstehen müssen. Allerdings spielt die Körpergröße bei dieser Strategie die entscheidende Rolle, denn die Länge der Tragzeit nimmt unter plazentalen Säugetieren allgemein mit der endgültigen Größe der erwachsenen Tiere zu. Also besitzen die größten Arten grundsätzlich die längsten Tragzeiten.

Um ihre Jungen im Frühjahr zur Welt zu bringen, müssen Großsäuger wie Bären ihre Tragzeit also auf den Winter verlegen, auf eine Zeit, in der das Nahrungsangebot am geringsten ist und sich die Überwinterung daher am ehesten anbietet. Allerdings ist ein überwinterndes Säugetier mit einer Stoffwechselrate, die deutlich unter dem üblichen Niveau liegt, unfähig, eine normale fetale Entwicklung zu garantieren. Bären können ihre Stoffwechselrate während des Winterschlafes deswegen nicht senken, weil die Weibchen nur so ihre Schwangerschaft aufrechterhalten können.

Kleinere Säugetiere können die Energieersparnis nutzen, die aus den stark herabgesetzten Stoffwechselprozessen erwachsen, denn ihre relativ kurze Tragzeit erlaubt ihnen, die Fetalentwicklung während der Überwinterung voranzutreiben und so bald nach Beendigung des Winterschlafs Nachkommen zur Welt zu bringen. Die größten Säugetiere, die mit erheblich reduziertem Stoffwechsel überwintern, sind die Murmeltiere, die bis zu 7,5 Kilogramm wiegen.

Da ein Bär während des Winterschlafs beinahe eine normale Körpertemperatur beibehält, wacht er bei Störungen leicht auf. Wenn also ein Räuber, etwa ein Wolf, die Höhle entdeckt, kann der Bär sich verteidigen. Es ist allerdings nicht klar, wie bereitwillig Bären ihre Überwinterungshöhlen aufgeben, wenn sie mitten im Winter durch menschliche Aktivitäten gestört werden. Man kennt anekdotenhafte Berichte von

Bären, die in Höhlen unterhalb bewohnter Hütten oder in der Nähe stark befahrener Straßen überwinterten, doch gibt es keine Berichte, nach denen Bären ihre Höhle sofort verlassen hätten, nachdem sie von in der Nähe lebenden Menschen gestört wurden. Man weiß nicht genau, welches Ausmaß einer Störung von einem Bären als Bedrohung empfunden wird. Es ist allerdings klar, daß ein Bär, der seine Höhle mitten im Winter aufgibt, einen stark zunehmenden Energieverbrauch aufweist und daher Gefahr läuft, zu verhungern. Wenn ein Weibchen seine Höhle verläßt, besteht zudem die Gefahr einer Fehlgeburt. Um Schutzmaßnahmen für bedrohte Bärenpopulationen zu entwickeln, dürfte es von Bedeutung sein, herauszufinden, wie empfindlich Bären in ihren Höhlen auf äußere Einflüsse reagieren.

Bären und die menschliche Gesundheit

Eines der Abbauprodukte der Proteine ist eine leicht toxische Substanz, der sogenannte Harnstoff. Beim Menschen werden etwa 25 Prozent des Harnstoffs durch Darmbakterien wieder in die Proteine eingebaut. Der Rest wird durch unsere Nieren herausgefiltert und mit dem Urin ausgeschieden. Für Menschen mit fehlerhaft arbeitenden Nieren ist der Aufbau von Harnstoff lebensbedrohlich, und ihr Blut muß normalerweise durch eine künstliche Niere gefiltert werden (Dialyse). Auch ein Bär im Winterschlaf produziert ununterbrochen Harnstoff, jedoch schleust das Tier praktisch alles wieder in die Aminosäuren, die Bausteine der Proteine, ein. Gegenwärtig versucht man herauszufinden, wie Bären dies schaffen. Könnte man diese Eigenschaft auch auf Menschen mit ausgefallener Nierenfunktion übertragen, wären diese nicht mehr auf die Dialyse angewiesen.

Perspektiven der Forschung

Aber wissenschaftliche Einblicke in den Winterschlaf der Bären könnten auch die Situation bettlägeriger Kranker und Astronauten verbessern. Die Knochen dieser Menschen müssen nur wenig Gewicht tragen und verlieren daher ständig Kalzium. Ein solcher Verlust kann so bedeutend sein, daß ein Astronaut, der von einem längeren Weltraumaufenthalt auf die Erde zurückgekehrt ist, Gefahr läuft, nur beim Gehen sich die Beine zu brechen. Dennoch kommen die Bären ohne spürbaren Knochenverlust aus ihren Überwinterungshöhlen hervor. Wie beim Aufbau des Harnstoffs scheint auch hier das Geheimnis in der Wiederverwertung zu liegen. Bären im Winterschlaf schleusen das verlorengegangene Kalzium in neu angelegte Knochenschichten ein. Auf diese Weise gleicht die Knochenproduktion den Verlust während der langen Wochen des Nichtstuns in der Höhle wieder aus. Könnten Wissenschaftler nachmachen, wodurch Bären ein neues Knochenwachstum stimulieren, wäre dies zweifellos ein neuer Weg, um Knochenrückbildungen beim Menschen zu behandeln.

Jim Brandenburg/Planet Earth Pictures

▲ Indem sie Weibchen mit ihren Jungen in den Überwinterungshöhlen gefangen halten, können Wissenschaftler die Wachstumsrate junger Bären während der ersten Lebensstadien ermitteln. Die Stoffwechselprozesse, durch die die Bärenweibchen ihre Fettreserven in Milch umwandeln, sind für die medizinische Forschung von großem Interesse.

DAS VERHALTEN DER BÄREN

IAN STIRLING UND ANDREW E. DEROCHER

Bären verbringen heute den größten Teil ihres Lebens als Einzelgänger, und aus der Fossilgeschichte spricht nichts dafür, daß ihre Vorfahren geselliger waren. Zumeist beschränken sich soziale Gruppen auf Weibchen mit ihren Jungen oder auf geschlechtsreife Partner, die während der Paarungszeit zusammenbleiben. Wie bei anderen Säugetieren wurde die Entwicklungsgeschichte der sozialen Organisation bei Bären durch mehrere Faktoren beeinflußt: die Verfügbarkeit von Ressourcen, das Risiko, anderen Tieren zum Opfer zu fallen und der Wettbewerb um Ressourcen.

Die Verteilung der Nahrung besitzt bedeutende Auswirkungen auf die Entwicklung der sozialen Organisation einer Art. Im Falle der meisten Bären ist die Nahrung im allgemeinen unregelmäßig verteilt, von unterschiedlicher Qualität und Quantität und schwierig zu verteidigen. Es lohnt sich also für eine Bärengruppe nicht, ein Streifgebiet zu verteidigen, weil dieses Gebiet vermutlich nicht genügend Nahrung für die ganze Gruppe abwerfen würde. Wahr-

▲ Ein alarmierter junger Alaska-Braunbär unterbricht seine Mahlzeit, richtet sich auf und hält über das hochgewachsene Gras Ausschau nach anderen Bären.

scheinlich waren es der Wettbewerb um die unregelmäßig verteilten Nahrungsressourcen und die Entwicklung einer überwiegend vegetarischen Lebensweise, bei der aufgrund des fehlenden Wiederkäuermagens große Mengen aufgenommen werden müssen, die bei den Bären die Bildung großer sozialer Gruppen verhinderten. Eine Gruppe würde die stellenweise gehäuft auftretenden Nahrungsquellen rascher erschöpfen, so daß die Tiere häufiger nach neuen Quellen suchen müßten. Der mit diesen Wanderungen verbundene zusätzliche Energieaufwand wäre zu groß, da der massive Körperbau eines Bären lange Wanderungen ineffizient macht. Wo sich jedoch in Ausnahmefällen eine hochwertige Nahrung konzentriert, etwa in Lachsbächen oder an Abfallhaufen, können durchaus zahlreiche Bären Nahrung finden. Allerdings treten derartige Phänomene örtlich stark begrenzt und nur vorübergehend auf.

BÄREN UND LÖWEN IM VERGLEICH

Wenn man herausfinden möchte, warum Bären nicht in Gruppen leben, ist es interessant, ihre soziale Organisation mit der von Löwen zu vergleichen. Wie die Bären waren auch die Vorfahren der Löwen einzelgängerische Carnivoren, wie es die meisten übrigen Katzen immer noch sind. Sowohl Bären als auch Löwen bringen hilflose Nachkommen zur Welt, so daß die Jungen in der ersten Zeit auf eine erhebliche

mütterliche Fürsorge angewiesen sind. Bei Löwen ist die Bindung zwischen der Mutter und ihren Jungen die Basis der Gruppenbildung. Wegen der Treue zu ihrem Geburtsgebiet sind die Weibchen jedes Rudels häufig miteinander verwandt.

Die Treue zu ihrem Geburtsgebiet ist auch für Bären typisch, und gelegentlich kommt es auch zum Infantizid (Tötung der Nachkommen), doch gibt es zwischen ihnen und den Löwen zwei wichtige Unterschiede. Erstens können Löwenweibchen zu jeder Zeit in den Östrus kommen, während sich Bären nur zu bestimmten Jahreszeiten fortpflanzen. Ein Löwenmännchen, das einen residenten Geschlechtsgenossen vertreibt, kann sich also jederzeit mit einer Löwin paaren, deren Junge es zuvor umgebracht hat. Bei den Bären wäre dies nur dann möglich, wenn die Jungen während der Paarungszeit getötet werden. Daher ist der Infantizid bei den Bären zur Gruppenbildung wenig bedeutend als bei den Löwen.

Ein zweiter Unterschied zwischen Löwen und Bären bezieht sich darauf, wie sie mit ihrer Beute umgehen. Indem sie gemeinsam jagen, können Löwen große Beutetiere bewältigen, die häufig ausreichen, um die ganze Gruppe zu sättigen. Dagegen dürfte es einem Schwarz- oder Braunbären nur so selten gelingen, ein Huftier zu töten, daß es sich empfiehlt, dieses nicht mit Artgenossen zu teilen. Zudem herrscht in den gemäßigten Regionen zu gewissen Jahreszeiten ein kühles Klima, so daß sich ein Kadaver nicht schnell zersetzt. Es lohnt sich also für ein Tier, den Kadaver zu bewachen und mehrfach zu nutzen. Im Gegensatz dazu lassen es der wärmere Lebensraum des Löwen und die Fülle der dort vorhandenen Aasfresser geraten erscheinen, die Nahrung rasch aufzuteilen.

Obwohl Braunbären manchmal durchaus Säugetiere von der Größe eines Elches töten und manchmal sogar paarweise jagen, läßt sich die Häufigkeit ihrer Jagdaktivitäten nicht mit den von Löwen vergleichen. Würden die Bären in Gruppen jagen, müßten sie aufgrund der geringen Dichte ihrer Beutetiere zwischen ihren Jagderfolgen lange Strecken zurücklegen, wie es etwa Wolfsrudel tun, und jeder Bär würde aufgrund des Teilens nur wenig von der Beute erhalten. Im Vergleich zu Wölfen bewegen sich Bären über längere Entfernungen wesentlich langsamer und energieaufwendiger, so daß die planlose Einzeljagd noch immer die beste Methode ist.

▼ Ein erwachsener Schwarzbär hat ein neugeborenes Hirschkalb erbeutet und trägt den Kadaver in den Wald, um ihn dort – fernab von anderen Artgenossen, die ihm die Beute streitig machen könnten – zu verzehren.

Stan Osolinski/Oxford Scientific Films

▲ Dieser Schwarzbär hat im Yellowstone Nationalpark einen Schwarzwedelhirsch getötet. Vielleicht hatte er der Beute aufgelauert, als sie an einem Bach trinken wollte. Vermutlich übertönte das Geräusch des Wassers die Schritte des heranschleichenden Bären.

▶ Anstatt sich in einem reißenden Bach im Fischfang zu versuchen, nehmen sich zwei junge Bären Zeit zum Spielen.

EIN VORWIEGEND EINSAMES LEBEN

Selbst bei den vollständig carnivoren Eisbären schließt die geringe Größe ihrer Hauptbeute, der Ringelrobbe, vermutlich alle Vorteile aus, die sich aus einer gemeinsamen Jagd oder der Teilung der Nahrung mit Artgenossen (außer mit den eigenen Jungen) ergeben. Wie bei den Braunbären, die zuweilen Huftiere jagen, scheint die Häufigkeit, mit der Eisbären große Beutetiere wie Bartrobben oder sogar kleine arktische Wale erbeuten, nicht auszureichen, um die Entwicklung der Gruppenjagd zu stimulieren. Zwar sammeln sich große Zahlen von Eisbären an Walkadavern oder Abfallhaufen, wie es auch Braun- oder Schwarzbären tun, jedoch zeigen alle Tiere ein jeweils unabhängiges Verhalten.

Die meisten Bären halten einen Winterschlaf, und auch dies scheint der Ausbildung von Geselligkeit im Wege zu stehen. Im Vergleich dazu findet man ganz unterschiedliche Ausprägungen der Geselligkeit bei den Erdhörnchen. Typisch für die meisten Hörn-

chenarten ist eine ausgedehnte Verbindung zwischen erwachsenen und subadulten Tieren, die sich jedoch nur dann ausbilden können, wenn die Tiere gar nicht oder nur für kurze Zeit überwintern.

Im Gegensatz zu der vielfältigen Nahrung der Omnivoren, wie etwa der Schwarzbären, bestehen mehr als 99 Prozent der Nahrung des Großen Panda aus Sprossen, Zweigen und Blättern des Bambus. Obwohl mindestens 30 Bambusarten im Verbreitungsgebiet des Großen Panda wachsen, kommen in jedem Lebensraum normalerweise nur zwei davon im Überfluß vor. Je nach Jahreszeit werden unterschiedliche Bambusarten und auch Teile dieser Pflanzen gefressen, doch da der Bambus über das ganze Jahr in hoher Dichte wächst, decken Pandas ihren Nahrungsbedarf zumeist in einem wesentlich kleineren Gebiet als andere Bärenarten. Es besteht also für Pandas kein Grund, in unterschiedlichen Jahreszeiten umherzuziehen, die Nahrung zu wechseln oder zu überwintern, aber dennoch sind sie kaum sozial organisiert.

Vermutlich aufgrund ihrer solitären Lebensweise wird bei den Weibchen der meisten Bärenarten die Ovulation induziert, also durch die Paarung stimuliert. Es ist für sie nur wenig vorteilhaft, spontan zu ovulieren, wie es etwa die meisten Robben tun, sofern nicht mit einer gewissen Wahrscheinlichkeit ein Männchen in der Nähe ist. Nach Beobachtungen in zoologischen Gärten und in der Wildnis bleiben die Paare offenbar bis zu zwei Wochen zusammen. Die männlichen Tiere bemühen sich, die Weibchen in isolierten Gebieten zu halten, wo die Wahrscheinlichkeit geringer ist, daß sie konkurrierenden Männchen begegnen, und zumeist kopulieren die Tiere mehrfach. Unter den Männchen kann ein lebhafter Wettbewerb um die Paarungsprivilegien einsetzen, und einige Weibchen paaren sich unter Umständen mit mehr als einem Männchen. Und da weibliche Bären mehrfach ovulieren könnten, besteht die theoretische Möglichkeit, daß Jungtiere desselben Wurfes unterschiedliche Väter haben. So wurde ein Braunbärenweibchen dabei beobachtet, wie es sich innerhalb von zwei Stunden zehnmal mit vier verschiedenen Männchen paarte. Man weiß allerdings nicht, wie verbreitet dieses Paarungsverhalten ist und welche Auswirkungen es auf die Entwicklung der sozialen Organisation bei Bären gehabt haben mag.

Ungeachtet der Neigung der Bären zum Einzelgängertum besteht dennoch ein gewisses Maß an Geselligkeit. So kommt zum Beispiel während der eisfreien Periode der westlichen Hudson Bay die gesamte Eisbärenpopulation zum Fasten an die Küste, und die Gruppen aus zwei bis 14 oder noch mehr erwachsenen Männchen leben oft dicht beieinander und zeigen untereinander ein erstaunliches Maß an Toleranz. Unter solchen Umständen kommt es vermutlich überwiegend zu ritualisierten Kämpfen, bei denen die Kontrahenten einander nicht verletzen.

Einmal taten sich zwei erwachsene Eisbärenweibchen zusammen, von denen das eine diesjährige und das andere vorjährige Jungen führte. Sie vertrauten während der sechswöchigen Zeit, in der sie an einem Abfallhaufen Nahrung suchten, einander sogar wechselseitig ihre Jungen an. Man weiß jedoch nicht, ob sie verwandt waren.

Es ist denkbar, daß die offensichtlich solitären waldbewohnenden Bären soziale Tendenzen aufweisen. So wird zum Beispiel berichtet, daß sich eine be-

»A SLOUTHE OF BEERYS«

ANDREW E. DEROCHER

Eine Gruppe von Bären wird im Englischen als »Sloth« bezeichnet, ein Ausdruck, der nach dem *Oxford English Dictionary* erstmals 1452 verwendet wurde. Ursprünglich nannte man dieses Phänomen »A slouthe of Beerys«. Das Wort »Sloth« stammt von dem mittelenglischen Begriff für »slow« (langsam), doch ist kaum zu verstehen, warum die frühen englischen Autoren der Ansicht waren, daß sich eine Gruppe von Bären langsam bewege. Es ist auch interessant darüber zu spekulieren, wo Gruppen von Bären beobachtet worden sein könnten.

Heute wäre es am wahrscheinlichsten, einer Gruppe von Eisbären an der Küste der westlichen Hudson Bay zu begegnen. Wenn der Sommer zu Ende geht und das Eis des Meeres geschmolzen ist, versammeln sich Gruppen männlicher Tiere auf Inseln und Landspitzen. Sobald das Meer dann wieder zugefroren ist, verteilen sie sich wieder, um Robben zu jagen. Gruppen von Grizzlybären lassen sich am einfachsten an Laichbächen von Lachsen beobachten, etwa am McNeil River, am Pack Creek und am Brooks River in Alaska. Tips zum Besuch dieser Schutzgebiete s. S. 226 ff.

▼ Wenn das Eis in der kanadischen Hudson Bay schmilzt, sammeln sich Gruppen von Eisbären während des Sommers und im Herbst. Sie pflanzen sich nicht fort und jagen auch nicht, und da es weder Nahrung noch potentielle Geschlechtspartner gibt, um die man kämpfen könnte, werden die Bären überraschend gesellig.

Fred Bruemmer

Daniel J. Cox

reits aufgelöste Familie wieder zusammenfand. Bei den Schwarzbären siedeln sich die weiblichen Nachkommen häufig im Streifgebiet der Mutter oder in deren Nähe an, während die männlichen Jungen abwandern. Vielleicht können Schwarzbären ihre inzwischen selbständige Nachkommenschaft erkennen und verhalten sich dieser gegenüber aufgrund der Verwandtschaft gutartig.

SEXUALDIMORPHISMUS

Unterschiedlich große Männchen und Weibchen, der sogenannte Sexualdimorphismus, sind immer bei jenen Arten zu finden, wo sich die Männchen zur Fortpflanzungszeit mit mehr als einem Weibchen paaren. Vermutlich geht dieses Phänomen auf den Wettbewerb zwischen den Männchen zurück, die um Paarungsmöglichkeiten streiten. Vielleicht haben die Männchen dadurch, daß sie sich, wie etwa Wolfsrüden, an der Versorgung der Jungen nicht beteiligen, noch zusätzlich Zeit, sich andere Weibchen auszusuchen und sich mit diesen zu paaren. Männliche Bären überlassen ihre Nachkommenschaft allein den Weibchen.

Bei den Bären gibt es Arten mit gering ausgeprägtem Sexualdimorphismus, aber auch Arten, bei denen die männlichen Tiere doppelt so groß sind wie die Weibchen. Ein ausgeprägter Sexualdimorphis-

mus charakterisierte auch die meisten ausgestorbenen pleistozänen Arten (aus der Zeit vor zwei Millionen bis 10 000 Jahren), wie etwa den Höhlenbären und den Riesen-Kurzschnauzenbär.

Bei größeren Arten nimmt auch der Sexualdimorphismus grundsätzlich zu. Obwohl für die meisten Bärenarten keine Gewichtsdaten vorliegen, nimmt der Dimorphismus innerhalb der drei nordamerikanischen Arten – der Braunbären, der Schwarzbären und der Eisbären – mit der Größe zu. Interessanterweise gilt dieses Phänomen nicht nur für unterschiedliche Arten, sondern selbst für verschiedene Populationen der nordamerikanischen Braunbären.

In einer japanischen Untersuchung der Schädelmorphologie von Braun- und Kragenbären war ein Sexualdimorphismus an allen gemessenen Teilen nachzuweisen, jedoch war er nur bei den Eckzähnen signifikant. Da nun die Nahrung beider Geschlechter jeder Art ähnlich ist, kann man davon ausgehen, daß die signifikante Vergrößerung der Eckzähne bei den Männchen über das Maß hinaus, das man aufgrund der insgesamt größeren Abmessungen erwarten würde, auf einem Drohverhalten gegenüber Geschlechtsgenossen beruht. Diese Zähne werden also als Waffen eingesetzt. Bei männlichen Eisbären sind die Eckzähne durch Zweikämpfe oft abgebrochen.

Bei verschiedenen Bärenarten wurden heftige Aus-

▲ Ein erwachsenes Braunbärenmännchen muß sich über einen Zeitraum von ein bis zwei Wochen mehrmals mit einem Weibchen paaren, um dessen Ovulation auszulösen. Häufig versucht das Männchen dann, die Partnerin an einen abgelegenen Ort zu drängen, an dem es sie gegen konkurrierende Männchen nicht verteidigen muß.

Bei allen Bärenarten kommt es vor, daß männliche Tiere Junge töten, so daß die Bärenmütter ständig von räuberischen Männchen auf der Hut sind. (Oben) Während sie sich umblickt, stellt sich eine Eisbärenmutter schützend über ihre beiden Jungen. (Gegenüber, oben) Ein weiteres Weibchen senkt den Kopf und bereitet sich darauf vor, den Angriff eines ausgewachsenen Tieres abzuwehren, während sich das verschreckte Jungtier hinter seiner Mutter versteckt. (Gegenüber, Mitte) In einem anderen Fall hat es ein Männchen geschafft, die Mutter auszutricksen und ihr Junges anzufallen. Schließlich gelingt es ihr, das Männchen zu vertreiben. (Gegenüber, unten) Vorsichtig führt ein Weibchen sein zehn Monate altes Jungtier durch ein Gebiet, in dem Männchen leben.

einandersetzungen unter ausgewachsenen Männchen beobachtet. Und wenn es auch keine Hinweise auf Fortpflanzungserfolge gibt, dürfte ein großwüchsiges Männchen fähig sein, besonders viele Nachkommen zu zeugen. Vielleicht entwickelte sich die körperliche Überlegenheit der Männchen, um ihnen die Errichtung größerer Streifgebiete zu erleichtern, die diejenigen mehrerer Weibchen überlappen.

Bei den Eisbären hat der ausgeprägte Sexualdimorphismus vermutlich sowohl damit zu tun, daß sie große Bären sind als auch mit der intensiven Konkurrenz der Männchen um die fortpflanzungsbereiten Weibchen. Obwohl das Geschlechterverhältnis erwachsener Tiere etwa gleich ist, können sich die meisten Weibchen höchstens etwa alle drei Jahre fortpflanzen, so daß in Wirklichkeit drei oder mehr Männchen auf ein Weibchen kommen. Die in jedem Jahr anders ausfallende Eisbildung und die schwankende Zahl der Robben machen die Nahrungsverteilung für Eisbären noch weniger berechenbar als für terrestrische Bären, so daß weibliche Eisbären, anders als die landbewohnenden Arten, keine Territorien verteidigen. Stattdessen verfügen sie über umfangreiche Streifgebiete, die einander in den Nahrungsgründen überschneiden. Sie versammeln sich an Orten, an denen reichlich Robben vorkommen und die Männchen davon angelockt werden. Also müssen die Männchen untereinander konkurrieren,

wo Weibchen zahlreich auftreten, was vermutlich zu einer größeren Konkurrenz führt, als sie unter terrestrischen Bären vorkommt. Interessant ist, daß ein vergleichbar ausgeprägter Sexualdimorphismus auch bei Braunbärenpopulationen auftritt.

Unter den Primaten ist der Sexualdimorphismus bei den bodenbewohnenden Arten deutlicher ausgebildet als bei den baumbewohnenden. Wären die Männchen kletternder Arten bedeutend größer als die Weibchen, könnten sie aufgrund ihres Gewichts nicht mehr imstande sein, auf dünnen Ästen oder an den Enden von Zweigen nach Nahrung zu suchen. Vielleicht beeinflußt dieser Faktor auch den Sexualdimorphismus bei Bären. Es gibt zwar nur wenige Informationen über das Gewicht des Malaienbären, der sich häufig auf Bäumen aufhält, doch sind Männchen und Weibchen etwa von ähnlicher Größe. Auch die Geschlechter des Lippenbären unterscheiden sich in der Größe nur wenig, und beim Großen Panda ist der Unterschied nur unwesentlich. Sowohl Lippenbären als auch Große Pandas sind geschickte Kletterer, die manchmal sogar auf den Bäumen fressen, obgleich sie dies häufiger auf dem Boden tun. Die am wenigsten dimorphistische der drei nordamerikanischen Arten, der Schwarzbär, macht auch von den Bäumen den größten Gebrauch und zeigt ein ähnliches Maß an Sexualdimorphismus wie der Brillenbär und der Kragenbär.

»A SLOUTHE OF BEERYS«

ANDREW E. DEROCHER

Eine Gruppe von Bären wird im Englischen als »Sloth« bezeichnet, ein Ausdruck, der nach dem *Oxford English Dictionary* erstmals 1452 verwendet wurde. Ursprünglich nannte man dieses Phänomen »A slouthe of Beerys«. Das Wort »Sloth« stammt von dem mittelenglischen Begriff für »slow« (langsam), doch ist kaum zu verstehen, warum die frühen englischen Autoren der Ansicht waren, daß sich eine Gruppe von Bären langsam bewege. Es ist auch interessant darüber zu spekulieren, wo Gruppen von Bären beobachtet worden sein könnten.

Heute wäre es am wahrscheinlichsten, einer Gruppe von Eisbären an der Küste der westlichen Hudson Bay zu begegnen. Wenn der Sommer zu Ende geht und das Eis des Meeres geschmolzen ist, versammeln sich Gruppen männlicher Tiere auf Inseln und Landspitzen. Sobald das Meer dann wieder zugefroren ist, verteilen sie sich wieder, um Robben zu jagen. Gruppen von Grizzlybären lassen sich am einfachsten an Laichbächen von Lachsen beobachten, etwa am McNeil River, am Pack Creek und am Brooks River in Alaska. Tips zum Besuch dieser Schutzgebiete s. S. 226 ff.

▼ Wenn das Eis in der kanadischen Hudson Bay schmilzt, sammeln sich Gruppen von Eisbären während des Sommers und im Herbst. Sie pflanzen sich nicht fort und jagen auch nicht, und da es weder Nahrung noch potentielle Geschlechtspartner gibt, um die man kämpfen könnte, werden die Bären überraschend gesellig.

Fred Bruemmer

KONKURRENZ INNERHALB UND ZWISCHEN ARTEN

Zwar dürften einige urtümliche Bären in erheblichem Umfang anderen Tieren zum Opfer gefallen sein, weil sie noch relativ klein waren, doch scheint es, daß sie bei zunehmender Größe ihres Körpers, ihrer Zähne und Klauen im Laufe der Entwicklungsgeschichte immer seltener zur Beute räuberischer Tiere wurden. Kleinere Arten flüchteten sich vielleicht auf Bäume, während die größeren ihrem Gegner standhalten und kämpfen konnten, wenn es nötig war. Danach gab es für Bären kaum einen Anlaß, sich zur Verteidigung oder um die Wachsamkeit zu erhöhen in Gruppen zu sammeln. Obwohl insbesondere die jungen Individuen einiger Bärenarten hin und wieder von Räubern, etwa von Wölfen, getötet werden, reichten derartige Verluste nicht aus, um Veränderungen der sozialen Organisation hervorzurufen.

Bei allen nordamerikanischen Bärenarten töten und fressen die Männchen Tiere ihrer eigenen Art, insbesondere die Jungen. Da jedoch nur wenige Beweise dieses Verhaltens vorliegen, läßt sich dessen Bedeutung nur schwer abschätzen. Zudem variiert der Infantizid wohl auch zwischen den Arten. So leben zum Beispiel Eisbären in offenem Gebiet, wo die Männchen wesentlich schwerer an die Jungen herankommen als etwa im Wald, wo die Sicht begrenzt ist. Hinzu kommt, daß junge Eisbären schon im Alter von sechs Monaten imstande sind, sich den erwachsenen Männchen durch Flucht zu entziehen. Unter den subtropischen Bärenarten gibt es bisher keine Berichte von Individuen, die ihren Artgenossen nachstellen.

Einige Experten vertreten die Ansicht, daß es zwischen nordamerikanischen Schwarz- und Braunbären ein Konkurrenz-und-Räuber-Beuteverhältnis gibt. Wird ein Schwarzbärenweibchen ernsthaft bedroht, schickt es seine Jungen auf einen Baum in Sicherheit, flieht dann selbst und kehrt erst wieder zu-

Dan Guravich

Brian and Cherry Alexander / NHPA

Dan Guravich

WIE SICH BÄREN ORIENTIEREN

Lynn L. Rogers

Steve McCutcheon/AUSCAPE International

Bären besitzen die geheimnisvolle Fähigkeit, aus völlig unbekannten Gegenden wieder heimzufinden. Dies wird weder durch vertraute Landschaftsmarkierungen noch durch das Vermögen gesteuert, eine besondere Richtung ohne vertraute Anhaltspunkte in der Landschaft beizubehalten. Es handelt sich vielmehr um eine Form echter Orientierung – der Fähigkeit, sich von einem noch niemals zuvor besuchten Gebiet aus nach Hause oder zu einem anderen Ort zu orientieren, zu dem kein sensorischer Kontakt besteht. Erklärungsversuchen zufolge, die die geistigen Fähigkeiten des Bären berücksichtigen, sich im Gelände zurechtzufinden, spürt dieses Tier angeblich das Magnetfeld der Erde und extrapoliert seine Position durch örtliche magnetische Gradienten.

Bären besitzen ein unglaubliches Gedächtnis für wichtige Orte. So kehrten Bären, die als Jungtiere von ihrer Mutter einmal 32 Kilometer weit zu einem Eichenhain geführt worden waren, drei bis fünf Jahre später dorthin zurück, um dort wiederum Eicheln zu suchen. Schwarzbären, die sich im nordöstlichen Minnesota an menschliche Beobachter gewöhnt hatten, bewiesen, daß sie die meisten Wasserlöcher, Zufluchtsbäume, Nahrungsstellen und Wildwechsel ihres Streifgebietes kannten.

Als im Streifgebiet eines männlichen Schwarzbären einmal die Beeren nicht reif wurden, legte er eine Rekordstrecke von 200 Kilometer in ein unbekanntes Gebiet zurück. Nun fragten sich die Forscher, ob dieser elf Jahre alte, mit einem Halsbandsender ausgestattete Bär zur Überwinterung auf der Spur seiner indirekten Route nach Hause zurückkehren würde. Dies war nicht der Fall. An einem Oktobertag begab er sich auf direktem Wege nach Hause. Seine Route bewies, daß er seine Position kannte und einen Sinn für Himmelsrichtungen besaß. Er ignorierte Wildwechsel und Straßen, wanderte querfeldein durch unwegsames Gelände, durch Ackerland und Gebiete anderer Bären und zeigte so, daß ihm die Pfade und Gefahren entlang des Weges ganz unbekannt waren. Er wanderte nur in der Nacht, wenn die territorialen Bären schliefen und sich die meisten Menschen in ihren Häusern aufhielten. Offenbar orientierte er sich jedoch nicht am Nachthimmel, denn unabhängig davon, ob der Himmel klar, bedeckt oder durch Bäume verdunkelt war, behielt er die richtige Richtung bei. Allerdings dürfte seine Unkenntnis des Geländes sein Tempo verlangsamt haben. Er legte in 24 Stunden nur 19 Kilometer zurück, während ein Bär auf vertrautem Terrain 32 Kilometer am Tag schafft. Neun Tage nach Antritt seiner Heimreise erreichte er vertrauten Boden, und sein Verhalten veränderte sich. Nun wanderte er wieder überwiegend auf Straßen und bewegte sich am Tage. Als der Tag fortgeschritten war, verließ er seinen Pfad, wanderte über einen Hügel und verschwand über den Winter in einer Höhle.

Sogenannte gefährliche Bären konnten heimfinden, nachdem man sie betäubt und bis zu 270 Kilometer von ihrem Revier umgesiedelt hatte. Von 54 Bären, die 64 bis 120 Kilometer von ihrer Heimat forttransportiert wurden, traten 35 nach ihrer Freilassung den Heimweg an, und von 23 Exemplaren, die man 120 bis 270 Kilometer weit weg gebracht hatte, taten dies 17. Das Heimfinden war weder an eine Vertrautheit mit dem Freilassungsgebiet, noch an eine zufällige Wanderung gebunden. Unabhängig davon, welche Orientierungsmethoden Bären verwenden, besteht offenbar eine Entfernungsgrenze, denn Bären, die man über eine Entfernung von 1400 Kilometer von Minnesota nach Arkansas verfrachtet hatte, schlugen nach ihrer Freilassung zufällige Richtungen ein.

◀ Männliche Braunbären, die in Gebieten wie diesem im Mount McKinley Park (Alaska) zu Hause sind, bewohnen ein Streifgebiet von mehreren hundert Quadratkilometern. Sie müssen lernen, an welchen Stellen und zu welchen Zeiten sie ihre Nahrung finden können.

rück, wenn die Gefahr vorüber ist. Im Gegensatz dazu schützt das Braunbärenweibchen seine Jungen, indem es sich dem Angreifer stellt oder ihn direkt angreift. Und obwohl junge Braunbären sehr wohl Bäume erklimmen können, tun sie dies bei Gefahr wesentlich seltener als junge Schwarzbären.

In Gebieten Nordamerikas, in denen sich die Verbreitung beider Arten überschneidet, sind die Braunbären durchweg eineinhalb bis zweimal so groß wie die Schwarzbären. Als eine wahrscheinliche Folge dieses Größenunterschiedes halten sich die Schwarzbären wie ihre Vorfahren nur in den Wäldern auf, weil sie nicht groß genug sind, ihre Jungen und möglicherweise auch sich selbst gegen größere Carnivoren, wie den Braunbären, zu verteidigen. Dagegen konnte der Braunbär vermutlich sowohl den offeneren Lebensraum als auch den Wald nutzen, da er größer war als der Schwarzbär und sich gegen Rauber besser verteidigen konnte.

Auch weibliche Eisbären, die einen offenen Lebensraum bewohnen, verteidigen ihre Jungen, indem sie den Angreifer direkt angehen, selbst dann, wenn der Angreifer ein Männchen von doppelter Größe ist. In der hohen Arktis erklimmen Eisbärenmütter mit ihren Jungen, aber manchmal auch einzelne halberwachsene Tiere, häufig einen Hügel über dem Meereseis und graben sich eine Mulde, von der aus sie eine gute Übersicht haben, ehe sie sich darin schlafen legen. Offenbar handelt es sich bei diesem Verhalten um Vorbereitung auf mögliche Angriffe durch größere Bären.

Große Pandas bringen sich manchmal auf Bäumen in Sicherheit – weibliche Tiere entgehen so zum Beispiel allzu stürmischen paarungswilligen Männchen. Allerdings dürften Pandas seltener als andere Bärenarten auf Bäumen Schutz suchen, da es in ihrem Lebensraum Leoparden gibt, die ebenfalls gut klettern und imstande sind, Pandas zu töten, insbesondere die jungen.

Der Lippenbär ist ein ausgezeichneter Kletterer. Solange die Jungen klein sind, trägt sie das Weibchen auf seinem Rücken auf die Bäume. Dagegen bleiben größere Jungtiere unter Umständen auf dem Boden, während sich die Mutter im Baum aufhält. Bei Gefahr verläßt das Weibchen die Bäume und flieht auf dem Boden, wobei die Jungen manchmal vor der Mutter herlaufen. Nach Ansicht einiger Wissenschaftler werden Bäume von Lippenbären nicht als Zufluchtsorte genutzt, da ihr Lebensraum von Leoparden geteilt wird, die häufig baumbewohnende Tiere erbeuten. Trotz seiner geringen Größe greift der Lippenbär Menschen an, wenn er von ihnen überrascht wird, und gilt bei den Einheimischen als gefährlich. Wie im Falle des wesentlich größeren Braunbären ist das aggressive Verhalten vermutlich eine Folge seiner Unfähigkeit, auf Bäumen garantiert Schutz zu finden.

Joe Van Wormer/Bruce Coleman Ltd

▶ Der Schwarzbär ist ein ausgezeichneter Kletterer. Häufig schicken Bärenmütter ihre Jungen bei Gefahr in die Baumkronen hinauf. Diese bleiben auf dem Baum und warten auf ihre Mutter, die sich selbst in Sicherheit gebracht hat und ihre Jungen erst später wieder holt, wenn die Gefahr vorüber ist.

Daniel J. Cox

▲ Bären sind außerordentlich neugierig und bleiben normalerweise stehen, um ungewöhnlichen Dingen nachzuspüren. Dieses Schwarzbärenweibchen hat den Kopf erhoben, so daß es gut sehen und riechen kann, und die großen Ohren sind zum Lauschen aufgestellt. Die Jungtiere ahmen das Verhalten ihrer Mutter nach.

Jeff Foott/AUSCAPE International

INDIVIDUELLES VERHALTEN

Von anderen überwinternden Tieren unterscheiden sich Bären im Winterschlaf dadurch, daß ihre Körpertemperatur nur um wenige Grad absinkt und daß sie rasch wieder wach sein können. Diese Begrenzung des Temperaturabfalls ist deswegen unumgänglich, weil trächtige Weibchen eine hinreichend hohe Stoffwechselrate erhalten müssen, um eine normale Embryonalentwicklung zu garantieren. Zusätzlich sprechen zahlreiche Berichte, nach denen überwinternde Bären Wölfen und anderen Bären zum Opfer fielen, dafür, daß diese Tiere nötigenfalls imstande sein müssen, schnell zu erwachen, um sich und ihre Jungen verteidigen zu können.

Menschen, die mit Bären gearbeitet haben, waren davon beeindruckt, wie variabel das Verhalten einzelner Bären ausfallen kann. In der Wildnis scheinen sich Bären zahlreiche Einzelheiten besonderer Gebiete zu merken, und sie können vermutlich Probleme lösen. Obwohl es nur wenige Indizien aus der Wildnis gibt, läßt der außerordentliche Erfolg, den Dompteure mit der Abrichtung von Bären haben, darauf schließen, daß die Tiere gut lernen und sich an Aufgaben erinnern. Diese Eindrücke stehen durchaus in einem sinnvollen Zusammenhang, zumal diese Säugetiere ein hohes Alter erreichen und innerhalb eines einzigen Streifgebietes leben.

Die Jungen lernen, indem sie ihrer Mutter folgen und sie während der langen Zeit vor der Entwöhnung imitieren. Im Laufe der Zeit müssen sie vieles über ihr Heimatgebiet in Erfahrung bringen und im Gedächtnis behalten, zum Beispiel wo und wie sie Nahrung finden, wo sie überwintern können.

Das Ausmaß, in dem sich Bären derselben Population innerhalb eines bestimmten Gebietes unterschiedlich verhalten, dürfte sowohl von genetischen Faktoren als auch durch Lernen beeinflußt sein. Wenn in einem Lebensraum eine gewisse Unterschiedlichkeit auftritt (etwa hinsichtlich der Nahrungsobjekte und deren Verfügbarkeit, der Pflanzendecke und Topographie), werden sich mit der Zeit die Erfahrungen einzelner Bären bei der Nahrungssuche unterscheiden. Also können einige Bären durch Lernen individuelle Nahrungspräferenzen entwickeln. Sie neigen dazu, in unterschiedlichem Maße Tiere zu erbeuten oder auf Störungen zu reagieren.

KOMMUNIKATIONSWEISEN

Weil Bären Einzelgänger und normalerweise schwer zu beobachten sind, ist ihr Kommunikationsverhalten bisher noch kaum erforscht. Der Umfang der Lautäußerungen ist von einer Art zur anderen unterschiedlich. Vermutlich sind Schwarzbären in dieser Hinsicht aktiver als Braunbären, weil die Sicht im Wald weitgehend beschränkt ist und eine intensivere akustische Kommunikation erfordert. Auch andere waldbewohnende Arten, wie der Brillenbär, der Lippenbär und Malaienbär scheinen recht stimmgewaltig zu sein. Große Pandas rufen im Zoo während des Östrus, und bei wilden Exemplaren wurden elf Rufe identifiziert. Im Gegensatz dazu geben Eisbären, die den offensten Lebensraum von allen bewohnen, kaum Laute von sich. Zwar verständigen sich Mütter unter Umständen mit ihren Kindern, wenn sie getrennt wurden oder wenn das Weibchen fortgeht und

▲ Junge Braunbären bleiben mindestens zweieinhalb Jahre mit ihrer Mutter zusammen. Dabei beobachten sie sie ständig, lernen von ihr, was freßbar ist und wo es wächst, aber auch, wo sie eine Höhle für den Winter finden. Diese durchnäßten Drillinge sehen ihrer Mutter bei der Lachsjagd zu.

Mark Newman/AUSCAPE International

Tom Ulrich/Oxford Scientific Films

die Jungen mitnehmen möchte. Die Männchen schnaufen und prusten, wenn sie gegeneinander kämpfen, doch fehlen ihnen die typischen Laute, die andere Carnivoren charakterisieren.

Zwar wurde bei Bären der Gebrauch von Duftstoffen, darunter auch Pheromonen, nicht dokumentiert, doch dürfte er mit großer Wahrscheinlichkeit vorhanden sein. So läuft zum Beispiel ein erwachsenes Eisbärenmännchen zur Fortpflanzungszeit im Frühling -zig Kilometer weit schnurgerade über das Eis des Meeres, um ein paarungswilliges Weibchen zu suchen. Während dieser Zeit kreuzt er die Fährten Dutzender anderer Bären, gibt darauf jedoch keine erkennbare Reaktion, bis er auf die Spur eines einsamen erwachsenen Weibchens stößt. Augenblicklich erkennt er die Lage und folgt der Spur, bis er dieses Weibchen eingeholt hat oder von einem anderen Weibchen abgelenkt wird. Man weiß nicht, wie ein männlicher Eisbär derartige Spuren erkennt, doch ist mit hoher Wahrscheinlichkeit ein chemischer Stimulus beteiligt.

Mehrere Bärenarten markieren nachweislich Bäume. Manchmal wälzen sich Braunbären in besonderen Gebieten auf dem Boden und verwenden spezielle ausgetretene Pfade, entlang derer ein jedes Tier in die Fußstapfen seines Vorgängers tritt. Obgleich es noch keine wissenschaftliche Bestätigung dafür gibt, wird die Information vermutlich durch Düfte übertragen. Wahrscheinlich werden auch Territorien markiert, und einzelne Tiere geben so Auskunft über ihre körperliche Verfassung.

Grundsätzlich dienen auch die Farbmuster der Bären der Kommunikation, wobei die Muster, insbesondere im Vergleich zu einigen anderen Säugetieren, fast immer gleichbleibend sind. Kontrastierende Farbmuster auf dem Körper helfen einem Tier, sich – insbesondere im Wald – bemerkbar zu machen. Die ausgeprägtesten Farbmuster und Kontraste findet man bei Bären, die in dichten Wäldern niedriger Breiten leben, wie Brillenbären und Großen Pandas sowie in geringerem Umfang auch Lippen-, Malaien-, Kragen-, Brillenbären, und die Schwarzbären der meisten Verbreitungsgebiete besitzen normalerweise einen weißen Brustfleck. Zudem sind die Schnauzen dieser kleineren Waldbären und beim Malaienbären selbst ein Teil des Gesichts wesentlich heller gefärbt als der übrige Kopf oder Oberkörper.

Im Gegensatz dazu weisen die Farbmuster der Braunbären, die mehr dem Leben im offenen Gelände angepaßt sind, weniger Kontrast auf als die kleineren Waldarten. Beim Eisbären, der von allen Arten den offensten Lebensraum bewohnt, gibt es überhaupt keine kontrastierende Körperfarbe, wenn man von der schwarzen Nase und den Augen einmal absieht. Die komplizierten Körpermuster des Großen Panda dienen vielleicht dazu, anderen Artgenos-

◀ (Oben) Die große, weiße Brustzeichnung ist für den Kragenbären typisch und ist, wenn sich das Tier auf die Hinterbeine erhoben hat, aus großer Entfernung zu erkennen. Das Aufleuchten dieses Musters gegen den dunklen Hintergrund eines dichten Waldes oder gegen Dämmerlicht vermittelt den Tieren möglicherweise Informationen über ihren jeweiligen Standort.

◀ Abgesehen davon ,daß sie Bäume mit ihren Klauen oder Zähnen markieren, kratzen Bären gern ihren Rücken an Bäumen oder Felsen. Dabei bleiben Haare und Duftstoffe zurück, die anderen Artgenossen ihre Gegenwart verraten.

Wolfshead/Ben Osborne/Ardea London Ltd

sen Signale zu übermitteln.

Man hat spekuliert, daß die Brustmarkierungen der Bären deren Drohhaltung noch akzentuieren, wenn sie sich auf die Hinterbeine stellen. Im allgemeinen nähern sich Bären ihren Artgenossen mit dem Kopf voran, so daß die Konzentrierung der Farbmuster auf Brust und Gesicht der Identifizierung und Kommunikation förderlich ist. Vielleicht ist auch die Ausrichtung von Kopf und Hals, die Position der Ohren und die Orientierung des Mauls und der Zähne von großer Bedeutung bei der Übermittlung von Verhaltenssignalen, jedoch liegen auf diesem Gebiet bisher kaum Forschungsergebnisse vor.

Bei zahlreichen Carnivoren wird der Schwanz bei der Kommunikation eingesetzt, der häufig starke Musterungen aufweist. Selbst bei kurzschwänzigen Arten wie dem Luchs wird der Schwanz aufrecht ge-

tragen und dazu eingesetzt, sozialen Kontakt und Kommunikation zu halten. Bärenschwänze sind ganz besonders klein. Dies mag daran liegen, daß Bären nur wenig gesellig sind und daß ihre wichtigsten Gesten vom Vorderkörper ausgehen, ob sie nun auf allen Vieren oder nur auf den Hinterbeinen stehen, wenn der Schwanz nicht zu sehen ist.

So faszinierend Bären auch sind, weiß man noch immer relativ wenig über ihr Verhalten. Und weitere Informationen sammeln sich nur langsam an, weil die meisten Arten aufgrund einer langen Verfolgungsgeschichte in der Wildnis schwer zu beobachten sind und den Menschen weiträumig ausweichen. Zudem dürfte das Verhalten einiger subtropischer Bärenarten vielleicht niemals mehr im Detail erforscht werden, weil es immer schwieriger wird, genügend ungestörte Individuen zu finden, die sich für Feldstudien eignen.

▲ Obwohl Große Pandas Einzelgänger sind, bleiben sie über akustische und olfaktorische Signale mit anderen Pandas in Kontakt. Aufgrund der unverwechselbaren Markierungen können sie andere Artgenossen mühelos erkennen.

BÄREN ALS RÄUBER

ANDREW E. DEROCHER UND IAN STIRLING

Mit Ausnahme des Eisbären gelten die meisten Bärenarten als überwiegend herbivor, eine Ansicht, die durch ihre mahlenden Molaren gestützt wird, die für Pflanzenfresser typisch sind. Allerdings sprechen die gewaltigen Eckzähne dafür, daß diese Tiere durchaus als Beutegreifer in Erscheinung treten können, und ihr kurzer, einfach strukturierter Verdauungstrakt wird besser mit Fleisch als mit pflanzlicher Nahrung fertig.

Das räuberische Verhalten ist unter den Bären ganz verschieden ausgeprägt, angefangen von den nahezu vollständigen Eisbären bis zum Großen Panda, der sich beinahe nur von Pflanzen ernährt. Zwar sind alle Bären, was ihre Ernährung angeht, Opportunisten, jedoch wurde die räuberische Natur der Braun- und Schwarzbären bisher als unbedeutend vernachlässigt. Allerdings haben radiotelemetrische Untersuchungen in letzter Zeit erwiesen, daß beide Arten sehr effiziente Beutegreifer sein können.

Wegen ihres schweren Körperbaus müssen Bären jedesmal, wenn sie sich fortbewegen, erhebliche Energien aufwenden. Daher müssen sie sich ihre Beute und die Bedingungen, unter denen sie jagen, sorgfältig aussuchen. Einer Beute hinterherzulaufen, lohnt sich hinsichtlich der Energiebilanz nur, wenn sie rasch eingeholt werden kann. Eisbären, die an den Küsten der westlichen Hudson Bay leben, unternehmen selten den Versuch, flugunfähige Schneegänse einzuholen. Sie würden nämlich mehr Energie aufwenden als ihnen die Gans an Nahrung bietet. So darf die Verfolgung nicht als 12 Sekunden dauern. Braunbären laufen bei der Jagd normalerweise in kurzen Spurts: Wenn die Beute dann beginnt, die Entfernung zu vergrößern, ist die Jagd zu Ende. Wenn die kleinere Beute knapp wird, suchen sich Bären größere Opfer, und innerhalb einer Art töten die Männchen häufig die größte Beute.

Eisbären sind ausdauernde Lauerer. Sie können mehrere Stunden lang regungslos an einem Robben-Atemloch liegen, das sie unter dem Schnee gewittert haben, um die Rückkehr der Robbe zu erwarten. Auch

Schwarzbären setzen überwiegend ihren Geruchssinn ein, um die Kälber von Elchen und Weißwedelhirschen ausfindig zu machen. Sobald die Kälber jedoch rennen können (bei Elchen ist dies nach etwa 30 Tagen der Fall), sind sie für Bären kaum noch einzuholen.

Die Körpergröße eines Carnivoren beeinflußt weitgehend die Größe der Beute, die er bewältigen kann. Dabei liegt die maximale Größe der Beute geringfügig höher als die des Räubers. So kann zum Beispiel ein 100 Kilogramm schwerer Bär eine Beute von bis zu 150 Kilogramm bezwingen. Eisbären leben in erster Linie von der kleinen (60 Kilogramm schweren) Ringelrobbe und der größeren (bis zu 360 Kilogramm schweren) Bartrobbe. Unter Umständen eliminieren Eisbären bis zu 44 Prozent der Ringelrobbenkälber, die in einem bestimmten Gebiet zur Welt kommen. Wie man weiß, töten sie auch Walrosse (500 Kilogramm) und Weißwale bis zu einem Gewicht von 600 Kilogramm.

Obwohl sie überwiegend vegetarisch leben, können Braunbären in erheblichem Maße Huftiere erbeuten. In einigen Gebieten töten ausgewachsene Männchen nachweislich drei bis vier erwachsene Elche (von jeweils 450 Kilogramm) im Jahr, die Weibchen dagegen nur einen. Auch Karibus (150 Kilogramm); Moschusochsen (250 Kilogramm), Wapitis (200 Kilogramm) und Bisons (500 Kilogramm) werden erbeutet. Zwar fangen Braunbären auch Erdhörnchen, Forellen und Lachse, jedoch zumeist nur, wenn diese so zahlreich sind, daß sich die Jagd unter energetischem Gesichtspunkt lohnt.

Erst in letzter Zeit wurde deutlich, in welchem Ausmaß auch Schwarzbären anderen Tieren nachstellen. Sie erbeuten häufig die Kälber von Elchen und Weißwedelhirschen. Die Schwarzbären, die die Tundren im nördlichen Labrador bewohnen, fressen zahlreiche Kleinsäuger, wie Lemminge und Wühlmäuse, während die Schwarzbären Alaskas den Schneeschuhhasen nachstellen.

Über die anderen Arten liegen nur lückenhafte Informationen vor. So vermutet man zum Beispiel, daß Brillenbären gelegentlich Schabracken-

tapire erbeuten. Und es ist zu erwarten, daß genauere Untersuchungen des Großen Panda, des Malaienbären, des Kragenbären und des Lippenbären zeigen, daß auch sie manchmal andere Tiere fressen.

Die beiden räuberischsten Arten – der Eisbär und der Braunbär – gehen mit ihrer Beute ganz unterschiedlich um. So fressen Eisbären normalerweise einmal von einer erbeuteten Robbe und überlassen die Reste den Aasfressern, während Braunbären ihren Kill unter Erde und Blättern verbergen, um später daran weiterzufressen. Für einen Braunbären bedeutet ein erlegtes Tier offenbar eine Proteinquelle, deren Verteidigung sich für ihn lohnt, während die Beute eines Eisbären nur eine von vielen ist. Diejenigen Schwarzbären-Populationen (vielleicht gilt dies ebenso für Braunbären), die Großsäuger erbeuten, besitzten mehr Junge als andere, was die Bedeutung der räuberischen Lebensweise noch unterstreicht.

Obwohl der Kannibalismus nicht häufig vorkommt, wurde er in einigen Fällen schon beobachtet. Vermutlich kann ein erwachsenes Bärenmännchen, das die Jungen eines Weibchens im Frühjahr umbringt, mit diesem neue Nachkommen aufziehen. Seltener töten erwachsene Männchen andere erwachsene Bären, um sie zu fressen. Man weiß noch nicht, welche Bären dies tun, und aus welchem Grund. Manchmal befinden sich die Kannibalen in schlechter körperlicher Verfassung, so daß die Erbeutung ihrer Artgenossen eine Frage des Überlebens ist.

Nur selten greifen Bären Menschen an. Und wenn sie dies tun, behandeln sie diese nicht wie ihre Beutetiere. Zu den meisten Angriffen kommt es, wenn Bären ihre Jungen schützen wollen oder Menschen überraschend begegnen. Die einzige Art, die Menschen häufig tötet, ist der Eisbär, vermutlich weil alles, was ihm auf dem Eis des Meeres begegnet, als eine potentielle Beute angesehen wird.

Während man Braunbären früher für überwiegend herbivor hielt, weiß man heute, daß sie recht geschickte Räuber sind. In den arktischen Gebieten Alaskas und Kanadas haben einige Braunbären gelernt, Karibus zu reißen. Obwohl Bären die Karibus über längere Entfernungen nicht einholen können, lauern sie ihnen häufig auf, etwa an einer Furt. Mit seinen großen Eckzähnen und den mächtigen Kiefern kann der Bär seine Beute rasch töten, sobald er sie erreicht hat. Vermutlich wurde diese Art der Karibujagd zunächst nur von wenigen Bären durchgeführt, dann aber über die Mütter an die Jungen weitergegeben.

Daniel J. Cox

Johnny Johnson/Bruce Coleman Ltd

▲ Inmitten des auseinanderbrechenden Eises in Manitoba (Kanada) spielen zwei junge Eisbären.

BÄREN AUS DER N

Art Wolfe

ÄHE BETRACHTET

DER BRAUN- ODER GRIZZLYBÄR

FRED L. BUNNELL UND ROBERT K. McCANN

Die größten Braunbären (*Ursus arctos*) wiegen rund 100 Kilogramm mehr als die größten Tiger. Ihre Krallen sind zehn Zentimeter lang. Sie können im Sprint 50 Stundenkilometer erreichen und mühelos den Kadaver eines Elchbullen fortschleppen. Unter allen landbewohnenden Carnivoren ist nur der Eisbär noch größer und stärker, doch gehört der Braunbär ironischerweise zu den verwundbarsten Tierarten der Erde.

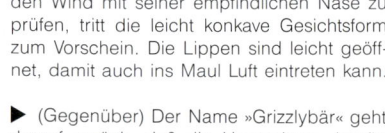

▶ Wenn ein Braunbär seinen Kopf hebt, um den Wind mit seiner empfindlichen Nase zu prüfen, tritt die leicht konkave Gesichtsform zum Vorschein. Die Lippen sind leicht geöffnet, damit auch ins Maul Luft eintreten kann.

▶ (Gegenüber) Der Name »Grizzlybär« geht darauf zurück, daß die Haarspitzen, häufig über große Teile des Fells, hell gefärbt sind, wodurch es einen gräulichen Eindruck erweckt.

▼ In historischer Zeit bewohnte der Braunbär die Wälder des westlichen Nordamerika sowie der nördlich gemäßigten Areale Asiens und Europas. Aber auch in den baumlosen Lebensräumen der arktischen Tundra und auf den Prärien des amerikanischen Westens war er zu finden.

WO BRAUNBÄREN VORKOMMEN

Einst gehörte der Braunbär zu den am weitesten verbreiteten Landsäugetieren überhaupt. Sie durchstreiften den größten Teil Europas (einschließlich Englands), und man fand sie in ganz Asien, vom Norden bis zum Himalaya im Süden und vom Mittelmeer im Westen bis zum Pazifik im Osten. Nachdem sie aus Asien ausgewandert waren, breiteten sie sich über die Westhälfte Nordamerikas, vom mexikanischen Hochland bis zu den Küsten des Polarmeeres, aus. Sie wurden sogar schon auf dem Treibeis des Meeres, außer Sichtweite des Landes, beobachtet. Heute gibt es nicht einmal mehr 150 000 Braunbären, und die meisten von ihnen leben in Rußland und Nordamerika. In Nordamerika, wo sie gewöhnlich Grizzlies heißen, bewohnen sie nicht einmal mehr die Hälfte ihres früheren Verbreitungsgebiets. Nur vier Restpopulationen mit insgesamt weniger als 500 Individuen sind noch in Mittel- und Westeuropa noch vorhanden (im Kantabrischen Gebirge Spaniens, den Pyrenäen, den Alpen und den italienischen Abruzzen). Etwas größere Populationen leben in Skandinavien, in den Karpaten und in den Gebirgen des Balkan. Im östlichen Teil Kleinasiens gehen die südlichen Populationen zurück. Überraschenderweise ist noch immer eine größere Population von Braunbären auf der japanischen Insel Hokkaido zu finden, obwohl auch hier die Bestände aufgrund übermäßiger Bejagung zurückgehen.

Ganz zweifellos hat die genetische Vielfalt dieser Art Einbußen erlitten, doch weiß man nicht, wie sich diese Verluste verteilen, denn die Unterteilung der Braunbären in Unterarten ist durchaus umstritten. Der Name »Grizzly« wird häufig auf die Populationen im Landesinneren von Nordamerika angewandt und geht mindestens auf Meriwether Lewis zurück, der 1805 Dakota durchquerte. Dagegen werden die eurasischen Populationen und diejenigen der nordamerikanischen Küstenbereiche zumeist einfach als Braunbären bezeichnet.

Die meisten Taxonomen erkennen heute nur zwei Unterarten an. *Ursus arctos horribilis* umfaßt sämtliche Braunbären mit Ausnahme derer der Alaska-Inseln von Kodiak, Shuyak und Afognak, die unter einer eigenen Unterart, *Ursus arctos middendorffi*, zusammengefaßt werden. Andere Wissenschaftler erkennen auch den europäischen Braunbären (*Ursus arctos arctos*) und den Hokkaido-Braunbären (*Ursus arctos yesoensis*) als zusätzliche Unterarten an. Die Tatsache, daß man innerhalb des großen Verbreitungsgebiets des Braunbären nur wenige eindeutige Unterscheidungen vornehmen kann, spricht dafür, daß alle Populationen einmal zusammenhingen.

ERSCHEINUNGSBILD UND FARBVARIANTEN

Alle Braunbären sind stämmig gebaut und besitzen große Köpfe. Im Profil wirkt das Gesicht eines Braunbären konkav, während Schwarz- und Eisbären ein schärfer umrissenes, adlerartigeres Erscheinungsbild aufweisen. Die Ohren der Braunbären sind grundsätzlich unauffällig, was allerdings nach dem jährlichen Wechsel der Deckhaare nicht mehr zutrifft, die das kürzere, isolierende Unterfell verbergen. Oberhalb der Schulter ist zumeist ein deutlicher Buckel sichtbar. Ihre gelblichen bis dunkelbraunen Klauen sind lang und gebogen. Die Deckhaare sind bis zu zehn Zentimeter lang und werden beim Fellwechsel vom Spätfrühling bis zum Sommer abgeworfen, so daß nur das kürzere Unterfell übrigbleibt.

Einzelne Tiere variieren in ihrer Färbung von beinahe weiß über verschiedene Blondschattierungen und braun bis zu schwarz. Sie können ihre Färbung jedoch auch im Laufe des Jahres ändern, etwa infolge des Haarwechsels oder der Ausbleichung durch die Sonne. Die Deckhaare über dem Kopf und den Schultern sowie hinter den Vorderbeinen haben manchmal helle Spitzen, aber das Ausmaß dieser gräulichen Farbwirkung ist sehr unterschiedlich.

WIE SICH BRAUNBÄREN VONEINANDER UNTERSCHEIDEN

Die größten Unterschiede unter den Populationen betreffen das Gewicht und die Körpergröße, die mit dem Geschlecht, dem Alter und der Jahreszeit, aber auch mit der geographischen Lage der verschiedenen

Franz J. Camenzind/Planet Earth Pictures

▲ Wenn der Herbst kommt, sammeln Erdhörnchen und Murmeltiere in den Bergen oder in der Tundra Fettreserven für den bevorstehenden Winterschlaf an. Um sie zu fangen, graben Braunbären weite Flächen um oder schieben Felsblöcke zur Seite.

Jeff Foott/AUSCAPE International

Orte zusammenhängen. Die Verschiedenheit der Populationen resultieren zumeist aus der Ernährung. Allerdings dürfen Gewichtsvergleiche nicht die erstaunliche Zunahme vom Frühjahr bis zum Herbst außer acht lassen. Braunbären sind während des Frühjahrs oder im Frühsommer am leichtesten und nehmen, bis es im Herbst Zeit wird, die Überwinterungshöhle aufzusuchen, bis zu 30 (bei erwachsenen Männchen) oder 70 Prozent (bei erwachsenen Weibchen) an Gewicht zu. Dabei kann die höchste Gewichtszunahme 1,5 Kilogramm pro Tag durchaus übersteigen. Die geringsten Durchschnittsgewichte erwachsener Tiere aus Nordamerika werden für Bären des Arctic National Wildlife Reserve in Alaska gemeldet (die Männchen wogen 135, die Weibchen 95 Kilogramm). Die schwersten Durchschnittsgewichte erwachsener Tiere im Frühjahr stammen dagegen von der Halbinsel Alaska (bei Männchen 390, bei Weibchen 205 Kilogramm). Dabei können Individuen der Küstenpopulationen beinahe dreimal so schwer sein wie diejenigen des Landesinneren. Erwachsene Tiere, die in Jugoslawien erlegt wurden, waren durchschnittlich 185 Kilogramm (Männchen) beziehungsweise 125 Kilogramm (Weibchen) schwer, während die Gewichte italienischer Tiere im Herbst bei 140 beziehungsweise 85 Kilogramm lagen.

Beide Geschlechter erreichen ihre endgültige Körperlänge schon relativ früh. Die Weibchen haben mit etwa fünf Jahren schon 90 Prozent ihres Längenwachstums abgeschlossen, die Männchen mit etwa sieben Jahren. Ausgewachsene Männchen sind gewöhnlich 1,2 bis 2,2 mal so schwer wie weibliche Tiere, jedoch sind Unterschiede in der Körperlänge (von der Nasen- bis zur Schwanzspitze) wesentlich geringer: Die Männchen sind nur um zehn bis 15 Prozent länger. Die Weibchen haben etwa 90 Prozent ihrer Gewichtszunahme im Alter von acht Jahren erreicht, die Männchen nach ungefähr zwölf Jahren. Da schwerere Männchen weniger Probleme haben, Paarungspartner zu finden und schwerere Weibchen mehr Junge hervorbringen, ist es wichtig, an erhebliche Nahrungsmengen heranzukommen.

WIE SIE SICH DURCHSCHLAGEN
Ihre Intelligenz und ihre flexible Ernährungsweise haben den Braunbären ermöglicht zu überleben. Einer der relativ auffälligen Unterschiede zwischen nordamerikanischen und eurasischen Populationen liegt in ihrer Aggressivität. Zwar fliehen die meisten Braunbären Nordamerikas vor Menschen, doch finden noch immer genügend aggressive Begegnungen statt, um den gefährlichen Ruf dieser Art zu rechtfertigen. In Eurasien dagegen, wo die Menschen angriffslustige Bären seit Jahrhunderten gejagt und getötet haben, sind die überlebenden Exemplare ver-

ständlicherweise wesentlich scheuer. Sie leben daher wesentlich zurückgezogener.

Natürlich gibt es erhebliche Unterschiede in der Ernährung. So verfügen einige Populationen über wichtige Nahrungsquellen, zum Beispiel laichende Lachse, die andere niemals zu Gesicht bekommen. Geographische Verschiedenheiten in der Qualität, der Menge und der Verbreitung der Nahrung sind es, die das Gewicht, den Fortpflanzungserfolg, das Verhalten und die Größe des Streifgebiets erwachsener Tiere beeinflussen. Allerdings lassen sich derartige Dinge nicht ohne weiteres verallgemeinern, zu-

mal einzelne Bären außerordentlich anpassungsfähig sind. Nur die grundlegendsten Verhältnisse, die auf alle Braunbärenpopulationen zutreffen, offenbaren, warum ihre Häufigkeit und Verbreitung so drastisch zurückgegangen sind.

Wie schon bei anderen Tieren, wird auch das Leben der Braunbären durch die Suche nach Nahrung und Paarungspartnern geprägt sowie von der Notwendigkeit, nicht anderen Räubern zum Opfer zu fallen. Aufgrund ihrer Körpergröße können sie es sich leisten, einzeln und weitverstreut zu leben. Ausnahmen von dieser Einzelgänger-Regel bilden ledig-

▲ Die größten aller Braunbären sind diejenigen, die einen großen Teil ihrer Nahrung aus den Lachsbächen des nördlichen Britisch-Kolumbiens, Alaskas oder Kamtschatkas bestreiten. Die Lachse sind im Überfluß vorhanden, fettreich und lassen sich fangen, ohne viel Energie durch die Fortbewegung zu verlieren.

Daniel J. Cox

▲ Ursprünglich bewohnten Braunbären baumlose Gebiete, weil es dort keine anderen Tiere gab, die sie bedrohen konnten. Anstatt bei Gefahr zu fliehen, bestand ihre Verteidigung im direkten Angriff. Dies bewährte sich solange, bis Menschen mit Schußwaffen eintrafen.

Steve McCutcheon/AUSCAPE International

▲ Wenn Braunbären im Frühjahr ihre Winterhöhlen verlassen, sind sie häufig auf Aas angewiesen, da die Vegetation noch nicht zu wachsen begonnen hat. Ein totes Walroß, wie es diese beiden halberwachsenen Braunbären gefunden haben, ist ein wahrer Glücksfall.

lich erwachsene Weibchen, die von ihren Jungen begleitet werden, Paare, die während der Fortpflanzungszeit vorübergehend gemeinsam umherstreifen, sowie Gruppen von Jungtieren, die, nachdem sie ihre Mutter verlassen haben, noch ein oder zwei Jahre zusammenbleiben. Manchmal bilden eng miteinander verwandte Weibchen mit ihren jeweiligen Jungen eine vorübergehende Gemeinschaft, vermutlich, um sich gegen marodierende erwachsene Männchen zu schützen. An ergiebigen Nahrungsquellen wie Abfallhaufen und Lachsbächen sammeln sich Braunbären mitunter in Gruppen von 50 Tieren oder mehr. Unter derartigen Umständen bildet sich eine Hierarchie aus, die von den Männchen dominiert wird, und junge oder kleine Bären gehen den großen – insbesondere den Männchen – aus dem Wege. Auch ältere Weibchen, die Junge führen, nehmen mitunter eine herausragende Position ein, da sie jedem Artgenossen feindselig begegnen, der sich ihren Jungen nähert.

Außerhalb der Überwinterungshöhle beschäftigen sich die Bären häufig mit der Nahrungssuche, oder sie wandern zwischen verschiedenen Nahrungsgründen hin und her. Diese Bären haben sich aus einem Stamm von Carnivoren entwickelt, und zu den weni-

gen Anpassungen an pflanzliche Nahrung gehören lediglich große Krallen, um Wurzeln und Knollen auszugraben, sowie ihr relativ generalisiertes Gebiß. Daher verändert sich ihre Speiseliste mit den Jahreszeiten, und sie sind ständig auf der Suche nach einer möglichst verdaulichen Nahrung. So bilden Gräser, krautige Pflanzen, Wurzeln, Sprosse und Beeren 60 bis 90 Prozent ihrer Nahrung. Zwar verzehren sie nahezu jede tierische Nahrung, doch nehmen sie am häufigsten Insekten, Nagetiere, Fische und Huftiere zu sich. Nicht selten vergreifen sich Braunbären an den Kadavern von Hirschen und Elchen, und sie verschmähen auch verendete Robben und Wale nicht, die an die Küste gespült wurden.

WIE SIE IHRE BEDÜRFNISSE BEFRIEDIGEN

Ein ganzjähriges Streifgebiet ist das Umfeld, das ein Tier benötigt, um seine alljährlichen Erfordernisse zu erfüllen. Wie die Nahrung und das Körpergewicht unter den Populationen variiert, gilt dies auch für die Größe der ganzjährigen Streifgebiete. Dabei besetzen erwachsene männliche Tiere wesentlich größere Areale als die erwachsenen Weibchen, weil sie größer sind und mehr Nahrung brauchen. Zudem vergrößern umfangreiche Streifgebiete auch ihre Chancen, Paarungspartner zu finden. Bei den Braunbären der außerordentlich nahrungsreichen Kodiak-Insel (Alaska) haben die Streifgebiete ausgewachsener Männchen eine Fläche zwischen 133 und 219

Jeff Foott/AUSCAPE International

Quadratkilometer, die der Weibchen eine Fläche von 28 bis 92 Quadratkilometer. Die Streifgebiete sind bei den Bären, die die Küsten des Festlandes bewohnen, grundsätzlich größer, und bei den Populationen des Hinterlandes sind sie sogar noch umfangreicher: bei erwachsenen Männchen zwischen 700 und 1000 Quadratkilometer, bei Weibchen zwischen 100 und 450 Quadratkilometer. Grundsätzlich nimmt die Größe des Streifgebietes zu, wenn die Nahrung spärlicher oder weniger nahrhaft wird. So wurden im amerikanischen Yellowstone Nationalpark die ganzjährigen Streifgebiete drei- bis fünfmal größer, nachdem man die Abfalldeponien geschlossen hatte.

Auch die Verfügbarkeit der Paarungspartner kann die Fläche der Streifgebiete beeinflussen. Unter den spärlichen Populationen Schwedens besitzen die erwachsenen Weibchen ein ganzjähriges Streifgebiet von durchschnittlich 370 Quadratkilometer. Dagegen liegt der Durchschnittswert für erwachsene Männchen mit 2163 Quadratkilometer mehr als doppelt so hoch wie für nordamerikanische Männchen.

Heranwachsende Tiere, die sich gerade von ihrer Mutter getrennt haben, unternehmen zunächst genaue Erkundungsausflüge, ehe sie sich ein Streifgebiet einrichten. Dabei wandern halberwachsene Männchen häufig 100 Kilometer oder mehr von ih-

rem Geburtsort fort und besitzen nicht selten die umfangreichsten Streifgebiete unter den Geschlechtern oder allen Altersgruppen. Dagegen streifen die heranwachsenden Weibchen weniger weit umher und lassen sich eher in einem Streifgebiet nieder, das mit dem ihrer Mutter überlappt. Zudem wandern die noch halberwachsenen Männchen weiter, um großen Männchen aus dem Wege zu gehen.

Innerhalb ihrer Streifgebiete nutzen Braunbären eine solche Vielfalt von Lebensräumen, daß nur wenige Verallgemeinerungen möglich sind. Allerdings sind vier Punkte deutlich festzuhalten. Da die Bären überwiegend vegetarisch leben, aber nur wenige Anpassungen an diese Ernährungsweise besitzen, müssen sie, erstens, eine leicht verdauliche Nahrung suchen. Sie suchen daher besondere Stellen auf, an denen die Nahrung besonders leicht zugänglich oder gut verdaulich ist, so daß sie häufig weite Entfernungen zwischen alpinen Regionen, Ästuaren, Beerenbüschen und den Laichplätzen von Lachsen zurücklegen. Dabei sind Areale in der Nähe von Flüssen und Seen, Ästuaren und Lawinen häufig außerordentlich produktiv. Da sich weibliche Braunbären, zweitens, nur etwa alle drei Jahre fortpflanzen (sie paaren sich nicht, solange sie Junge führen), wird sich im Durchschnitt nur eines von drei Weibchen in einem Jahr fortpflanzen. Wenn ein Männchen also

▲ Zwar kämpfen diese beiden jungen Braunbären nur im Spiel, doch zeigt ihr Verhalten schon, wie es später zugehen wird, wenn sie als Erwachsene Ernst machen. Wenn das Maul geöffnet ist, sind die großen Eckzähne ein Warnsignal für den Gegner – ähnlich dem Geweih eines Hirsches – und zugleich angriffsbereite Waffen.

Daniel J. Cox

▲ Bei weiblichen Braunbären wird erst nach mehreren Paarungen die Ovulation ausgelöst. Männchen und Weibchen bleiben eine Woche oder länger zusammen und kopulieren mehrmals am Tag, ehe das Weibchen trächtig wird.

▼ Die meisten Braunbären legen Höhlen an, in denen sie die Wintermonate verbringen. Sie liegen meist an geschützten Hängen zwischen Baumwurzeln oder unter großen Steinen.

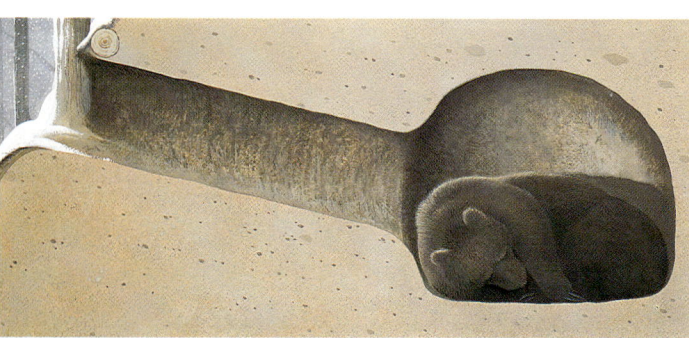

mit Erfolg Junge zeugen möchte, muß es umfangreichere Gebiete durchstreifen, die das Areal von mindestens drei Weibchen umfassen. Drittens verlassen Weibchen mit kleinen Jungtieren manchmal die besten Nahrungsgründe, um Begegnungen mit aggressiven Männchen auszuweichen. Und viertens müssen Bären schließlich überwintern.

Gegen Mitte oder Ende des Herbstes wird die verdauliche Nahrung knapp, und die Braunbären müssen ihre Höhlen aufsuchen, um darin zu überwintern. Der Zeitpunkt, zu dem sie ihre Höhlen betreten und verlassen, variiert mit der Verfügbarkeit der Nahrung und möglicherweise auch mit dem Wetter. Im allge-

meinen verbringen sie fünf bis sieben Monate in ihren Höhlen, wobei die Populationen des nördlichen Binnenlandes und der Gebiete die längsten Ruhezeiten aufweisen. Wo Nahrung und Klima dagegen besonders günstig sind, wie auf Kodiak Island, überwintern einige erwachsene Männchen unter Umständen überhaupt nicht. Trächtige Weibchen suchen ihre Höhlen schon früher auf, bringen ihre Jungen darin zur Welt und tauchen auch später wieder auf als andere Bären. Wenn sie wieder hervorkommen, halten sie sich mit ihren Jungen häufig wochenlang in der Umgebung der Höhle auf, insbesondere, um so anderen Bären auszuweichen.

Die Höhle muß über den ganzen Winter Schutz und Sicherheit bieten. Daher sind geeignete Überwinterungsorte ein wichtiger Bestandteil im Lebensraum der Bären, und häufig suchen sie dazu Jahr für Jahr dasselbe Gebiet auf. In der Regel graben Braunbären ihre Höhlen selbst, doch nutzen sie manchmal auch Felsenhöhlen und hohle Baumstämme.

FORTPFLANZUNG UND ÜBERLEBEN

Die Paarungsstrategien der Braunbären variieren mit dem Verhältnis der Geschlechter, mit der Populationsdichte und der Verbreitung. Individuen, die sich an örtlichen Nahrungsquellen versammelt haben, etwa an Abfallhaufen, haben manchmal mehrere Partner, während die Männchen verstreut lebender Populationen Weibchen mit Beschlag belegen und dabei Begegnungen mit anderen Männchen vermeiden. Ein Männchen und ein Weibchen bleiben zur Fortpflanzung einen Tag bis zu mehreren Wochen zusammen, wobei die Paarung grundsätzlich zwischen Anfang Mai und Mitte Juli erfolgt.

Obwohl die Fortpflanzungsaktivität im Sommer endet, verzögert sich die Einnistung der befruchteten Eier bis zum Herbst, wenn die wohlgenährten Weibchen genügend Fett angesammelt haben, um ihre Jungen in der Höhle zu versorgen. Die Weibchen bringen in ihren Höhlen von Ende Januar bis März ein bis vier Junge zur Welt. Die Neugeborenen wiegen etwa 400 Gramm, besitzen nur wenig Fell und sind recht hilflos. Sie bleiben bei ihrer Mutter, bis sie zweieinhalb bis viereinhalb Jahre alt und so groß und erfahren sind, daß sie sich selbst versorgen können. Also bringt ein Weibchen nur alle drei bis fünf Jahre Junge zur Welt.

Der andere wesentliche Faktor, der die Reproduktionsrate bestimmt, ist das Alter, mit dem ein Weibchen sich erstmals fortpflanzt. Hier reicht die Altersspanne von viereinhalb bis (in seltenen Fällen) zu zehn Jahren. Sowohl die Größe des Wurfes als auch der Zeitraum zwischen zwei Würfen und das Alter, in dem die erste Trächtigkeit eintritt, sind offenbar an das Körpergewicht erwachsener Weibchen gekoppelt. So schreiten Populationen mit größeren, wohlgenährten Bären früher zur Fortpflanzung, produzieren größere Würfe und dies zudem häufiger.

Für ein erwachsenes Männchen kann ein Weibchen im Östrus eine seltene Ressource darstellen. Daher verfolgen die männlichen Bären zum Beispiel die Strategie, große Streifgebiete zu besetzen, die diejenigen gleich mehrerer Weibchen umfassen. Dadurch nimmt die Wahrscheinlichkeit zu, daß wenigstens eines davon alljährlich im Östrus ist und sich so die Möglichkeit zur Fortpflanzung bietet. Nach Ansicht einiger Fachleute gehen die Männchen allem Anschein nach systematisch vor. Da die Weibchen

Johnny Johnson/Bruce Coleman Ltd

wieder in den Östrus kommen, wenn sie ihre Jungen vorzeitig verlieren, erlangt ein Männchen unter Umständen einen dreifachen Vorteil, wenn es die Jungen anderer Väter umbringt. Erstens reduziert sich durch die Tötung der Jungen die Produktion seiner Konkurrenten. Zweitens dienen ihm diese Jungen als zusätzliche Nahrung, und drittens ist es in der Lage, sich mit diesem Weibchen zu paaren. Der Erfolg dieser Vorgehensweise hängt davon ab, ob ein Männchen seine eigenen Nachkommen erkennen kann.

Ein derartiges Verhalten männlicher Artgenossen verleitet Weibchen, die Junge führen, dazu, Lebensräume aufzusuchen, in denen keine Männchen wohnen, und ganz offensichtlich beeinflußt es auch die Überlebensrate. In vielen Populationen ist es die Altersklasse der subadulten Tiere – also derjenigen Individuen, die sich nicht mehr in der Obhut ihrer Mütter befinden –, die die höchsten jährlichen Mortalitätsraten verzeichnet: etwa 25 bis 30 Prozent. Dabei liegt die Mortalitätsrate der subadulten Männchen normalerweise höher als die der Weibchen, was vermutlich teilweise auf Begegnungen mit älteren Männchen zurückzuführen ist. Auch ganz junge Tiere weisen eine hohe Sterblichkeit von 16 bis 44 Prozent auf. Ein Teil der Tiere wird von anderen gerissen, ein anderer von Menschen erlegt, und wieder

andere fallen Unfällen zum Opfer oder verhungern.

Dagegen ist die natürliche Mortalität. unter erwachsenen Braunbären mit etwa fünf Prozent im Jahr recht niedrig. Allerdings pflanzen sich zahlreiche Weibchen nur wenige Male in ihrem Leben fort, weil sie spät damit beginnen und zwischen den Geburten lange Intervalle liegen. Und wo viele Tiere von Menschen getötet werden, sinkt die Reproduktionsrate noch weiter ab. In ihrem gesamten Verbreitungsgebiet liegt die bedeutendste Ursache für die Sterblichkeit der Braunbären in der Jagd.

Obwohl Braunbären einst weitverbreitet waren, verhinderten ihre Ansprüche an die Ernährung, daß sie dichte Populationen bildeten. In den ergiebigsten Lebensräumen, auf einigen Inseln Alaskas, beträgt die Bevölkerungsdichte ein Bären auf vier Quadratkilometer. Allerdings liegt sie in den meisten Fällen wesentlich niedriger, und in den nördlichen Arealen des Landesinneren kommt ein Tier auf 230 bis 260 Quadratkilometer. Wo Menschen sich in Gebieten von Braunbären niederließen, führte die rastlose Nahrungssuche und die ungeheure Größe der Tiere zu einem Wettbewerb um die Ressourcen und machte die Menschen furchtsam. Irgendwann wurden die Bären vom Menschen vertrieben, und sie überleben heute nur noch in entlegenen Gegenden.

▲ Während sie sich in ihren Höhlen aufhalten, werden Bärenweibchen und ihre Jungen unter Umständen zur Beute anderer Bären, Wölfe oder Menschen. Daher liegen die Höhlen weit verstreut und werden selten von demselben Tier zweimal benutzt. Wenn ein Bär seine Höhle betritt, während es draußen schneit, werden sein Duft und die Fußspuren überdeckt, so daß er schwer aufzuspüren ist.

KOMMT ES UNTER BÄREN ZUR KONKURRENZ?

FRED W. HOVEY UND FRED L BUNNELL

Wo Konkurrenz stattfindet, gibt es Gewinner und Verlierer. Wenn Einzeltiere um eine begrenzte Ressource in Wettbewerb treten, verringern sich die Chancen des Verlierers, zu überleben, zu wachsen oder sich fortzupflanzen. Da alle Bären hinsichtlich ihrer Gestalt und ihres Verhaltens weitgehend ähnlich sind, sollte man annehmen, daß sie auch eine hohe Neigung zeigen, untereinander um dieselben Ressourcen zu konkurrieren. Allerdings müssen dazu die Verbreitungsgebiete der verschiedenen Arten einander überlappen.

Unter den acht Bärenarten teilt nur der Brillenbär keinen Abschnitt seines Verbreitungsgebietes mit anderen Arten. Dagegen überlappt die Verbreitung des Kragenbären mit der der meisten übrigen Bären: mit dem Braunbären in

China, Rußland, Indien, Pakistan und Afghanistan; mit dem Malaienbären in Südostasien; mit dem Lippenbären in Nepal, Bhutan, Bangladesh und Indien, sowie mit dem Großen Panda in China. Obwohl das Verbreitungsgebiet des Kragenbären das anderer Arten nur gering überlappt (20 Prozent mit dem Braunbären, 30 Prozent mit dem Malaienbären, und

◄ Schwarz- und Braunbären sind über Nordamerika weit verbreitet, aber manchmal werden erstere von letzteren gerissen. Daher leben Schwarzbären – mit Ausnahme des nördlichen Labrador, wo die Braunbären heute ausgestorben sind – nur noch in bewaldeten Gebieten, in denen sie sich bei Gefahr auf Bäume flüchten können.

▼ In bewaldeten Lebensräumen verzehren sowohl Schwarz- als auch Braunbären enorme Mengen an Beeren, ehe sie sich zum Winterschlaf in ihre Höhlen zurückziehen. Da Braunbären größer sind als Schwarzbären, müssen sie länger auf Nahrungssuche gehen.

Verbreitungsgebiete des Schwarzbären

des Braunbären

Überschneidung der Verbreitungsgebiete

fünf Prozent mit dem Malaienbären und dem Großen Panda), bilden diese Flächen große Anteile der Verbreitungsgebiete des Malaienbären (etwa 50 Prozent) und des Großen Panda (90 Prozent). In Nordamerika überlappen Eisbären mit dem Schwarzbären nur in der südlichen Hudson Bay und mit dem Braunbären entlang der Nordküste des Festlandes. In beiden Fällen ist beim Verbreitungsgebiet des Eisbären nur zu fünf Prozent betroffen. Dagegen teilen die Schwarzbären Nordamerikas beinahe ihr gesamtes Verbreitungsgebiet mit dem Braunbären und sind nur in extremen Gebieten der arktischen Tundra und des westlichen Alaska voneinander getrennt.

Einer Theorie zufolge kann die Konkurrenz die Artenvielfalt auf Inseln begrenzen. Der Malaienbär kommt gemeinsam mit dem Kragenbären auf dem südasiatischen Festland vor, darüber hinaus aber auch allein auf den Inseln Malaysias und Indonesiens. In Japan leben Braunbären nur auf den nördlichen Inseln, auf den südlichen dagegen nur Kragenbären. Und obwohl die Inseln des westlichen Nordamerika dicht mit Bären besiedelt sind, kommen auf keiner davon Braun- und Schwarzbären zusammen vor. Da vermutlich beide Arten auf jeder dieser Inseln alleine leben könnte, spricht die Tatsache, daß sie nicht koexistieren, dafür, daß die Konkurrenz sie gegenseitig ausschließt.

Unter allen Arten, die tatsächlich gemeinsam vorkommen, ist eine Konkurrenz zwischen dem Schwarzbären und dem Braunbären am wahrscheinlichsten. Erstens treten die meisten anderen Bärenarten in so geringer Dichte auf, daß der Wettbewerb um Ressourcen begrenzt sein dürfte. Zweitens weisen andere Arten Nahrungsspezialisierungen auf (etwa Bambus beim Großen Panda, Meeressäuger beim Eisbären und Insekten beim Lippen-und Malaienbären), während Schwarz- und Braunbären dasselbe Nahrungsspektrum

John Shaw/AUSCAPE International

▲ Dieser Schwarzbär frißt offensichtlich in der Nähe einer Überwinterungshöhle einen Fisch. Allerdings wird er die Höhle wohl nicht benutzen, da der Fischgeruch Räuber, darunter auch andere Bären, anlocken könnte.

besitzen. Und drittens haben sich diese Arten niemals nebeneinander entwickelt, wie es bei den asiatischen der Fall war. Sie leben vielmehr erst seit kurzer Zeit zusammen. Der Braunbär wanderte erst vor 12 000 oder 13 000 Jahren aus Asien nach Nordamerika ein, während der Schwarzbär schon seit 1,5 Millionen Jahren den Kontinent bewohnt. Zudem waren zahlreiche Gebiete, die vom Braunbären ursprünglich bewohnt wurden, etwa Küsten, Prärien und andere offene Lebensräume, kaum jemals von nennenswerten Populationen des Schwarzbären bewohnt. Heute haben menschliche Übergriffe die Braunbären auf bewal-

dete und gebirgige Regionen zurückgedrängt – also Gebiete, an denen sich Schwarzbären schon lange vor der Ankunft des Braunbären angepaßt hatten. In solchen Lebensräumen sind Schwarzbären besonders häufig, besitzen die höheren Fortpflanzungsraten und zeigen auch eine größere Anpassungsfähigkeit zu menschliche Siedlungen als Braunbären.

Um das Ausmaß zu demonstrieren, in dem diese beiden Arten miteinander konkurrieren, müßte man versuchsweise eine der beiden Arten aus dem Verbreitungsgebiet der anderen entfernen, um die entsprechenden Reaktionen auszuwerten. Dies wäre natürlich undurchführbar und auch ethisch nicht zu vertreten. Allerdings sprechen alle bisher vorliegenden Befunde für einen gewissen potentiellen Wettbewerb unter Schwarz- und Braunbären. So sind zum Beispiel Braunbären wesentlich aggressiver. Dieser Charakterzug entwickelte sich vermutlich aus der Notwendigkeit, Aas und erbeutete Tiere gegen andere Carnivoren, etwa Wölfe, zu verteidigen. Zudem können die Weibchen so ihre Jungen besser in offenen, unbewaldeten Lebensräumen verteidigen. Normalerweise können Braunbären derartige Ressourcen den Schwarzbären mit Gewalt entreißen, und gelegentlich erbeuten sie sogar die andere Art. Wenn die Nahrung knapp wird (im Spätherbst und zu Beginn des Frühjahrs), zeigen beide Arten die größten Unterschiede in ihrer Ernährungsweise.

Der bedeutendste Unterschied zwischen dem Schwarz- und dem Braunbären dürfte jedoch in ihre Größe liegen. In den Regionen mit überlappendem Verbreitungsgebiet haben die Braunbären etwa die doppelte Größe der Schwarzbären. Daher müssen sie mehr Nahrung aufnehmen. Wenn sie jedoch wichtige Nahrungssorten, zum Beispiel Beeren, aufnehmen, sind die Braunbären im Nachteil: Die Schwarzbären sammeln die Beeren nämlich ebenso schnell und können daher ihren Magen in kürzerer Zeit füllen. Braunbären müssen auch längere Wege zurücklegen und über längere Zeit nach Nahrung suchen, um ihre Energiebedürfnisse zu erfüllen. Eine wesentliche Folge davon ist, daß sie während der Dunkelheit aktiver sind als Schwarzbären. Und letztere wenden nicht nur weniger Zeit zur Nahrungssuche auf, sondern entgehen zudem der Gefahr, den Braunbären zum Opfer zu fallen, dadurch, daß sie während der Aktivitätszeiten der Braunbären möglichst nicht auf Nahrungssuche gehen.

DER EISBÄR

IAN STIRLING

D er Eisbär (*Ursus maritimus*) hat sich daran angepaßt, in einem der unwirt-
lichsten, veränderlichsten und unberechenbarsten Lebensräume unserer Erde ein
relativ unbeschwertes Leben zu führen. Seine offensichtlich zufriedene Lebensweise
trotz Minustemperaturen, Winden und Schneestürmen hat ihn für viele Menschen auf
der ganzen Welt zu einem Symbol der Arktis werden lassen.

Der Eisbär ist der größte aller Carnivoren (Fleischfresser). Nur die Braunbärenpopulationen der vor
den Westküsten Alaskas liegenden Inseln erreichen
ähnliche Dimensionen. Erwachsene Eisbärenmännchen messen von der Nasen- bis zur Schwanzspitze
240 bis 260 Zentimeter und wiegen bis zu 600 Kilogramm. Einige ungewöhnlich große Männchen erreichen sogar ein Gewicht von 800 Kilogramm.
Männliche Tiere erlangen ihre maximale Größe erst
im Alter von acht bis zehn Jahren. Bei den Weibchen
liegt die Höchstlänge bei 200 Zentimeter, und sie
werden auch nur etwa halb so schwer wie die Männchen. Sie sind ungefähr im fünften oder sechsten Lebensjahr erwachsen und haben dann ein Gewicht

ANPASSUNGEN AN DIE ARKTIS

Von den acht existierenden Bärenarten lebt nur der
Eisbär auf dem gefrorenen Ozean. Wie sein wissenschaftlicher Name sagt, ist er der Bär des Meeres.
Die Eisbären haben verschiedene einzigartige Anpassungen an das Leben in der Arktis entwickelt. So tragen sie ein schweres Fell mit glänzenden Deckhaaren,
einem dichten Unterfell und besitzen zudem eine
dicke Fettschicht unter der Haut, die sie gegen die
Kälte isoliert. Die kombinierte Isolierung durch Fett
und Fell ist so wirkungsvoll, daß ein Bär, solange er
nicht gerade dem Wind ausgesetzt ist, noch bei minus 37 Grad Celsius eine normale Körpertemperatur
und Stoffwechselrate aufrechterhalten kann!

Norbert Rosing

▲ Der Eisbär paßte sich so an, daß er die Eisflächen des Meeres nutzen konnte, und er
wurde zur einzigen von den Ressourcen des
Meeres lebenden Art. In den Populationen,
die am Rande des Polarbeckens leben, kommen einige Individuen zeitlebens nicht an
Land.

Fred Bruemmer

von 200 bis 300 Kilogramm erreicht. Allerdings werden Weibchen im Jahr der Trächtigkeit außerordentlich fett und wiegen dann manchmal über 500 Kilogramm.

Der Körperbau des Eisbären ist langgestreckter als
der des Braunbären. Auch der Hals und der Schädel
sind länger und auch mächtiger, die Ohren dagegen
sind kleiner. Im Vergleich zu dem typischen konkaven Gesichtsprofil des Braunbären besitzen die Eisbären eine regelrechte Adlernase. Ihre Eckzähne sind
recht groß, und die stark zerklüfteten Mahlflächen
ihrer Backenzähne sind Anpassungen an die Ernährungsweise der Carnivoren. Die bräunlichen Krallen
der Eisbären sind kurz, relativ gerade und nicht einziehbar.

Die Haare des Eisbären sind durchsichtig und reflektieren die Sonnenwärme bis zur Basis des Haarschaftes hinunter, wo sie von der schwarzen Haut absorbiert wird. Die weiße Fellfarbe tarnt das Tier bei der Jagd. Selbst die Sohlen seiner Füße tragen kleine Papillen und Hohlräume, die wie Saugnäpfe haften, so daß die Tiere kaum jemals auf dem Eis ausrutschen. Ihre Sehschärfe und ihr Gehör sind den Verhältnissen des Menschen vermutlich vergleichbar, jedoch ist ihr Geruchssinn wesentlich besser entwickelt. So ist ein Eisbär imstande, das Atemloch einer Robbe unter dem Schnee noch aus einer Entfernung von einem Kilometer zu wittern.

Zu den bemerkenswertesten Anpassungen des Eisbären an das arktische Leben gehört seine Fähigkeit, immense Fettmengen zu speichern, solange Nahrung zur Verfügung steht, um sie dann in schlechten Zeiten dem Stoffwechsel zuzuführen. So wog zum Beispiel ein dünnes erwachsenes Weibchen 97 Kilogramm, als es Ende November an der westlichen Hudson Bay gefangen wurde. Nach der anschließenden Wurfzeit der Robben, von April bis Juni, hatte dasselbe Exemplar, als man es im folgenden August wieder einfing, ein Gewicht von 505 Kilogramm erreicht. Die noch nicht oder gerade erst entwöhnten jungen Ringelrobben enthalten in diesem Zeitraum

bis zu 50 Prozent Fett und sind Räubern gegenüber argloser als die Erwachsenen, so daß sie leichter zu erbeuten sind. Eisbären sind aber auch Aasfresser, die das Fett eines toten Wals oder Walrosses nicht verschmähen.

Wie es bei anderen Bärenarten im Winter der Fall ist, können auch Eisbären über lange Zeit nur von ihren Fettreserven leben. Dieses Phänomen wird als Winterschlaf bezeichnet, da die meisten Bären diesen physiologischen Zustand nur in ihren Höhlen während des Winters erreichen. Im Winterschlaf urinieren Bären nicht und müssen auch nicht trinken, denn sie können Wasser auf biochemischem Wege erzeugen und auch ihre Stoffwechselabfälle wieder einschleusen, ohne dabei die Nieren einzusetzen. Zudem setzen sie, während sie von ihrem Fett leben, nichts von ihrer mageren Körpermasse um, wie es etwa ein hungernder Mensch tun würde. Im Gegensatz zu den übrigen Bärenarten muß ein Eisbär jedoch nur zehn bis vierzehn Tage hungern, und sein Stoffwechsel schaltet auf einen Modus um, wie er für den Winterschlaf charakteristisch ist – unabhängig von der Jahreszeit. So schmilzt zum Beispiel in der Hudson Bay das gesamte Eis während des Sommers, so daß die Bären gegen Ende Juli an die Küste kommen müssen und dort von ihren Fettreserven le-

▼ Nur trächtige Eisbärenweibchen ziehen sich zur Überwinterung in Höhlen zurück, während alle übrigen Eisbären weiterhin auf dem Eis nach Robben jagen. Insbesondere bei kaltem oder windigem Wetter oder wenn Robben einmal schwer zu finden sind, graben aber auch sie sich vorübergehend Höhlen, in denen sie einige Tage oder Wochen bleiben.

▶ Diese merkwürdige Körperhaltung dient dem Eisbären dazu, sich zu kratzen und sein Fell nach dem Fressen zu säubern. Ebenso bewegt er sich vorsichtig auf dem Eis auf eine Robbe zu, wenn er sich schon weit herangeschlichen hat, aber noch nicht nahe genug ist, um loszusprinten und sie zu fangen.

▼ Junge Eisbärenmännchen besitzen langgezogene, relativ schmale Gesichter, wie dieses drei- bis vierjährige Exemplar. Im Alter von sechs Jahren beginnt der Schädel, sich zu verbreitern, und die Tiere entwickeln quasi eine Adlernase.

ben, wie sie es in einer Überwinterungshöhle tun würden. Erst wenn das Meer etwa vier Monate später wieder zugefroren ist, können sie wieder Robben jagen.

Da den Eisbären – anders als den übrigen nordamerikanischen Bärenarten – im Winter genügend Nahrung zur Verfügung steht, besteht für sie keine Notwendigkeit, eine Überwinterungshöhle aufzusuchen, es sei denn während kurzer Zeiten besonders kalten Wetters. Eine Ausnahme bilden trächtige Weibchen. Sie können nicht auf das Eis zurückkehren und bringen ihre Jungen in einer Wurfhöhle zur Welt. Daher suchen sie das Eis – je nach Breitengrad – nicht vor Anfang März bis Mitte April auf. Die Weibchen der Hudson Bay Region leben so acht Monate lang von ihrem Fettspeicher. Sie bringen in dieser Zeit nicht nur ihre Jungen zur Welt, sondern ziehen diese etwa ein Kilogramm schweren Jungen bis zu einem Gewicht von etwa zehn Kilogramm auf. In anderen Bereichen der Arktis fasten die Weibchen fünf bis sechs Monate lang.

BEVORZUGTE LEBENSRÄUME

Der bevorzugte Lebensraum des Eisbären ist das Eis, das sich alljährlich an den Küsten des Kontinents und der Archipele in der gesamten zirkumpolaren Arktis bildet. Die Küstenregion über dem Kontinentalschelf wird von den Flüssen mit Nährstoffen beliefert, erhält Licht von der Sonne und nährstoffreiche Aufdriften aus den tiefen Meeresbecken. Dadurch

entsteht eine biologisch hochproduktive Zone, in der zahlreiche Robben leben. Zudem findet man Risse im Eis, die parallel zur Küste verlaufen, gelegentlich mehrere Kilometer vor der Küste, sowie Polynyas (Gebiete offenen, vom Eis umgebenen Wassers, die im Winter nicht zufrieren), in denen Meeressäuger häufig den Winter verbringen oder die sie durchwandern.

Obwohl Eisbären in der Nähe des Nordpols gesehen wurden, meiden sie in der Regel die hohen Breiten des Arktischen Meeres. Das Wasser unterhalb des dicken, mehrjährigen Packeises, das das zentrale Polarbecken bedeckt, ist biologisch unproduktiv, so daß die Bären dort nur wenige Robben finden.

Wenn das Packeis im Winter seine größte südliche Ausdehnung erreicht hat, findet man die Eisbären manchmal auch in der Labradorsee, der südlichen Barentssee und im Beringmeer. Hin und wieder werden sie auf treibenden Eisschollen bis nach Kamtschatka verdriftet, und einige wenige Exemplare wurden sogar an der Nordküste Neufundlands, auf Island und selbst auf Hokkaido (Japan) nachgewiesen.

Der entscheidende ökologische Faktor, der bestimmt, in welchem Maße Eisbären saisonale Wanderungen durchführen, ist das Vorhandensein des Meereseises, von dem aus die Tiere Robben jagen. Allerdings muß ein Bär, je weiter er wandert, um so mehr Robben töten, nur um seinen Energiebedarf für die Reise zu decken. Und erst dann kann er daran denken, andere grundsätzliche Bedürfnisse, wie Wachstum, Fortpflanzung oder das Säugen von Jungen, zu erfüllen. Also wandern Eisbären nur so weit wie nötig, um sich möglichst lange auf dem Eis aufzuhalten. In den letzten Jahren wurden Senderhalsbänder eingesetzt, die den Standort eines Tieres im Abstand von wenigen Tagen an einen Satelliten übermitteln. Mit Hilfe dieser Technik gelang es den Wissenschaftlern, die jährlichen Wanderungen der Eisbären zu erforschen und zu erkennen, in welchem Maße sie dabei von ökologischen Faktoren, insbesondere dem Eis des Meeres, beeinflußt werden.

Die Region, in der sich ein Tier das ganze Jahr über aufhält, wird als Streifgebiet bezeichnet. In einigen Regionen, etwa in den Wasserstraßen zwischen den Inseln des hocharktischen kanadischen Archipels, ist über den größten Teil des Jahres Eis auf dem Meer vorhanden. Die Bären müssen also nicht weit wandern, um auf dem Eis zu bleiben. Einige dieser

Bären besitzen ein Streifgebiet von nur wenigen tausend Quadratkilometern. Dagegen treibt der Südrand des Packeises im Chukchi- und im Beringmeer, wo es die meisten Robben gibt, über enorme nordsüdliche Entfernungen zwischen Sommer und Winter eines jeden Jahres. Einige Eisbärenweibchen dieser Region benötigen Streifgebiete von über 300 000 Quadratkilometer, nur um genügend geeignete Eisschollen zu finden, von denen aus sie das ganze Jahr über jagen können.

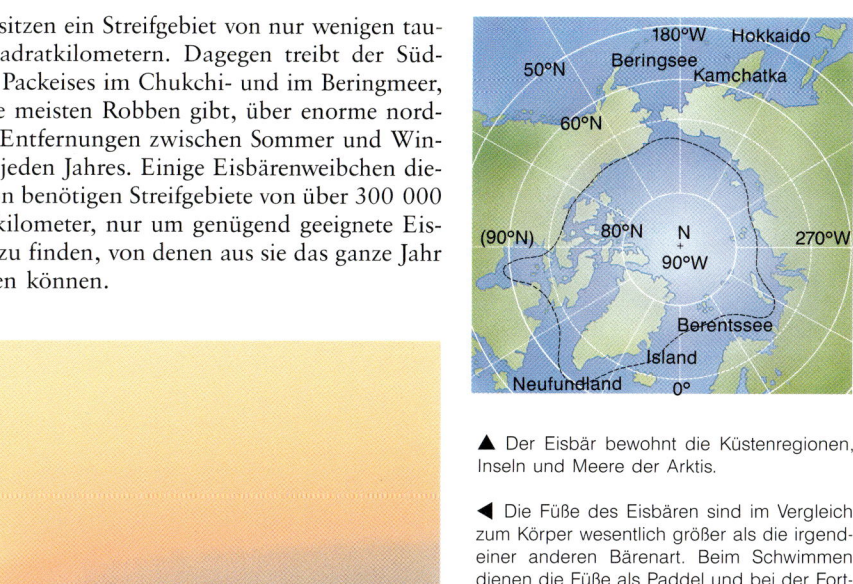

▲ Der Eisbär bewohnt die Küstenregionen, Inseln und Meere der Arktis.

◄ Die Füße des Eisbären sind im Vergleich zum Körper wesentlich größer als die irgendeiner anderen Bärenart. Beim Schwimmen dienen die Füße als Paddel und bei der Fortbewegung auf dünnem Eis als Schneeschuhe. Wird das Eis jedoch allzu dünn, legt sich der Eisbär auf den Bauch und spreizt die Beine von sich. Dabei verteilt er sein Gewicht auf eine größere Fläche, damit er nicht einbricht.

Bryan and Cherry Alexander/NHPA

Bryan and Cherry Alexander/NHPA

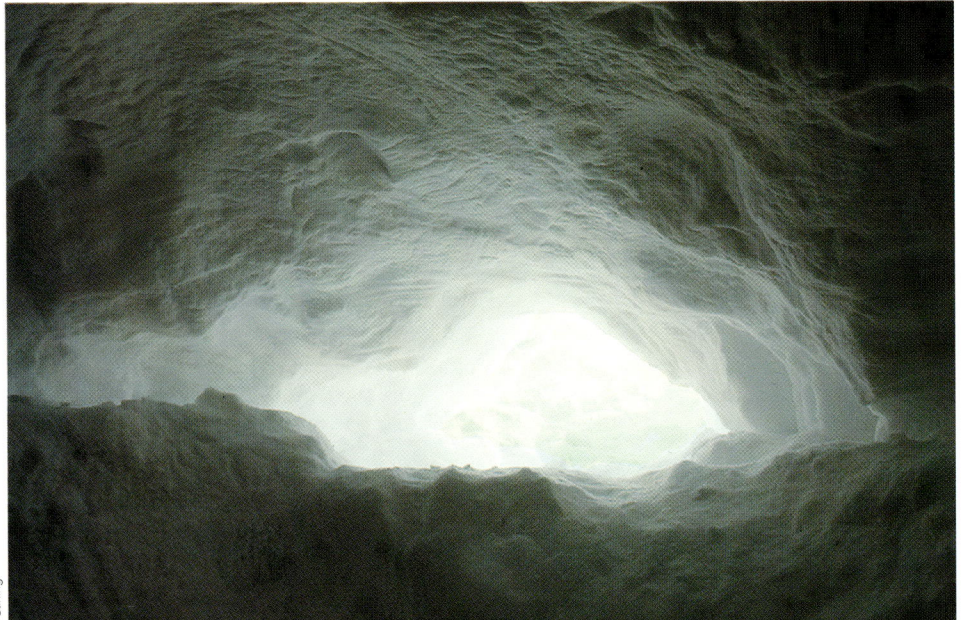

Ian Stirling

Dan Guravich

Jeff Foott/AUSCAPE International

FORTPFLANZUNG UND DER AUFENTHALT IN DER WURFHÖHLE

Die drei umfangreichsten Gebiete der Welt, in denen Eisbärenweibchen ihre Wurfhöhlen haben, sind Wrangel Island vor der Nordostküste Sibiriens, Kong Karl's Island in Svalbard und das Gebiet südlich von Churchill, Manitoba, auf der Westküste der Hudson Bay in Kanada. Auch in vielen anderen Gebieten werden Wurfhöhlen eingerichtet, aber in geringerer Dichte. Etwa 60 Prozent der weiblichen Eisbären, die entlang der Nordküste Alaskas leben, haben ihre Wurfhöhlen auf dem mehrjährigen Packeis der Beaufortsee, während die übrigen ihre Höhlen in Schneewehen an Land nahe der Küste anlegen. Es ist nicht bekannt, ob auch die Weibchen anderer Populationen auf dem Treibeis ihre Wurfhöhlen haben.

Die Paarungszeit der Eisbären liegt etwa zwischen Ende März bis Ende Mai. Da die Jungen etwa zweieinhalb Jahre lang bei ihren Müttern bleiben, können die Weibchen ihre Würfe nur etwa alle drei Jahre entwöhnen. Daraus folgt, daß in jedem Jahr nur ein Drittel der Weibchen für die Paarung zur Verfügung steht. Der intensive Wettbewerb, der zwischen den erwachsenen Männchen um die begrenzte Zahl der verfügbaren Weibchen herrscht, ist vermutlich unter anderem der Grund dafür, warum männliche Eisbären soviel größer sind als weibliche.

Fred Bruemmer

Vermutlich wird bei den Eisbärenweibchen die Ovulation induziert. Sie müssen sich also über Wochen oder länger viele Male paaren, ehe ein Ei zur Befruchtung freigesetzt wird. Während dieser Zeit versucht ein dominantes Männchen, ein empfängnisbereites Weibchen aus dem Einflußbereich anderer Männchen fernzuhalten. Ist das Ei erst einmal befruchtet, verzögert sich die Einnistung der Blastozyste im Uterus bis Ende September.

Etwa Ende Oktober oder Anfang November gräbt ein trächtiges Eisbärenweibchen eine Wurfhöhle in eine Schneewehe, normalerweise an Land und nur wenige Kilometer von der Küste entfernt. Hier kommen die Jungen etwas später im Winter zur Welt. Häufig werden die Höhlen an den Südhängen angelegt, an denen die Nordwinde tiefe Schneewehen ausbilden und wo die Sonneneinstrahlung im Spätwinter und zu Beginn des Frühjahrs (zu dieser Zeit wird die Höhle erstmals von der Mutter und ihren Jungen verlassen) am größten ist. Wenn eine solche Höhle besetzt ist, kann ihre innere Temperatur um 20 Grad Celsius höher liegen als die äußere.

Da die Tragzeit nur drei Monate beträgt, kommen die Jungen zwischen Ende November und Anfang Januar zur Welt. Am häufigsten werden Zwillinge geboren, manchmal jedoch nur ein Junges oder – in seltenen Fällen – auch Drillinge. Vierlinge sind

außerordentlich selten. Bei ihrer Geburt sind die Jungen etwa 25 Zentimeter lang und wiegen nicht einmal ein Kilogramm. Anfangs sind ihre Augen noch geschlossen, und sie sind mit einem so feinen Haarkleid bedeckt, daß sie früher sogar als unbehaart beschrieben wurden.

Die meisten Eisbärenfamilien verlassen ihre Wurfhöhlen - je nach Breitengrad - zwischen Ende Februar und Ende April. Und diejenigen der weiter nördlich lebenden Populationen kommen sogar noch später im Frühjahr hervor, wenn das Wetter sich etwas erwärmt hat. Aber selbst unter diesen Umständen beträgt die Außentemperatur minus 20 bis minus 30 Grad, wenn die Mutter ihre Jungen zum ersten Mal ausführt. Normalerweise hält sich die Familie noch sieben bis zehn Tage in der Nähe der Höhle auf, so daß sich die Jungen an die Kälte gewöhnen und eine Chance zum Üben haben, ehe sie auf das Eis hinauswandern. Tagsüber spielen sie in der Nähe der Höhle im Schnee und kehren erst zur Nacht oder bei stürmischem Wetter zurück.

Da sich die Weibchen höchstens alle drei Jahre fortpflanzen, wachsen die meisten Eisbärenpopulationen nur langsam. Dies erklärt zum Teil, warum sich übermäßig bejagte Populationen so langsam erholen. (Eine Darstellung der saisonalen Zyklen des Eisbären steht auf den Seiten 64 und 65.)

▲ Die intensive Konkurrenz, die unter männlichen Eisbären während der Fortpflanzungszeit herrscht, kann zu Narben und manchmal auch übel zugerichteten Eckzähnen führen.

◄ (Oben, ganz links) Normalerweise verfügen Eisbärenweibchen nur über vier funktionstüchtige Zitzen, während terrestrische Bären sechs besitzen. Möglicherweise handelt es sich dabei um eine Anpassung an die Aufzucht kleinerer Würfe in einer rauhen, unberechenbaren Umwelt.

◄ (Oben, links) Einige Eisbären durchwandern auf der Suche nach Robben Streifgebiete, die Tausende von Quadratkilometer umfassen. Dagegen sind die Streifgebiete einiger Weibchen in anderen Gegenden nur wenige hundert Quadratkilometer groß.

◄ (Mitte) Im Winter legen trächtige Weibchen ihre Wurfhöhle in einer Schneewehe an, um ihre winzigen Neugeborenen vor der Kälte zu schützen. Der Eingang liegt etwas tiefer als die Hauptkammer, da sich die wärmste Luft oben sammelt.

◄ (Unten) Wenn ein junger Eisbär mit seiner Mutter die Wurfhöhle verläßt, um zu lernen, wie man auf dem Eis Robben jagt, wiegt er zwischen zehn und zwölf Kilogramm. Anfangs sind die Jungen noch nervös und weichen selten mehr als einige Meter von der Seite ihrer Mutter.

JAGDVERHALTEN

Eisbären stellen in erster Linie den Ringelrobben, und – in geringerem Umfang – auch den Bartrobben nach. In einigen Gebieten haben sie auch gelernt, Walrosse sowie Weiß- und Narwale zu töten, doch kommt dies weniger häufig vor.

Wenn im Winter und im Frühjahr das Meer zugefroren ist, halten die Ringelrobben ihre Atemlöcher offen, indem sie das Eis mit den starken Krallen ihrer Vorderflossen fortkratzen. Im Frühjahr legen die trächtigen Robbenweibchen dann kleine Wurflager unter den Schneewehen an, die sich über den Atemlöchern gebildet haben. Die Jungen kommen in diesen Lagern mit weißem Fell zur Welt und werden von den Müttern etwa sechs Wochen lang gesäugt.

▼ Die bevorzugte Methode der Eisbären, Robben zu jagen, besteht darin, daß sich die Tiere hinkauern und der Beute auflauern. Dies erfordert am wenigsten Energie. Selbst unter guten Jagdbedingungen fängt ein erfahrenes erwachsenes Tier nur alle vier bis fünf Tage eine Robbe.

▼ (Unten) Eisbären sind kraftvolle Schwimmer, die nachweislich lange Strecken im Meer zurücklegen. Die Arme und großen Vorderfüße besorgen den Antrieb, während die Beine nachgezogen werden und die Funktion eines Ruders haben.

Stephen Krasemann/NHPA

Art Wolfe

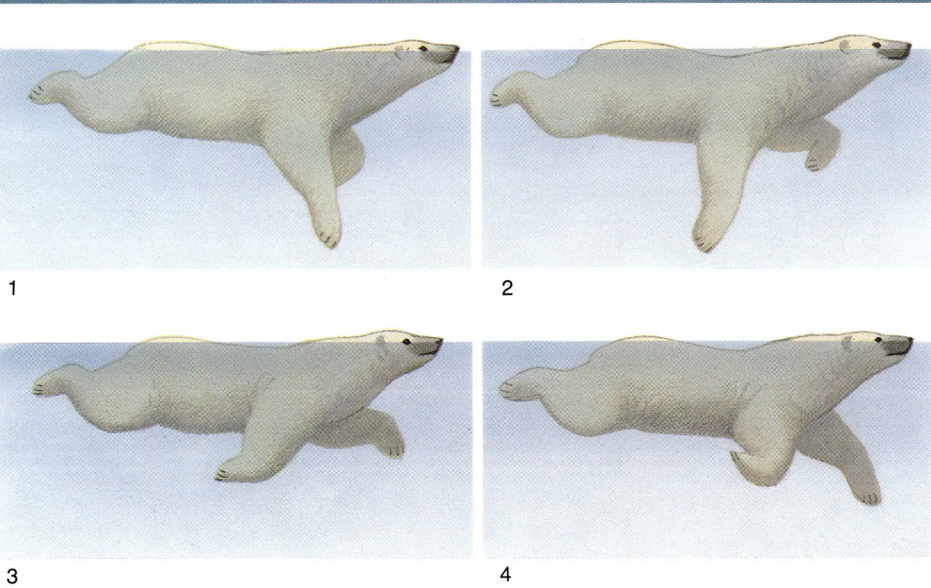

1 2

3 4

Eisbären orten diese Wurfplätze und Atemlöcher unter dem Schnee mit ihrem Geruchssinn. Dann schleichen sie sich ganz langsam heran, um sich möglichst nicht durch Geräusche zu verraten. Manchmal brechen sie solch ein Lager unmittelbar auf, während andere bis zu mehreren Stunden hintereinander regungslos auf der Schneewehe über dem Lager ausharren und abwarten, bis sie eine Robbe hören oder wittern, die zum Atmen an die Oberfläche kommt. Wenn im Sommer der Schnee geschmolzen ist und sich Risse im Eis gebildet haben, lauern die Bären den Robben auf, wenn sich diese zum Sonnenbad auf das Eis hinausschleppen. Oder sie warten an Stellen, an denen die Robben mit einer gewissen Wahrscheinlichkeit zum Atmen an die Oberfläche kommen, um diese dann mit ihren mächtigen Kiefern zu packen.

Manchmal schwimmen Eisbären unter Wasser heran, um Robben aufzulauern, die weit entfernt am Rande einer Eisscholle liegen. Wenn sie auf diese Weise ihre Jagd beginnen, erinnern sie sich offenbar an den Weg, den die Robbe nahm, ehe sie sich sachte ins Wasser gleiten ließen. Wenn sich der Bär der Robbe nähert, streckt er verstohlen die Nase zum Atmen aus dem Wasser, gleitet dann ruhig zurück, bis er wieder untergetaucht ist, und schwimmt dann rasch unter Wasser vorwärts, bis er abermals atmen muß. Beim Schwimmen treibt er sich nur mit seinen großen Vorderpfoten voran und zieht dabei seine Hinterbeine wie Ruder hinter sich her. Bei einer Gelegenheit blieb ein Bär, als er sich an eine sonnenbadenden Robbe heranschlich, 72 Sekunden unter Wasser. Ist der Räuber dann schließlich nahe genug herangekommen, explodiert das Wasser förmlich ne-

ben der Robbe, der Bär schnellt aus dem Wasser und packt seine Beute mit den Pranken. Solch eine Aktion zu beobachten, raubt einem beinahe den Atem, aber selbst nach soviel Aufwand können doch wesentlich mehr Robben entkommen als gefangen werden.

Da gewöhnlich weniger als zwei Prozent ihrer Jagdversuche erfolgreich verlaufen, müssen Eisbären mindestens die Hälfte ihrer aktiven Zeit auf die Jagd verwenden. Selbst im Frühjahr und während des Sommers, wenn die Robben am zahlreichsten und am leichtesten zu erbeuten sind, ist ein Bär nur alle vier oder fünf Tage erfolgreich. Manchmal schwimmen Bären unter Wasser heran, um einen Seevogel oder eine Ente von unten her zu überrumpeln. Ein Exemplar wurde dabei beobachtet, wie es mehrere Stunden lang nach Braunalgen tauchte.

▲ Manchmal wurden Eisbären weit vom Land entfernt im Meer angetroffen. Gelegentlich tauchen sie zwischen Löchern im Eis umher, um arglosen Robben aufzulauern, die sich auf dem Eis ausruhen. Bei kaltem Wetter gehen die Bären jedoch nur dann ins Wasser, wenn es sich nicht vermeiden läßt.

▶ In den meisten Gebieten der Arktis sind die Jungen mit ungefähr zweieinhalb Jahren entwöhnt. In der Hudson Bay entwöhnen einige Weibchen ihre Jungen unter günstigen Voraussetzungen sogar schon im Alter von eineinhalb Jahren. Bei schlechtem Nahrungsangebot behalten sie dagegen ihre Jungen, bis diese dreieinhalb Jahre alt sind.

▶ (Gegenüber) Junge Eisbären spielen gern. Hier schlagen die Bären auf einem See so lange mit den Vordertatzen auf das Eis, bis Löcher entstanden sind, in denen sie schwimmen können. Ein derartiges Spiel ist für die Jungtiere außerordentlich wichtig, da sie dabei die motorischen Fertigkeiten entwickeln, die sie später benötigen, um als Erwachsene überleben zu können.

Leonard Lee Rue/Bruce Coleman Ltd

▼ Im Spätherbst ist der Testosteronspiegel der Männchen niedriger als zu jeder anderen Jahreszeit. Daher kommt es unter den Männchen, die fastend an der Küste der Hudson Bay darauf warten, daß das Meer wieder zufriert, kaum zu Auseinandersetzungen. Dennoch bestreiten gleichgroße Männchen gern ausgedehnte ritualisierte Kämpfe, um ihre motorischen Fähigkeit für die Zeit zu üben, in der sie sie wieder benötigen.

DAS FAMILIENLEBEN

Junge Eisbären bleiben zweieinhalb Jahre lang bei ihrer Mutter, zum Teil deshalb, weil sie vor anderen Bären geschützt werden müssen, aber auch, weil sie darauf angewiesen sind, das Jagen zu erlernen. Die Jungen folgen ihrer Mutter das ganze Jahr über auf dem Eis des Meeres und beobachten sie stets bei der Jagd. Was sie dabei lernen, ist für ihr eigenes Überleben später von entscheidender Bedeutung. Die schwierigste Phase im Leben eines Eisbären ist zweifellos das erste Jahr seiner Selbständigkeit, wenn er sich nicht mehr darauf verlassen kann, daß die Mutter ihre erbeuteten Robben mit ihm teilt.

Manchmal vergnügen sich Eisbären beim Spiel. Abgesehen von sehr kalten Wetterperioden lieben es Bären aller Altersgruppen zu schwimmen. Wenn junge Bären über das Eis wandern, rennen sie manchmal auf das Wasser zu und lassen sich mit einem gewaltigen »Bauchklatscher« hineinfallen. Nachdem sie für ein paar Sekunden im Wasser verschwunden sind, taucht ihr Kopf wieder auf, und sie blicken sich um. Einige Sekunden oder Minuten lang läßt sich das Tier träge umhertreiben und klettert dann auf das Eis zurück. Unter Umständen setzt er dieses Spiel eine Stunde lang oder länger fort.

Solange sie mit ihrer Mutter zusammen sind und versuchen, deren Verhalten nachzuahmen, wird es den Jungen oft langweilig, und sie beginnen zu spielen. Auch das Spiel kann instruktiv sein. Einmal beobachtete man ein Eisbärenweibchen auf der Robbenjagd, während ihr einziges, zweieinhalb Jahre altes Jungtier hinterhertrottete. Ein guterzogenes Jungtier liegt ganz still, um eine Robbe, die potentielle Beute der Mutter, nicht zu verschrecken. Allerdings hatte dieses Jungtier bald keine Lust mehr zu warten. Zunächst lief es an der Stelle umher, an der es zuvor gelegen hatte, bald rannte, schwamm und tauchte es. Als es etwa 15 Minuten herumgetollt war, lief das Jungtier zu einer Bruchstelle auf dem Eis und stürzte sich mit einem Anlauf ins Wasser. Als der Bär durch die Luft flog, tauchte gerade eine junge Robbe zum Luftholen auf und landete geradeswegs in seinem Rachen! Nachdem er die kleine Robbe getötet hatte, warf sie der junge Bär wiederholt ins Wasser und holte sie wieder heraus. Die Mutter, die das Treiben ihres Jungen beobachtete, beendete es dadurch, daß sie anfing zu fressen. Von nun an schenkte der junge Bär offenen Wasserstellen größere Beachtung. Das Tier hatte also daraus gelernt.

Daniel J. Cox

DER SCHWARZBÄR

MICHAEL R. PELTON

Der Schwarzbär (*Ursus americanus*) ist die häufigste Bärenart, deren Verbreitung in Nordamerika von Nordalaska über Kanada bis zu den nördlichen Gebirgen Mexikos sowie in den Süden Floridas reicht. Es gibt zur Zeit 16 anerkannte Unterarten.

▼ Kurze, gedrungene Klauen ermöglichen dem Schwarzbären, einen Baumstamm fest zu packen und rasch zu erklimmen oder auch verrottete Baumstämme auseinanderzureißen. Seine lange Zunge kann dann mit großer Präzision Insekteneier und -larven herausholen.

Mit Ausnahme der südwestlichen Wüstengebiete hat der Schwarzbär den gesamten nordamerikanischen Kontinent besiedelt. Vermutlich liegt der Gesamtbestand heute über einer halben Million Exemplare, und alljährlich werden mehr als 40 000 Bären abgeschossen. In den Staaten und Provinzen, in denen er-

hebliche Bestände vorkommen, gilt der Schwarzbär als Jagdwild, dem man zu bestimmten Zeiten im Frühjahr und Herbst nachstellt. Während Schwarzbären in einigen Gebieten des Nordwestens und Kanadas so häufig sind, daß man sie sogar als Schädlinge ansieht, sind sie aus dem Mittelwesten und aus

den östlichen Bereichen der Vereinigten Staaten durch den Verlust ihrer Lebensräume verschwunden. In der südöstlichen Küstenebene, wo umfangreiche landwirtschaftliche Erschließungsarbeiten die einst ausgedehnten Laubwälder vernichtet haben und wo nur kleine, manchmal isolierte Waldgebiete übrig blieben, haben noch einige wenige Populationen überlebt. Die Auswirkungen des Straßenbaus, immer wirkungsvollere Jagdmethoden und der zunehmende kommerzielle Wert, den man Körperteilen – etwa den Gallenblasen - der Bären zuschreibt, stellen das Überleben dieser fragmentierten Populationen in Frage. Aufgrund der Habitatverluste und der zurückgehenden Bestände der Bären wurde die Unterart von Louisana vor kurzem in einem Gesetzesentwurf dieses Bundesstaates als bedroht aufgeführt.

EIN ANPASSUNGSFÄHIGER CARNIVORE

Die durchschnittlichen Gewichte erwachsener weiblicher Schwarzbären liegen zwischen 40 und 70 Kilogramm, die der Männchen dagegen zwischen 60 bis 140 Kilogramm. Ausnahmsweise wird ein Männchen sogar über 300 Kilogramm schwer. Ihre Körpergröße variiert mit der Menge und der Qualität der verfügbaren Nahrung. Die Bären reagieren sehr schnell auf hochwertige Nahrungsquellen – seien es Abfälle, Mais oder Weizen – und erreichen dort überdurchschnittliche Körpergrößen, wo nahrhafte Nahrung im Überfluß vorkommt. Sie sind im allgemeinen mit vier Jahren ausgewachsen.

Das Fell des Schwarzbären ist normalerweise einfarbig, sieht man von einer braunen Schnauze und

▼ Im allgemeinen schlafen Schwarzbären am Tage und gehen am frühen Morgen und am späten Abend auf Nahrungssuche. In stark bewohnten Gebieten suchen sie sich Ruheplätze in Sümpfen oder anderen Stellen, an denen sich ein Eindringling nur schwer nähern kann, ohne daß der Bär ihn bemerkt.

BAUMMARKIERUNGEN DER SCHWARZBÄREN

MICHAEL R. PELTON

Warum beschädigen Schwarzbären Bäume mit den Zähnen und Klauen? Diese Frage hat Naturforscher und Biologen lange beschäftigt und führte zu den verschiedensten Theorien. Die frühesten Naturforscher waren der Ansicht, daß diese Markierungen dieselbe Funktion haben wie die Harnmarkierungen der Hunde.

Zuerst vermutete man, daß diese Spuren nur an Koniferen vorkämen, und die Wissenschaftler waren der Ansicht, daß ihre Funktion mit dem starken Duft zusammenhänge, den die Harze dieser Bäume hervorbringen. Allerdings ergaben spätere Untersuchungen, daß die Markierungen ebenso häufig auf Laubbäumen vorkommen, deren Saft nicht so stark duftet.

Die Markierungen sind nicht zufällig verteilt, sondern entlang definierter Wildwechsel angeordnet, wobei die markierten Teile der Bäume zum Pfad weisen. Die Kratz- und Bißspuren befinden sich normalerweise 1,5 bis zwei Meter hoch am Baum und sind recht auffällig. Während einige Bäume nur einmal markiert werden, erneuern die Bären ihre Spuren an anderen in jedem Jahr aufs neue, manchmal sogar so häufig, daß die Bäume eingehen. Häufig kann man an den Spalten der Rinde unter dem Mark noch Bärenhaare finden. Die markierten Bäume stehen normalerweise rechts neben dem Wildwechsel, und wenn er an einem Hang verläuft, an der unteren Hangseite. Die Bäume, die an manchmal in einer gewissen Entfernung (es sind meist weniger als fünf Meter) vom Wildwechsel markiert werden, sind mit diesem durch Pfade verbunden, die von den Bären durch zahllose Besuche hineingetrampelt wurden.

Nur wenige Bären wurden bisher dabei beobachtet, wie sie Bäume mit den Zähnen oder mit den Klauen bearbeiten. In den meisten Fällen handelt es sich um Männchen, die derartige Markierungen vor und während der Fortpflanzungzeit im Sommer anbrachten, aber auch weibliche Tiere wurden am Ende des Sommers und im Herbst bei dieser Tätigkeit beobachtet.

Die vier kursierenden Erklärungen zur Deutung der Markierungen sind alle noch unbewiesen. Nach den frühesten Vorstellungen hängen die Markierungen mit der Rangordnung der Männchen einer Population zusammen. Dies gilt insbesondere für die Fortpflanzungzeit, während derer die Männchen um empfängnisbereite Weibchen konkurrieren, sowie für subadulte Männchen, die sich erst noch ein Streifgebiet einrichten müssen. Eine zweite Hypothese betrifft die Fortpflanzung und die Vorbereitung darauf: Die Markierungen sollen als Kommunikationshilfe quasi sicherstellen, daß Männchen und Weibchen für eine erfolgreiche Fortpflanzung bereit sind. Die dritte Vorstellung hat mit der territorialen Verteidigung erwachsener Weibchen zu tun. Da man weiß, daß einige ausgewachsene Weibchen territorial leben, dienen die Markierungen möglicherweise zur Kommunikation mit anderen Weibchen des Gebiets und legen ihnen nahe, fernzubleiben. Und da bekannt ist, daß ein Bär besonders häufig markiert, wenn er ein neues Gebiet betritt, vermutet man des weiteren, daß die Markierungen als Orientierungshilfe dienen, wenn sie sich in unbekannten oder nur selten besuchten Gegenden aufhalten.

Das Markieren ist in hohem Maße optisch ausgerichtet und erfüllt in einer Bärenpopulation eine wichtige soziale Funktion. Höchstwahrscheinlich gibt es für die Frage, warum Bären Bäume markieren, mehr als nur eine Antwort.

Daniel J. Cox

Schwarzbären suchen besondere Bäume entlang der Wildwechsel aus und hinterlassen darin mit ihren Krallen tiefe Kratzspuren. Manchmal werden dieselben Bäume über mehrere Jahre markiert, und man findet in den Rillen dann Haarreste, die die Bären beim Reiben an Bäumen hinterließen. Obgleich man derartige Markierungen der Bären schon lange kennt, ist ihre Funktion noch ungeklärt.

gelegentlich einem weißen Fleck auf der Brust einmal ab. Die schwarze Farbvariante ist im Osten am stärksten verbreitet, die braune, zimtfarbene und blonde Variante häufiger im Westen. An der Pazifikküste Kanadas gibt es zwei einzigartige helle Farbvarianten: Kermode-Bären mit weißem und Gletscher-Bären mit blau-grauem Fell. Ihre Fähigkeit, Farben zu erkennen, bewegliche Lippen, eine lange Greifzunge sowie mächtige, stark gebogene Klauen und fingerähnliche Zehen befähigen die Tiere, Aufgaben zu erfüllen, die eine gewisse Präzision erfordern. Omnivore Lebensweise, Stärke, Schnelligkeit und Wendigkeit machen den Schwarzbären vielleicht zum anpassungsfähigsten unter den großen Carnivoren.

WIE SIE SICH FORTPFLANZEN

Weibliche Schwarzbären erreichen ihre Geschlechtsreife im allgemeinen in einem Alter von drei bis vier Jahren. In Lebensräumen mit reichem Nahrungsangebot können die Weibchen schon mit zwei Jahren zur Fortpflanzung schreiten, während sie in weniger produktiven Gebieten erst mit fünf bis sieben Jahren Jungen haben. Sie bringen normalerweise Zwillinge zur Welt, doch kommen Wurfgrößen zwischen einem und fünf Jungen vor. Die Jungbären werden – eine angemessene Ernährungslage vorausgesetzt – alle zwei Jahre geboren.

Die Fortpflanzungszeit liegt zwischen Mitte Juni und Mitte August, und die Einnistung des Eies verzögert sich über etwa fünf Monate. Nach einer nur zweimonatigen Tragzeit werden die Jungen Ende Januar oder Anfang Februar in einer winterlichen Wurfhöhle geboren. Die neugeborenen Jungen sind etwa rattengroß, nackt und hilflos, wachsen jedoch rasch heran. Etwa im April oder Anfang Mai kommt die Mutter mit ihren Nachkommen aus der Überwinterungshöhle hervor. Letztere wiegen dann bereits zwei bis vier Kilogramm. Für die folgenden zwölf bis 14 Monate bleiben sie – noch während des nächsten Winters – mit ihrer Mutter zusammen, bis sich die Familiengemeinschaft auflöst. Zu dieser Zeit kommt das Weibchen wiederum in den Östrus und paart sich aufs neue. Innerhalb seines Streifgebiets paart sich zumeist ein Männchen mit einer Reihe von Weibchen, muß sich dazu jedoch gegen mehrere andere Männchen durchsetzen. Manchmal überschlagen die Weibchen ein Jahr zwischen ihrem zweijährigen Fortpflanzungszyklus. Weil Schwarzbären eine niedrige Reproduktionsrate besitzen, kann die Stabilität einer Population durch eine Verknappung der Eicheln oder eine starke Bejagung gestört werden.

POPULATIONSGRÖSSEN

Da Schwarzbären normalerweise scheu und somit schwierig zu zählen sind, ist es nicht leicht, ihre Populationen zu schätzen. Nach verschiedenen Zählungsmethoden variieren die Schätzungen der Populationsdichte zwischen einem Tier auf 1,2 Quadratkilometer (Inselpopulation) und einem Tier auf 15 Quadratkilometer. Ausdehnung und Lebensraumqualität bestimmen die relative Besiedlungsdichte, Stabilität und Anpassungsfähigkeit einer Schwarzbärenpopulation. Daher sind Populationen weniger umfangreicher Lebensräume menschlichen Einflüssen gegenüber empfindlicher. Die meisten Wildhüter neigen eher dazu, die Populationsgröße nach den Abschußzahlen zu schätzen als sich anderer Methoden zu bedienen.

Daniel J. Cox

STREIFGEBIETE

Männliche Schwarzbären legen auf ihren Wanderungen wesentlich weitere Strecken zurück als weibliche, und ihre Streifgebiete sind etwa viermal so groß wie die der Weibchen. Während die der weiblichen Bären drei bis 40 Quadratkilometer umfassen, können diejenigen der Männchen zwischen 20 und 100 Quadratkilometer groß sein. Der Umfang der Streifgebiete wechselt von Jahr zu Jahr und von einer Jahreszeit zur anderen, je nach Nahrungsangebot, Geschlecht, Alter und Reproduktionsstatus des Tieres sowie entsprechend der Populationsdichte. Norma-

weiter auf S. 114

▲ (Oben) Von unten rechts: Schwarzbären paaren sich im Sommer. Im Herbst nistet sich das befruchtete Ei ein. Das Weibchen mästet sich, um Fett anzusetzen. Im Spätherbst sucht es seine Höhle auf; die Jungen werden im Winter geboren. Im Frühjahr kommt die Familie hervor, um zu fressen, und den Winter verbringen die Jungen gemeinsam mit ihrer Mutter. Im folgenden Frühjahr sind sie entwöhnt, und das Weibchen paart sich erneut.

▲ Während die Mutter nach Nahrung sucht, halten sich junge Schwarzbären ganz in ihrer Nähe auf. Dies gibt ihnen Schutz und die Möglichkeit, durch Beobachtung zu lernen, wie sie selbst Nahrung finden können.

DIE FÄRBUNG DER SCHWARZBÄREN

ANDREW E. DEROCHER

Alle Schwarzbären besitzen eine deutlich abgesetzte schwarze Schnauze und gewöhnlich einen kleinen, V-förmigen weißen oder hellbraunen Fleck auf Brust oder Kehle. Die meisten von ihnen sind tatsächlich schwarz, doch kommen sie auch in verschiedenen anderen Färbungen vor. Die allgemein anerkannten Färbungen, sogenannte Farbvarianten, sind – in Reihenfolge ihrer Häufigkeit – schwarz, braun, Zimt, Honig, Gletscher oder bläulich und Kermode oder weißlich.

Die schwarze Farbvariante herrscht östlich des Mississippi vor. Im westlichen Nordamerika sind dagegen die braunen und zimtfarbenen Tiere häufig und bilden in einigen Gegenden sogar die Mehrzahl der Bären. Die Färbung der braunen Schwarzbären reicht von einem hellen Zimtton bis zu einem dunklen Kastanien- oder Schokoladenbraun. Gerade Vertreter der letzten Farbvariante werden häufig mit Braunbären verwechselt. Die honigfarbene Variante wirkt hell gelbbräunlich.

Die seltene Gletscher- oder Blauvariante kommt in Alaska, im nordwestlichen Britisch-Kolumbien und im kanadischen Yukon-Territorium vor. Ursprünglich wurde diese Variante unter dem Namen *Ursus americanus emmonsi* als eine eigene Unterart beschrieben, was nach dem heutigen Stand der Forschung nicht mehr haltbar ist. Das Fell des Gletscher-

Bären trägt silberne Spitzen, lange weiße oder hellgelbe Deckhaare und ein dichtes blauschwarzes Unterfell.

Die seltene Kermode- oder weißliche Variante kommt entlang der nördlich-zentralen Küste Britisch-Kolumbiens und Kanadas auf einer Fläche von wenigen hundert Quadratkilometern vor. Nach Ansicht einiger Forscher können nur die reinweißen Bären als echte Kermodes gelten, doch gibt es auch hellrote, blaßorange oder hellgelbe Exemplare. Diese zunächst als Unterart (*Ursus americanus kermodei*) beschriebenen Tiere werden heute als Farbvariante klassifiziert. Weibliche Kermodes können schwarze, braune und Kermode-farbene Jungtiere zur Welt bringen. Ebenso kann ein schwarzes Muttertier Kermode-Junge gebären, und tatsächlich können verschiedene Farbvarianten in jedem Schwarzbärenwurf vorkommen.

Nur wenig ist über die Genetik der Fellfärbung bei Schwarzbären bekannt. So hatten in einer Population braungefärbte Weibchen größere Würfe als schwarze Weibchen, was auf eine genetische Verbindung zwischen Färbung und Fortpflanzung hindeutet. Zwar ist die Fellfarbe nicht eng an das Geschlecht gebunden, wird jedoch vielleicht vom Alter beeinflußt. Manchmal färben sich braune oder zimtfarbene Jungtiere inner-

halb von zwei Jahren schwarz oder dunkelbraun, nachdem sie das Jugendfell gewechselt haben. Zudem kann das Fell im Lauf des Jahres ausbleichen, wobei die Haarspitzen heller werden als die Basis.

Etwa 80 Prozent aller jungen Schwarzbären besitzen einen weißen Brustfleck, der jedoch häufig im Alter wieder verschwindet. Wenn die Mutter einen weißen Fleck aufweist, werden ihre Jungen ihn mit größerer Wahrscheinlichkeit behalten, als wenn sie vollständig schwarz ist. Die Jungen kommen mit blau-grauen Augen zur Welt, die sich jedoch bei den meisten Tieren nach zwei Jahren braun färben.

Noch immer sind die Ursachen der geographischen Farbvariationen und die möglichen Vorteile, die eine Farbvariante gegenüber der anderen bietet, nicht geklärt. Die Gletscher- und Kermode-Varianten dürften aus einem Gründer-Effekt hervorgegangen sein (also aus einer Population, die sich von wenigen Einwanderern herleitet). In kleinen Populationen kommt es häufig zur genetische Drift (zufällige Fluktuationen in der genetischen Zusammensetzung einer Population, die die Gen-Häufigkeiten verändern), die ebenfalls für diese Farben verantwortlich sein könnte.

Sollte keine Farbvariante gegenüber einer anderen irgendwelche Vorteile bieten, dürften sich ungewöhnliche Farben nur durch Zufall entwickeln. Allerdings dürften einige Farbvarianten einen Selektionswert besitzen. So fand man zum Beispiel in einer Untersuchung heraus, daß zur Mittagszeit weniger schwarze als braune Exemplare auf einer Wiese nach Nahrung suchten. Dies zeigt möglicherweise, daß die braune Variante in offenen Lebensräumen weniger hitzempfindlich ist. Vermut-

lich ist ein Fell mit hohem Melaningehalt widerstandsfähiger gegen mechanische Belastung und ist daher in dichter Vegetation von Vorteil. Anderen Vermutungen zufolge ahmen die braunen und die Gletscher-Varianten, die besonders häufig dort vorkommen, wo sich ihr Verbreitungsgebiet mit dem des Grizzlybären überlappt, die Farbmuster dieses aggressiveren und dominierenden Verwandten nach und bringen ihnen dadurch Vorteile. Dagegen kommen jedoch die weithin sichtbaren Kermodes auch in stark bewaldeten Lebensräumen der Grizzlies vor.

In einigen Lebensräumen dürfte die Fellfärbung ihre Träger gegen andere Bären tarnen. So spricht das Vorkommen schwarzer Individuen in dichten Wäldern, wo sie im Schatten weniger sichtbar sind, sowie heller gefärbter Bären in den offenen, helleren Bereichen der Prärie und der Vorgebirge dafür, daß sehr wohl ein Selektionsdruck existiert.

◀ (Links) Eine seltene und besonders schöne Farbvariante des Schwarzbären ist der Gletscherbär, den man nur im südöstlichen Alaska, im Nordwesten Britisch-Kolumbiens und im südwestlichen Yukon findet.

◀ (Rechts) Zimtfarbene Schwarzbären sind im westlichen Nordamerika häufig, und hier gibt es auch eine dunkle, schokoladenfarbene Variante. Im Osten der Vereinigten Staaten oder in Kanada werden braungefärbte Schwarzbären nur selten gesichtet.

▼ Die paradoxeste Farbe eines Schwarzbären ist natürlich Weiß. Ursprünglich galt der Kermode-Schwarzbär als eine eigene Unterart, doch weiß man heute, daß es sich um eine Farbvariante handelt, die nur in einem begrenzten Gebiet an der Küste Britisch-Kolumbiens vorkommt.

Myron Kozak

lerweise ist der Spätsommer und der Herbst die Zeit der ausgedehntesten Wanderungen, denn jetzt gehen die jungen Bären ihrer eigenen Wege, und die gesamte Population sucht nach energiereicher Nahrung, um Fettreserven für den Winter anzulegen. Insbesondere für die männlichen Schwarzbären birgt ihre große Beweglichkeit gewisse Risiken, denn häufig gelangen sie jenseits ihrer vertrauten Grenzen mit Menschen in Kontakt. Dabei werden sie leicht überfahren oder erschossen.

Tom Walker/AUSCAPE International

Daniel J. Cox

▲ Hinsichtlich seiner Lebensräume, die er zu nutzen lernt, ist der Schwarzbär außerordentlich vielseitig. So suchen diese Tiere die Hochwasserlinie der Küsten zwischen den Algen nach Wirbellosen ab und fressen manchmal sogar Teile der Algen.

ANFORDERUNGEN AN DEN LEBENSRAUM

Der bevorzugte Lebensraum der Schwarzbären zeichnet sich durch ein relativ unzugängliches Gelände, dichtes Unterholz und ein reiches Nahrungsangebot (zumeist in Form früchte- und nüssetragender Bäume und Sträucher) aus. Zumeist sind Schwarzbären auf die Deckung des Waldes angewiesen, obwohl diese manchmal spärlich ausfällt. Die weite Verbreitung, die diese Art in Nordamerika besitzt, gründet sich auf ihrer Fähigkeit, alle Gebiete vom Chaparral-Buschland des Südwestens bis zu den dichten Wäldern Kanadas und des pazifischen Nordwestens und selbst die Sümpfe Louisianas und Floridas zu bewohnen. Alle diese Lebensräume weisen ein dichtes Unterholz auf, in dem die Bären Schutz finden können. Allerdings zwingen das Schwinden dieser Deckung und weitreichende menschliche Eingriffe die Tiere dazu, sich in weniger zugängliche Gebiete zurückzuziehen. Obwohl Schwarzbären noch in bemerkenswert kleinen Gebieten überleben, müssen selbst für Restpopulationen noch Areale von mindestens 200 bis 450 Quadratkilometer zur Verfügung stehen.

ÜBERWINTERUNG

Schwarzbären halten in verschiedenen Zeiträumen des Winters eine Winterruhe, je nach Breitengrad, an dem sie leben, nach Geschlechts- oder Fortpflanzungsstatus und ihrem Ernährungszustand. Bei einigen Individuen beschränkt sich die Winterruhe darauf, sich für einige Tage oder Wochen in ein relativ exponiertes Lager zurückzuziehen und während des gesamten Winters immer wieder neue Ruheplätze aufzusuchen. Dies gilt besonders für die Männchen der südlichen Breitengrade. Andererseits können trächtige Weibchen fünf Monate lang inaktiv bleiben. Sie kommen erst im Frühjahr wieder hervor und halten sich an einem Ort so lange auf, wie sich sich sicher fühlen. Wo möglich, bevorzugen die Weibchen große, hohle Bäume, die eine trockene, gut isolierte Zuflucht bieten. Wo es keine großen Bäume gibt, suchen sich die Weibchen dichtes Gestrüpp oder flache Felsspalten, generell jedenfalls sicherere und unzugänglichere Verstecke, als es die Männchen tun. In den nördlicheren Breiten sorgt eine permanente Schneedecke für zusätzliche Wärme-Isolierung. Die Männchen sind bei der Wahl ihrer Winterlager weniger wählerisch.

ERNÄHRUNGSGEWOHNHEITEN

Obwohl Schwarzbären als Carnivoren klassifiziert werden und die Zähne eines Omnivoren besitzen, besteht ihre Nahrung im Frühjahr überwiegend aus Gräsern und krautigen Pflanzen, im Sommer aus den

Geri Wright/Bruce Coleman Ltd

▼ Obwohl Biber für Bären schwer zu fangen sind, ist der Schwarzbär einer ihrer wichtigsten natürlichen Feinde. Da Biber relativ fett sind, bilden sie einen richtigen Leckerbissen. Mit Hilfe von Biberkadavern locken Fallensteller die Bären während der Jagdsaison an.

Früchten der Sträucher und Bäume und im Herbst aus einer Mischung von Früchten und Nüssen. Sie nehmen nur sehr wenig tierische Kost zu sich, die dann zumeist aus Insekten besteht (Ameisen im Frühjahr und Wespen im Sommer). In einigen Gebieten haben sich die Schwarzbären unter günstigen Bedingungen allerdings zu erfolgreichen Räubern entwickelt, die sich an Hirsch- und Elchkälbern vergreifen. Vermutlich übernehmen junge Bären ihre räuberische Lebensweise von der Mutter.

Wenn die Bären im Herbst ihre Fettreserven für den Winter aufbauen müssen, tritt die Futtersuche der Schwarzbären in ihre entscheidende Phase. Dann legen sie auf der Suche nach energiereicher Nahrung, etwa Eicheln, lange Strecken zurück. Pro Tag können die Bären zwischen 0,5 und 1,5 Kilogramm zunehmen, so daß sie ihr Gewicht in nur zwei Monaten um 30 bis 40 Prozent erhöhen.

ALLGEMEINE VERHALTENSWEISEN

Schwarzbären sind während des Frühjahrs und des Sommers grundsätzlich am frühen Morgen und am späten Abend aktiv. Wo jedoch die Gefahr besteht, daß sie von Menschen gestört werden, kommen sie nur in der Nacht hervor. Im Herbst suchen sie

manchmal wie besessen Tag und Nacht nach energiereicher Nahrung. Erwachsene Männchen sind normalerweise Einzelgänger und verhalten sich allen anderen Bären gegenüber aggressiv, während die Weibchen ihre Territorien nur gegen nicht verwandte, erwachsene Geschlechtsgenossen verteidigen. Häufig suchen einzelne Bären zu unterschiedlichen Zeiten bevorzugte Nahrungsgebiete auf.

Schwarzbären sind sehr intelligent, haben ein gutes Gedächtnis und können außerordentlich neugierig sein. Einige Individuen gewöhnen sich rasch an die Gegenwart von Menschen, besonders dann, wenn Nahrung oder Abfälle leicht verfügbar sind, wie zum Beispiel in den Nationalparks. Bären mit aufdringlichem Verhalten müssen unter Umständen eingefangen und über erhebliche Entfernungen transportiert werden, um sie an der Rückkehr zu hindern. Leider ist den meisten dieser umgesiedelten Bären kein langes Leben beschieden, da nur wenige dort bleiben, wo sie ausgesetzt wurden. Die meisten versuchen, in ihr angestammtes Streifgebiet zurückzukehren oder wandern ziellos umher. Unfähig, in einem fremden Revier Nahrung zu finden, dringen sie häufig in von Menschen besiedelten Gebieten ein, wo sie gewohnheitsmäßig nach Abfällen suchen.

▲ Schwarzbären sind kräftige Schwimmer und überqueren mühelos auch größere Flüsse. An einigen Stellen der Westküste Britisch-Kolumbiens und Alaskas jagen sie Lachse.

EINE EINZIGARTIGE POPULATION VON SCHWARZBÄREN IN DER TUNDRA

ALASDAIR M. VEITCH

Im größten Teil seines nordamerikanischen Verbreitungsgebiets bewohnt der Schwarzbär die gemäßigten Laubwälder und die borealen Koniferenwälder. Und wie sich in Verhaltensstudien herausstellte, weigert er sich im allgemeinen, den Schutz dieser Wälder zu verlassen. Dies gilt jedoch mit Sicherheit nicht für eine einzigartige Population von Schwarzbären, die auf der Halbinsel von Ungava im nördlichen Quebec und Labrador (Nordostkanada) lebt. In dieser weiten, unbewohnten Region der südlichen Arktis leben die Schwarzbären das ganze Jahr über an der Küstentundra der gebirgigen Fjorde, die sich tief in die Küste Labradors einschneiden, sowie auf dem kahlen, vom Wind gepeitschten inneren Hochland.

Nach Aussagen der Inuit-Jäger hat der Schwarzbär dieses öde Gebiet erst vor kurzem besiedelt und dehnt seine Verbreitung noch immer nach Norden aus. Die Frage, warum der Schwarzbär erst in letzter Zeit dazu kam, von Ungava in die Tundra vorzudringen, erklärt sich am besten, wenn man bedenkt, wie sein Verhältnis zu dem heute ausgestorbenen Ungava-Grizzly aussah.

Im 19. Jahrhundert berichteten Postangestellte der Hudson's Bay Company, mährische Missionare, Geologen und Forscher, übereinstimmend, daß die nordöstliche Region von Ungava die Heimat einer kleinen

Population von Braunbären war. Diese Tiere waren größer und Menschen gegenüber angriffslustiger als die wenigen Schwarzbären, die damals nördlich der Baumgrenze gesichtet wurden. Aufzeichnungen beweisen, daß Bärenfelle, die von den Bewohnern der Handelsstützpunkte im westlichen Nordamerika als Grizzly-Häute identifiziert wurden, gelegentlich bis zum Jahre 1927 zu diesen Stützpunkten und zu Missionsstationen verfrachtet wurden. Seit dieser Zeit wurden jedoch keine weiteren Felle mehr beschrieben.

Trotz des Beweises, der durch diese Häute immer wieder auftauchte, blieb unter den Wissenschaftlern eine gewisse Skepsis über die Existenz einer Ungava-Braunbärenpopulation. Nach Ansicht einiger Biologen konnte es in Ungava gar keine Braunbären geben, weil diese Gegend von der Braunbärenpopulation der westlichen Hudson Bay zu weit entfernt lag. Die Wissenschaftler glaubten vielmehr, daß es sich bei den sogenannten Braunbären von Ungava um falsch identifizierte braune oder zimtfarbene Varianten des Schwarzbären handelte. Allerdings belegten neuere archäologische Forschungsarbeiten in Labrador und anderenorts, daß die prähistorische Verbreitung des Braunbären in Nordamerika wesentlich weiter reichte als heute, und seitdem machte man zahlreiche Braun-

Judd Cooney/Oxford Scientific Films

Alasdair Veitch

bären-Knochenfunde in Ontario, Kentucky, Ohio und Labrador.

Die öden nordamerikanischen Gebiete westlich der Hudson Bay sind zur Zeit ausschließlich vom Braunbären besiedelt - während der Schwarzbär bis zur Baumgrenze, aber nicht darüber hinaus vorkommt. Da sich der Braunbär auf das Leben in der Tundra spezialisierte, der Schwarzbär jedoch dem Leben im Wald angepaßt ist, kann letzterer, wie man vermutet, oberhalb der Baumgrenze nicht mit dem Braunbären konkurrieren. Ähnlich mag es auch in Ungava bis zum Anfang dieses Jahrhunderts zugegangen sein, als das Verschwinden des Braunbären es dem Schwarzbären ermöglichte, weiter nach Norden vorzudringen.

Um die Tundra zu besiedeln, mußte der Schwarzbär seine dem Wald angepaßte Lebensweise umstellen. 1989 begann eine Studie im nördlichen Labrador, diese Anpassungen zu untersuchen. Dieses Projekt umfaßt eine Kombination umfangreicher Freilandbeobachtungen und Sammlungen, und die Wanderungen der Bären werden mit Satelliten und konventionellen Sendern überwacht. In den ersten drei Forschungsjahren erwiesen sich diese Ödland-Schwarzbären als vergleichsweise klein bis mittelgroß. Die Durchschnittsgewichte der Männchen und Weibchen lagen bei annähernd 100 beziehungsweise 60 Kilogramm.

Die Nahrung dieser Bären ist insofern besonders interessant, als viele ihrer traditionellen Waldressourcen nicht zur Verfügung stehen. So sind mehr als 20 Prozent der Nahrung eines solchen Schwarzbären erbeutetes Wild und Aas. Zu den Beutetieren gehören Karibus (Kälber und erwachsene Tiere), Ringelrobben, kleine Nager (Lemminge und Wühlmäuse), Vogeleier, Garnelen und Insekten. Die wichtigsten Nahrungspflanzen sind Beeren und Gräser.

Da die Nahrungspflanzen nur verstreut vorkommen und vielleicht auch, weil die Schwarzbären der Tundra Tiere erbeuten und Aas suchen müssen, sind ihre ganzjährigen Streifgebiete sehr umfangreich. Erwachsene Männchen streifen über 500 bis 1000 Quadratkilometer, die Weibchen nur etwa 50 bis 200 Quadratkilometer umher. Damit sind diese Streifgebiete um ein Vielfaches größer als die Durchschnittswerte, die für diese Art anderenorts angegeben werden.

Der arktische Winter ist lang und hart, und die Schwarzbären haben sich diesen Bedingungen durch eine Verlängerung ihrer Winterruhe angepaßt. So sucht ein erwachsenes Schwarzbärenweibchen seine Überwinterungshöhle schon Anfang bis Mitte Oktober auf, die Männchen dagegen während der ersten beiden Novemberwochen. Während die Männchen dann bis Mitte Mai ihre Höhle wieder verlassen haben, halten sich einige Weibchen noch bis Anfang Juni darin auf und verbringen damit bis zu 220 Tage in ihrer Höhle. Die Winterunterkünfte werden normalerweise hoch an steilen Geröllhalden angelegt, um sie vor anderen Bären und potentiellen Räubern, etwa Wölfen, zu verbergen.

Diese Schwarzbären bewohnen den äußersten Norden des Verbreitungsgebietes ihrer Art, wo die Nahrung im allgemeinen weniger üppig ist. Eine der Folgen ist eine grundsätzlich niedrige Fortpflanzungsrate, da den Weibchen häufig die überschüssige Energie fehlt, die sie für die Fortpflanzung benötigen. Es ist daher

unverzichtbar, möglichst viel über die Ökologie dieser Bären zu erfahren. Auf diese Weise kann man, sobald der unausweichliche Vormarsch des Menschen auch in dieses Gebiet stattgefunden hat, wenigstens Maßnahmen ergreifen, um die Folgen der Erschließung für diese Population möglichst gering zu halten.

◀ (Oben) Mit Hilfe ihres scharfen Geruchssinns spüren Schwarzbären Insektenlarven und Lemminge unter der Erde auf, fressen aber auch Gräser und Bären, wo sie verfügbar sind.

◀ (Unten) Im harten Klima des nördlichen Labrador ist die Produktivität der Pflanzen beschränkt. Daher sind die Bären in erheblichem Umfang auf Aas angewiesen, um zu überleben. Außerdem stellen sie Säugetieren nach, vom Lemming bis zum Karibu.

▼ Grundsätzlich meiden Schwarzbären die offene Tundra. Im nördlichen Labrador jedoch, wo es keine Grizzlies mehr gibt, beweisen diese Tiere ihre bemerkenswerte Fähigkeit, einen typischen Lebensraum neu zu besiedeln.

▼ Landkarte: Das Verbreitungsgebiet des Schwarzbären auf der nordöstlichen Halbinsel Ungava.

Alasdair Veitch

DER KRAGENBÄR

DONALD G. REID

Über Jahrtausende hinweg haben immer neue menschliche Zivilisationen sich auf den fruchtbaren Schwemmgebieten und an den Küsten Südostasiens ausgebreitet, erlebten eine Blütezeit und vergingen. In den großen Gebirgsketten, die die umfangreichen Sommer-Monsunregen abfangen und die Fruchtbarkeit mit vom Regen ausgewaschenem Schlick fördern, ist der Kragenbär (*Ursus thibetanus*) schon seit viel längerer Zeit zu Hause. Heute leben hier Bären und Menschen nebeneinander, von den Vorgebirgen des pakistanischen Hindukusch und den Oberläufen des Indus nach Osten entlang der Himalaya-Kette in Nordindien, Nepal, Sikkim und Bhutan bis über den Brahmaputra nach Burma. Das Verbreitungsgebiet der Bären erstreckt sich über das »Land der großen Erhebungen« an den Oberläufen des Salween, Mekong, Yangtse und Huang River, ja noch in die Gebirge des nordöstlichen China und des pazifischen Randes von Südostrußland. Selbst auf Taiwan und auf den japanischen Inseln Honshu und Shikoku sind Populationen zu finden.

▶ Der Kragenbär bewohnt die feuchten Laubwälder und Strauchgebiete, überwiegend in hügeligem oder gebirgigem Gelände.

▼ Aufgrund seiner weißen Brustzeichnung wird der Kragenbär manchmal auch als »Mondbär« bezeichnet. Die langen Nacken- und Schulterhaare erwecken den Eindruck einer Mähne.

Auf den ersten Blick erinnert der Kragenbär an seinen amerikanischen Verwandten, den Schwarzbären (*Ursus americanus*), und beide Arten sind auch von ähnlicher Größe. Das Gewicht erwachsener männlicher Kragenbären schwankt zwischen 100 und 200 Kilogramm, das der Weibchen zwischen 50 und 125 Kilogramm. Beide Arten sind schwarz, haben vorstehende Ohren und eine auffällige Schnauze, sowie große Vorderextremitäten. Nach paläontologischen

M. Ranjit/FLPA

Jean-Paul Ferrero/AUSCAPE International

Erkenntnissen entwickelte ein relativ kleiner eurasischer Bär, *Ursus minimus*, mehrere Arten, die sich über Asien und dann in der Mitte des Pliozäns, vor drei bis vier Millionen Jahren, über Beringia nach Nordamerika ausbreiteten. Jede dieser Arten entwickelte sich auf ihrem eigenen Kontinent aus diesem gemeinsamen Vorfahren. Aus der Nähe betrachtet, unterscheidet sich der Kragenbär jedoch deutlich vom Schwarzbären. Über der Brust trägt er einen auffällig weißen Fellstreifen, und seine Ohren sind an der Basis breiter und oben weniger zugespitzt. Der Kragenbär lebt überwiegend herbivor, und er paßt seine Ernährung saisonal jenen Pflanzenarten an, die jeweils die höchsten Konzentrationen verdaulicher Energie und Proteine enthalten. Aus allen Untersuchungen geht bisher hervor, daß diese Art im Herbst Fett ansetzt und wenigstens für einige Wintermonate eine Höhle aufsucht. Dank seiner kräftigen Vorderbeine, deren Muskulatur stärker entwickelt ist als die der Hinterbeine, kann der Kragenbär mühelos Bäume erklimmen und so die Früchte und Nüsse erreichen, die in den gemäßigten Laubwäldern im Überfluß wachsen. Durch seine Fähigkeit zu klettern, ist der Kragenbär seinen größten Nahrungskonkurrenten, dem Braunbären und dem Wildschwein, etwas voraus.

Nur im südöstlichen Rußland und in Japan wurde diese Art länger als einige Jahre erforscht. Von anderen Orten wurden Informationen über den Kragenbären meist in Verbindung mit anderen Untersuchungen, etwa über den Großen Panda, bekannt.

Es gibt keine kritischen Informationen über die heutige Verbreitung und über den ungefähren Bestand des Kragenbären. Sie sind große Carnivoren, die sich von weit verstreuter Nahrung auf vielfältige Weise ernähren. Sie benötigen große Landflächen - ein erwachsenes Männchen in Tangjiahe (China) zum Beispiel mindestens 37 Quadratkilometer. Da sie nur in geringer Dichte im Wald Nahrung finden – man schätzt in Tangjiahe etwa ein Individuum auf sieben bis acht Quadratkilometer –, sind umfangreiche natürliche Lebensräume nötig, um sie zu erhalten. Derartige Gebiete werden zunehmend seltener, zumal die Bevölkerung Südostasiens immer weiter in die Bergtäler vordringt. Die Bären der fragmentierten Inselhabitate sind vom Aussterben bedroht, und in diesem Jahrhundert sind schon viele kleine Populationen aus Pakistan, China und Japan verschwunden. Man stellt den Bären intensiv nach, da gewisse Körperteile, insbesondere die Gallenblase, in der

Masahiro Iijima/Ardea London Ltd

▲ Wie die meisten anderen Bären fressen auch Kragenbären beinahe alles, leben jedoch überwiegend herbivor. Im chinesischen Wolong-Reservat ernähren sie sich von Bambussprossen, wie die Großen Pandas, die den Lebensraum mit ihnen teilen.

asiatischen Medizin außerordentlich wertvoll sind (siehe »Bären als Haustiere, Nahrung und Heilmittel«, Seite 176). Wo sie jedoch noch vorkommen, hinterlassen sie deutlich sichtbare Zeichen ihrer Gegenwart, etwa Fußabdrücke, Kot, Kratzspuren und zerstörte Vegetation. Die Wissenschaftler deuten diese Zeichen, um sich im Verlauf der Jahreszeiten ein Bild vom Leben der Bären zu machen.

IM FRÜHJAHR

Im März wird es in den Tälern des östlichen Himalaya in Sichuan (China) frühlingshaft warm. Wenn Bären hier in den niedrigeren Birken-, Ahorn- und Hemlockwäldern überwintert haben, kommen sie bald hervor. Allerdings ziehen es manche Bären vor, den Winter in den höheren Lagen oberhalb von 2700 Meter zwischen immergrünen Tannen- und Rhododendrenwäldern zu verbringen. Hier garantieren reife, hohle Bäume und Felsspalten an schattigen Hängen relativ stabile Temperaturen, und diese Gebiete besitzen auch die denkbar größte Entfernung zu menschlichen Aktivitäten. Etwa in der zweiten Woche im April sind alle Bären aktiv, doch ist die Nahrung unter Umständen noch knapp. Wenn es im Vorjahr reichlich Kastanien, Eicheln und *Cycloblanopsis*-Früchte gab, werden die Bären sie finden. Die zu Anfang des Frühjahrs wachsenden Himbeerruten, Pastinaken, Pestwurz und Hortensien, die sich alle auf den feuchten, sonnendurchfluteten Waldlichtungen konzentrieren, werden bald zur begehrtesten Nahrung. Sie haben einen hohen Wassergehalt, sind recht nahrhaft und besitzen relativ viel Protein und verdauliche Kohlenhydrate.

Zu Füßen der gemäßigten Wälder des östlichen Himalaya dominieren zahlreiche Bambus-Arten, die ein bis vier Meter hoch wachsen. Im chinesischen Wolong-Reservat treibt der Schirmbambus Anfang Mai aus, und die Kragenbären sammeln sich bevorzugt an diesen Stellen, um den Bambus zu fressen. Auch der Große Panda lebt von dieser Pflanze, und mit seinem opponierbaren sechsten Finger oder Daumen kann er die faserigen, haarigen Hüllen von den Schößlingen entfernen, ehe er sie frißt. Die Hüllen stapeln sich dann neben den Stümpfen der Schößlinge. Im Gegensatz dazu fressen Kragenbären den gesamten Schößling mitsamt der Hülle, was vielleicht dazu führt, daß sie sie ausführlicher durchkauen. Die Unterschiede werden in ihren Ausscheidungen deutlich. Zu anderen Jahreszeiten konkurrieren diese Arten nicht mehr, da die Pandas dann andere Teile des Bambus fressen, während sich die Kragenbären anderer Nahrung zuwenden.

Im japanischen Hakusan-Nationalpark beenden die Bären ihren vier- bis fünfmonatigen Winterschlaf gegen Mitte bis Ende April. Ihre Unterschlüpfe haben sie in hohlen Bäumen oder Höhlen der subalpi-

Joana Van Gruisen/Ardea London Ltd

nen, 1900 bis 2300 Meter hoch gelegenen Tannen-, Hemlock- und Birkenwälder. Da hier im Frühjahr nur wenig Nahrung zur Verfügung steht, wandern sie etwa 1000 Meter tiefer in die Eichen- und Buchenwälder hinab. Falls der letzte Herbst nur wenige Eicheln und Bucheckern hervorbrachte, halten sich die Bären überwiegend an Buchenknospen, erklettern die Bäume und brechen Äste ab, um an sie heranzukommen. Im Juni sprießen dann Huflattich, Pestwurz und *Sasa*-Bambus durch die Schicht vorjähriger Gräser und abgefallenen Laubes.

Der letzte Schnee schmilzt Anfang April von den Gebirgen von Sichote-Alin im Südosten Rußlands, und die Bären kommen aus ihren Überwinterungsplätzen in hohlen Bäumen oder ausgehöhlten Gängen hervor. Weil ihr Darm von einem kleinen Nahrungsrest des letzten Herbstes noch verstopft ist, brauchen sie ein Abführmittel. Indem sie die Stämme von Birken mit den Klauen aufreißen, lecken sie den freigesetzten Saft auf, der vermutlich diese Funktion erfüllt. Zu Anfang des Frühlings wächst die Nahrung nur begrenzt, und wie anderenorts sind die Bären auf Nüsse und Eicheln des vergangenen Herbstes angewiesen. Wenn die Eichhörnchen, Backenhörnchen und Tannenhäher ihnen nicht zuvorkamen, haben die Bären Glück. Anderenfalls plündern sie die Vorratslager der Nagetiere und fressen die frischen Knospen der Birke und der Mongolischen Eiche.

Etwa Mitte Mai sind Brustwurz, Huflattich und Seggen schon gut herangewachsen.

Für Bärenweibchen, die Junge führen, sind die verfügbaren vorjährigen Nüsse und der Fortschritt des Pflanzenwachstums im Frühjahr überlebenswichtig. Wenn im Frühjahr nicht genügend Nüsse und Eicheln zur Verfügung stehen, können die Weibchen ihren Jungen nicht genügend Milch bieten, die noch bis Ende August darauf angewiesen sind. Die Jungen wachsen dann nur langsam heran und sind in einigen Fällen nicht überlebensfähig.

AKTIVITÄTEN IM SOMMER

Die Früchte und Beeren reifen im Sommer zu unterschiedlichen Zeiten, je nach Art und Höhenlage und kommen zudem selten in reinen Beständen vor. Zu dieser Jahreszeit sind die Bären viel unterwegs und bleiben den Standorten der allmählich reifenden Nahrung immer auf der Spur.

Die ersten Früchte, die in Sichuan Ende Juli zur Reife kommen, sind die Himbeeren, die auf Waldlichtungen und Hängen wachsen, die für die Holzgewinnung gerodet wurden. Aufrecht stehend benutzen die Bären ihre Vorderpranken, um die früchtetragenden Äste zum Maul zu führen. Die Spur eines Bären, die durch einen Brombeerstrauch führt, ist unverwechselbar – eine Matte niedergetrampelter, flachgedrückter Sprosse, zwischen denen hier und

▲ Kragenbären sind kräftige Schwimmer, was ihnen bei ihren jährlichen Wanderungen in die Berge von Nutzen ist. Manchmal klettern sie bis in eine Höhe von 3500 Meter und mehr. Erst im Winter kehren sie in die Täler zurück.

▶ (Oben) Als ausgezeichneter Kletterer kann der Kragenbär Früchte und Nüsse fressen, ehe sie zu Boden fallen und dort den bodenbewohnenden Tieren zugänglich werden.

Masahiro Iijima/Ardea London Ltd

Tom McHugh/Photo Researchers Inc.

▲ Zwar werden im Zoo nur selten unterschiedliche Bärenarten gemeinsam gehalten, doch hat hier ein zimtfarbener Schwarzbär Aufnahme bei einer Kragenbärmutter und ihrem Jungen gefunden.

dort rot oder lila gefärbte Ausscheidungen liegen, in denen die kleinen Samen noch sichtbar sind. Später bieten die Wälder Kirschen verschiedener Arten, *Litsea*-Früchte, die wie Oliven aussehen, sowie die Früchte des Linderbenzoin, der Steinquitte, von *Eleagnus* und *Maddenia*. Einige Bambusarten treiben im Juli und im August aus, und die Bären wissen, wie man diese findet.

In den Bergen Japans setzt sich die Sommernahrung der Bären aus Himbeeren, Kirschen, Schneeball und Hartriegel zusammen. Im Südosten Rußlands ist die Auswahl kleiner, jedoch reifen hier die asiatischen Vogelkirschen etwa Mitte Juni. Die Bären fressen zusätzlich Blaubeeren und Steinquitten sowie erhebliche Mengen von Gras. In allen Gebieten wurde nachgewiesen, daß Insekten, überwiegend Ameisen, einen Hauptbestandteil der Sommernahrung bilden.

Nirgendwo jedoch konnten Forscher in größerem Umfang tierische Überreste im Kot der Bären finden.

Die Fortpflanzungszeit beginnt im Juni, was man den Bären jedoch äußerlich kaum anmerkt. Gelegentlich hört man Tiere kämpfen (vielleicht Männchen, die sich um ein Weibchen streiten), doch sind nicht alle Weibchen in jedem Jahr fortpflanzungsbereit. Tiere, die noch nicht drei Jahre alt sind, paaren sich mit großer Wahrscheinlichkeit nicht, und diejenigen, die im letzten Winter Junge zur Welt brachten, säugen diese und werden gemeinsam mit ihnen im folgenden Winter eine Höhle aufsuchen, ehe sie sich wieder einen Partner suchen.

DIE NAHRUNG IM HERBST

Am wichtigsten werden die Kletterkünste der Bären im Herbst. Wenn die Tage kürzer werden und der Winterschlaf in wenigen Monaten bevorsteht, müssen sie gut fressen und Fett ansetzen, um über den Winter zu kommen. Die am besten geeigneten Nahrungsobjekte – Eicheln, Haselnüsse, Kastanien, Kiefernzapfen, Zirbelnüsse, Bucheckern und Walnüsse – wachsen hoch in den Bäumen. Sie alle sind reich an Fett und anderen komplexen Kohlenwasserstoffen.

Zu dieser Zeit hinterlassen die Bären die deutlichsten Spuren ihrer Anwesenheit – verwüstete Baumkronen, die so aussehen, als hätten sie ihre äußeren Äste um den Stamm zusammengewickelt. Da die Tiere aufpassen müssen, nicht von den dünneren Ästen hinabzufallen, an denen die meisten Nüsse hängen, ziehen und biegen sie die Äste auf den Stamm zu, und das Krachen der brechenden Äste erklingt über den schmalen, schattigen Tälern. Die Bären pflücken die Nüsse mit den Lippen und schieben die ausgebeuteten Äste zwischen die kräftigeren Äste in der Nähe des Stammes. Dabei errichten sie grobe, blattbewachsene Plattformen, auf denen sie ihren Schmaus fortsetzen oder sich vielleicht ausruhen. In Japan ist diese Spur der Nahrungsaufnahme als *Enza* bekannt. Die Blätter der Eichen und Buchen

Masahiro Iijima/Ardea London Ltd

bleiben an den zerbrochenen Ästen haften, und ihre braun-goldenen Farbtöne machen diese zerstörten Baumkronen noch für Jahre nach dem Besuch eines Bären deutlich sichtbar.

Vermutlich sind der Geruchssinn und das Gehör des Kragenbären schärfer als sein Auge. Zwar sind solche Vergleiche schwer zu quantifizieren, aber für ein Tier, das häufig klettert und sich in zerklüftetem Terrain bewegt, ist ein guter Gesichtssinn zweifellos ebenfalls wichtig. Mit Hilfe bewegungsempfindlicher Senderhalsbänder, die sie einigen Bären in Tangjiahe angelegt hatten, fanden Forscher heraus, daß der Aktivitätsgrad am Tage wesentlich höher lag als in der Nacht. Die Bären verschliefen den größten Teil der Nacht, und nur in mondhellen Nächten war eine Steigerung ihrer Aktivität nachweisbar.

In bestimmten Regionen kommen nur wenige nüssetragende Bäume vor. Zudem kann die Produktion der Früchte in manchen Jahren ausbleiben, so daß sich die Bären nach Alternativen umsehen müssen. Die entscheidende Herbstnahrung wächst im allgemeinen in den Wäldern der niederen Höhenlagen, die der an den Tälern empordringenden Landwirtschaft als erste weichen müssen. Wenn Bären gezwungen waren, sich ihre Nahrung in den schrumpfenden älteren Wäldern zu suchen, haben sie schon zahlreiche Bäume erheblich beschädigt, und nicht selten verlegen sie sich darauf, Felder mit Kultur-

pflanzen, etwa Mais, zu plündern. In Nepal und in Japan hat der Verlust der sommerlichen Lebensräume durch Brandrodung oder Waldplantagen zu ähnlichen Problemen geführt, wobei die Bären nun Felder verwüsten oder die Rinde junger Bäume herunterziehen. Wenn die Tiere dann mit Menschen in Konflikt kommen, hält man sie für Schädlinge, die erschossen werden müssen.

DIE ÜBERWINTERUNG

Das kühlere Wetter und der Nahrungsmangel treiben die Bären in Sichuan etwa Anfang Dezember in ihre Überwinterungshöhlen. In Japan ist dies Ende November und in Rußland Mitte bis Ende November der Fall. In seiner Höhle bringt ein trächtiges Weibchen, vermutlich im Januar, seine Jungen zur Welt. Es sind ein bis drei Junge, am häufigsten Zwillinge. Das Gewicht der relativ hilflosen Jungtiere beträgt anfangs etwas über 300 Gramm. Wenn sie sich jedoch mit ihrer Mutter von der Höhle entfernten, sind sie schon auf ein Gewicht von zwei bis drei Kilogramm herangewachsen. Der Jahreszyklus hat sich wieder geschlossen. Die Bären haben ihre Aufgabe, die Zukunft ihrer Art zu sichern, erfüllt. Insgesamt wird ihre Zukunft jedoch davon abhängen, ob der Mensch lernt, sich den Bären anzupassen und ob es ihm gelingt, ein stärkeres Einfühlungsvermögen gegenüber den Tieren zu entwickeln.

▲ Zwei wildlebende Jungbären haben sich zum Kampf aufgerichtet. Manchmal werden gefangene Kragenbären dazu abgerichtet, auf den Hinterbeinen zu gehen, um Zuschauer zu unterhalten.

DER MALAIENBÄR

CHRISTOPHER SERVHEEN

Die Vertreter der am wenigsten erforschten Bärenart, des Malaienbären (*Ursus (Helarctos) malayanus*) verdanken ihren englischen Namen »Sun Bear« ihrer halbmondförmigen gelblichen oder weißlichen Markierung auf der Brust. In Thailand ist er unter der Bezeichnung »Hundebär« bekannt, vermutlich, weil er mit seiner kleinen, gedrungenen Gestalt an einen Hund erinnert. Und in Malaysia und Indonesien nennt man ihn wegen seiner Vorliebe für die Nester wilder Bienen »Honigbär«.

▼ Der Malaienbär ist die kleinste der acht Bärenarten. Man kann ihn leicht an seiner halbmondförmigen weißen bis gelblichen Brustzeichnung erkennen.

Brian Parker/Tom Stack & Associates

Der Malaienbär ist der einzige echte Bär, der die tropischen Tiefland-Regenwälder Südostasiens bewohnt. Sein Verbreitungsgebiet reicht vom nördlichen Burma und Bangladesch, nach Süden und nach Osten über Laos, Kambodscha, Vietnam und Thailand sowie nach Süden zur malaysischen Halbinsel und den Inseln Borneo und Sumatra. Vermutlich ist dieses Verbreitungsgebiet in seinen nördlichen und westlichen Abschnitten während der letzten 50 Jahre zurückgegangen. Man kennt einige Berichte aus den letzten 20 Jahren, denen zufolge Malaienbären in Bangladesch und in den Chittagong Hills gesichtet wurden. Auch wurden sie einmal mit Sicherheit in der südchinesischen Yunnan-Provinz nachgewiesen, doch sind aus den letzten Jahren keine gesicherten Beobachtungen mehr bekannt geworden.

Die Verbreitung des Malaienbären wurde durch die Holzgewinnung sowie dadurch, daß man die Regenwälder des Tieflands in Acker- und Siedlungsgebiete verwandelte, stark beeinträchtigt. Viele Länder, die im Verbreitungsgebiet dieses Bären liegen, haben erhebliche Teile ihrer Waldlebensräume verloren, und diese Verluste werden bei der Bevölkerungszunahme und dem immer stärker wachsenden Bedürfnis nach Ressourcen noch zunehmen. Die Umwandlung der Wälder in Gummi-, Ölbaum- und Kaffeeplantagen sowie andere Anbauformen hatten auf den Malaienbären bedeutende Auswirkungen. Durch den Einsatz von Herbiziden und ständiger Mahd der Vegetation im Umfeld der Kulturpflanzen vernichten diese Monokultur-Plantagen die Walddecke vollständig und mit ihr die entsprechenden Pflanzen- und Insektenarten – die natürliche Nahrung der Bären. Zusätzliche Probleme erwachsen daraus, daß die Bären einige Plantagenpflanzen, zum Beispiel die Ölpalme, als ausgesprochen anziehend empfinden. Da ihnen die natürliche Nahrung genommen wurde, fressen die Malaienbären das Mark der Ölpalmen. Da die Bäume dadurch absterben, werden die Bären als Schädlinge verfolgt und erschossen.

Durch menschliche Besiedlung wird der Lebensraum des Malaienbären ständig in den des Menschen umgewandelt, und in der Folge gelangt attraktive Nahrung in deren Areal, etwa Abfälle, Vieh und kultivierte Früchte wie Bananen und Papayas.

EINE WENIG ERFORSCHTE ART

Weil man so wenig über den Malaienbären weiß, muß man vieles über die Lebensweise und die Biologie dieser Art aus dem Erscheinungsbild des Tieres und aus wenigen anekdotenhaften Berichten ableiten. Mit einem Gewicht zwischen 27 und 65 Kilogramm ist dies die kleinste Bärenart. Das schwarzglänzende Fell ist nicht einmal einen Zentimeter lang. Mit Hilfe seiner großen, gebogenen Klauen und der kurzen O-Beine kann er hervorragend Bäume erklettern.

Der Malaienbär besitzt kurze, rundliche Ohren, kräftige Kiefer und eine kurze Schnauze. Seine lange

Zunge ist vermutlich dafür entwickelt, Honig aus Bienennestern herauszulecken oder Insekten aus Bäumen und Termitennestern herauszuholen. Die Kratzspuren des Malaienbären findet man regelmäßig an den Bäumen des Regenwaldes, die sie erklommen haben. Vielleicht schlafen sie auch auf den Bäumen, doch konnte dies noch nicht bewiesen werden.

Wahrscheinlich nehmen Malaienbären die verschiedensten Früchte zu sich. In den Tropenwäldern stehen zahlreiche Baumgruppen häufig gleichzeitig in Blüte, so daß Früchte in einigen Gebieten im Überfluß vorkommen, in anderen dagegen überhaupt nicht. Die Wanderungen gewisser Bewohner des tropischen Waldes, zum Beispiel der Bartschweine, hängen bekanntlich mit diesen Fruchtzeiten zusammen, und vermutlich findet man ein ähnliches Verhalten auch beim Malaienbären. Es ist auch anzuehmen, daß diese Tiere, wie die meisten anderen Bären auch, dem opportunistischen Leben eines Allesfressers angepaßt sind und alles fressen, was ihnen über den Weg läuft. Sollte dies zutreffen, ergibt sich aus der Fähigkeit des Malaienbären, Bäume zu er-

David C. Fritts/Animals Animals/Stock Photos

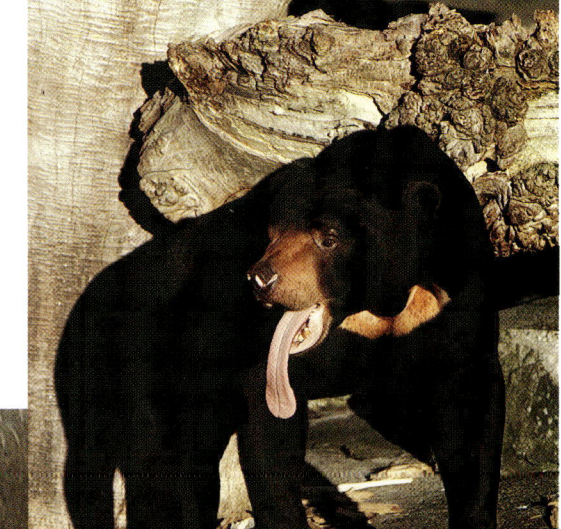

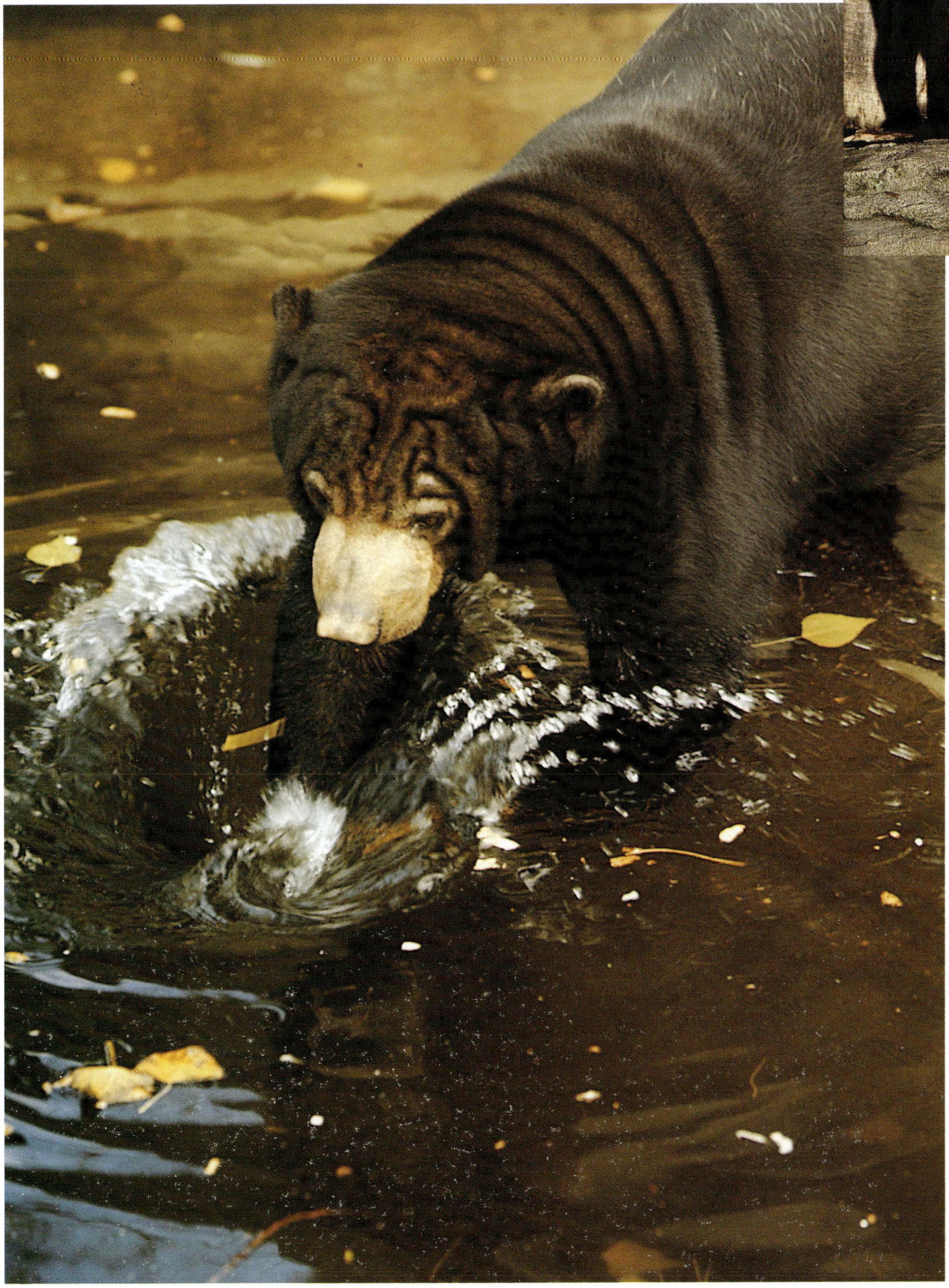

Francisco Futil/Bruce Coleman Ltd

▲ Der Malaienbär frißt alles, von zarten Baumschößlingen bis zu Insekten. Am bekanntesten ist jedoch seine Vorliebe für Honig. Vermutlich ist seine lange Zunge dafür gedacht, aus tiefen Baumspalten Honig und Insekten herauszuholen.

◀ Der Malaienbär, die kleinste Bärenart, ist in Thailand unter dem Namen »Hundebär« bekannt.

HABITATVERLUST DER WILDTIERE IM TROPISCHEN ASIEN

Land	Ursprünglicher Lebensraum (in 1000 Hektar)	Verbleibender Anteil (in 1000 Hektar)	Verlust (in Prozent)
Bangladesch	14 278	857	94
Bhutan	3 450	2 277	34
Brunei	576	438	24
Burma	77 482	22 598	71
China	42 307	16 500	61
Hongkong	107	3	97
Indien	301 701	61 509	80
Indonesien	144 643	74 686	49
Japan	32	14	57
Kambodscha	18 088	4 341	76
Laos	23 675	6 866	71
Malaysia und Singapur	35 625	21 019	41
Nepal	11 707	5 385	54
Pakistan	16 590	3 982	76
Philippinen	30 821	6 472	79
Sri Lanka	6 470	1 100	83
Taiwan	3 696	1 072	71
Thailand	50 727	13 004	74
Vietnam	33 212	6 642	80
Insgesamt	**815 186**	**248 765**	**67**

Source: IUCN/UNEP, 1986c

klimmen sowie Honig und Insekten zu fressen, daß sie nicht so intensiv wandern müssen wie Tiere, die überwiegend von Früchten leben.

Über die Fortpflanzung des Malaienbären ist nur wenig bekannt. In Gefangenschaft gehaltene Tiere bekamen ihre Jungen zu verschiedenen Jahreszeiten. Vermutlich ist die Fortpflanzung an ein reiches Vorkommen von Früchten oder Insekten gebunden, doch sind die jahreszeitlichen Unterschiede in den Tropen weniger ausgeprägt als in den gemäßigten Breiten. Es ist unwahrscheinlich, daß Malaienbären Winterschlaf halten, um Zeiten mit knappem Nahrungsangebot zu überstehen.

Die meisten Bärenarten besitzen eine Fortpflanzungsweise, bei der sich die Einnistung des befruchteten Eies verzögert, die Entwicklung des Embryos also nicht kontinuierlich verläuft. Dies hängt mit der Notwendigkeit der Weibchen zusammen, die Fortpflanzung zurückzustellen, bis sie genügend Fettreserven angesammelt haben, um ihre Jungen erfolgreich aufzuziehen. Es ist nicht bekannt, ob auch Malaienbären über diese Anpassung verfügen. Zwar müssen sie nicht, wie die Arten der gemäßigten Zonen, mit dramatischen Klimaveränderungen fertigwerden. Vielleicht aber machen Regen- und Trockenzeiten sowie die saisonal veränderte Verfügbarkeit von Früchten Anpassungen, wie eine verzögerte Einnistung oder das Schlafen in einer Höhle, erforderlich.

▶ Vermutlich sind die nackten Sohlen des Malaienbären eine Anpassung an das Klettern. Malaienbären klettern ausgezeichnet und nutzen Bäume ausführlich zur Nahrungssuche, oder um Feinden, zum Beispiel Tigern, zu entkommen. Wahrscheinlich schlafen sie manchmal auch auf Bäumen.

Mark Newman/FLPA

EINE UNGEWISSE ZUKUNFT

Indem der Mensch die Lebensräume des Malaienbären unablässig zerstört, verursacht er einen Rückgang der Populationen und löst zusammenhängende Verbreitungsgebiete auf. Letzteres erhöht die Anfälligkeit der verbleibenden Populationen, da die Zahl der Bären einer Region zu gering wird.

Da die Anlage von Plantagen und menschlicher Siedlungen die Lebensräume des Malaienbären ständig verkleinert, dürfte das Überleben dieser Art an eine naturverträgliche Waldwirtschaft gebunden sein. Zwar sind Malaienbären vermutlich imstande, in wirtschaftlich genutzten Gebieten zu leben, doch bleibt der Einfluß der Waldwirtschaft solange unklar, wie noch keine Grundlagenforschung erfolgt ist.

Eine Waldwirtschaft ohne menschliche Siedlungsaktivität überführt den Primärwald in einen Wald mit Sekundarwachstum. Es werden unterschiedliche Methoden angewandt, etwa das selektive Abholzen bestimmter Arten, aber auch der Kahlschlag, der die nachwachsende Vegetation und die Möglichkeit, daß hier wieder einheimische Tiere leben, unmittelbar beeinflußt. Um die Einflüsse der Vegetationsveränderungen auf den Malaienbären zu erkennen, sind detaillierte Gutachten erforderlich. So können zum Beispiel der Verlust früchtetragender Baumarten oder Veränderungen in der Dichte und Verbreitung des sekundären Waldbewuchses das Vorkommen der Bienen beeinflussen, was wiederum die Verbreitung des Malaienbären verändern kann.

Ein weiteres Problem, dem nicht nur diese, sondern auch viele andere Bärenarten gegenüberstehen, ist der zunehmende Tierhandel und die Verwertung von Körperteilen in der traditionellen Heilkunde. Durch das Anlegen von Straßen und die Ausbreitung menschlicher Siedlungen reagieren die Bären auf derartige Handelsmethoden zunehmend empfindlicher. Die hohen Preise für Gallenblasen der Bären bieten den Menschen einen zusätzlichen Anreiz, diese Tiere in Plantagengebieten abzuschießen.

Die in ganz Südostasien ständig steigende Nachfrage nach Ressourcen verspricht, die Lebensräume des Malaienbären noch weiter zu verändern. Wenn es auch Möglichkeiten geben mag, diese Ressourcen zu gewinnen, ohne den Bären zu schaden, weiß man über diese Tiere doch bisher so wenig, daß es den Wissenschaftlern kaum möglich ist, Schutzprogramme für sie zu entwerfen.

Mark Newman/FLPA

▲ Der dichte Regenwald ist der Lebensraum des überwiegend nachtaktiven Malaienbären.

◀ Der Malaienbär ist von allen Bärenarten am stärksten bedroht. Dies liegt daran, daß man seine Lebensräume zerstört, ihn als Haustier verkauft oder wegen seiner Körperteile umbringt. In nicht allzu ferner Zukunft dürften diese Tiere nur noch in zoologischen Gärten leben.

Kenneth W. Fink/Ardea London Ltd

DER LIPPENBÄR

JOHN SEIDENSTICKER

Mit seinem zottigen Fell, der unbehaarten, beweglichen Schnauze und seinen langen, gebogenen Krallen wirkt der Lippenbär beinahe wie ein Tier aus einer anderen Welt. Als die ersten Europäer das Tier am Ende des 18. Jahrhunderts beschrieben, nannten sie es »den bärenähnlichen Bradypus oder das bärenartige Faultier«, und sie gaben ihm den Namen *Bradypus ursinus*, weil seine Klauen denen des Faultiers (*Bradypus*) aus den amerikanischen Tropen ähnlich waren. Daher heißt das Tier im Englischen »Sloth Bear«.

▲ Erwachsene Lippenbären sind 150 bis 190 Zentimeter lang. Die Weibchen erreichen ein Gewicht zwischen 55 und 95 Kilogramm, während die Männchen 80 bis 140 Kilogramm wiegen. Der spärliche Haarwuchs auf der Schnauze ist vielleicht eine Anpassung daran, die die Folgen der Verteidigungssekrete von Termiten gering zu halten.

Bald jedoch wurde die wahre Verwandtschaft dieser Tiere zu den Bären erkannt, und man veränderte den wissenschaftlichen Namen in *Melursus ursinus*. In letzter Zeit haben biochemische Untersuchungen gezeigt, daß der Lippenbär und der Malaienbär (*Ursus malayanus*, manchmal auch als *Helarctos malayanus* bekannt) untereinander, aber auch mit den übrigen Bären der Gattung Ursus eng verwandt sind, was dazu führte, daß der Lippenbär heute *Ursus ursinus* heißt.

VERBREITUNG

Noch vor 50 Jahren war der Lippenbär in den bewaldeten Gebieten Sri Lankas, aber auch auf dem indischen Subkontinent im Norden bis nach Assam und entlang des Himalaya im Westen bis zur großen Indischen Wüste häufig anzutreffen. Da auch Fossilien der Lippenbären in dieser Region gefunden wurden, dürfte sich diese Art hier entwickelt haben. Frühe Naturforscher und Jäger berichteten, den Lippenbären in unterschiedlichen Lebensräumen gesichtet zu haben, etwa im Teak- und Dammarwald (*Shorea robusta*) des indischen Subkotinents sowie in den niedrig gelegenen, immergrünen Wäldern Sri Lankas. Einst lebten diese Tiere sogar in den Hügeln Sri Lankas und kamen angeblich auch in den Graslandschaften und immergrünen Wäldern Südindiens noch bis zu einer Höhe von 1700 Meter häufig vor. Im Brahmaputra-Tal Assams und in dem südnepalesischen Chitwan-Tal findet man Lippenbären noch in den flußnahen Wäldern und auf den mit hohem Gras bewachsenen Schwemmebenen. Ende der sechziger Jahre schätzte man, daß in einigen Nationalparks im Tiefland von Sri Lanka ein Lippenbär auf 21 Quadratkilometer Land vorkam. Zur Zeit hat es den Anschein, als habe sich die Populationsdichte im Tiefland des Nepal's Royal Chitwan-Nationalparks auf mehr als das Doppelte erhöht. Dies hängt vermutlich mit der Verfügbarkeit der Nahrung zusammen.

EIN AMEISEN- UND TERMITENFRESSER

Anfang der siebziger Jahre wurden Lippenbären beobachtet, während die Wissenschaftler eigentlich damit beschäftigt waren, die Ökologie und das Verhalten von Nashörnern, Tigern und anderer Großsäuger im nepalesischen Chitwan-Tal zu ergründen.

Beim Fressen schienen die Bären die Menschen überhaupt nicht zu beachten, die sie vom Rücken eines Elefanten aus vorsichtig beobachteten. An einem Morgen wurde ein junges Exemplar länger als eine Stunde verfolgt. Mit gebeugtem Kopf ging das Tier ein Stück, hielt an, scharrte den Boden auf, fraß ein wenig und ging dann weiter, um das Ganze zu wiederholen. Dabei witterte es ständig und wechselte häufig die Richtung. Hin und wieder gab der Bär laute, abgehackte, blasende und saugende Geräusche von sich, als er den Schmutz wegblies und die Termiten oder Ameisen aus einem Nest aufsog, das er mit seinen Krallen aufgebrochen hatte.

Alle Kotreste der Lippenbären, die man fand, wurden analysiert, und es zeigte sich, daß sie mindestens 17 verschiedene Früchte und wenigstens sechs unterschiedliche Insektenarten fraßen, dazu Blüten, Gräser und Honig. Von März bis Juni bestand etwa die Hälfte ihrer Nahrung aus Früchten, der Rest dagegen aus Insekten, während Termiten während des gesamten übrigen Jahres die Hauptnahrung bildeten.

▼ Junge, in einem Zoo gehaltene Lippenbären bedrohen einander mit geöffnetem Maul, eine typische Verhaltensweise der Bären, bei denen die Eckzähne vorstehen. Die große Unterlippe hilft den Tieren, Ameisen und Termiten aufzunehmen.

▼ (Oben) Häufig tragen weibliche Lippenbären ihre Jungen auf dem Rücken mit sich, insbesondere dann, wenn sie vor einer Gefahr fliehen. Manchmal wurde dieses Verhalten auch bei anderen Bären beobachtet. Allerdings weist nur beim Lippenbären die Stelle, an der sich das Junge festkrallt, eine dickere Behaarung auf.

▼ Lippenbären besitzen ungewöhnlich große und kräftige Krallen, mit denen sie Termitenhügel aufgraben und Baumstämme aufreißen, um Ameisen und andere Insekten freizulegen.

Die Tatsache, daß Termiten und Ameisen die Hauptnahrung des Lippenbären bilden, erklärt vieles über sein Erscheinungsbild, seine Ökologie und sein Verhalten. Das reduzierte Haar an seiner Schnauze bildet womöglich eine Anpassung, um mit den Abwehrsekreten einiger Termitenarten fertigzuwerden. Der Schädel und die Merkmale des Gesichts – etwa bewegliche, vorstülpbare Lippen, eine bewegliche Schnauze, Nasenlöcher, die absichtlich verschließbar sind und das Fehlen der ersten inneren Schneidezähne – bilden hochspezialisierte Anpassungen an die Insektennahrung.

Verglichen mit dem carnivoren Eisbären, besitzt der Lippenbär eine vergleichsweise niedrige basale Stoffwechselrate, was für den geringeren Energiegehalt seiner aus Früchten und Insekten bestehenden Nahrung spricht. Bei anderen Säugetieren, die von Ameisen und Termiten leben, etwa beim südamerikanischen Großen Ameisenbären (*Myrmecophaga tridactyla*), findet man weitere Anpassungen, etwa

eine niedrige Fortpflanzungsrate, wenige innerartliche Auseinandersetzungen und eine solitäre Lebensweise. Zudem tragen die Weibchen ihre Jungen häufig auf dem Rücken mit sich.

Nach Beobachtungen können geschützte Lippenbären-Populationen zwar höhere Besiedlungsdichten erreichen als es bei vielen Braun- oder Schwarzbären der Fall ist, doch haben sie häufig weniger Junge, in Chitwan etwa durchschnittlich 1,6 Jungtiere. Nach Aussagen von Wissenschaftlern kommt es unter Lippenbären in der Nacht manchmal zu lautstarken Begegnungen, doch weiß man nicht, ob sich die Tiere dabei paaren oder miteinander kämpfen. Während der übrigen Zeit bleibt jeder Bär für sich, anders als bei den nördlichen Bären, die manchmal zusammenkommen, um an reichen Nahrungsquellen, wie Fischschwärmen oder Abfallhaufen zu fressen.

Weibliche Lippenbären tragen ihre Jungen auf dem Rücken bei sich. Dabei wird die Mutter praktisch zum beweglichen Nest, so daß die Jungen nicht viel Energie dazu aufwenden müssen, zwischen den häufig weit auseinanderliegenden Nahrungsplätzen hin und her zu wandern.

WIE SIE NATÜRLICHEN FEINDEN AUSWEICHEN

Neben dem Menschen sind Wildhunde, Tiger und Leoparden die natürlichen Feinde des Lippenbären. Wenn er bedroht ist, flieht er manchmal, sucht aber nur selten Bäume auf, obwohl er hervorragend klettern kann. Dies liegt daran, daß auch Leoparden Kletterer sind und manchmal diese Bären erbeuten. Bei kurzfristigen Begegnungen aus nächster Nähe stürmt der Bär in spektakulärer Weise vor und richtet sich dann auf die Hinterbeine auf, als wolle er angreifen. Zwar handelt es sich in den meisten Fällen nur um einen Scheinangriff, doch wurden auch schon Menschen bei Begegnungen mit Lippenbären verletzt.

EIN EINSAMES LEBEN

Im Royal Chitwan-Nationalpark bringen die weiblichen Lippenbären ihre Jungen nach einer Tragzeit von sechs bis sieben Monaten im Spätherbst und Anfang des Winters zur Welt. Die Jungen sind zunächst winzig klein und hilflos. Die ersten Jungtiere, die jemals beobachtet wurden, ritten auf dem Rücken ihrer Mutter und waren zwischen zwei und drei Monaten alt. Es wurden auch zwei ganz junge Exemplare allein in der Höhlung an einem Flußufer entdeckt. In zoologischen Gärten stellen einige weibliche Lippenbären die Nahrungsaufnahme ein, während sie Junge aufziehen, während andere ihre Höhle verlassen und dann jeden Tag fressen. Offenbar nehmen die Weibchen mit ganz jungen Nachkommen ihre Nahrung in periodischen Abständen zu sich, doch bleiben sie vermutlich in der Nähe der Höhle, in der sie ihre Jungen verborgen halten.

Die meisten Beobachtungen stammen von Weibchen und Jungtieren sowie von einzelnen Bären. Zweimal sahen Forscher zwei Bären zusammen, die sie für Jungtiere hielten, die sich kürzlich von ihrer Mutter getrennt hatten. Es scheint, daß die Jungen sich in unterschiedlichem Alter von ihrer Mutter lösen, und einige bleiben bis zum zweiten Lebensjahr oder gar darüber hinaus mit der Mutter zusammen.

Erwachsene Männchen kommen nur zur Fort-

Milton H. Tierney Jnr

D. Garshelis

Silvestris/FLPA

pflanzung mit den Weibchen zusammen, um dann für den Rest des Jahres wieder allein zu bleiben. Ein Männchen aus Chitwan, dem man ein Senderhalsband umgelegt hatte, hatte im hohen Tieflandgras und in der Schwemmebene während des Monats April ein acht Quadratkilometer großes Streifgebiet. Von Mai bis August besetzte es dann ein Areal von vier Quadratkilometer in den Dammerwäldern, die unweit der Grasflächen auf den Hügeln wuchsen. Die minimale Fläche, die von diesem Männchen über das ganze Jahr besetzt wurde, betrug 3,7 Quadratkilometer.

Sowohl Männchen als auch Weibchen, die Junge führten, hielten sich in denselben Gebieten auf, und die Forscher konnten keinerlei Verteidigungs- oder Territorialverhalten beobachten. Sie konnten jedoch feststellen, daß Lippenbären Bäume markierten. So wurde ein großes Männchen dabei gesehen, wie es einen Wollbaum mit seinem Bauch markierte. Dann ließ sich das Tier auf allen vieren nieder und rieb den Baum mit seinen Seiten und dem Hinterende. Die tiefen, parallel verlaufenden Furchen in den Baumstämmen wurden schon erwähnt. Mit seinen Vorderpfoten hatte der Bär diese Furchen gesäubert und dabei vermutlich Duftstoffe abgesetzt. Derartige Furchen wurden auch an anderen großen Bäumen beobachtet, wobei frische Markierungen am häufigsten von Februar bis April angebracht werden, wenn die Lippenbären die Wälder und die hochwachsenden Graslandschaften in der Nähe der Flüsse aufsuchen.

WOZU IST ES GUT, VON AMEISEN UND TERMITEN ZU LEBEN?

Vermutlich handelte es sich bei der Ursprungsform des Lippenbären noch um einen kletterfähigen Omnivoren, der dem Malaienbären ähnlich war. Dann führten der Konkurrenzdruck und das wechselnde Nahrungsangebot zu einer Spezialisierung der Ernährungsweise. In den feuchten Tropen kommen durchaus saisonale Schwankungen in der Verfügbarkeit von Früchten und Insekten vor, doch ist diese Nahrung ganzjährig berechenbarer als in den Monsungebieten. Das Monsunklima des indischen Subkontinents zeichnet sich durch deutlich abgesetzte Jahreszeiten aus, die die Ausbildung von Früchten und das Vorkommen vieler Insekten stark einschränken.

Die Entwicklungsgeschichte des Lippenbären führte weder direkt in Richtung auf eine räuberische Lebensweise (wie beim Eisbären und einigen Braunbärenpopulationen), noch brachte sie die Tiere dazu, Knollen und Wurzeln zu fressen (wie Braunbären und Schwarzbären). Dies erklärt sich möglicherweise damit, daß diese Ressourcen bereits von anderen großwüchsigen Tieren

▲ Obwohl sie klettern können, fliehen bedrohte Lippenbären häufig auf dem Boden, da ihnen die Bäume vor Feinden wie Leoparden keine Sicherheit geben.

▼ Termitenhügel versorgen Lippenbären mit deren wichtigster Nahrung.

John Seidensticker

DIE ERSTE SENDER-ÜBERWACHUNG VON LIPPENBÄREN

DAVID L. GARSHELIS

Im Jahre 1990 wählte man den Royal Chitwan Nationalpark in Nepal für die erste intensive Sender-Überwachung von Lippenbären aus. Dies lag zum einen an der relativ großen Zahl dieser Tiere, die im Park lebten, und zum anderen daran, daß man mit Elefanten leicht an sie herankam. In Fallen, die einen Honigköder enthielten, wurden 18 Bären gefangen und mit Senderhalsbändern versehen. Später gewöhnten sich einige Bären so an die auf den Elefanten sitzenden Forscher, daß sie über Stunden beobachtet werden konnten, ohne daß sie sich gestört fühlten. Das Ziel der Studie war, jene Faktoren zu ermitteln und die Verbreitung der Lippenbären bestimmen. Dazu gehörte die Verfügbarkeit eines geeigneten Lebensraums sowie ihrer Hauptnahrung, der Ameisen und Termiten. Man befürchtete unter anderem auch die Wilderei, motiviert durch den weltweiten Bedarf an Gallenblasen. In den zwei Jahren der Untersuchung ist jedoch keiner der Versuchsbären gestorben.

John Seidensticker

Da keiner der mit einem Sender versehenen Bären den Park verließ, dürften Lippenbären wohl weniger als andere Bärenarten gefährdet sein, aufgrund ihrer Vorliebe für Vieh und Plantagen als Schädlinge erschossen zu werden. Zudem waren die Streifgebiete der Lippenbären in Chitwan nur klein (bei Männchen acht, bei Weibchen drei Quadratkilometer), und es fanden nur geringe jahreszeitliche Verlagerungen statt, was das Risiko einer Begegnung mit Menschen reduzierte.

Beim Einsetzen des Monsun (von April bis Juni) wanderten die männlichen, mit Sendern versehenen Lippenbären in die Hochlandgebiete, um dann in die Grasflächen und flußnahen Wälder der Schwemmebenen zurückzukehren, wenn der Boden austrocknete. Vermutlich boten die Schwemmebenen Termiten im Überfluß, doch wenn der Boden gesättigt war, fiel es den Bären schwer, sie auszugraben. Dagegen blieben einige Weibchen während der Monsunzeit im Tiefland.

▲ Die jüngsten Forschungen an Lippenbären im Royal Chitwan Nationalpark (Nepal) gründeten sich überwiegend auf der Verfolgung von Bären mit Senderhalsbänder. Bei diesen Untersuchungen wurden die örtlichen Angestellten des Parks stark integriert.

▶ Da die Forscher die Lippenbären vom Elefantenrücken aus beobachteten, waren sie vor Räubern wie Tigern sicher.

Früheren Beobachtungen zufolge, die in Chitwan und anderenorts durchgeführt wurden und die ihre Befunde überwiegend auf der Analyse von Kotproben begründeten, besteht die Nahrung des Lippenbären zu beinahe 50 Prozent aus Früchten. Dagegen lebten die Tiere dieser Untersuchung hauptsächlich von Insekten und fraßen nur wenig Früchte. Weil Insekten das ganze Jahr über verfügbar sind, haben es Lippenbären nicht nötig, zur Nahrungssuche saisonale Wanderungen durchzuführen. Zudem werden sie nicht mit Zeiten konfrontiert, in denen die Nahrung so knapp ist, daß sie, wie andere Bären, einen Winterschlaf halten müßten. Die mit einem Senderhalsband versehenen Weibchen suchten in der Tat, wenn sie Junge zur Welt brachten, für wenige Wochen eine Höhle auf, doch hielt keines der Tiere einen richtigen Winterschlaf.

Die Weibchen verließen im Januar ihre Höhlen mit ihren Jungtieren, die sich an ihren Rücken klammerten. Sie trugen sie auf diese Weise mehrere Monate lang mit sich herum, eine Verhaltensweise, die bei dieser Art regelmäßig beobachtet wird. Wahrscheinlich werden die Weibchen durch das Tragen ihrer Jungen weniger behindert, als wenn ihre kleinen, nur langsam heranwachsenden Nachkommen selbst laufen müßten, und sie können diese so auch besser gegen natürliche Feinde, etwa Tiger, Leoparden und andere Bären, schützen, insbesondere im baumlosen Grasland. Weibchen, die Junge führten, fraßen offenbar überwiegend am Tage, vielleicht um nächtlichen Räubern aus dem Wege zu gehen. Andere Lippenbären suchten ihre Nahrung vorwiegend in der Nacht.

Die jungen Lippenbären blieben zweieinhalb Jahre mit ihren Müttern zusammen. Nachdem sie ihre Mutter verlassen hatten, blieb ein Männchen mit seiner Schwester noch weitere zwei Jahre zusammen, möglicherweise, um sich gemeinsam besser gegen ältere Bären oder andere Räuber verteidigen zu können. Indem sie mit Hilfe von Senderhalsbändern Jungtiere verfolgen, die noch mit ihrer Mutter zusammen leben, hoffen die Forscher, die Verbreitung und gegebenenfalls die Sterblichkeit dokumentieren zu können.

D. Garshelis

genutzt wurden. So sind Tiger, Leoparden und Wildhunde wirkungsvolle Jäger, und Wildschweine ernähren sich von Knollen und Wurzeln. Zu bestimmten Jahreszeiten ist Aas in den nördlicher gelegenen Regionen eine bedeutende alternative Nahrungsquelle der Bären, doch der Lippenbär ernährt sich kaum jemals davon.

Im Gegensatz dazu wird die Nische des Ameisen- und Termitenfressers in Südostasien bisher kaum genutzt, jedenfalls im Vergleich zu Südamerika, Afrika oder Australien. Die einzigen Nahrungskonkurrenten unter den Säugern, die im Verbreitungsgebiet des Lippenbären vorkommen, sind die Schuppentiere. In Chitwan stehen Ameisen und insbesondere Termiten das ganze Jahr über zur Verfügung, während die meisten Früchte nur zu bestimmten Jahreszeiten vorkommen. Und der Lippenbär hat gelernt, eben diese Insekten erfolgreich für sich zu nutzen, um die sich heute seine gesamte Lebensweise dreht.

VORAUSSETZUNGEN FÜR DEN ARTENSCHUTZ

Aus zahlreichen Gebieten, in denen der Lippenbär einst häufig war, ist er heute verschwunden. Die alarmierende Botschaft über sinkende Bestände wurde im Süden Indiens schon vor 20 Jahren laut, als eine umfangreiche Wildzählung nur von fünf gesichteten Lippenbären zu berichten wußte. Ähnliche Befunde über zurückgehende Populationen wurden auch von Naturschützern anderer Gegenden geäußert. Lippenbären sind vielen Problemen ausgesetzt, etwa der Entwaldung, der Veränderung von Lebensräumen, der Wilderei, der Konfrontation mit Menschen und

Art Wolfe

deren landwirtschaftlicher Interessen sowie einer Fülle weiterer Schwierigkeiten, von denen auch viele andere Wildtiere der Region betroffen sind. Noch existiert keine genauere und umfassende Bestandsaufnahme der Populationen und der Verbreitung des Lippenbären, doch man weiß, daß dieser Bär gefährdet ist. Und seine Überlebenschancen werden durch die Nachfrage nach Körperteilen für den Einsatz in der traditionellen asiatischen Medizin noch geringer.

▲ Junge Lippenbären werden in Erdhöhlen geboren. Die meisten Würfe bestehen aus Zwillingen, obwohl manchmal auch Drillinge beobachtet wurden. In Nepal verlassen die Jungen ihre Geburtshöhlen mit der Mutter im Januar.

▼ Lippenbären auf einem Waldpfad in Indien. Der aufrechte Bär auf der rechten Seite zeigt seine unverwechselbare U-förmige Brustzeichnung.

Mike McKavett/Bruce Coleman Ltd

DER BRILLENBÄR

DIANA WEINHARDT

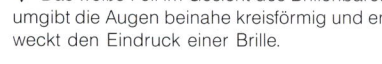

▶ Brillenbären errichten hoch in den Bäumen Freßplattformen, von wo aus sie Früchte fressen können, die am Ende der Äste wachsen. Häufig schlafen sie auch in diesen Nestern.

Der Brillenbär (*Tremarctos ornatus*) ist die einzige in Südamerika lebende Bärenart und zudem nach dem Tapir das zweitgrößte Landtier des Kontinents. Diese auch als Andenbär oder Ucumari bekannte Art lebt in Venezuela, Kolumbien, Ecuador, Peru und Bolivien. Unbestätigten Berichten zufolge wurden Brillenbären im Norden bis Panama und im Süden bis Argentinien gesichtet. Der Umfang der wildlebenden Brillenbären-Bestände ist unbekannt. Dagegen schätzt man die Population Venezuelas auf einige hundert Tiere, und in Kolumbien und Peru gehen die Bestände drastisch zurück. Die Zahl der Bären in den Hochlandwäldern Ecuadors scheint konstant zu bleiben, doch die einzige wirklich starke Brillenbären-Population der Region findet man in Bolivien.

Auf einer Expedition im Jahre 1825 fing man in den Cordilleras von Chile einen unbekannten Bären und verfrachtete ihn nach England. Der gutbekannte Zoologe Frederic Cuvier schrieb dazu: »Ich werde vorschlagen, diese Art im wissenschaftlichen Katalog unter dem Namen Ornatus zu erfassen, wegen der beiden Kreise, die seinen Kopf zieren.« Also wurde das Tier *Tremarctos ornatus*, »großer, geschmückter Bär« genannt.

▼ Das weiße Fell im Gesicht des Brillenbären umgibt die Augen beinahe kreisförmig und erweckt den Eindruck einer Brille.

Gary Milburn/Tom Stack & Associates

INDIVIDUELLE MARKIERUNGEN

Der Brillenbär besitzt eine dunkle Fellfarbe, die von schwarz bis braun reicht, und es gibt sogar einige seltene Exemplare, deren Fell einen rötlichen Ton aufweist. Ein typisches Merkmal ist die kontrastreiche, gelblich-weiße Zeichnung, die grundsätzlich um die Augen herum und entlang der Kehle und der Brust verlaufen. Dabei erweckt die Augenzeichnung bei einigen Tiere den Eindruck, als trügen sie eine Brille. Jeder Bär besitzt seine eigene Zeichnung, einem menschlichen Fingerabdruck vergleichbar.

Gemessen an den bei Bären üblichen Dimensionen sind Brillenbären nicht sonderlich groß. Sie sind etwa 150 bis 180 Zentimeter lang und an der Schulter 70 bis 80 Zentimeter hoch. Männliche Tiere wiegen 100 bis 155 Kilogramm und Weibchen 64 bis 82 Kilogramm. Brillenbären besitzen kurze, stämmige Beine, mit denen sie sich den Weg durch die dichte Vegetation bahnen, sowie lange, scharfe Krallen, mit deren Hilfe sie Pflanzen auseinanderreißen und Bäume erklimmen. Sie sind hervorragende Kletterer und unter allen Bärenarten vermutlich am stärksten an das Leben auf den Bäumen gebunden.

VOM GEBIRGE ZUR STRAUCHWÜSTE

Der Brillenbär hat sich Gebieten angepaßt, die vom Bergwald bis zur Savanne und der küstennahen Buschwüste reichen, wobei die Tiere in Höhenlagen zwischen 180 und 4200 Meter vorkommen. Am häufigsten findet man die Bären allerdings im Nebel- und Elfenwald sowie im Paramo. Der bevorzugte Lebensraum ist der Nebelwald zwischen 1800 und 2700 Meter Höhe, wo es zu gewissen Zeiten reichlich Nahrung gibt. Elfenwälder sind Gebiete mit im Wachstum zurückgebliebenen Bäumen, die von Moos bedeckt und von Bambusdickicht umgeben sind. Sie liegen zwischen den Nebelwäldern und den hochgelegenen Graslandschaften. Dagegen ist der Paramo eine tropische Hochgebirgslandschaft, in der sich die Bären von Zeit zu Zeit ernähren, während sie günstigere Gebiete aufsuchen.

EINE VIELFÄLTIGE NAHRUNG

Brillenbären haben eine außerordentlich vielfältige Ernährungsweise. Ihr Speiseplan umfaßt mehr als 80 unterschiedliche Objekte, darunter Kaninchen, Mäuse, Kälber, Vicuna, Hirsche, Vögel, Beeren, 22 Arten von Bromeliaceen, elf Opuntienarten, 32 Fruchtsorten sowie zehn verschiedene Pflanzenfamilien, darunter Gräser, Moose und Orchideenzwiebeln.

Die Nahrungsquellen werden nach ihrer Verfügbarkeit, der geographischen Gelegenheit und der Sicherheit ausgewählt, die das Gebiet vor Räubern bietet. Während etwa 40 Prozent der Nahrung des Brillenbären aus Früchten besteht, setzt sich der verbleibende Teil aus Bromeliengewächsen zusammen. Das Vorkommen von Bromelien bestimmt also, ob ein Bär in Gebieten leben kann, in denen nicht ganzjährig Früchte zur Verfügung stehen.

Nachdem der Brillenbär die verschiedensten Pflanzensamen mit den Früchten aufgenommen hat, setzt er sie an anderer Stelle mit seinem Kot wieder ab. Indem er so die Samen verbreitet, leistet er einen wesentlichen Beitrag zum Gedeihen des Ökosystems. Der Brillenbär gehört zu den beiden einzigen Arten, die die steinigen Samen des Lorbeerbaums verbreiten, einer begehrten Holzquelle. Dichte Klumpen von etwa 20 Sämlingen zeugen von einer derartigen Verbreitung.

Da die früchtetragenden Äste, von denen sie fressen, nicht stark genug sind, um ihr Gewicht zu tragen, errichten die Bären normalerweise Freßplattformen im Geäst. Deshalb klettert der Bär, so nahe er kann, an die Früchte heran und biegt die früchtebeladenen Äste zu sich. Das Ergebnis ist ein fünf bis sechs Meter hohes Gewirr von Ästen, die am Baum entlang des Hauptastes festgeklemmt sind, der das Gewicht des Bären trägt. Dann werden mehrere Blätterschichten als Lagermaterial aufgehäuft. In den Nestern und in ihrer Umgebung wurden auch Haare und Kot gefunden, was zu der Annahme verleitet, daß diese Plattformen über längere Zeit benutzt wurden.

In Venezuela wurden Baumnester in Verbindung mit Bären gefunden, die Rinder erbeuteten. In solchen Fällen dienen die Nester entweder als Wachplätze für das Freßgebiet oder als Ruhelager.

Vermutlich ist der Brillenbär in der Nacht aktiv, während er den Tag verschläft. Die Tiere ruhen in den Wurzelhöhlen großer Bäume, auf Bodenlagern oder in Baumnestern. Bei einem Bodenlager handelt es sich um eine ovale Senke, die normalerweise am Fuße eines Kliffs oder unweit einer Pflanzendecke ausgegraben wird. Nachdem sie ihre Höhle verlassen haben, suchen Bärenweibchen mit Jungen derartige Gebiete auf, um ihre Nachkommen vor Räubern, wie Jaguare und Wilderer, zu schützen.

▼ Die Jungtiere werden in der Regenzeit – zwischen November und Januar – geboren und verlassen ihre Geburtshöhle, wenn das Nahrungsangebot am größten ist.

M. Newman/FLPA

Milton H. Tierney, Jr

▲ Manchmal kommen drei Junge in einem Wurf vor, doch sind es meistens nur zwei. Im Alter von drei Monaten sind die Jungen imstande, ihrer Mutter zu folgen, und sie fangen an zu lernen, wie sie Nahrung finden.

PAARUNG UND AUFZUCHT DER JUNGEN

Die Paarung erfolgt zwischen April und Juni, also in der Zeit, während der die meisten Früchte reif sind und sich die Bären zum Fressen sammeln. Die Paare bleiben eine oder zwei Wochen lang zusammen, bis sie mehrere Male kopuliert haben. Danach geht jeder Bär wieder seiner Wege. Sobald ein Männchen einem anderen Weibchen begegnet, das sich im Östrus befindet, paart es sich mit diesem ebenfalls.

Die Tragzeit währt sieben bis acht Monate, und die Jungen, die in Würfen von einem bis drei Tieren zur Welt kommen, sind 18 Zentimeter lang und 300 bis 360 Gramm schwer. Vermutlich wird, wie bei vielen, wenn auch nicht allen Ursiden, auch beim Brillenbären die Einnistung des befruchteten Eies verzögert. Daher kommen die Jungen während der Regenzeit zur Welt, die von November bis Februar dauert, und sie verlassen ihre Höhle, wenn große Mengen von Früchten reif werden.

Die Jungen entwickeln sich schnell. Sie öffnen ihre Augen nach 42 Tagen, und schon im Alter von drei Monaten sind sie imstande, ihrer Mutter zu folgen. Bei Gefahr, wenn sie müde sind oder durch hohes Gras wandern müssen, reiten die Jungtiere auf dem Rücken der Mutter. Zwischen ihr und den Jungen kommt es zu einer intensiven Kommunikation. Ständig trillern sie, wenn sie unterwegs sind, und beim Saugen geben die Jungen einen lauten, summenden Ton von sich. Mißfallensäußerungen besitzen eine relativ hohe Frequenz und werden von der Mutter sofort beantwortet.

DER EINFLUSS DES MENSCHEN

Brillenbären werden als Nahrungsmittel, aus Geldgier sowie wegen ihrer angeblich medizinischen und magischen Eigenschaften gejagt. Ein Bauer, der einen Bären getötet hat, weil dieser sein Kornfeld verwüstete oder Rinder erbeutet hatte, kann zugleich viel Geld damit verdienen, daß er das Tier verkauft. So erbringt ein gesundes Männchen Fleisch im Wert von 200 US-Dollar, wobei der Wert seines Fells, des Fettes, der inneren Organe, der Knochen und des Blutes noch nicht berücksichtigt wurden. Das Fett heilt angeblich Rheumatismus, verhindert Gallenkoliken und Erblindung und soll auch Muskelschmerzen lindern. Die Gallenblasen der Bären bilden ein altes Heilmittel der Anden gegen Erblindung und grauen Star.

Die Knochen der Bären garantieren, wie man sagt, Stärke und Manneskraft. Sie werden zermahlen und Kindern verabreicht. Das Blut wird, nachdem ein Bär erlegt wurde, noch warm als Tonikum getrunken. Das Baculum, der Penisknochen, wird als Amulett für die Männlichkeit getragen, und die Jäger behalten die Pranken und die Felle als Trophäen.

Der Brillenbär ist in den Mythen und in der Geschichte der Andenkulturen tief verwurzelt. Es gibt über ihn die unterschiedlichsten Geschichten, die auch die Einstellung der Bevölkerung zu diesem Tier geprägt haben. Während der Bär in einigen Gebieten als Gott verehrt wird, hält man ihn in anderen für böse und stellt ihm deshalb nach.

In Venezuela behauptet man, daß Brillenbären aus dem Nebelwald der Anden auftauchen, Menschen verschleppen und sich an ihren Gefangenen sexuell vergehen oder mit ihnen Nachkommen zeugen. Dabei fangen Bärenmännchen nur junge, unverheiratete Frauen, die weiblichen Bären dagegen ausschließlich junge, ledige Männer.

In den einheimischen Kulturen Argentiniens und Boliviens findet man zahlreiche Geschichten über Brillenbären, was dafür spricht, daß dieses Tier in diesen Ländern einst häufig war. In Bolivien gibt es

Berna´d Peyton

Milton H. Tierney, Jr.

▲ Obwohl sie in vielen Gebieten nur in begrenzten Zahlen vorkommen, werden Brillenbären häufig von Einheimischen wegen ihres Fleisches und wegen ihrer Körperteile gejagt, die für medizinische Zwecke verwendet werden.

◄ Das weiße Fellmuster auf dem Gesicht eines jeden Brillenbären ist absolut einzigartig, so daß man daran die Tiere identifizieren kann.

137

BRILLENBÄREN IN GEFANGENSCHAFT

DIANA WEINHARDT

Der erste Brillenbär wurde 1903 im Zoo von Amsterdam zur Schau gestellt. Zu Beginn des 20. Jahrhunderts ging es den meisten zoologischen Gärten darum, so viele verschiedene Bärenarten zu zeigen, wie es der Raum eben zuließ. Da man an Brillenbären nur schwer herankam, bildeten sie eine besonders willkommene Ergänzung.

Heute wird das Handeln der Zoos von nationalen und internationalen Gesetzen und Verpflichtungen bestimmt, die dem Schutz wilder Tierarten dienen. Es ist also für Zoos heute praktisch unmöglich, Brillenbären aus der Wildnis zu bekommen. Seit den siebziger Jahren gehört die Zucht von Bären jedoch zu den wesentlichen Zielen zoologischer Gärten, und die Brillenbären nehmen in diesen Projekten eine herausragende Stellung ein. 1962 lebten auf der ganzen Welt 44 Brillenbären in Gefangenschaft. Im Jahre 1977 war die Zahl schon auf 100 Exemplare angestiegen, und Mitte 1992 wurden bereits 175 Bären (nur 50 davon waren in der Wildnis zur Welt gekommen) in 65 Zoos auf fünf Kontinenten gehalten. Dieser Zuwachs des Bestandes ist auf Gefangenschafts-Zuchtprogramme zurückzuführen, bei denen das Zuchtbuch für Brillenbären und das Species-Survival-Programm zum Einsatz kommen.

Ein Zuchtbuch ist die historische Bestandsaufnahme aller Exemplare einer einzelnen Art, die jemals in Gefangenschaft gehalten wurden. Dabei sammeln regionale Zuchtbücher auf einem Kontinent die Informationen über eine Tierart. Es gibt aber auch internationale Zuchtbücher, die die Bestände der ganzen Welt erfassen. Das Zuchtbuch des Brillenbären wurde 1972 in Deutschland von Dr. Peter Roben vom Zoologischen Institut der Universität Heidelberg angelegt. Im Jahre 1982 übertrug er die Verantwortung für diese Dokumente Mark Rosenthal, dem Kurator für Säugetiere am Lincoln Park-Zoo in Chicago (Illinois).

Bis der Species-Survival-Plan (SSP) für Brillenbären 1989 ins Leben gerufen wurde, bildete das Zuchtbuch für zoologische Gärten die einzige Informationsgrundlage über die Haltung dieser Art in Gefangenschaft. Heute ist das Zuchtbuch zu einer Publikation angewachsen, die Artikel über Artenschutz, Bestandszählungen und eine nahezu vollständige Bibliographie über diese Art enthält. Sie wird alljährlich auf Englisch, Spanisch, Deutsch und Russisch herausgegeben.

Das Species-Survival-Plan-Projekt wurde 1980 von der American Association of Zoological Parks and Aquariums gegründet. Damit wollte man das langfristige Überleben des Genpools ausgewählter seltener, bedrohter und gefährdeter Arten gewährleisten. Bisher wurden Zuchtstrategien und langfristig angelegte Unterstützungsprogramme für 62 in Gefangenschaft gehaltene Arten entworfen, darunter auch für den Brillenbären, die einzige bisher vertretene Bärenart.

Der SSP hat sich zum Ziel gesetzt, bis zum Ende des 20. Jahrhunderts 200 Arten zu erfassen. Bei diesen Plänen geht es darum, die genetischen und demographischen Probleme in den Griff zu bekommen, die mit der Erhaltung kleiner Populationen in Gefangenschaft über einen Zeitraum von 100 Jahren verbunden sind. Jedes SSP-Team besteht aus einem Koordinator und einem ausgewählten wissenschaftlichen Beraterstab. Die an diesem Projekt beteiligten Zoos arbeiten in einer Weise zusammen, die die Interessen einer Tierart insgesamt möglichst gut vertreten. Der SSP koordiniert wissenschaftliche Studien, Artenschutzprogramme sowie Maßnahme zur Verbesserung der Tierhaltung.

Damit eine Tierart in den Genuß des SSP kommen kann, muß sie unter anderem folgende Kriterien erfüllen: Es müssen wenige wildlebende Populationen vorhanden sein, aber auch genügend in Gefangenschaft gehaltene Exemplare, um eine auf minimalem Niveau überlebensfähige Population zu garantieren. Zudem müssen zoologische Gärten und ausgebildetes Personal vorhanden sein, um die Tiere zu betreuen. Auf der ganzen Welt arbeiten zoologische Gärten zusammen, um Tierarten, wie Brillenbären, Sibirische und Sumatratiger, Andenkondore, Strahlenschildkröten, Okapis, Gorillas und viele weitere, zu erhalten. Für diese erheblich bedrohten Arten dürfte die Zucht in zoologischen Gärten die einzige Möglichkeit sein, hinreichend große Bestände zu garantieren, um ihnen ein langfristiges Überleben zu ermöglichen.

Milton H. Tierney, Jr

Francois Gohier/Jacana/AUSCAPE International

◀ (Oben) Brillenbären wurden 1903 in Amsterdam erstmals in einem Zoo gezeigt. Heute leben über 100 Exemplare in Gefangenschaft, und die Fortpflanzung dieser Tiere wird sorgfältig überwacht, um Inzucht möglichst gering zu halten.

◀ Wie andere Bären sind auch Brillenbären kräftige Schwimmer, die in Gefangenschaft ihre Wasserbecken zu schätzen wissen.

M. Newman/FLPA

eine Geschichte, in der Bären Rinder töten, dann auf den Berghängen umgehen und die Viehzüchter von ihren Herden vertreiben. Angeblich ist der Glaube an diese Geschichte Schuld daran, daß viele Bären erlegt werden, sobald sie sich zeigen, und da in solchen Gegenden heute zahlreiche Rinderzüchter wohnen, kommen sie häufig mit Bären in Konflikt.

EINE PREKÄRE ZUKUNFT
Brillenbären werden in der heutigen Welt mit zahlreichen Problemen konfrontiert. Obwohl sie nicht mehr gejagt werden dürfen, ist die Durchsetzung des Jagdverbotes aufgrund ihrer entlegenen Lebensräume und in Ermangelung ausgebildeten Personals schwierig. Der Straßenbau, das Verschwinden der Wälder infolge ungezügelter Holzgewinnung und die Jagd hatten verheerende Folgen für die Bären: Ihre Lebensräume gingen verloren, die Populationen wurden aufgeplittert und von bedeutenden Nahrungsquellen abgeschnitten. Zudem werden Erforschung und Schutz der Bären durch politische Unruhen in den Nationalparks erschwert.

Die größte Bedrohung der Tiere besteht jedoch darin, daß Hochlandbewohner ihre Lebensräume besiedeln, von denen einige für die Ökologie der Nebelwälder nur wenig Verständnis haben. Obwohl es Leute gibt, die recht gut wissen, welche Bedürfnisse Brillenbären haben, sind andere der Ansicht, diese Tiere seien eine Gefahr für die örtlichen Bauern und sollten abgeschossen werden. Resultat ist der klassische Konflikt zwischen einer gefährdeten Art und menschlichen Siedlern, die um denselben Lebensraum konkurrieren. In derartigen Fällen verliert in der Regel die einheimische Tierwelt den Kampf.

Wenn der Brillenbär das nächste Jahrhundert noch erleben soll, müssen Naturschutzmaßnahmen auf den letzten Stand gebracht und unnachgiebig durchgesetzt werden. Außer neuen Nationalparks müssen auch Korridore zwischen geschützten und isolierten Gebieten geschaffen werden, so daß der Bär sicher von einem Areal ins andere überwechseln kann. Werden die Tiere nämlich in isolierten Landschaften eingezwängt, wird ein genetischer Austausch verhindert, und die Art muß aussterben.

▲ Der Brillenbär ist ein ausgezeichneter Kletterer und hält sich vermutlich häufiger auf Bäumen auf als irgendeine andere Bärenart.

DER GROSSE PANDA

WENSHI PAN UND ZHI LÜ

Der Große Panda (*Ailuropoda melanoleuca*) wurde der westlichen Welt erstmals 1869 vorgestellt, als Père David, ein französischer Missionar, der Felle und Skelettmaterial in Sichuan (Westchina) erhalten hatte, diese an das Naturhistorische Museum von Paris sandte. Allerdings wurde das Tier in der chinesischen Literatur schon vor mindestens 3000 Jahren erwähnt. Im Shi Jing, der ältesten Sammlung chinesischer Dichtung (1000 vor Christus), wird das Tier beschrieben, als sehe es aus »wie ein Tiger und ein Bär«. Das *Er Ya*, das früheste Wörterbuch (200 vor Christus), beschreibt den Panda als einen Bambus fressenden Leoparden mit einer schwarzweißen Zeichnung.

▲ Der größte Teil der in den Tälern gelegenen Panda-Lebensräume wird heute von Menschen bewohnt. Daher sind die Pandas auf wenige kleine Gebiete im Gebirge zurückgedrängt, wie zum Beispiel dem Wolong-Reservat.

Seit 1869, als Père David den Großen Panda der westlichen Welt nahebrachte, gab es erhebliche Auseinandersetzungen darüber, wie dieses Tier zu klassifizieren sei. Nach Ansicht einiger Wissenschaftler besaß der Panda Ähnlichkeit mit den Waschbären, den Procyonidae, während andere darauf bestanden, ihn der Bärenfamilie, den Ursidae, zuzuordnen. Wieder andere wollten ihn in eine völlig eigene Familie stellen. Die jüngsten, überwiegend auf der Molekulargenetik basierenden Befunde sprechen recht eindeutig dafür, daß der Große Panda ein Bär ist. Die Menschen, die in der Nähe der Panda-Habitate wohnen, nennen das Tier *Hua Xiong* (gestreifter Bär) oder *Zhu Xiong* (Bambusbär).

Im Jahre 1984 wurden bei Yunnan (Südchina) die Fossilien mehrerer Zähne ausgegraben, die denen der Bären und des Großen Panda morphologisch ähnlich waren. Dieses Tier, *Ailuropoda lufengenesis*, lebte vor acht Millionen Jahren und steht am Übergang zwischen den alten Bären und den alten Pandas. Es gibt keine Hinweise darauf, was anschließend geschah, obgleich die Entwicklungsgeschichte dieses Tieres während der letzten drei Millionen Jahre klar zu sein scheint. *Ailuropoda microta*, der nur etwa halb so groß war wie der moderne Große

Panda, tauchte im späten Pliozän und im Pleistozän (vor drei Millionen bis 700 000 Jahren) in den subtropischen Wäldern Südchinas auf. Dann wurde diese Art von *Ailuropoda melanoleuca baconi* verdrängt. Dieses Tier war ungefähr um ein Achtel größer als der heutige Panda, und sein Verbreitungsgebiet erstreckte sich über das südliche und östliche China, sowie über Taiwan, Burma, Vietnam und an den Stadtrand von Bejing. Während der letzten Eiszeit, die vor 18 000 Jahren begann, ging seine Verbreitung abrupt zurück, und zu dieser Zeit trat jener Große Panda auf, wie wir ihn heute kennen.

Durch den dramatischen Bevölkerungszuwachs der vergangenen Jahre wurden die meisten Lebensräume des Panda von Menschen besetzt, wodurch dessen Bestände stark zurückgingen. Nach Schätzungen sind heute nur noch 1500 Große Pandas übrig. Man findet sie in sechs abgelegenen Gebirgs-

regionen Westchinas, deren Gesamtfläche nur etwa 14 000 Quadratkilometer umfaßt. Es handelt sich dabei um die Qinling-Berge der Provinz Shaanzi, das Min-Gebirge entlang der Grenze der Provinzen Gansu und Sichuan. Ferner leben Pandas in Wolong im Qionglai-Gebirge im westlichen Sichuan, im Liang-Gebirge sowie in den Bergen von Da Xiang und Xiao Xiang im Süden Sichuans.

Der Große Panda bewohnt die gemäßigten Wälder subalpiner Gebiete. Seine Lebensräume werden von natürlichen geographischen Merkmalen sowie von menschlicher Ackerbau- und Siedlungstätigkeit begrenzt. Normalerweise reicht seine Verbreitung vom oberen Rand des Bambuswaldes in Höhenlagen zwischen 3000 und 3500 Meter bis hinunter zu den Grenzen der höchstgelegenen Farmen, die sich – je nach Region – etwa zwischen 1200 und 2500 Meter befinden. Der gunstigste, in geringer Höhe gele-

▼ Ein Blick vom Tal des Yu Tung nach Osten auf das Wolong-Gebiet. Mit einer Fläche von 2000 Quadratkilometer ist das Wolong-Reservat das größte Schutzgebiet für Pandas in China. Die Berggipfel erreichen eine Höhe von 6250 Meter, und die hier lebenden Pandas verbringen mehr als 85 Prozent ihrer Zeit in den Wäldern oberhalb von 2600 Meter.

gene Lebensraum der Pandas wurde bereits vom Menschen übernommen. Die Gebiete, in denen die Pandas ihre letzte Zuflucht fanden, sind die letzten noch erhaltenen natürlichen Areale. Hierher haben sich auch viele andere Tiere zurückgezogen, etwa die Goldstumpfnase, der Schopfhirsch, das Stachelschwein und der Buntmarder.

ANPASSUNGEN AN DEN BAMBUS

Mehr als 99 Prozent der Nahrung des Großen Panda besteht aus den Zweigen, Sprossen und Blättern von mindestens 30 je nach Region variierenden Bambusarten. Gelegentlich fressen sie auch andere Pflanzen oder das Fleisch eines toten Hirsches oder einer Rindergemse, was belegt, daß sie die Möglichkeit einer omnivoren Ernährungsweise noch bewahrt haben. Nur ihre unbeholfene Art verbietet ihnen, Tiere zu erbeuten und macht sie von pflanzlicher Nahrung abhängig. Die Fülle des Bambus, seine weite Verbreitung und seine Zugänglichkeit machten ihn zu einer idealen Nahrung.

Es ist für Säugetiere keinesweg ungewöhnlich, sich von einer besonderen Pflanzenart zu ernähren. Was jedoch aus der Reihe fällt, ist die Tatsache, daß die Pandas über das einfache Verdauungssystem eines Carnivoren verfügen und dennoch das Leben eines spezialisierten Pflanzenfressers führen.

Sowohl der Körperbau als auch das Verhalten des Panda ist seiner Ernährungsweise angepaßt. Kopf und Vorderpfoten sind darauf spezialisiert, mit Bambussprossen umzugehen. Sein Kopf ist rund, breit und massiv, die Schnauze ist kurz. Die Kiefermuskeln sind kräftig, und seine großen Zähne sind zum Zerquetschen und Zermalmen geeignet. Die Vorderpfoten sind insofern der Handhabung der Bambussprossen angepaßt, als das Sesambein am Handgelenk vergrößert ist und etwa die Funktion eines menschlichen Daumens übernommen hat.

Beim Fressen gehen Pandas durchaus geschickt und rasch ans Werk, und stets wählen sie die nahrhaftesten Teile des Bambus aus. Im Vergleich zum Fleisch besitzt der Bambus nur einen geringen Nährwert. Er besteht überwiegend aus Zellulose, Hemizellulose und Lignin, also aus schwerverdaulichen Stoffen. Pflanzenfresser beherbergen in ihrem Darmtrakt gewöhnlich symbiontische Bakterien und Protozoen, die Zellulose und Hemizellulose durch Enzyme abbauen. Im Gegensatz dazu besitzt der Panda lediglich den kurzen, einfach gebauten Darmtrakt eines Carnivoren ohne jede Anpassung, um symbiontische Bakterien aufzunehmen.

John Cancalosi/Tom Stack & Associates

VIELFRASS

Untersuchungen in Sichuan und in den Bergen von Qinling haben gezeigt, daß Pandas nur etwa 21 Prozent der Trockensubstanz des Bambus verdauen können. Um also genügend Nährstoffe zur Erhaltung des Grundstoffwechsels aufzunehmen, müssen sie sehr viel fressen und diese Nahrung zudem rasch verdauen. Grundsätzlich verzehrt ein erwachsenes, durchschnittlich 100 Kilogramm schweres Tier zehn bis 15 Kilogramm an Bambusblättern und -sprossen oder zwischen 23 und 38 Kilogramm an Bambustrieben pro Tag. Ein Panda verbringt etwa 12 bis 14 Stunden täglich mit der Nahrungsaufnahme, und die Nahrung bleibt anschließend zwischen vier bis 13 Stunden im Verdauungstrakt.

Obwohl die Energieaufnahme des Panda maximal 20 500 bis 25 300 Kilojoules am Tag beträgt, benötigt er etwa 14 650 bis 16 750 Kilojoules nur zum Leben. Dies spricht dafür, daß sein ernährungsbezogener Sicherheitsspielraum recht klein ist und erklärt vielleicht auch, warum Pandas – anders als andere Bären – so selten Fettreserven ansetzen. Selbst ohne symbiotische Bakterien im Darmtrakt können Pandas zwischen 18 und 27 Prozent der Hemizellulose verdauen, was beinahe einem Drittel ihrer täglichen Energieaufnahme entspricht. Man weiß zwar noch nicht, wie Pandas dies zuwege bringen, doch ist diese Fähigkeit für sie überlebenswichtig.

DIE FOLGEN DER BAMBUSBLÜTE

Manchmal blühen große Gebiete einer bestimmten Bambusart gleichzeitig, was dazu führt, daß alle Pflanzen später auch gleichzeitig absterben. Dies kann für die Pandas katastrophale Folgen haben. Wenn in einem ihrer Lebensräume nur eine Bambusart vorkommt und in diesen Massen blüht, sind die Tiere, sobald die Pflanzen absterben, ihrer Nahrung beraubt und finden erst dann wieder etwas zu fressen, wenn sich der Bambus regeneriert hat. Der schlimmste Fall der letzten Zeit ereignet sich Mitte der siebziger Jahre in den Bergen von Min, als der größte Teil des Bambus gleichzeitig blühte, so daß

▶ Einer der Handgelenksknochen des Großen Panda hat die Funktion eines Daumens übernommen. Dadurch kann das Tier die Bambuszweige und -sprossen beim Fressen sehr geschickt handhaben.

▼ Bären, die im Wald leben, können einander nicht so leicht sehen, wie die Bewohner des offenen Landes. Sie kommunizieren daher überwiegend auf akustischem Wege. Bei männlichen Pandas konnte man elf verschiedene Rufe und andere Geräusche identifizieren.

Tom McHugh/Photo Researchers Inc.

◀ Das Fell des Großen Panda ist grob und leicht fettig, so daß keine Feuchtigkeit durchdringen kann. Die schwarzen Haare an den Schultern sind zwischen fünf und sieben Zentimeter, die des Rumpfes und des Rückens jedoch nur halb so lang.

Comstock

▼ Eine Karte von China mit dem prähistorischen Verbreitungsgebiet des Großen Panda (violett) und seiner stark verminderten heutigen Verbreitung (rot).

13 Pandas verhungern mußten. Glücklicherweise kommen in beinahe jedem Lebensraum dieser Tiere wenigstens zwei Bambusarten vor, und im Liang-Gebirge wachsen in verschiedenen Höhenlagen sogar bis zu 13 Arten.

In einigen Fällen sind die Pandas imstande, andere Bambusarten zu finden, indem sie einen oder zwei Kilometer weit wandern. Zudem haben Untersuchungen in den Bergen von Wolong und Qionglai sowie im Qinling-Gebirge bewiesen, daß diese Tiere alljährlich weniger als zwei Prozent der Bambusbestände verzehren.

SOZIALVERHALTEN

Normalerweise sind Große Pandas Einzelgänger. Nur im Frühjahr kommen die erwachsenen Tiere zusammen, jagen einander, kämpfen miteinander und paaren sich.

Forschungsarbeiten, die in letzter Zeit im Qinling-Gebirge durchgeführt wurden, haben gezeigt, daß die dortige Panda-Population über ein gewisses Maß an sozialer Organisation verfügt. Im Jahre 1987 wurden 15 Pandas (acht Weibchen und sieben Männchen) mit Senderhalsbändern ausgestattet und seitdem beobachtet. Von September bis Mai bewoh-

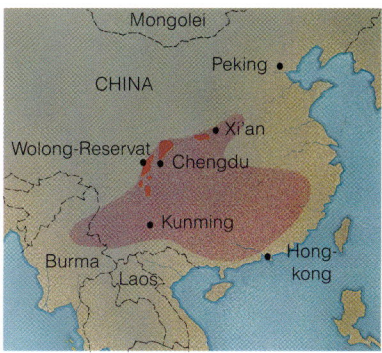

▼ Mehr als 99 Prozent der Nahrung des Großen Panda besteht aus Bambus. Im Winter fressen die Tiere vorwiegend die Blätter und jungen Sprosse, im Frühjahr die Triebe.

▼ (Unten) Große Pandas haben einen stetigen, rollenden Gang, bei dem sie den Kopf gesenkt halten. Zwar können sie sich auf die Hinterbeine erheben, doch wurden sie noch niemals beim bipeden Gang beobachtet.

Keith and Liz Laidler

Jim Tuten/Animals Animals/Stock Photos

nen sie ihren Winterlebensraum in Höhenlagen zwischen 1200 und 2000 Meter und ernähren sich von *Bashania fargesii*. Von Juni bis August halten sie sich dagegen in ihren Sommergebieten auf, die zwischen 2200 und 3000 Meter hoch liegen, um von *Fargesia spathasea* zu leben. Wenn die beiden Bambusarten sprießen, wandern die Bären mit fortschreitender Jahreszeit die Berghänge hinauf. Dadurch wird es ih-

nen möglich, sich ständig von den Trieben zu ernähren, den nahrhaftesten Teilen der Pflanze. Diese Art der Vertikalwanderung wurde in anderen Panda-Gebieten bisher nicht beobachtet.

Während der drei Sommermonate besteht die einzige Beschäftigung des Großen Panda im Fressen. Und während ihres neunmonatigen Aufenthalts in ihren Wintergebieten paaren sie sich und bringen ihre Jungen zur Welt. Die soziale Organisation, die von den Forschern im Qinling-Gebirge beobachtet wurde, hing mit dem Fortpflanzungsverhalten in den Winterhabitaten zusammen. Jede soziale Gruppe bestand aus einem dominanten Männchen und drei bis fünf Weibchen, deren Streifgebiete sich innerhalb des Territoriums des Männchens befanden. Die weiblichen Tiere tauchten häufig nur in den Zentren ihrer durchschnittlich 4,2 Quadratkilometer großen Streifgebiete auf, die einander an den Rändern überlappten. Dagegen waren die Streifgebiete dominanter Männchen im Durchschnitt 11,8 Quadratkilometer groß. Diese Areale dominanter Männchen, in denen auch Gruppen lebten, schlossen gleichgeschlechtliche Tiere weitgehend aus. Außerhalb der Paarungszeit wurden mehrfach Kämpfe zwischen Männchen beobachtet, die sich an den Grenzen ihrer Territorien abspielten.

Die Rangposition der Männchen scheint altersabhängig zu sein. Wie die Forscher im Qinling-Gebirge feststellten, besaß ein noch nicht acht Jahre altes Männchen den niedrigsten Rang und das umfangreichste Streifgebiet, das die Areale von mindestens zwei Gruppen umfaßte. Offenbar streifen die jungen Männchen weiträumig umher und warten dabei auf ihre Chance, in der Nähe geschlechtsreifer Weibchen ein Territorium zu gründen und dominant zu werden. Wenn die Männchen dann ein Alter von 15 Jahren erreicht haben, ziehen sie sich aus den besten Paarungsgebieten zurück und besetzen nur noch kleinere Streifgebiete an der Peripherie. Zwei Männchen, eines neun und das andere 14 Jahre alt, waren die stärksten Bären und dominierten in zwei verschiedenen Gruppen. Indem sie Streifgebiete kontrollierten, die diejenigen mehrerer Weibchen überlappten, hatten diese Tiere die besten Paarungsmöglichkeiten. Vermutlich müssen dominante Pandas nicht soviel Energie für den innerartlichen Wettbewerb aufwenden, so daß ihnen mehr Kraft für die eigentliche Paarung bleibt.

In Untersuchungen, die in den Bergen von Wolong und Qionglai durchgeführt wurden, konnte man keine vergleichbare soziale Organisation beobachten.

FORTPFLANZUNG UND AUFZUCHT DER JUNGEN

Erwachsene Pandamännchen sind größer als die Weibchen. Sie besitzen eine breitere Schnauze, stärkere Arme, einen längeren Körper und ein Gewicht zwischen 85 und 125 Kilogramm, während ein Weibchen nur 70 bis 100 Kilogramm wiegt. Es ist jedoch im Freiland nicht leicht, das Geschlecht eines Pandas zu bestimmen.

Obwohl die Geschlechter einander außerhalb der Paarungszeit nur selten begegnen, kommunizieren sie, indem sie durch Reiben an Bäumen und Steinen eine leicht sauer riechende Substanz aus ihren Analsäcken auftragen, zwei Drüsen, die sich in ihrer Anogenitalregion befinden. Dabei werden Informationen über den Reproduktionsstatus und die individuelle Identität des Senders übermittelt, schon lange, nachdem dieser einen bestimmten Ort wieder verlassen hat. Während der Paarungszeit nimmt die Häufigkeit dieser Duftmarkierungen zu.

Die meisten Pandaweibchen kommen zwischen März und Mai in den Östrus. Zwar dauert diese Zeit ein bis drei Wochen an, doch ist die maximale Empfängnisbereitschaft auf nur einen bis drei Tage beschränkt. Bei der Kopulation steht oder kauert das Männchen hinter der Partnerin, stützt sich mit den Armen auf deren Rücken und reitet häufig, aber kurz auf, ehe es ejakuliert. Da die Tragzeit zwischen 87 und 163 Tagen variiert, kann man davon ausgehen, daß sich die befruchtete Eizelle nur bis zum Blastozystenstadium entwickelt und sich dann frei im Uterus bewegt, ehe sie sich einnistet. Diese Verzögerung der Einnistung könnte einen bis vier Monate betragen.

Die Weibchen bringen ihre Jungen in Höhlen oder hohlen Bäumen zur Welt. Ein Wurf umfaßt normalerweise ein bis zwei Individuen. Bei Zwillingsgeburten ziehen die Weibchen üblicherweise nur ein Junges auf und kümmern sich nicht um das andere. Allerdings wurden in einigen Fällen – zum Beispiel in den Bergen von Min, Qionglai und Qinling – Pandamütter auch in Begleitung zweier Jungtiere beobachtet. Bei ihrer Geburt wiegen die Jungen 85 bis 140

Gramm. Diese blinden und beinahe nackten Geschöpfe geben ein lautes, hohes Kreischen von sich, das man ihrem winzigen, zerbrechlichen Körper gar nicht zutrauen würde.

M. Newman/FLPA

◄ Obwohl Pandaweibchen häufig Zwillinge zur Welt bringen, ziehen die meisten von ihnen nur ein Junges auf. In der Wildnis kommen sie in einer Höhle, einem hohlen Baumstamm oder einer anderen geschützten Stelle zur Welt, wo keine anderen Bären in der Nähe sind.

▼ Das unverwechselbare Schwarzweißmuster macht es den Pandas leicht, einen Artgenossen aus größerer Entfernung im Wald zu erkennen.

Keith and Liz Laidler

PANDAS UND DIE POLITIK

DONALD G. REID

Mit seiner wundervollen schwarzweißen Färbung und seinem umgänglichen Verhalten ist der wie ein Teddy aussehende Große Panda bei jedermann beliebt. Zugleich ist dieses Tier jedoch selten und gefährdet, da es den größten Teil seiner Lebensräume verloren hat und zudem häufig Wilderern zum Opfer fällt.

Die Anziehungskraft und Seltenheit des Großen Panda machen ihn zu einem weltweit gültigen Symbol für gefährdete Arten und den Naturschutz. Einst waren diese Tiere die bedeutendsten Geschenke der chinesischen Regierung an die zoologischen Gärten ausgewählter Nationen. Ihre Seltenheit und Popularität machen die Pandas zugleich zu einer lukrativen Attraktion für ihre Besitzer. Sie sind bedeutende Einnahmequellen für die Gemeinschaft der Naturschützer und für westliche Zoos, und Regierungsbehörden berechnen mindestens 100 000 US-Dollar im Monat dafür, daß sie kurzzeitig einen Großen Panda nach Übersee ausleihen.

Es herrscht eine gewisse Uneinigkeit darüber, ob dieses Geld

▼ Insbesondere in China wurden erhebliche Anstrengungen unternommen, den Großen Panda in Gefangenschaft zu züchten. In einigen Fällen bediente man sich der künstlichen Befruchtung. Bis heute waren diese Projekte nur mäßig erfolgreich.

▼ (Unten) Pandas gehören zu den beliebtesten Zootieren. Allerdings werden sie von der chinesischen Regierung nicht mehr, wie früher, als diplomatische Geschenke verteilt, sondern höchstens für kurze Zeit ausgeliehen.

wirklich optimal für den Schutz dieser Art eingesetzt wird. Im Mittelpunkt der Diskussion stehen unterschiedliche Auffassungen des Artenschutzes. In der westlichen Welt hängt der Artenschutz grundsätzlich mit der Erhaltung wilder Tiere in ihren natürlichen Lebensräumen zusammen. Ein Tier, das, vom Menschen ungestört, seinen natürlichen Ressourcen überlassen bleibt, entspricht den westlichen Vorstellungen von individueller Freiheit. Im Gegensatz dazu hat China seine Landschaften schon wesentlich länger umgestaltet als die meisten anderen Länder, und das Erleben wilder Tiere in natürlichen Lebensräumen ist für die meisten Chinesen ein seltenes Ereignis.

Die Aussichten auf chinesische Zustände führten dazu, daß man sich darauf konzentrierte, die Pandas zu retten, indem man sie in Gefangenschaft hält. Sowohl Wissenschaftlern als auch Naturschützern fällt es leichter, Unterstützung für gefangene Pandas dort zu fordern, wo die Tiere leicht zu sehen sind und ihre Bedürfnisse nach Ansicht der meisten Menschen vollkommen befriedigt werden. Nahezu alle ausländischen Bemühungen um die Erhaltung des Panda, einschließlich der internationalen Ausleihaktionen, hatten zum Ziel, Zuchtmöglichkeiten oder zoologische Gärten zu fördern, häufig mit der Absicht, Pandas aufzuziehen und in der Wildnis wieder auszusetzen. Allerdings führte das Unvermögen, die Zoopopulationen durch Zucht zu erhalten, dazu, daß man auf Bestände aus der Wildnis zurückgreifen mußte. Wie man hofft, könnten Pandas eines Tages allein in Gefangenschaft erhalten werden, sobald sich die Zucht- und Haltungsmöglichkeiten verbessert haben.

Für westliche Naturschützer ist ein solches Ziel, abgesehen von seinen praktischen Schwierigkeiten, ethisch nicht vertretbar. Ohne seinen natürlichen Lebensraum verliert der Große Panda als Objekt der ehrfürchtigen Bewunderung sowie des wirtschaftlichen und akademischen Interesses. Nach Ansicht westlicher Naturschützer muß die Zukunft der Tierarten an die Erhaltung ihrer natürlichen Lebensräume gebunden bleiben, und je mehr Zeit vergeht, desto mehr schrumpfen ihre Flächen und desto schwerer können sich diese erholen. Zudem halten sie das Aussetzen gezüchteter Exemplare für riskant. Wie auch bei anderen Bären benötigen junge Pandas viel Zeit, die sie gemeinsam mit ihren Müttern verbringen und während der sie lernen, Nahrung und Unterschlupf zu finden oder Gefahren auszuweichen. Wenn unerfahrene Pandas ihre Aussetzung in der Wildnis überleben sollen, geht es nicht ohne erhebliches Experimentieren, und man wird neue Verfahren des Aussetzens entwickeln müssen. Und schließlich muß nicht nur der Panda erhalten werden. Die Lebensräume dieser Art umfassen nämlich die vielfältigsten Lebensgemeinschaften der gemäßigten Fauna und Flora, die man auf der Erde finden kann. Ihre Erhaltung ist für die Einwohner Chinas und der ganzen Welt von unschätzbarem geistigen, kulturellen und ökonomischen Wert.

Schließlich werden die Bemühungen, den Panda zu schützen, zu einem Kompromiß unter den Vertretern dieser drei unterschiedlichen ethischen Ansichten führen. So umfaßt der Schutzplan, der vom chinesischen Nationalrat im Jahre 1992 verabschiedet wurde, die Gründung eines neuen Zuchtzentrums im Qinling-Gebirge, die Einrichtung neuer Reservate sowie die Erweiterung der zwölf vorhandenen. Die Fortschritte dieser Unternehmungen werden überwiegend von den Beiträgen westlicher Naturschützer und Hilfsorganisationen abhängen. Diese Beiträge können in finanzieller Form, aber auch durch Einbringen von Erfahrung erfolgen. Zudem muß man bereit sein, der chinesischen Sichtweise Verständnis entgegenzubringen und die Probleme im Sinne beider Kulturen zu lösen. Der politische Handlungswille gründet sich auf gegenseitiges Vertrauen.

Am 16. August 1989 brachte ein mit einem Halsbandsender ausgestattetes Weibchen einen männlichen Nachkommen zur Welt, und die Forscher konnten beide Tiere seitdem nahezu ununterbrochen beobachten. Während der ersten zehn Tage nach der Geburt saß die Mutter mit ihrem Jungen überwiegend in der Höhle und hielt es mit einer Vorderpfote fest, um es zu säugen. Bis das Junge zwei Wochen alt war, fand man in der Umgebung der Höhle nur wenige Freßspuren und Kotreste. Als die Mutter sich dann außerhalb der Höhle Nahrung suchte, ließ sie das Junge drinnen schlafend zurück. Dies blieb vier Monate lang so, und währenddessen trug das Weibchen sein Junges in zwei weitere Höhlen.

Das Junge wuchs rasch heran. Schon nach sieben Tagen wurde das Schwarz seiner Augenzeichnung sowie an den Ohren und Schultern sichtbar. Im Alter von 44 Tagen öffnete es die Augen und begann umherzukrabbeln, und nach 85 Tagen konnte es schon stehen und sich schwankend fortbewegen. Als das Jungtier nach 125 Tagen 40 Zentimeter lang und sechs Kilogramm schwer war, begann es, mit seiner Mutter umherzustreifen. Bald hatte es gelernt, sicher zu laufen, Bäume zu erklimmen und aus einem Bach zu trinken. Im Alter von 13 Monaten begann es, Bambus zu fressen, und acht Wochen später war es vollständig entwöhnt. Als dieser Bericht entstand, war der junge Panda 32 Monate alt und lebte noch immer mit seiner Mutter zusammen, obwohl er – seinem Alter nach – schon seit einiger Zeit selbständig leben könnte. Die gemeinsame Zeit mit der Mutter war wesentlich länger als die 18 oder 25 Monate, die bisher zugrundegelegt wurden. Im Frühjahr 1991 kam die Mutter erneut in den Östrus, brachte jedoch kein neues Jungtier zur Welt. Vermutlich lag darin der Grund ihres langen Zusammenlebens.

Man hatte zunächst vermutet, daß die Sterblichkeit junger Pandas im ersten Lebensjahr sehr hoch liege, weil zahlreiche Raubtiere, darunter Leoparden, Kragenbären und Buntmarder, deren Lebensraum teilen. In den Bergen von Qingling wurden die Jungen jedoch gut von ihren Müttern beschützt. So wurde ein Kragenbär, der in das Areal einer Pandamutter und ihrer beiden Jungen eingedrungen war, sofort von dem Weibchen vertrieben.

Beide Geschlechter des Großen Panda werden mit viereinhalb bis sechseinhalb Jahren geschlechtsreif. Sie werden in der Wildnis 20 bis 22 Jahre alt, während das älteste Tier in Gefangenschaft erst nach 30 Jahren starb. Wildlebende Männchen sind im Alter zwischen fünf und 15 Jahren sexuell aktiv, wobei sie ihre größte Fortpflanzungsaktivität mit acht bis 14 Jahren entwickeln. Weibliche Tiere können sich mindestens elf Jahre lang fortpflanzen. Bringt ein Weibchen im Herbst Junge zur Welt und diese bleiben bei ihm, sind seine Milchdrüsen offenbar noch während der Paarungszeit im Frühjahr aktiv, und der Östrus wird bis zum folgenden Jahr unterdrückt, wenn die Jungen bereits vollständig entwöhnt sind.

Damit dürfte die maximale Fortpflanzungsrate pro Weibchen bei etwa einem Wurf alle zwei Jahre liegen. In Wirklichkeit wird diese Rate jedoch nicht erreicht, weil einige Weibchen manchmal keine Nachkommen haben, obwohl sie in den Östrus gekommen sind.

▶ Obwohl Pandas grundsätzlich auf dem Boden leben, können sie recht gut klettern. Sie tun dies zum Beispiel bei der Werbung, manchmal aber auch nur, um dort oben in der Sonne zu schlafen.

Wolfshead/Ben Osborne/Ardea London Ltd

▲ Weil das Verdauungssystem des Großen Panda nicht darauf spezialisiert ist, pflanzliche Nahrung zu verdauen, muß ein Panda viel fressen, um zu überleben. Ein im Feld beobachtetes Exemplar fraß 15 Stunden hintereinander und verzehrte dabei etwa 650 Bambustriebe.

▶ Pandas markieren Bäume mit den Klauen, urinieren und reiben ihre Analregion an den Bäumen, um für andere Pandas Duftmarken zu hinterlassen.

John Mackinnon/Bruce Coleman Ltd.

DER SCHUTZ DER PANDAS

Über Jahrmillionen war es dem Panda gelungen, allen klimatischen Umwälzungen zum Trotz zu überleben, während Hunderte anderer Großsäuger verschwunden sind. Heute hängt sein Überleben nicht mehr von Naturkräften, sondern von der Gnade des Menschen ab. Unaufhörlich dringen Menschen in die Lebensräume des Panda ein, um Land zu roden und Holz zu gewinnen. Die noch vorhandenen Lebensräume bestehen aus 25 isolierten Waldabschnitten, von denen mehr als zwei Drittel nicht einmal 50 Pandas beherbergen. Genetischen Erkenntnissen zufolge benötigt eine Population mindestens 1000 Individuen, um Folgen der Inzucht zu vermeiden, da sich innerhalb einer Population weniger als 50 Prozent aller Paarungspartner zufällig begegnen und fortpflanzen. Folglich ist die Inzucht in derart kleinen Populationen unausweichlich. Die Konsequenz ist ein Zurückgehen der genetischen Vielfalt und Widerstandskraft und schließlich das Aussterben der Art. Auch die Wilderei bildet ein ernstzunehmendes Problem, da Pandafelle außerhalb Chinas hohe Preise erzielen. Obwohl viele Wilderer schon empfindlich bestraft wurden, hört die illegale Jagd nicht auf.

In den zoologischen Gärten und Zuchtzentren der ganzen Welt leben heute etwa 100 Exemplare, und für Zuchtprogramme werden große Summen aufgewendet. Allerdings waren die Erfolge bisher mäßig, und von den insgesamt 100 Jungtieren, die seit 1963 in Gefangenschaft geboren wurden, haben nur 35 sechs Monate überlebt. Obwohl die augenblickliche Rate von zwei bis drei Jungtieren pro Jahr die der vergangenen Jahre schon übertrifft, müssen Verhalten und Ernährungsweise dieser Tiere dringend eingehender erforscht werden. Finanzielle Stiftungen wären gut beraten, sich auf die Erhaltung der Lebensräume des Panda zu konzentrieren, da sich die Tiere in der Wildnis weitaus erfolgreicher fortpflanzen. Sicherlich sollte man keine weiteren Exemplare zu Zuchtzwecken aus der Wildnis wegnehmen.

Der Große Panda, heute ein Symbol für gefährdete Tiere und für den Naturschutz, stellt uns vor eine moralische und wissenschaftliche Herausforderung. Es geht um den Erhalt ihrer Lebensräume.

▲ In herbstlicher Umgebung sitzt ein Schwarzbär auf einem Holzstapel in Minnesota.

BÄREN UND

MENSCHEN

ANTHROPOLOGIE, GESCHICHTE UND KULTUR

▲ Auf diesem französischen Holzschnitt aus dem 17. Jahrhundert ist eine Bärenmutter dargestellt, die eines ihrer Jungen leckt. Es gab mittelalterliche Theologen, nach deren Ansicht die christliche Kirche die mütterliche Fürsorge einer Bärin nachahmt.

BARRY SANDERS

Fast immer in der Geschichte sind Bären Gegenstand von Mythen und Legenden. Wer wäre auch nicht von der geheimnisvollen Fähigkeit eines Tieres fasziniert, das während des strengsten Winters in einer Art verlangsamten Lebens unter der Erde bleibt, um genau dann, wenn der Frost endet, wieder hervorzukommen? Irgendwie kennt dieses riesige, stämmige Tier das Geheimnis, mit dem großen kosmischen Rad harmonisch umzugehen. Auf diese Weise beherrschte bald eine abenteuerliche Vorstellung das primitive Denken: die Hoffnung auf Auferstehung von den Toten. Natürlich stellte auch Christus im Neuen Testament seinen Jüngern diese in Aussicht, und daher zeigen einige frühe mittelalterliche Miniaturen, wie Christus von einem Bären in die Höhe gehoben wird.

DIE BÄRENMUTTER

Für Griechen und Römer war der Bär die Fleischwerdung mütterlichen Erbarmens, eine Ansicht, die wohl aus der Beobachtung des einzigartigen Verhaltens weiblicher Bären entstanden ist. Die Jungen kommen winzig klein zur Welt – sie sind im Durchschnitt kaum 350 Gramm schwer – und bilden nur unbehaarte Fleischklumpen. Antike Schriftsteller wie Plinius waren davon überzeugt, daß die Bärenmutter ihre Jungen unablässig leckte, bis diese die richtige Gestalt angenommen hatten. Virgil sah in diesem Vorgang an sich den Sinn der Schöpfung.

Die antiken Völker übertrugen dann die mütterliche Sorge des Bären auf die Welt der Menschen. Aus einem Grund kommt uns Ursa sehr vertraut vor – unser Bärenvorfahr in einem Fellmantel. Mehr aber noch erinnerte das sorgfältige Streicheln und Liebkosen der Bärin an eine menschliche Mutter, die zärtlich auf ihr Kind einredet und die Decken in Ordnung bringt. Dabei entsprechen Hände und Stimme der Mutter der geschmeidigen Zunge des Weibchens. Unter französischen Müttern gilt ein ungehorsames Kind noch immer als ein *Ours mal leché*, ein schlecht zurechtgeleckter Bär.

Einigen theologischen Autoren des Mittelalters zufolge ahmte die Kirche selbst die mütterliche Geduld des Bären nach, indem sie ungeschliffene Heiden in das Bild des Christentums projizierte. Und Kirchenväter, wie Clemens von Alexandria, ließen in die Vorstellung von Mutterschaft und Idee der Geistigkeit einfließen. Seine ungewöhnliche Biologie machte den Bären zu einem Musterbeispiel der abgehobensten Vorstellung christlicher Mutterschaft – der Jungfrau Maria. Obwohl Bären ihre Paarung mitten im Sommer vollziehen, nistet sich das befruchtete Ei erst fünf Monate später in der Uteruswand ein, also während das Weibchen in der Höhle liegt, und die Jungen werden unter der Erde geboren. Unter normalen Umständen geht eine völlig normal aussehende Bärin also in eine Höhle hinein, um diese später mit ihrem Wurf im Gefolge zu verlassen – ein Beweis für das Wunder der Jungfrauengeburt.

EIN ANTIKES VERMÄCHTNIS

Wie also begann ein so andauerndes Verhältnis zu den Bären? Blicken wir zeitlich ein großes Stück zurück, so waren die Neandertaler mit dem gewaltigen Höhlenbären (*Ursus spelaeus*) konfrontiert, dessen stämmiger Körper nahezu 400 Kilogramm wog. Wenn ein Neandertaler in die Augen des Bären schaute, fand er darin vielleicht eine Widerspiegelung seines eigenen Bewußtseins, das jedoch irgendwie tiefer reichte.

Der Höhlenbär ernährte sich von Kräutern und Blättern. Anstatt also Tiere zu jagen, lebte er im wesentlichen vegetarisch. Durch Beobachtung dieses Tieres könnten die Neandertaler gelernt haben, was eßbar war, und so lehrte sie der Bär die erste und wichtigste Lektion: wie man überlebt. Es ist natürlich unmöglich zu wissen, welche Einstellung die Neandertaler zu diesem monumentalen Geschöpf

▼ Der heilige Columbus wird normalerweise mit einem Palmwedel und einem Bären dargestellt, den er an einer Kette führt. In diesem Bild von Rimini (Italien) aus dem 14. Jahrhundert ist er nur mit dem Bären abgebildet.

hatten, doch können wir uns vorstellen, daß Menschen und Bären dieselbe Höhle teilten, wobei jeder einen unterschiedlichen Abschnitt bewohnte.

In Regourdou bei Lascaux in Frankreich fand man in einem Neandertalergrab den Oberarmknochen eines Bären. An anderen Stellen legten Archäologen Leichen frei, die mit Stücken von Bärenfell bedeckt waren. Hier versuchten die Neandertaler vielleicht, ihre zweite Lektion in die Praxis umzusetzen, die sie von den Bären gelernt hatten: die Hoffnung, ihren Platz in der Erneuerung des Kosmos zu finden. Die englischen Begriffe »bury« (begraben), »bier« (Totenbahre) und »burial« (Begräbnis) stammen alle von derselben indoeuropäischen Sprachwurzel *bher* ab, von der sich auch das Wort »Bär« ableitet.

Vor 40 000 Jahren dann bekam der Bär ein Geschlecht. Er trat als Göttin mit einer Bärenmaske auf, und alles schien darauf hinzudeuten, daß er die Große Mutter der klassischen Welt werden sollte. Entsprechende Indizien für diese Entwicklung lassen sich aus der Arbeit mehrerer Archäologen folgern, allen voran Marija Gimbutas. Sie hatte Hunderte von Terracotta-Figurinen analysiert, die in einem Gebiet ausgegraben worden waren, das von Rumänien im Norden bis nach Griechenland im Süden sowie von Österreich im Westen bis zum Schwarzen Meer im Osten reicht – ein Gebiet, aus dem die Vinca-Kultur hervorging. In dieser Zeit – sie wird von Gimbutas als alteuropäisch, also etwa vor 9000 bis 5000 Jahren angesiedelt – hinterließen die frühen Bauern kultische Tongefäße mit absichtlich eingeritzten Zickzacklinien, die offensichtlich Wasser darstellten. Sie assoziierten also den Bären mit Wasserquellen und der Unterwelt.

Gegen Ende dieser Zeit nahm der Bär eine teilweise menschliche Gestalt an. Die Terracotta-Figuren besaßen nun die Form einer bärenköpfigen Frau. Manchmal saß diese auf einem Thron mit Halbmonden geschmückt (wiederum ein Bezug auf Wasser) und hielt wie eine Madonna ein Bärenjunges oder trug es in einem Sack auf ihrem Rücken. Bei vielen dieser Figurinen berührt die linke Hand ihre Brust, was wiederum für eine Assoziation des Bären mit dem Wasser spricht, zumal Milch und Wasser in der antiken Mythologie häufig miteinander verbunden sind.

Als das Alte Europa dann von einer indo-europäischen Kultur überlagert wurde, nahm die alte Bärengöttin die Rolle einer Amme an, deren Aufgabe es war, das göttliche

Kind, den neuen Gott der Vegetation, zu schützen. Ein Gott, der im Winter unter der Erde umherwanderte, um im Frühling erneuert wieder aufzutauchen. So also provozierte die Bärengöttin das größte Verlangen der menschlichen Zivilisation auf – das Verlangen, wiedergeboren zu werden.

DIE LEGENDE VON SALMOXIS

Wie der griechische Historiker Herodot überliefert hat, lebten einmal in Thrakien, einem Gebiet westlich des Schwarzen Meeres, das Volk der Getae, das alljährlich ein Menschenopfer als Boten zu Salmoxis, ihrem Gott der Unsterblichkeit, sandte. Sein Name bedeutete angeblich soviel wie »Bärenhaut«. Nachdem sie sich dieses menschlichen Boten so entledigt hatten »schossen die Getae Pfeile auf Donner und Blitz«, was der Klassizist Rhys Carpenter als eine Art »Wetterzauber« deutet. Und natürlich hat der überwinternde Bär die Funktion eines recht zuverlässigen Wetterfrosches. Ganz fraglos erhoben die Getae den Bären zu einem Gott, und mit Hilfe ihres rituellen Opfers hofften sie unter dem Schutz dieses Tieres auf ein ewiges Leben.

In anderen Teilen Griechenlands wird eine andere Version dieser Geschichte erzählt, die ohne das Menschenopfer auskommt. Die Legende berichtet von ei-

◀ Die Bärenmaske eines Schamanen der Tlinget aus dem Südosten Alaskas.

▲ Ein römisches Fußbodenmosaik aus dem dritten oder zweiten vorchristlichen Jahrhundert. Diese Darstellung aus Ostia (Italien) zeigt einen Jäger mit einem Bären. Bemerkenswerterweise hat in Norditalien bis heute eine kleine Braunbärenpopulation überlebt.

▼ Diese eingravierten Bären wurden in der berühmten Höhle von Bara Bahau (Dordogne, Frankreich) von paläolithischen Menschen vor 30 000 Jahren geschaffen.

Miodrag Djordjevic/Maria Gimbutas

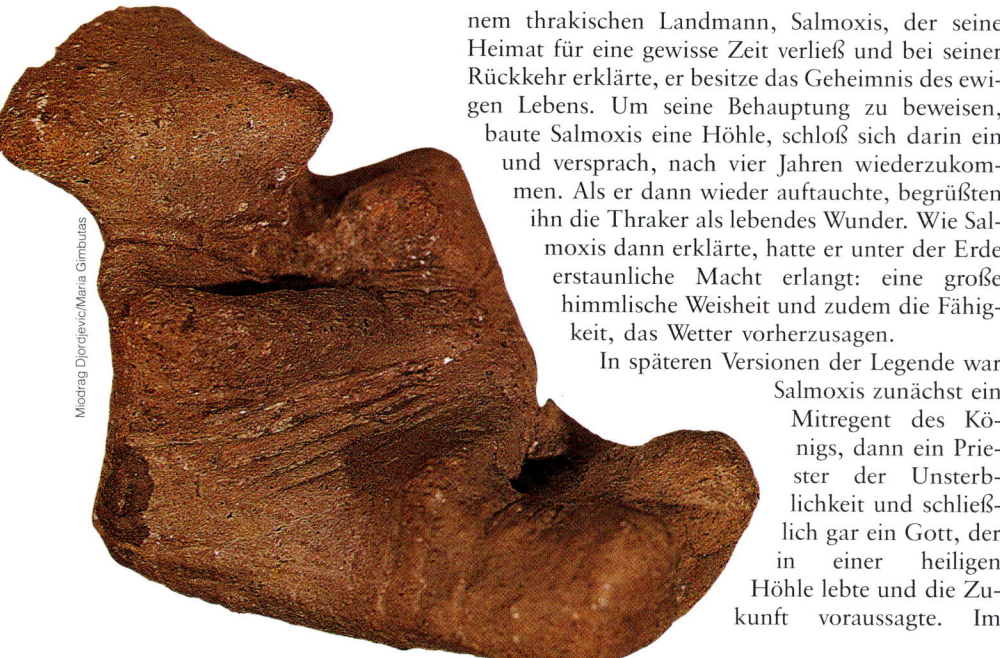

nem thrakischen Landmann, Salmoxis, der seine Heimat für eine gewisse Zeit verließ und bei seiner Rückkehr erklärte, er besitze das Geheimnis des ewigen Lebens. Um seine Behauptung zu beweisen, baute Salmoxis eine Höhle, schloß sich darin ein und versprach, nach vier Jahren wiederzukommen. Als er dann wieder auftauchte, begrüßten ihn die Thraker als lebendes Wunder. Wie Salmoxis dann erklärte, hatte er unter der Erde erstaunliche Macht erlangt: eine große himmlische Weisheit und zudem die Fähigkeit, das Wetter vorherzusagen.

In späteren Versionen der Legende war Salmoxis zunächst ein Mitregent des Königs, dann ein Priester der Unsterblichkeit und schließlich gar ein Gott, der in einer heiligen Höhle lebte und die Zukunft voraussagte. Im Herzen Thrakiens befand sich nach Aussagen antiker Schriftsteller auf dem Berg Laphysion ein Höhlenorakel mit dem Namen Trophonios, in dessen Eingang Bienenschwärme lebten, die zunächst mit einer Gabe aus Honigkuchen besänftigt werden mußten. Plutarch schrieb von einem Besucher dieser Höhle, der »zwei Nächte und einen Tag unter der Erde blieb. Und als die meisten ihn schon aufgegeben hatten und seine Familie ihn betrauerte, tauchte er im frühen Morgengrauen strahlend wieder auf.«

DIE WIEDERKEHR VOM TODE

Das Wunder der Wiederkehr des Bären vom Tode wurde traditionell etwa am zweiten Februar gefeiert. Nach der Überlieferung im Balkan begab sich der Bär zur Wintersonnenwende unter die Erde und hielt sich dort 40 Tage lang auf. Im christlichen Kalender feiert man am zweiten Februar Mariae Lichtmeß, einen Zeitpunkt, die wiederkehrende Sonne nach ihrer langen Abwesenheit im Winter zu begrüßen. Die Kirche berechnete dieses Datum, indem sie 40 Tage vom kürzesten Tag des Jahres, der Wintersonnen-

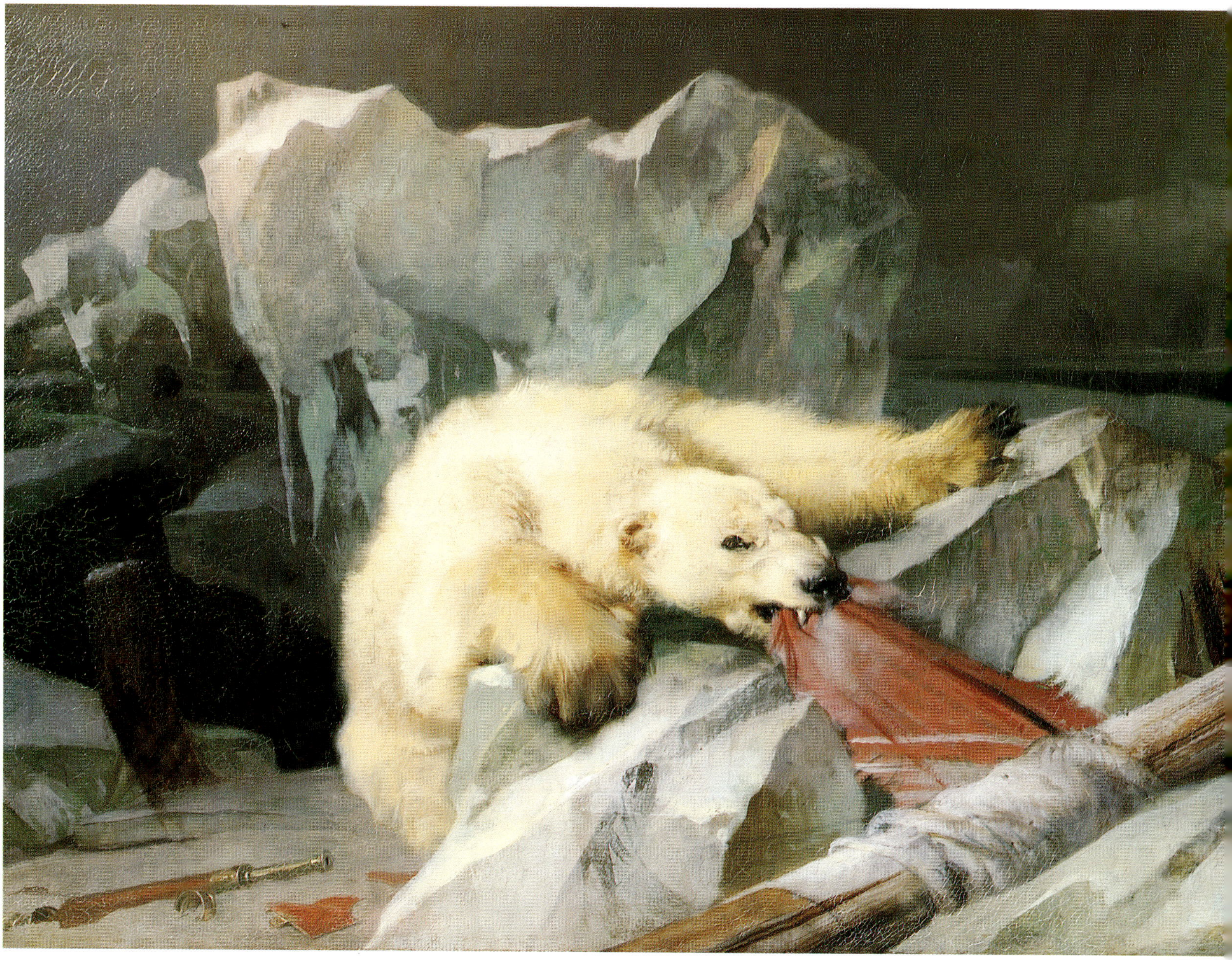

Royal Holloway & Bedford New College, Surrey/The Bridgeman Art Library

wende, rechnete. Dabei überlagerte sie ihren Kalender der biologischen Uhr des Bären – und unterstellte, daß der Bär tief im Schlaf irgendwie auf die ersten wärmenden Strahlen reagierte. Also war der Bär eine Verbindung mit der Sonne eingegangen, wie er auch auf die Jahreszeiten reagierte.

Der Tagesheilige von Mariae Lichtmeß ist Sankt Blasius, der die Menschen segnete, indem er Jahre des Lichtes auf sie übertrug. Er war zugleich der Hüter der Winde, und sein Tag bezeichnete die Ankunft des Frühlings durch starke Winde, so wie bei Bären der »Furz des Erwachens« – der Moment, indem das Tier gewaltsam seinen Enddarm entleert – das neue Jahr am zweiten Februar verkündete. Einige Fachleute sehen in Sankt Blasius die christliche Kulmination eines mächtigen, allgegenwärtigen unterirdischen Mythos, der in bekanntester Weise in einer klassischen Figur wie Orpheus zum Ausdruck kommt. Der französische Kulturhistoriker René Gaignabet ist davon überzeugt, daß der überwinternde Bär ein Modell für den drei Tage in der Höhle eingeschlossenen und später auferstandenen Christus sei. Christus der Sohn wird durch die Sonne symbolisiert, eine Verbindung, die ebenfalls an die Nähe des Bären mit der Sonne erinnert.

Noch vor nicht langer Zeit bauten die Bewohner von Arles-sur-Tech (Südfrankreich) am Sonntag nach Lichtmeß in ihrem Stadtzentrum eine Höhle und vollzogen eine alte Zeremonie zu Ehren des Bären. Ein junger Mann pflegte sich ein Bärenfell überzuziehen und als »Berserker« in den Straßen nach einer Braut zu suchen. Nach einer gewissen Zeit des Amoklaufes griff er sich ein Opfer und nahm es mit in die Höhle, wo beide heirateten. Diese zeremonielle Eheschließung folgte unmittelbar auf das Erwachen des Bären aus dem Winterschlaf und verkündete die Ankunft des Frühlings. Und Paare, die an diesem Tage heirateten, versicherten sich durch eine reiche Nachkommenschaft einer gewissen Unsterblichkeit.

DER ARTEMIS-KULT

Einstmals blühte offenbar an der attischen Küste ein Bärenkult, der sich auf die Göttin Artemis, die als Artemis Brauron bekannt war, konzentrierte. Die jungen

◄ Nach Ansicht der Anthropologin Marija Gimbutas beziehen sich die stillenden Bärenfigurinen, die man in Osteuropa fand, auf die Rolle der Göttin als Schützerin der Keuschheit. Diese etwa sechs Zentimeter große Terracotta-Figur stammt aus dem Süden Jugoslawiens und entstand im fünften Jahrhundert vor Christus.

▼ Die Hilflosigkeit des Menschen gegen die Naturgewalten und wilden Tiere, wie den Eisbären, kommen in diesem Gemälde aus dem 19. Jahrhundert in dramatischer Weise zum Ausdruck. Dieses Bild des englischen Künstlers Sir Edwin Landseer trägt den Titel »Der Mensch denkt, Gott lenkt«.

DIE FRÜHEN BEZIEHUNGEN
ZWISCHEN EISBÄREN UND DEN INUIT

IAN STIRLING

Die Vorfahren der heutigen Inuit besaßen ein sehr kompliziertes Verhältnis zum Eisbären. (Der Begriff »Inuit« bedeutet »Mensch« und hat das Wort »Eskimo«, was soviel wie »Rohfleischesser« bedeutet, verdrängt.) Der Eisbär war ein Beutetier, ein gefährlicher Gegner und zugleich ein Tier, dessen Geist mit dem Jäger selbst austauschbar war. Nach Sedna, der legendären menschlichen Meeresgöttin, die allgemein für das höchste aller Wesen gehalten wurde, war der mächtigste Geist der des Eisbären.

Auf der einfachsten Stufe verarbeiteten die Inuit den Eisbären zu Kleidung, Schlafdecken und Nahrung für sich und ihre Hunde. Es gab aber auch mehrere spezielle Verwendungen. So breitete etwa ein Robbenjäger, der an einem Atemloch auf seine Beute wartete, über einen Schneeblock ein Eisbärenfell aus, um sich daraufzusetzen, und seine Füße ruhten auf einem weiteren, so daß die Kälte nicht durchdringen konnte. Überall im Norden benutzten die Inuit gewöhnlich ein Stück Eisbärenfell, um die Kufen ihrer Schlitten mit Wasser einzureiben, so daß sie in der Kälte eisbedeckt blieben. Und die Eckzähne des Eisbären wurden häufig zu Schmuck oder Amuletten verarbeitet.

Die frühen Inuit hatten zu den meisten Tieren eine zweifache Beziehung. Wie es ein Inuk-Jäger dem dänischen Ethnologen Knud Rasmussen einmal erklärte, »besteht die größte Gefahr im Leben darin, daß die menschliche Nahrung vollständig aus Seelen besteht. Alle Tiere, die wir töten müssen, um sie zu essen, und alle, die wir erlegen und vernichten müssen, um Kleider für uns herzustellen, besitzen Seelen wie wir, Seelen, die nicht mit dem Körper untergehen und daher versöhnt werden müssen, wenn sie sich nicht dafür rächen sollen, daß wir ihnen ihren Körper genommen haben.« Nach Ansicht der Inuit mußten besondere Rituale vollzogen werden, weil man befürchtete, daß die Tiere beleidigt waren und sich von den Jägern in Zukunft zurückziehen würden. Oder schlimmer noch: Der Geist eines Tieres konnte verärgert sein und auf Rache sinnen. So waren zum Beispiel die Jäger von St. Lawrence Island in Alaska davon überzeugt, daß sie einen verwundeten Bären aufspüren und erlegen mußten, um seine Seele zu befreien. Geschähe dies nicht, würde die Seele des Bären dem Jäger Schaden zufügen.

Obwohl Glaube und Praktiken von einem Gebiet zum anderen variierten, gab es durchaus Gemeinsamkeiten. So konnte sich eine Person einen Tornaq oder Schutzgeist aussuchen. Der Schamane oder Medizinmann eines Stammes wählte normalerweise den Eisbären zum Schutzgeist, weil dieser das mächtigste aller Tiere war.

Besonders stark verbreitet war der Glaube, nach dem die Geister von Menschen und Bären austauschbar waren – eine Ansicht, die durch die zahlreichen »menschenähnlichen« Merkmale noch verstärkt wurde. So

◀ Ein aufgerichteter Bär erinnert an einen Menschen. Wo immer Bären und Menschen zusammen vorkommen, hat diese Ähnlichkeit zu einem Glauben geführt, nach dem der Geist des Bären und der eines Menschen austauschbar sind.

▼ Vermutlich glaubte man, daß aus Elfenbein geschnitzte Eisbärenfiguren besondere Kräfte besaßen. Wie einige Archäologen vermuten, war die Kraft umso größer, je stilisierter die Schnitzerei ausgeführt war.

▼ (Unten) Die Eisbärenjagd bildet noch immer einen wesentlichen Teil der Kultur und Wirtschaft der Inuit. Nach der Abhäutung hängt man die Felle auf, um sie zu bleichen.

▶ Nur in Grönland hat die Tradition der Jäger überlebt, Hosen aus Eisbärenfell zu tragen. Diese wärmste Kleidung, die man in der bitteren Kälte eines arktischen Winters überhaupt tragen kann, verrät sofort den wahren Jäger.

können sich Bären zum Beispiel aufrichten und auf den Hinterbeinen gehen. Und manchmal setzen sie sich auf einen Baumstumpf oder Felsen, als würden sie sich ausruhen oder nachdenken. Als Allesfresser nehmen Bären unterschiedliche tierische und pflanzliche Nahrung zu sich, die auch von Menschen bevorzugt wird. Von besonderer Bedeutung ist jedoch die Tatsache, daß die Muskulatur eines abgehäuteten Bärenkadavers der Leiche eines Menschen ähnlich sieht. Zweifellos erklärt dies, warum Eisbären in zahlreichen Legenden der Inuit, wenn sie ein Haus betreten, ihr Fell ablegen und zu Menschen werden.

Nach dem Glauben der Inuit läßt sich ein Bär nur dann von einem Jäger töten, wenn er nach seinem Tod angemessen behandelt wird. Also achteten die Jäger genau darauf, besondere Rituale einzuhalten, nachdem sie einen Bären erlegt hatten. Am weitesten verbreitet war ein striktes Tabu gegen die Eisbärenjagd, nachdem einer von ihnen getötet worden war, so daß dessen Seele Zeit hatte, zu seiner Familie zurückzukehren. In einer Legende, die auf dieser Vorstellung basiert, betrat eine Frau widerwillig ein Iglu, das von Eisbären bewohnt war, und da sie sich fürchtete, verbarg sie sich hinter einigen Robbenhäuten. Nun hörte sie, wie der jüngste Bär sagte, er empfinde neuerdings Achtung vor den Inuit, die er zuvor für einfache Figuren aus Haut und Knochen gehalten habe. Der Bär war auf Menschenjagd gewesen und dabei von einem Mann getötet worden, der ihm später ein Todestabu und mehrere wunderschöne Geschenke gab. Dadurch wurde die Seele des Bären befreit, so daß er nach vier Tagen zu seiner Familie zurückkehren konnte. Als die Frau später entkommen und in ihr Dorf zurückgekehrt war, erzählte sie den Bewohnern, was sie erfahren hatte. Aufgrund dieser Erzählung halten die kanadischen Netsilik-, Copper- und Inland-Inuit ein striktes Jagdtabu mehrere Tage lang ein, nachdem sie einen Bären erlegt haben.

Eine weitere Praxis, die Menschen mit Bären verband, bestand darin, tote Bären mit menschlichen Gegenständen zu versehen. So schenkten die Copper-Inuit einem toten Bärenmännchen einen Miniaturbogen mit ebenso kleinen Pfeilen, während ein weiblicher Bär einen Nadelhalter bekam, weil, wie bei den Menschen, das Männchen seine Jagdwaffen ebenso benötigte wie das Weibchen seine Hauswerkzeuge.

Bei Ritualen verwendete man nur Teile eines Bären, die dann das ganze Tier repräsentierten. Für die asiatischen, grönländischen und polaren Inuit sowie für die der zentralkanadischen Arktis war der Schädel am wichtigsten, während für andere die Haut oder sogar die Eingeweide von besonderer Bedeutung waren. Im Süden Grönlands stellte man den Schädel eines Bären auf eine nach Südosten weisende Lampenplattform, denn dies war die Richtung, aus der die Bären in jener Gegend kamen. Die Augen wurden bedeckt und die Nasenöffnungen mit Moos oder anderen Materialien zugestopft, so daß die Seele des Bären den Jäger nicht sehen oder riechen konnte. Zudem schmierte man seine Kiefer mit Fett ein, um ihn zu besänftigen, da Bären fettige Nahrung lieben.

Auf St. Lawrence Island in Alaska wurde der Kopf eines frisch getöteten Eisbären mit aufgesperrtem Maul in eine Ecke des Raumes gestellt und in einer zu seinem Geschlecht passenden Weise dekoriert. Alle Jagdaktivitäten wurden eingestellt, man erzählte Geschichten und trug Lieder vor. Nach fünf Tagen wurde der Schädel gekocht, und man warf die Fleischstücke entweder für die Geister in die Luft oder legte sie ins Feuer, um die Vorfahren des Bären gnädig zu stimmen. Anschließend legte der Jäger den Schädel auf die Gräber seiner Sippe zu den übrigen Bärenschädeln.

▶ Auf diesem italienischen irdenen Teller repräsentiert der Bär möglicherweise Callisto, die Bärenfrau der frühen griechischen Mythologie, die sich mit dem allmächtigen Gott Zeus paarte.

Mädchen von Athen verkleideten sich mit braunen Gewändern als junge Bären, was zu ihren Initiationsriten gehörte. Eine nähere Betrachtung der Artemis zeigt, daß sie vielerlei Assoziationen mit Bären aufweist. So bedeutet ihr Name zum Beispiel übersetzt soviel wie »Bär«. Eine ihrer Erscheinungsformen, Callisto, wurde für ihre sexuellen Abenteuer durch Verwandlung in einen Bären bestraft. Einige Fachleute der klassischen Antike halten Demeter für die Mutter der Artemis, deren Name »Korn der Bärenmutter« bedeutet, als wäre sie aus demselben Samen geboren wie die alte Bärengöttin. Tatsächlich schien sich Demeter häufig in der Nähe von Höhlen aufzuhalten. Sie nährte Trophonios, der das Orakel der Höhle verkörperte und auch seine eigene Vergangenheit auf den Bären zurückführte. Ein Tempel zu ihren Ehren stand im Hain des Trophonios, und auch ihre eigenen Zeremonien fanden in der Nähe von Phigaleia in einer Höhle statt. Lange bevor die anderen olympi-

▶ Der Braunbär war der mächtigste Carnivore der nordamerikanischen Westküste. Er genoß bei den Eingeborenen einen enormen Respekt und nahm einen bedeutenden Platz in ihrer Kultur und Mythologie ein.

Johnny Johnson/Bruce Coleman Ltd

C. M. Dixon

The Bridgeman Art Library

C.M. Dixon

▲ Auf diesem Totempfahl aus Bella Bella (Britisch-Kolumbien, Kanada) wurde ein Bär verehrt, der einen Lachs im Maul trägt.

▼ Ein als Bär verkleideter Mensch auf der Fiesta des Kreuzes in Achocalla (Bolivien).

schen Helden in die Unterwelt hinabgestiegen waren, hatte Demeter ihre Unsterblichkeit dadurch unter Beweis gestellt, daß sie mehrfach von Ausflügen in die Unterwelt wieder zurückkehrte.

Die Geschichte Iphigenies, die durch Artemis vom Opfertod gerettet wurde, mag sich von tatsächlichen Begebenheiten herleiten, bei denen diese Bärenmädchen rituell geopfert wurden. Sie beginnt mit Agamemnon, der seine Tochter Iphigenie der Artemis als Sühneopfer dafür anbietet, daß er eines der heiligen Tiere der Göttin getötet hatte. Artemis griff ein, rettete die Tochter und ließ – einigen Quellen zufolge – einen kleinen Braunbären am Altar zurück. Hinter dieser Geschichte verbirgt sich der Schatten der prähistorischen Bärengöttin, der Umriß eines Rituals, bei dem der Bär geheiligt und getötet wurde.

DAS FEST DES GETÖTETEN BÄREN

Die offensichtlich widersprüchliche Einstellung zum Bären – nach der er einerseits heilig war, aber dennoch umgebracht werden mußte – leitete dieses Ritual einer der beständigsten und am häufigsten nacherzählten Geschichten überhaupt ein, die Geschichte von der Bärenmutter, die auf Seite 166 zu lesen ist. In dieser Erzählung nehmen primitive Menschen den Geist des Bären auf, indem sie das Tier essen. Eine Fortsetzung, die Geschichte des Bärensohnes (ebenfalls auf Seite 166), folgt den Abenteuern des Nachkommen der Bärenmutter. Er wird ein großer Krieger und besucht die Unterwelt. Diese Geschichten sind sich auf die historische Trennung des göttlichen Bären in seine männlichen und weiblichen Eigenschaften zurückzuführen.

Das Fest des getöteten Bären gipfelte im entscheidendsten Moment in der Geschichte der Bärenmutter – im Tod ihres Bärengemahls. Auf eigene Anordnung verwandelte dieser seinen Tod in einen Zustand der Unsterblichkeit, indem er seinen Geist weiterreichte. Unmittelbar vor seinem Tod lehrte der Bärengemahl die Lieder und Gebete, die immer wieder über seiner Leiche vollzogen werden sollten, um der Menschheit ein günstiges Geschick zu sichern.

Der Anthropologe Irving Hallowell, der das Fest des getöteten Bären untersuchte, stieß auf erstaunliche Parallelen zwischen der Bärenjagd einiger nordamerikanischer Völker und den Stammeszeremonien

in Skandinavien, Sibirien und Japan. In seinem Artikel »Über Bärenzeremonien auf der nördlichen Halbkugel«, der 1926 im *American Anthropologist* veröffentlicht wurde, dokumentierte Hallowell eine zirkumpolare Jagdtradition unter den subarktischen Völkern, die den Bären als ein übernatürliches Wesen oder eine übernatürliche Macht ansehen. Zuerst suchten die Jäger den Bären zu Anfang des Frühjahrs auf, als er sich immer noch in seiner Höhle aufhielt. Danach riefen sie das Tier ausschließlich mit Namen von Verwandten (etwa »Großvater«, »der Große« oder »Vetter«), um ihn herauszutreiben. Als er dann aus seiner Höhle herausgescheucht war, mußte der Bär als nächstes mit einem primitiven Instrument – etwa einer Axt – getötet werden, ohne einen Tropfen

Tony Morrison

▲ Bis in die dreißiger Jahre wurde die Feier des erschlagenen Bären von den Ainu auf der japanischen Insel Hokkaido durchgeführt. Die Opferung des Bären stand im Mittelpunkt ihrer Religion, da sie in dem Tier ein Bindeglied zwischen ihnen und einem Berggott sahen.

seines Blutes auf die Erde gelangen zu lassen. Des weiteren durften die Jäger auch nach seinem Tod nicht aufhören, mit ihm zu reden. Bei vielen Zeremonien schleuderten die Jäger eine Bärentatze in die Luft, um anzuzeigen, wieviele Tage der Gast bleiben

würde. Dann trennten sie den Kopf vom Rumpf.

Bei allen Zeremonien wurde der Kadaver in einer sorgfältig vorgeschriebenen Weise abgehäutet, wie etwa aus der Beschreibung Hallowells über die sibirischen Ostyak hervorgeht:

WIE DER BÄR BESCHWOREN WIRD

BARRY SANDERS

Für viele Naturvölker ist der Name des Bären, ähnlich wie im Falle Jahwehs, unaussprechlich heilig. Also muß der Bär mit Umschreibungen angesprochen werden. Die erhabensten unter diesen lassen auf eine Art Verwandtschaft schließen, wie Bruder, Häuptlingstochter, Großvater und Stiefmutter. Andere bringen die Wertschätzung des Bären zum Ausdruck und haben mehr die Funktion von Spitznamen, wobei sie noch immer vermeiden, den göttlichen Namen des Tieres auszusprechen. Hier einige Beispiele:

▶ Ein Bronzerelief eines Bären aus Sibirien (8. Jahrhundert)

C.M. Dixon

Alter Mann der Berge (Lappen)
Apfel des Waldes (Finnen)
Beherrscher des Waldes (Lappen)
Berühmter Leichtfuß (Finnen)
Besitzer der Erde (Sibirische Völker)
Bewohner der Wildnis (Ostyak)
Breitfuß (Estonian)
Das Ding (Koyukon)
Das Tier (Michikaman)
Der Ärgerliche (Cree)
Der Göttliche, der die Berge beherrscht (Ainu)
Der Große Behaarte (Blackfoot)
Der große Schritte macht (Lappen)
Der Fortgehende (Koyukon)
Der in den Bergen aufgezogen wurde (Navajo)

Der in der Höhle wohnt (Navajo)
Der in der Nacht herumschleicht (viele amerikanische Angeborenengruppen)
Der Pelzige (Lappen)
Der Starke (Taglish)
Der Unvorstellbare (Blackfoot)
Der Verehrungswürdige (Vogul)
Dunkles Ding (Koyukon)
Fellmensch (Ostyak)
Gefeierter Stolz (Finnen)

Goldener Freund (Finnen)
Goldener Freund der Sümpfe und Wälder (Ural-/Altai-Bewohner)
Goldener König (viele amerikanische Eingeborenengruppen)
Goldfuß (viele amerikanische Eingeborenengruppen)
Großer Mann (Sibirische Völker)
Großes Fressen (Cree)
Großfuß (viele amerikanische

Eingeborenengruppen)
Gutmütige Bestie (Cree)
Heilige Jungfrau (Lappen)
Heiliger Mann (Lappen)
Heiliges Tier (Lappen)
Herr der Taiga (Tungusen)
Honigpranke (Tungusen)
Klebriger Mund (viele amerikanische Eingeborenengruppen)
Kleine Mutter des Honigs (Finnen)
Meister des Waldes (Samoyed)
Nahrung des Feuers (Cree)
Schwarzer Ort (Koyukon)
Schwarzes Biest (viele amerikanische Eingeborenengruppen)
Schwarzes Fressen (Cree)
Stattlicher junger Häuptling (Navajo)
Stolz der Wälder (Finnen)
Stummelschwanz (viele amerikanische Eingeborenengruppen)
Stupsnase (Finnen)
Vierbeiniger Mann (Ostyak)
Weiser Mann (Lappen)
Winterschläfer (Lappen)
Würdiger alter Mann (Ural-/Altai-Bewohner)

»Magen, Lunge und Därme werden sofort begraben. Dabei werden die Rippen, der Rücken und die Schultern so zerlegt, daß kein Knochen zerschnitten wird. Einer der Jäger reicht jedem anwesenden Jungen ein Stück des Herzens. Das Herz, die Leber und der Darm werden über einem Feuer in der Nähe in einem Kupferkessel gekocht, und jeder Jäger muß von allen Bestandteilen etwas probieren. Dann wird der zerlegte Körper des Bären zusammen mit dem Schädel und der Haut auf einem Schlitten nach Hause gebracht.« Es folgte ein umfangreiches Fest, das mehrere Tage dauern konnte, während dessen der Stamm jedes Stückchen des Bären aufaß. Anschließend entsorgten ausgewählte Mitglieder der Gemeinschaft die Knochen. Diese wurden in Baumrinde gewickelt und zusammen mit einer Rindenzeichnung des Bären an einen Wacholderbaum gehängt. Wenn die Zeichnung auf den Boden gefallen war, wußte der Stamm, daß der Bär sein neues Leben begonnen hatte.

▶ Diese zierliche, nur acht Zentimeter hohe Schnitzarbeit aus Elfenbein stammt von den Inuit der nordwestlichen kanadischen Arktis und zeigt zwei Bären beim Spiel. Möglicherweise verweist auch dieses auf die Austauschbarkeit der Geister von Mensch und Bär.

▼ In diesem Bild spielerisch kämpfender Eisbärenmännchen wird die Ähnlichkeit zwischen Bären und Menschen in dramatischer Weise deutlich.

BÄREN IM HIMMEL

BARRY SANDERS

Durch den Nachthimmel der nördlichen Hemisphäre wandern zwei Bären, der Große und der Kleine Bär. Die Erdachse weist auf den hellsten Stern im Kleinen Bären, Alpha Ursae Minoris, der allerdings eher unter dem Namen Polarstern bekannt ist. Man kann sich auf der Erde leicht dadurch orientieren, daß man auf die ersten beiden Sterne im Kleinen Bären schaut, die direkt auf den Polarstern zeigen. Wenn Seeleute sich auf dem Meer verirrt hatten und dennoch wiederkehrten, hatten sie es in der Regel dem Bären zu verdanken.

Die alten Griechen

Um verstehen zu können, wie die Bären in den Nachthimmel gelangten, müssen wir zunächst etwas über Callisto, die Bärenfrau, und ihr Kind Arcas erfahren. Sowohl die Mutter als auch der Sohn waren unfügsame Emporkömmlinge, deren Strafe darin bestand, daß sie vorgegebenen Bahnen im Himmel folgen mußten. In einer Geschichte findet Artemis, die Hüterin der Keuschheit und der Geburt, daß eine ihrer Abhängigen, Callisto, schwanger war. Um Callisto zu bestrafen, verwandelte Artemis die umherirrende Frau in ihre höchst unweibliche Natur – einen Bären. In einer anderen Geschichte entdeckte die Göttin Hera, daß Zeus, ihr Gemahl, die Callisto geschwängert hatte und verwandelte sie zur Strafe ebenfalls in einen Bären.

Callisto startete ihre Karriere als eine Göttin aus Arkadien im alten Griechenland, wo der Bärenkult hochgehalten wurde. (Arkadien verdankt seinen Namen den Arkaden, den Bärenmenschen. Auch Arcas ist zweifellos ein Bärenname.) Offenbar wurde der Bärengöttin an einem geheiligten Ort auf dem Berg Lykaion, dem höchsten Punkt Arkadiens, geopfert. Als Arcas einmal auf der Jagd war, begegnete ihm, ohne daß er sie erkannte, seine Mutter in einer ihrer zahlreichen Bäreninkarnationen. Er jagte sie in das verbotene Heiligtum auf dem Lykaion, und Zeus erwischte ihn. Zur Strafe versetzte Zeus beide in den Himmel: Callisto als den Großen Bären und Arcas als den Kleinen Bären, wo sie einander in alle Ewigkeit jagen können.

Die Inuit

Die Inuit besitzen eine komplizierte Erklärung für die Konstellation des Großen Bären, die wie eine Variation der Bärenmutter-Geschichte klingt (vergleiche Seite 166). Sie berichten von einer Frau, die durch Zufall auf ein Haus stieß, das von Bären bewohnt wurde, die am Tage menschliche Gestalt besaßen, nachts jedoch ihre Bärenkleider anzogen, um zu jagen. Eine Zeitlang lebte die Frau bei den Bären, bekam dann jedoch das Verlangen, noch einmal ihren Gemahl zu sehen. Die Bären erlaubten ihr zu gehen, unter der Voraussetzung, daß sie niemandem von deren Existenz verraten dürfe. Allerdings brach sie ihr Versprechen, und dank ihrer ungeheuren Intelligenz wurde dies den Bären bewußt. Einer von ihnen brach in ihr Haus ein und biß sie tot, worauf die Hunde ihres Mannes den Bären angriffen. Dann plötzlich, wie durch Zauber, brannten Bär und Hunde lichterloh und stiegen als ein Sternbild in den Himmel. Dort verfolgen die Hunde den Bären noch immer.

Die Hindus

Die Hindus bezeichnen dieses Sternbild als *Rakh*, was auf Sanskrit soviel wie »hell« bedeutet. Nach der Hindu-Mythologie hält der Große Bär das Universum ständig in wirbelnder Bewegung, läßt die Jahreszeiten kommen und gehen, beschleunigt die Ernte und sorgt für Regen. Aber ebenso leicht kann der Große Bär Trockenheit und Hunger bringen, denn er beherrscht ebenso die Winde und das Wetter. Als ein Vorläufer allen Lebens auf Erden bewacht er auch den Durchgang eines neugeborenen Kindes aus dem Mutterschoß. Indem sie den himmelswirbelnden *Rakh* imitieren, malen die Hindus rote Spiralen auf die Wände jener Häuser, in denen eine Geburt unmittelbar bevorsteht. Sie wollen damit sicherstellen, daß das Kind im Geburtskanal die richtige Richtung einnimmt. Das Gebären eines Kindes und der englische Begriff »getting one's bearing« (sich orientieren) läßt sich etymologisch nicht von dem Großen Bären trennen.

Die Ostyaks

Die meisten Geschichten erklären, wie der Bär in den Himmel kam, doch niemals bringen sie ihn auf die Erde zurück. Bei den westsibirischen Ostyaks jedoch konnte der Bär mühelos zwischen Himmel und Erde hin und her wandern. Ursprünglich war der Bär aus einer Vereinigung von Sonne und Mond hervorgegangen und begann so sein Dasein als eine Himmelsmacht. Eines Tages, als Vater Bär auf der Jagd war, schlich sich der Kleine Bär aus dem Haus, um die Umgebung zu erforschen. Dabei steckte er seinen Fuß versehentlich durch den Himmelsboden und erblickte für kurze Zeit die unten lebenden Menschen. Dann überredete er seinen Vater Numi-Torum, ihm zu erlauben, die Menschen zu besuchen.

Numi-Torum setzte den Kleinen Bären in eine goldene Wiege und setzte ihn vorsichtig mit Hilfe einer silbernen Kette auf einer Honigblüte ab, die auf der Erde wuchs. Sein Vater gab ihm genaue Verhaltensmaßregeln: Er mußte die Bösen bestrafen, die Guten belohnen und jedermann in der heiligen Bärenzeremonie unterweisen. Als die erste große Zeremonie vorüber war, füllte der Kleine Bär sein Tragegestell mit Silber, und Numi-Torum zog ihn wieder in den Himmel hinauf, wo er noch immer wohnt.

Seelengenossen

Indem er über den Himmel wirbelt, imitiert der Bär den Flug der Vögel. Vögel und Bären sind Seelengenossen, wobei der Bär die Unsterblichkeit

▲ *Ursa Major*, der Große Bär, gehört zu den bekanntesten und am leichtesten zu erkennenden Sternbildern des nördlichen Himmels. Ganz unterschiedliche, voneinander weitgehend isolierte Kulturen assoziierten diese Konstellation mit einem Bären.

der Seele symbolisiert und der Vogel ein Emblem des Seelenfluges bildet.

Viele Stämme der Erde jagen den Bären und töten ihn auf zeremonielle Weise, um ihre eigene spirituelle Erneuerung sicherzustellen. Eine ähnliche Jagd findet im Nachthimmel statt, die dafür garantiert, daß sich die Erde stets um ihre Achse dreht. Der Große und der Kleine Bär sowie das Sternbild des Bärenhüters spielen die Rollen der Beute und des Verfolgers und jagen einander um den Polarstern. Wenn die Jagd weitergeht, treibt sie die Sonne aus ihrem Versteck und bringt Licht und Wärme. Nach Ansicht der nordamerikanischen Irokesen und Micmac wurde der Große Bär von sieben Jägern verfolgt, die alle Vögel waren.

Als Beute und Räuber in einer Person steht der Bär an beiden Enden der Nahrungskette und lebt an beiden Enden des Universums – im Himmel und unter der Erde. Es ist der Bär, der den Himmel rotieren und die Jahreszeiten wechseln läßt. Bei Sonnenaufgang geht der Bär in sein Versteck, um sich im Himmel zu regenerieren, und auf der Erde erneuert er sich in der Dunkelheit, wenn die Sonne wieder schwindet – Himmel und Erde im Gleichgewicht.

Werner Forman Archive

▲ Der am Ende des 19. Jahrhunderts geschnitzte Griff dieses Kampfmessers zeigt das Profil eines Bären. Vermutlich glaubten die Schöpfer dieser Waffe, die an der Westküste Britisch-Kolumbiens (Kanada) lebten, daß die Kraft des Bärengeistes dem Besitzer des Messers beistehen würde.

◄ Dieser Totempfahl belegt die Bedeutung, die der Bär als einer der Geister für die Tlingit an der Westküste Britisch-Kolumbiens (Kanada) besaß. Über dem Bären sind ein Wolf und ein Adler dargestellt.

Steve McCutcheon/AUSCAPE International

DER BÄR IN KUNST UND LITERATUR

BARRY SANDERS

Zwar beherrschte der Bär die Anfänge der westlichen Literatur, doch war die Bärenmutter etwa im sechsten vorchristlichen Jahrhundert fast bedeutungslos. Ihr Sohn war erwachsen geworden und hatte die Führung übernommen. Im Gegensatz zu seiner Mutter zeigte er sich als Krieger und Abenteurer, der von Ort zu Ort zog und seinen Ruf durch Taten übermenschlicher Stärke verfestigte, bis er schließlich seinem stärksten Gegner unterlag, dem Christentum.

Der klassische Gelehrte Rhys Carpenter belegte mit Hilfe linguistischer und mythologischer Indizien, daß der Bärensohn ein Vorbild des Odysseus war, des ersten Abenteurers der westlichen Literatur. Der Sohn des Odysseus, Telemach, bezeichnete seinen Großvater als Arkeisios (Arkisios), ein Name, der sich aus einem Wort ableitet, das etwa »bärenähnlich« bedeutet. Die ancestrale Linie begann mit Cephalus, der mit einer Bärin den Arkeisios, den »Bärensohn«, zeugte. In seinem Buch *Folk Tales, Fiction and Saga in the Homeric Epics* verweist Carpenter mit Nachdruck darauf, daß die *Odyssee* ein bemerkenswertes Kapitel enthalte, in dem die zirkumpolar verbreitete Erzählung einer Ehe zwischen Bär und Mensch auftaucht:

»Die Bärennamen tauchen so oft um Odysseus auf, daß man schon blind oder starrsinnig sein müsse, um ihre Bedeutung zu ignorieren. Das zentrale Thema der heiligen Legende von Salmoxis, der aus der Ferne mit seinem Schatz nach Hause kehrt, für die bedeutendsten Bürger in einer großen Halle ein Fest veranstaltet, dann aber unerwartet verschwindet und für tot gehalten wird, der in einer unterirdischen Kammer schläft und plötzlich zur Verwunderung aller wieder auftaucht.

SKANDINAVISCHE UND ISLÄNDISCHE SAGEN

Da er tief in der Volksseele verwurzelt war, hob der Bärensohn die skandinavischen und isländischen Sagen des siebten und achten Jahrhunderts vom Niveau einer bloßen Erzählung auf das einer Geschichte mit kosmischer Bedeutung. Im ältesten Gedicht Finnlands, der »Kalevala«, bildet der Bär das Zentrum der Schöpfungsgeschichte. Meilikki, die Herrin des Waldes, empfing aus dem Himmel ein Stück weicher Wolle und legte ihren Schatz in einen Ahornkorb, den sie dann mit einer goldenen Kette an den Zweig einer Fichte hängte. Allmählich entwickelte sich die Wolle in Otso, den Bären, der als Beschützer der Finnen galt und von diesen als ihr Gott verehrt wurde.

Mehrere Krieger gaben ihrer tiefen Verbundenheit mit Otso dadurch Ausdruck, daß sie sich während besonders aggressiver Kampfhandlungen in Bären verwandelten. Sie hatten die Gabe des Hamrammir, die Fähigkeit, ihre Gestalt zu verändern. Einige hochrangige Krieger, wie etwa der Held der Sage von Hrolf Kraki, Bodvar Biarki, konnten ihren Bärengeist beschwören und ihn aussenden, den Feind zu überwältigen. Dieses Phänomen wird in den isländischen Sagen als »Hamfarir« oder »Reise der Gestalt«

beschrieben. Selbst wenn ein Krieger diese Fähigkeit nicht besaß, konnte er noch immer von der Courage des Bären profitieren, indem er sich ein Fell überzog und dann »mit der Wut eines Berserkers« kämpfte. Das Wort *Ber* stammt aus der Wurzel, die »Bär« bedeutet, und *Serk* bedeutet etwa »Hemd«. Berserker

▲ Dieses vergoldete Silbermodell eines Braunbären wurde um 1580 von Christopher Ritter in Nürnberg geschaffen.

▶ Die legendäre Wildheit der europäischen Braunbären ist in dieser melodramatischen Arbeit des Künstlers Paul de Vos festgehalten. Sie entstand im 17. Jahrhundert.

zeigten ihre bärenähnliche Macht in zwei bemerkenswerten isländischen Sagen: in »Grettir, der Starke« und in der Ynglinga-Sage.

Der Geist eines Bären war so mächtig, daß man nur einen Bärenpelz besitzen mußte, um geschützt zu sein. In der sogenannten Landnamabok-Sage hielt ein Lappenkrieger namens Orvar-Odd mitten in der Schlacht eine Bärenhaut hoch in die Luft. Sobald der Feind sie erblickte, zog er sich eilig zurück.

BEOWULF UND DIE ABENTEUERERZÄHLUNGEN

In England wird die Geschichte des Bärensohnes als »Beowulf« erzählt. Es handelt sich um eine Dichtung des 8. oder 9. Jahrhunderts (die Datierung ist umstritten) und das erste umfangreiche literarische Werk englischer Sprache. Der Name des Helden bedeutet übersetzt etwa »Bienenwolf« oder Bär. Ähnlich der magischen Tatze des Bären besaß Beowulf allein in einer Hand die Kraft von 30 Männern. In einer Episode schwamm Beowulf einen ganzen Tag unter Wasser, um ein bösartiges Monster zur Strecke zu bringen, und wurde von seinen Freunden als tot aufgegeben. Er tauchte aber tauchte aus dem Sumpfgebiet wieder auf und überraschte seine Kriegskameraden mit einer wunderbaren Rückkehr aus der Unterwelt.

Beowulf gab seine bemerkenswerten Kräfte an Arthur weiter, den größten König Englands, dessen Name auf Lateinisch, Arcturus, also »Bär« bedeutet. Dieser zeigte der Welt seine Macht, indem er auf seinem Banner einen Bären führte.

Selbst in den Abenteuererzählungen wußten die jungen Liebespaare sehr wohl um den Segen der Kraft, die von Bären ausging. »Guy of Warwick« eroberte schließlich das Objekt seines innersten Verlangens, Felice la Belle, indem er sich in zahlreichen Abenteuern bewährte. Er verdankte seinen Triumph überwiegend der Tatsache, daß er den Bären als sein Totemtier angenommen hatte.

▲ Ein Mosaikboden aus Kissuf (Israel) aus der Zeit zwischen 576 und 578. Man sieht, wie ein Krieger sein Schwert hebt und einen angreifenden Bären gleichzeitig mit dem Schild abwehrt.

VON DER BÄRENMUTTER UND DEM BÄRENSOHN

DIE GESCHICHTE VON DER BÄRENMUTTER

Eine Gruppe von Mädchen geht hinaus in den Wald, um Heidelbeeren zu sammeln. Eines der Mädchen hat die Aufgabe, durch Gesang die Bären auf ihre Anwesenheit aufmerksam zu machen, doch stattdessen schwatzt es in einem fort. Zufällig kommt einem Bären das Geschwätz zu Ohren, und er hält es für Spott.

Als die Mädchen den Heimweg antreten, tritt das Plappermaul, das am Ende der Gruppe wandert, in Bärenkot. Als das Mädchen über sein Mißgeschick jammert, kommen sofort zwei junge Männer herbei. Da es dunkel wird und die junge Frau vom Weg abkommen könnte, laden sie sie ein, mit ihnen nach Hause zu kommen. Sie folgt ihnen und äußert sich auf dem Wege lobend ihre üppigen Mäntel aus Bärenfell.

Dann erreichen sie ein Haus hoch auf einem Berg. Auch jeder Bewohner des Hauses trägt ein Bärenfell. Eine kleine Maus klettert an dem Mädchen hoch und erzählt ihm warnend, es sei in eine Bärenhöhle geraten, und ein junger Bär, der Sohn des Häuptlings, macht dem Mädchen ein Angebot: »Wenn du mich heiratest, werden wir dein Leben schonen. Wenn nicht, mußt du sterben.«

So wird das Mädchen zur Frau des Bären. Wenn die Bewohner das Haus verlassen, ziehen sie sich die Bärenhäute über und verhalten sich wie Tiere. Im Winter wird die Frau schwanger und bringt in einer Höhle Zwillingsbrüder zur Welt, die jeweils halb Bär und halb Mensch sind.

Eines Tages kommen die beiden Brüder der Bärenmutter vorbei, um nach ihr zu sehen. Sie hat sie schon weit unten im Tal bemerkt, und um sie auf sich aufmerksam zu machen, rollt sie einen Schneeball den Hügel hinunter. Der Bärengemahl weiß, daß er nun sterben muß. Er bringt seiner Frau und deren Kindern bei, wie sie ihn töten müssen und lehrt sie die Gesänge und Gebete, die ihrem Stamm Glück bringen sollen. Sein Fell vermacht er dem Vater der Bärenmutter, einem Stammeshäuptling. Unter Anleitung der Bärensöhne töten nun die beiden Brüder den Bärengemahl und nehmen die Bärenmutter mit ihren beiden Söhnen zurück in die Welt

Die Bärensöhne legen ihre Bärenfelle ab und werden große Jäger. Sie wissen instinktiv, wo Bärenhöhlen vorkommen, wie man Schlingen aufstellt und wie man alle rituellen Gesänge praktiziert. Als ihre Mutter später stirbt, legen die Bärensöhne ihre Felle wieder an, um mit dem Bärenvolk zu leben. Jedoch hatte der Stamm seitdem immer Glück bei der Jagd.

DIE GESCHICHTE VOM BÄRENSOHN

In einem Wald begegnet eine verheiratete Frau einem Bären, der sie überredet, mit ihm in seine Höhle zu gehen und dort mit ihm zu leben. Sie bringt dann einen Sohn zur Welt, der weitaus haariger und stärker ist als andere Kinder. Sehr bald jammert der Bärensohn, die Mutter solle ihm die Welt der Menschen zeigen. Obwohl er sie inständig bittet, bleibt sie zunächst hartnäckig, da sie dem Bären versprochen hat, seine Frau zu bleiben. Schließlich aber erklärt sie sich bereit, mit ihrem Sohn in die Menschenwelt zu ihrem Gemahl zurückzukehren, der das Bärenkind adoptiert.

Der Bärensohn erhält eine wunderbare Waffe – ein Messer oder eine Axt –, die er mit großem Geschick zu benutzen lernt, und er stürzt sich in eine Reihe wilder Abenteuer. In seinem Hauptabenteuer entdeckt der Bärensohn im Wald ein Haus, in dem sich Nahrung und weiche Betten befinden. Er verweilt lange genug, um sich sattzuessen, und schläft dann ein. Der Hauseigentümer kehrt zurück – zumeist ein Zwerg, manchmal aber auch ein Riese – und nähert sich dem Bärensohn leutselig. Der Bärensohn verwundet das Ungeheuer, das dann in die Unterwelt entflieht.

Der Bärensohn verfolgt das Monster durch einen tiefen Brunnen und einen langen Gang, wo er Gefahren meistern muß. Endlich aber erreicht er die Unterwelt, einen prächtigen und üppigen Ort.

Der Held tötet das Ungeheuer, rettet eine wunderschöne Prinzessin, die als Geisel gefangengehalten war und kehrt mit ihr auf die Erde zurück. Seine Familie begrüßt ihn mit großer Freude, zumal sie ihn für tot gehalten hatte. Dann heiratet er die Prinzessin, und sie leben von dem großen Reichtum, den er aus der Unterwelt mitgebracht hat.

◀ Diese mit einem Deckel verschlossene, bärenförmige Schale trägt oben eine Frau, die zwei junge Bären stillt. Dieses, von den Haida an der Westküste Britisch-Kolumbiens (Kanada) hergestellte Gefäß zeigt einen Teil der Bärenmutter-Geschichte.

DIE MITTELALTERLICHE SICHTWEISE

Die mittelalterliche Kirche sah große symbolische Möglichkeiten darin, Bären zu zähmen. Während sie den weiblichen Bären mit seiner Fürsorglichkeit als ein Symbol des Christentums hochhielt, stand der männliche Bär – der Bärensohn in all seiner ungezügelten Wildheit – für die Rolle des bußunwilligen Sünders. Wenn es also möglich war, einen leibhaftigen Bären zu zähmen, konnte auch ein wahrer Sünder auf den richtigen Weg gebracht werden.

Dieser Kampf wird in unterhaltsamer Weise in der »Maskerade von Orson und Valentine« dargestellt, einem Gedicht von 1488, das von zwei Brüdern handelt, die bei ihrer Geburt getrennt wurden. Während Valentine am Hofe von König Pippin aufwuchs, durchstreifte sein Bruder jahrelang die Wälder, bis auch er an König Pippins Hof gelangt. Valentine zähmte die Wildheit seines Bruders mit Liebe und taufte ihn – in Erinnerung an seine bärenhafte Vergangenheit – auf den Namen Orson. Valentine verdankt seinen Namen zwei Heiligen, die die Idee der christlichen Liebe verkörpern. Die Geschichte stellt heraus, daß jeder von uns eine wilde und eine zivilisierte Seite hat, und daß die Integration beider Aspekte nur durch bedingungslose, vergebende Liebe möglich ist.

Manchmal jedoch scheint es, daß die Geschichten über die Zähmung von Bären zu weit gehen. So galt der Bär zum Beispiel in den Fabeln des Äsop, die im Mittelalter und noch in der Renaissance populär waren, als dumm und regelrecht einfältig. Die mittelalterlichen Bestiarien verschlimmerten dieses Klischee noch, indem sie Bruno, den Bären, als begriffsstutzig hinstellten, wohl eine Folge der ungewöhnlich langen Zeit, die er verschläft.

Doch selbst als Narr handelte Bruno immer menschlich. Im Gegensatz zu seinem Widersacher, dem verschlagenen und listigen Fuchs Reynard, empfand Bruno Mitleid mit anderen und vergab allen, die ihm übel mitgespielt hatten. So gewinnt er letztlich unsere Sympathie.

DER BÄR IN DER NORD-AMERIKANISCHEN LITERATUR

Als der Bär im 19. Jahrhundert aus den Wäldern verschwunden war, nahm er in der Fiktion ständig an Größe zu, wurde von Erzählern erlegt und erreichte Dimensionen jenseits aller Vorstellung. Im Jahre 1841 veröffentliche Thomas Bangs Thorpe eine Geschichte mit dem Titel »The Big Bar of Arkansaw.« Big Bar war ein Großmaul, der berichtete, wie »der zweifellos größte Bär erlegt wurde, der jemals gelebt hat.« Die Jagd erwies sich dann als ein undurchführbares Unternehmen, wie Big Bar erklärte, wodurch die Geschichte einen Hauch epischer Bedeutung bekam, denn »der Bär war ein Exemplar, das man nicht erlegen konnte und starb, als seine Zeit gekommen war.« Um zu erklären, warum er den Bären nicht tötete, übertrieb Big Bar noch mehr und faszinierte seine Zuhörer mit den ungeheuren Ausmaßen des Tieres: »Ich machte einen Bettvorleger aus seinem Fell, und so, wie es meine Matratze bedeckte und an jeder Seite noch mehrere Fuß weit überhing, hätte es sie begeistert. Er war in der Tat ein fiktiver Bär, und hätte er zu Samsons Zeiten gelebt und wäre diesem begegnet, er hätte ihn im Handumdrehen verputzt.«

Noch einmal unternimmt der Bär einen letzten kühnen Anlauf, um seine Wildheit unter Beweis zu stellen. Am besten erfahren wir diese Geschichte in *The Bear* von William Faulkner. Hier tritt Old Ben, ein monströser Bär, stellvertretend für die Wildnis, auf. Inzwischen ist der Bärensohn (Ben bedeutet in einigen Sprachen »Sohn«) nicht mehr der Jäger, sondern der Gejagte. Am Ende der Geschichte ist er tot; nicht einfach umgebracht, sondern von einem Wahnsinnigen ermordet, der seinen Hund schützte. Dieser Bär, kein Ritualpartner mehr und auch kein gefeierter Gott, findet sein schmähliches Ende, indem er von einem Jagdmesser in Stücke gehackt wird. In seinen letzten Momenten hat er seine ganze Identität verloren und »stürzt um wie ein Baum«.

◄ Diese französische Miniatur aus dem 16. Jahrhundert mit einem Löwenkönig, der einen Bären in Ketten hält, symbolisiert den Sieg François I. über die Schweizer.

▼ Die Geschichte des Arkansaw-Bären war nur eine der Erzählungen über Bären, die im 19. Jahrhundert veröffentlicht wurden.

Frontispiece—Arkansaw Bear.

▼ Ein deutsche Illustration über ein Märchen, in dem zwei Kinder, ähnlich Hänsel und Gretel, ein Haus im Wald entdecken, das jedoch nicht von einer Hexe, sondern von einem Bären bewohnt wird.

▶ In einem der bekanntesten Märchen betritt Goldilocks das Haus der drei Bären. Diese Tiere sind wie Menschen gekleidet, stehen aufrecht und weinen sogar mitleiderregend, wie im Falle des kleinen Bären.

Richard Drews

11p
Winnie-the-Pooh
The Year of the Child

E.T. Archive

Somebody's been eating my porridge!

▲ Winnie-the-Pooh, einer der bekanntesten Bären der Literatur, war die Schöpfung des britischen Schriftstellers A.A. Milne und wurde von Ernest H. Shepard gezeichnet. Pooh und seine Freunde wurden 1979 mit einer britischen Briefmarke im »Jahr des Kindes« gefeiert.

BHUTAN 5CH

© MCMLXXXII Walt Disney Productions

Walt Disney's THE JUNGLE BOOK

Richard Drews

▶ Baloo, der weise Bär aus Rudyard Kiplings *Dschungelbuch*, wurde in eine Zeichentrickfilm-Figur verwandelt. Anschließend gedachte man seiner auf einer Briefmarke.

Eddie J. Andrews/Mary Evans Picture Library

▶ In der Geschichte von der »Schönen und der Bestie« wurde die Bestie manchmal, wie in dieser relativ gemäßigten Version, als Bär dargestellt.

DER BÄR IM MÄRCHEN

In den Märchen des 19. Jahrhunderts war der Bär sowohl fürsorglich als auch wild – eine Vereinigung der Bärenmutter und ihres Sohnes –, doch wieder einmal hatte dies mit der Wirklichkeit wenig zu tun. Diese Bären hatten die Aufgabe, einen starken moralischen Eindruck zu hinterlassen, wie aus den Geschichten hervorgeht, in denen sie sich, wie kein anderes Tier, in Familien organisieren: die Mutter kocht, der Vater geht arbeiten, und die Kinder spielen. Manchmal, wie in »Goldilocks«, drangen Menschen in diese Welt ein und brachten das empfindliche Gleichgewicht der Bären ins Wanken. In der ältesten Version von »Goldilocks«, die 1837 publiziert wurde, war der Eindringling eine alte Frau, die sich, als sie in dem Bett des Bären erwischt worden war, durch einen Sprung aus dem Fenster rettete. Als am Ende der Geschichte wieder Ordnung einkehrt, fühlen sich die Bären stärker und sicherer.

In einem anderen Genre von Märchen, den sogenannten »Tiere-als-Bräutigam«-Geschichten, entdeckt eine wunderschöne junge Frau in ihrer Hochzeitsnacht, daß ihr Gemahl in einen häßlichen Bären verwandelt wurde. Diese Situation findet man in Geschichten wie »East of the Sun and West of the Moon« und »Schneeweißchen und Rosenrot«. Wenn das Mädchen nicht von Furcht und Ekel geschüttelt vom Bett sprang, sondern das Ungeheuer mit Mitgefühl behandelte, konnte es sich in einen ansehnlichen Prinzen zurückverwandeln.

Am Ende des Jahrhunderts erschien die Gesellschaft vielen Autoren derart korrupt, daß diese Tiere einsetzten, um menschliche Schwächen bloßzulegen. Vielleicht machte ein gewisses Maß an Humor die nötigen Veränderungen leichter und schmackhafter. Dieser Ansicht war jedenfalls Rudyard Kipling in seinem 1894 publizierten *Dschungelbuch*. Selbst im Dschungel, so hat es den Anschein, sind Gesetze erforderlich, um Ordnung und Harmonie zu fördern. Und für Kipling zeigte nur ein Tier genügend Standvermögen, um solche Gesetze gerecht und human zu verwalten: Baloo der Bär.

DER BÄR IN HEUTIGER ZEIT

Dutzende von Dichtern des 20. Jahrhunderts – von Robert Frost bis Gary Snyder – haben erfolglos versucht, den Bären wiederzubeleben. Winnie-the-Pooh und Paddington, die in englischsprachigen Ländern dominierenden Bären des 20. Jahrhunderts, unterstreichen nur unsere spirituelle Distanz zum wirklichen Tier. Während Pooh müßiggeht und viel Aufhebens um nichts macht, erlebt er verschiedene, mäßig erregende Abenteuer. Paddington lebt dagegen in einer Vorstadtwohnung und kann daher nur Mittelmaß sein. Um wirklich Kontakt mit Bären aufzunehmen, befestigen wir zerbrechliche Radiosender an einigen wenigen noch vorhandenen Grizzlies, aber

selbst dann befinden wir uns vermutlich nicht auf derselben Wellenlänge.

PIKTOGRAMME IN HÖHLEN

Nach Ansicht einiger Archäologen gaben Bären die Inspiration zu den ältesten Felsgravuren. Vor mehr als 35 000 Jahren »beschrieben« prähistorische Menschen die Höhlenwände, wie die Wis-

Lauros-Giraudon

▲ Diese aus der Zeit zwischen 15 000 und 8000 vor Christus stammende Gravur wurde bei Péchialet in der Dordogne (Frankreich) entdeckt. Vermutlich sind hier zwei Männer dargestellt, die mit einem Bären tanzen.

Victoria and Albert Museum, London/The Bridgeman Art Library

◀ Hier jagen Rajput-Reiter aus dem 16. Jahrhundert Bären aus der relativ sicheren Entfernung des Pferderückens.

Ancient Art and Architecture Collection

senschaftler glauben, indem sie den Bären nachahmten, wie diese Bäume markierten. Ohne Umschweife stellt Alexander Marshack in seinem Buch *Die Wurzeln der Zivilisation* fest, daß »Meister Bär der erste Lehrer der Tiermalerei war, und wo er seine Pfoten hinsetzte, eignete sich der Ort für Tierzauber.«

In zahlreichen Piktogrammen, die zwischen 30 000 und 10 000 Jahre alt sind, haben Archäologen unter etlichen Kratzzeichnungen Darstellungen von Bären identifiziert. Ein solch bedeutendes Beispiel stammt aus Péchialet in der französischen Dordogne, das zwei Fachleute als eine Abbildung zweier

Männer gedeutet haben, die mit einem Bären tanzen. Marshack deutet ein weiteres Bild aus Mas d'Azil (ebenfalls in Frankreich), auf dem ein maskierter Tänzer vor einer Bärenpranke zu sehen ist, als »Aspekte eines Ritus, einer Zeremonie oder eines Mythos um einen Bären mit Symbolen und Zeichen, die mit der Bärengeschichte zu tun haben.«

In einem hervorragenden Werk mit dem Titel *Schätze prähistorischer Kunst* stellte André Leroi-Gourhan eine Übersicht prähistorischer Höhlenmalereien Europas zusammen und dabei die Zahl und Arten der jeweils dargestellten Tiere. Dabei zeigen die Bärenbilder ungewöhnliche Merkmale. Zunächst werden die meisten Tiere paarweise dargestellt, nicht jedoch der Bär (dies gilt allerdings ebenso für das Nashorn und den Löwen). Nach einer Hypothese Leroi-Gourhans deutet diese paarweise Darstellung darauf hin, daß die frühen Völker die meisten Tiere in einer Weise betrachteten, daß diese als Männchen und Weibchen einander ergänzten. Dagegen bildeten sie den Bären einzeln ab, um vielleicht seinen androgynen Charakter herauszustellen – die Merkmale mütterlicher Fürsorge und väterlicher Wildheit.

Zweitens tauchen die meisten Tiere an verschiedenen Stellen der Höhle auf. Die Fachleute für prähistorische Kulturen vermuten eine Verbindung zwischen den Höhlen und dem Inneren des Kopfes, wo sich Träume einprägen. Carl Jung sieht in dem Bären das Tier der Träume. Seiner Ansicht nach ist der Schlaf einer Überwinterung sehr ähnlich, wobei der Schläfer geheilt werden kann, wenn er von einem Bären träumt: »Der Träumer fällt in den Abgrund. Am Boden befindet sich ein Bär, dessen Augen abwechselnd in vier Farben glühen: rot, gelb, grün und blau.«

Der hintere Höhlenabschnitt könnte auch als ein Ort höchster Achtung gelten, als ein gutverborgener Ort, wo der Bär für immer sicher erhalten bleibt. Schließlich wird der Bär unter Spott aus seinem Versteck herausgelockt – »He, Großvater, komm heraus« –, um in zeremonieller Weise umgebracht zu werden. Das Höhlenbild zeigt im Gegensatz zu dieser dreisten Art, die Bären herauszuholen, einen unauslöschlichen Eindruck der anwesenden Bären.

Denver Art Museum/Werner Forman Archive

The Bettmann Archive

◀ (Oben) Eine Bärenschnitzerei auf einer 4,5 Meter hohen Häuserwand. Sie entstand etwa 1840 und stammt aus dem Haus des Chief Shakes in Wrangell (Alaska). Durch die ovale Öffnung an der Basis gelangte man in einen heiligen Raum. Der Bär ist das Clan-Wappen der Tlingit.

◀ (Mitte) Eine Bärenjagd auf einem Wandteppich. Er entstand in der Mitte des 15. Jahrhunderts in Tournai (Belgien).

◀ (Unten) Auf diesem Bild des Amerikaners William R. Leigh mit dem Titel »A Close Call« wird ein Jäger von seinen Freunden und deren Hunden vor dem Tod bewahrt.

▶ Seit frühester Zeit hat der Mensch mit großen Carnivoren um Ressourcen und Lebensraum konkurriert. Die Furcht, die Menschen vor Bären empfanden, zeigt sich in der großen Zahl der Jäger und Hunde, die auf diesem Bild den Bären töten. Diese Gemälde des Franzosen Charles André van Loo mit dem Titel »Die Bärenjagd« entstand im 18. Jahrhundert.

原義經

船屋三郎經久

杉目小太郎

一勇齋
國芳画

一勇齋
國芳画

MYTHOS UND WIRKLICHKEIT

Als Objekt der bildenden Künste verschwand der Bär erstaunlich schnell. Spätestens in der christlichen Zeit inspirierte er die Maler und Bildhauer nicht mehr in nennenswerter Weise. Er lebte ganz einfach an anderer Stelle weiter – in Ritualen, feierlichen Veranstaltungen und in Geschichten. Noch bis in die dreißiger Jahre feierten die Ainu, die Bewohner Hokkaidos (Japan), die Erlegung des Bären (siehe Seite 158).

Hin und wieder wurde ein wildaussehender Braunbär auf einem Bild des 18. oder 19. Jahrhunderts aufrechtstehend abgebildet, bereit, eine Beute

義經

四天王出世鑑之内 六郎 亀井

功臣

亀井重清八紀伊國牟婁郡産萬夫

不當の勇士より曾武衛に仕へ陸

諸庄司元春の偏歴し信夫の郡に

牛若君を避近して無二の随身と

と身り是よ義經再度彼國へ下向

引き時山の狩様を憤をもくれし

有名

zu packen oder Fische aus einem Bach herauszu-
schleudern. Damit wollten die Künstler die ganze
Härte der Wildnis darstellen, die mit den Klauen
und Zähnen zum Ausdruck kommt. Der Bär kann
nichts dafür, daß er nicht nur für sich selbst steht –
man denke nur an das Symbol Rußlands. Ein Künstler muß sich wirklich Mühe geben, nicht den Mythos, sondern das Tier selbst darzustellen.

Nach Ansicht der meisten Menschen lebte der Bär
inmitten der Wälder, zwar unsichtbar, doch als ständig anwesende Gefahr. Nur der Jäger konnte die
wahre Natur des Bären kennen. Kein Künstler kam
jemals nahe genug heran. Für den Jäger war der Bär

die ultimative Trophäe, die zu erlegen mehr Können,
Ausdauer und Mut erforderte als selbst bei Nashörnern oder Löwen. Der Schriftsteller Faulkner wußte
dies. Aber selbst als Jagdbeute nahm der Bär mythi-
sche, heroische Ausmaße an. Etwas anderes als das
eigentliche Tier – Wildheit, Furcht und die Zeit des
Heranreifens – starb mit ihm zusammen. Auch dies
war William Faulkner bekannt. Am wirkungsvoll-
sten war der Bär als Trophäe, ein Kennzeichen des
Mutes oder männlicher Entschlossenheit. Dies ist
die Ursache dafür, warum die Bären letztlich nicht
zu Objekten für den Pinsel des Künstlers, sondern
für das Messer des Präparators wurden.

▲ Anders als bei den europäischen Bildern,
in denen zahlreiche Jäger und Hunde gegen
die Bären antreten, zeigt das 1849 von dem japanischen Künstler Kuniyoshi geschaffene
Bild »Kamel Rokuro und der Kragenbär im
Schnee«, wie sich ein einzelner Krieger dem
mörderischen Zweikampf stellt, während sich
die Zuschauer in respektvoller Entfernung
halten.

◄ Der Bär gab die Inspiration zu dieser teilweise vergoldeten und mit Malachit-Einlagen
versehenen Bronzefigur.

▶ Dieses Gemälde von Leonard Alexis
(1813-1892) mit dem Titel »Der Weg nach Ma-
ladetta« vermittelt den Schrecken, den Menschen auf einem einsamen Pfad in der Wildnis
bei dem Gedanken an die Möglichkeit empfanden, von einem Bären angefallen zu werden. Die dunklen Berge und die sich zusam-
menziehenden Sturmwolken verstärken noch
das Gefühl der Isolation und der bösen Vorah-
nung.

Musée des Beaux-Arts, Marseilles/The Bridgeman Art Library

BÄREN ALS HAUSTIERE, NAHRUNGS- UND HEILMITTEL

JUDY A. MILLS

Im Oktober 1991 wurde ein Amerikaner koreanischer Abstammung in seiner New Yorker Stadtwohnung ermordet – offensichtlich wegen der Bären-Gallenblasen, die in seinem Besitz waren. Zugleich erzielten Gallenblasen von Bären in einigen Läden traditioneller Medizin Südkoreas nahezu dieselben Preise wie bestimmte Sorten von Heroin. In China hält man Tausende von Braun- und Kragenbären auf Farmen, um die Gallenflüssigkeit abzumelken und damit den einträglichen Markt der traditionellen Medizin zu bedienen. Durch den Handel mit ihren Gallenblasen wurde praktisch auf jeden Bären der Erde – vom Malaienbären bis zum Eisbären – ein Kopfgeld erhoben, wodurch die Tiere tot wertvoller wurden als lebend.

John Everingham

▲ Bärentatzen sind in Ländern wie Taiwan, Korea, Hongkong und Singapur sehr begehrt. Sie werden in Suppen und anderen Gerichten verarbeitet. 1990 wurde eine Ladung von Bärentatzen, die von etwa 1000 getöteten Bären stammte, in China beschlagnahmt, was den Umfang dieses illegalen Handels deutlich macht.

Der Handel mit Bären floriert hauptsächlich in Asien, wo man sie häufig als Haustiere hält, zugleich jedoch als Nahrungs- und Heilmittel einsetzt. Auch die Felle des Großen Panda haben ihre Marktnische, und der Handel mit ihnen bringt auf dem Schwarzmarkt Zehntausende von Dollar – ungeachtet der Todesstrafe, die in China auf das Töten eines Großen Pandas steht. Mehrere Chinesen, die mit Pandas handelten, wurden hingerichtet, und andere verbüßen lange Gefängnisstrafen, aber der Ertrag eines einzigen Pandafells kann einen Armen schlagartig reich machen. Und der Verkauf eines Bären oder seiner Gallenblase kann in zahlreichen asiatischen Ländern wenigstens das Jahreseinkommen eines Menschen verdoppeln.

MENSCHEN, DIE MIT IHREN BÄREN SPAZIERENGEHEN

In einigen Teilen Asiens sind lebende Malaienbären begehrte Haustiere, die pro Stück zwischen 100 und 5000 US-Dollar kosten. In den Vororten von Taipei (Taiwan) führen manche ihre Bären an der Leine spazieren. Zudem erwerben gläubige Buddhisten junge Malaien- und Kragenbären auf den Wochenmärkten, nicht nur, weil die Tiere anschmiegsam wirken wie Hundewelpen, sondern auch, um sich Verdienste

für das kommende Leben zu erwerben. Nach ihrer religiösen Überzeugung entspricht es einem Akt der Liebe, wilde Tiere aufzunehmen und sie daheim zu versorgen. Einige Bären werden in Thailand täglich gebadet, in frostigen Nächten in Decken gehüllt, im Taxi durch das Land gefahren und erhalten vorgeschälte Früchte. Ein Kragenbär, an dem sein Besitzer besonders gehangen hatte, bekam nach seinem Tod ein vollständiges buddhistisches Begräbnis. Allerdings empfinden die meisten Besitzer ihre Hausbären bald als Belastung, wenn diese zunehmend größer und stärker werden. Daher sind die meisten von ihnen nur zu gern bereit, sich bei Tierhändlern von ihrer Last zu befreien. An dieser Stelle verwandeln sich die unerwünschten Haustiere nicht selten in Nahrungs- und Heilmittel. Allein 1988 wurden 40 lebende Bären aus Thailand nach Südkorea geschmuggelt, wo ihr Fleisch, das Blut und die Gallenblasen dazu auserkoren waren, die koreanische Olympiamannschaft zu stärken.

BRATEN AUS BÄRENTATZEN

Sowohl in China als auch in jenen asiatischen Kulturen, die unter starkem chinesischen Einfluß stehen – zum Beispiel Südkorea – ist Nahrung aus Bärenprodukten ein wirtschaftlicher Indikator und eine Quelle der Entspannung und der Heilmittel.

Bären tauchen bei den Speisen der Chinesen schon in der Ming-Dynastie (1368 bis 1644) auf. Während der Ch'ing-Dynastie (1644 bis 1911) setzte man hochrangigen Gästen ein 16 Gänge umfassendes Menü vor, zu dem auch Bärentatzen gehörten. Die chinesischen Kaiser favorisierten eine Speisefolge mit 100 Gerichten, zu denen wiederum Bärentatzen gehörten. In den kaiserlichen Kochbüchern finden sich Rezepte zur Herstellung geschmorter Bärentatzen und Rippenbraten. Der kulinarischen Überlieferung zufolge ist das Fleisch der linken Vordertatze am süßesten und zartesten, da die Bären mit ihr angeblich den Honig aus Bienennestern herausholen. Der Genuß von Bärentatzen soll Erkältungen vorbeugen und den Körper insgesamt stärken. Grundsätzlich wird Bärenfleisch gegen Rheumatismus, Schwäche und Beri-Beri (eine auf einem Mangel an Vitamin B beruhende Krankheit) eingesetzt, und um Geist und Körper zu kräftigen.

Da der Wohlstand in einigen asiatischen Ländern wie Taiwan, Singapur, Hongkong und Südkorea zunahm, erfreuen sich Gerichte mit Bärentatzen sowohl als Statussymbol als auch als Stimulans dort

John Everingham

zunehmender Beliebtheit. Die Preise belaufen sich auf 700 US-Dollar oder mehr pro Gericht. Im Jahre 1990 tauchten geschmorte Bärentatzen sogar auf der Karte eines Restaurants im Hilton-Hotel in Seoul (Südkorea) auf. Südkoreaner und Chinesen reisen in Gruppen nach Thailand. Hier lassen sie vor ihren Augen Bären umbringen, die für Feinschmecker-Bankette bestellt wurden, und auch die Gallenblase wird als begehrtes Souvenir heimgebracht. Angeblich lassen sich auch hochrangige chinesische Parteifunktionäre – allen gesetzlichen Verboten zum Trotz – keine Gelegenheit entgehen, Bärentatzen zu essen.

DER HANDEL MIT GALLENBLASEN

Trotz der ungeheuren Beliebtheit der Bärentatzen und der Gewohnheit, diese Tiere in Häusern zu halten, ist es der Handel mit ihren Gallenblasen, der den Markt antreibt und das Überleben der asiatischen Bären ebenso in Frage stellt wie die Zerstörung ihrer Lebensräume. Die in der Gallenblase vorhandenen Salze sind ein begehrtes Heilmittel, das, zumeist getrocknet, in kristalliner Form eingenommen wird. Jeder, der einmal Taipehs Stadtbezirke traditioneller Heilkunst, Hongkongs Einkaufsparadies von Kowloon oder die weit verstreut liegenden Apotheken

von Singapur durchstreift, wird die zahlreichen getrockneten Gallenblasen der Bären zu sehen bekommen, die wie große Feigen aussehen. Die Schwarzmarkthändler der chinesischen Märkte, die unter freiem Himmel abgehalten werden, handeln mit diesen Organen kiloweise. Südkoreanische Großhändler der traditionellen Medizin reisen nach Nordamerika, um die Gallenblasen von Bären zu kaufen, die vor ihren Augen erschossen wurden.

Anfang der neunziger Jahre erreichten die Gallenblasen in Asien Preise zwischen einem und 210 US-Dollar pro Gramm und waren damit ebenso teuer wie chinesisches weißes Heroin. In den ärmeren Ländern, die den Handel mit Gallenblasen unterstützen (etwa in Malaysia und Thailand), sind die Preise im allgemeinen niedriger, in wohlhabenderen Verbraucherländern wie Südkorea, Taiwan und Japan dagegen wesentlich höher. Vielleicht, weil in Südkorea nur noch etwa ein Dutzend Bären in Freiheit leben, sind die Bewohner dieses Landes bereit, am meisten zu zahlen und die längsten Reisen auf sich zu nehmen, um an echte Bären-Gallenblasen zu gelangen.

Die große Preisspanne bei den Gallenblasen und die extremen Maßnahmen, die einige Asiaten auf sich zu nehmen bereit sind, um die Authentizität ihrer Produkte zu garantieren, ist darauf zurückzufüh-

▲ Ein thailändischer Buddhistenmönch füttert einen Malaienbären, der an einer Kette als Haustier gehalten wird. Der Buddhismus lehrt, daß Menschen sich dadurch Verdienste für das kommenden Leben erwerben, wenn sie Bären und andere wilde Tiere nach Hause bringen und für sie sorgen.

177

John Everingham

▲ Bären sind als Haustiere überall in Südostasien geschätzt. Manchmal geht die Liebe sogar so weit, daß Frauen sie mit ihrer Milch nähren.

▶ Junge Malaienbären sind in Thailand und anderen asiatischen Ländern auf dem Schwarzmarkt erhältlich. Im allgemeinen werden sie als Haustiere gehalten, bis sie beinahe ausgewachsen sind. Wenn sie dann schwer zu führen sind, verkauft man sie an Händler, die ihre Körperteile für die traditionelle Medizin verwenden.

C. Servheen

ren, daß überwiegend Fälschungen auf dem Markt sind. Es ist tatsächlich unmöglich, ohne eine Laboranalyse die Gallenblase eines Bären von der einer Kuh oder eines Schweins zu unterscheiden, obgleich einige Spezialisten der asiatischen Medizin behaupten, die Unterschiede anhand des Aussehens, des Geruchs oder des Geschmacks zu erkennen. Daher haben Imitate den Markt überflutet. Dies ist nur plausibel, wenn man bedenkt, daß auf der ganzen Erde weniger als eine Million Bären, aber über eine Milliarde potentieller Konsumenten dieser Organe leben.

DIE MEDIZINISCHEN EIGENSCHAFTEN

Im Chinesisch der Mandarine nennt man die Gallenblase des Bären Xiong Dan. Im kantonesisch sprechenden Hongkong ist sie unter dem Namen Hang Tan bekannt, in Korea nennt man sie Ungdam und in Japan Yutan oder Kuma-no-i. Obwohl der Gebrauch der Gallblase als Heilmittel von einem asiatischen Land zum anderen geringfügig variiert, stammen die meisten Vorschriften noch aus den alten Lehren der chinesischen Medizin. Die Gallenblasen dürften in der chinesischen Heilkunst bereits seit 3000 Jahren existieren, und Rezepte für die Bärengalle tauchen erstmals in den schriftlichen Überlieferungen des siebten Jahrhunderts auf. Ebenso verordnen die Texte der traditionellen chinesischen Medizin das Fleisch, das Gehirn, das Blut, die Knochen und das Rückenmark dieser Tiere wegen ihrer heilenden Kräfte. Allerdings bildet die Gallenblase den begehrtesten Teil eines Bären und rangiert damit gemeinsam mit dem Horn der Nashörner und der wilden Ginseng-Wurzel ganz oben in der asiatischen Medizin.

Nach chinesischer Lehre ist die Gallenblase des Bären eine »kalte« Medizin. Sie wird verschrieben, um die »Hitze« bestimmter Krankheiten abzukühlen und das »Feuer« der Gifte im Körper auszulöschen. Zu den Symptomen der »Hitze« gehören eine trockene Kehle, ein gerötetes Gesicht, trockener Stuhl, ein schneller Puls, Fieber, Kopfschmerzen, Durst und starkes Schwitzen. Das »Feuer« kann sich in Verbrennungen oder einer Lebererkrankung manifestieren. »Kalte« Heilmittel, wie die Gallenblase der Bären, senken die Körpertemperatur und Entzündungsaktivität und wirken entgiftend.

Unter Nicht-Asiaten ist das Mißverständnis verbreitet, daß die Gallenblasen als Aphrodisiakum verwendet werden. In Wirklichkeit jedoch verschreibt man sie gegen ernsthafte Erkrankungen, wie Leberzirrhose, Gelbsucht, hohen Blutdruck, Diabetes, schwere Verbrennungen und Herzkrankheiten. Zudem behandelt man damit Hämorrhoiden, Augeninfektionen, Schwellungen, die von einer Verstauchung herrühren, und Zahnverfall.

Nach einer weiteren, unter westlichen Menschen verbreiteten Annahme sind alle Heilungserfolge durch den Genuß von Gallenblasen lediglich Einbildung, und haben also nur einen »Placebo-Effekt«. Bedauerlicherweise für die Bären wurden die medizinischen Heilkräfte ihrer Galle inzwischen klinisch bewiesen. Der aktive Bestandteil der Bärengalle ist Ursodeoxycholsäure (UDCA). Obwohl dieser Stoff auch in den Gallenblasen vieler anderer Säuger – und auch des Menschen – gebildet wird, kommt er in nennenswerten Mengen nur in den Gallenblasen

J.A. Mills

der Bären vor. 1927 trennten japanische Wissenschaftler die UDCA aus der Bärengalle heraus und fanden dann 1955 einen Weg, diese Substanz aus der Galle von Rindern zu synthetisieren. Heute wird synthetische UDCA von westlichen Medizinern dazu benutzt, Gallensteine ohne einen operativen Eingriff aufzulösen. Noch immer laufen klinische Versuche, die die Wirkung der UDCA bei der Behandlung von Leberzirrhose, Hepatitis, übermäßigem Cholesteringehalt im Blut und anderen Krankheiten prüfen sollen.

Nun könnte man meinen, in der Synthese der Bärengalle liege die Lösung, die in der Wildnis lebenden Bären zu retten. Die synthetische UDCA ist rein, billig und zuverlässig. Nach der Lehre der traditionellen Medizin sind diese Eigenschaften jedoch nicht

unbedingt erforderlich. Die Lehren der chinesischen Heilkunst besagen, daß der Vorteil, Heilmittel aus der Natur zu erhalten, darin besteht, daß sie bereits auf die richtige Wirkungsstärke gelöst und gepuffert sind und sich im idealen Zustand befinden, um vom Körper assimiliert zu werden.

Ein gutes Beispiel für dieses Phänomen finden wir in Südkorea, wo die synthetische UDCA als Bioheilmittel reißenden Absatz findet und pro Tablette nur wenige Cents kostet. In den achtziger Jahren fiel einer der wenigen noch in Südkorea wildlebenden Kragenbären einem Wilderer zum Opfer, obwohl die Tiere unter strengem gesetzlichem Schutz stehen. Nachdem der Übeltäter verhaftet war, verkaufte die Regierung die Gallenblase des Bären für 64 000 US-Dollar auf einer öffentlichen Auktion!

▲ In Thailand werden jungen Malaienbären manchmal in menschlichen Wohnungen verhätschelt. Hier können sie jeden Luxus genießen, zum Beispiel die Trinkwasserfontäne.

DER MEDIZINISCHE UND DEKORATIVE GEBRAUCH VON BÄREN-KÖRPERTEILEN

Rückenmark: Heilt angeblich Taubheit und Schwindelgefühl. In die Kopfhaut eingerieben, soll es das Haarwachstum fördern und Schuppen entfernen.

Fell: Beliebt als Umhang oder Wandbehang. Kleine Stücke werden in Nepal als Talismane getragen.

Fett: Das Fett vom Rücken des Bären fördert bei längerer Anwendung die Intelligenz, beugt Hungergefühlen vor, entschlackt den Körper und erhöht die Lebenserwartung. Angeblich heilt es auch Taubheit der Glieder, fiebrige Erkältungen, gibt dem Haar die schwarze Farbe zurück und fördert dessen Wachstum. Der Überlieferung nach heilt es Kahlheit und Hautflechten und entfernt Pickel und Mitesser. Als Lampenöl jedoch kann das Bärenfett die Augen und deren Glanz schwächen.

Kopf: Beliebt als Dekorationsobjekt.

Blut: Dient zur Behandlung von Nervosität bei Kindern.

Knochen: Gegen Rheuma und Nervosität bei Kindern.

Klauen: Dienen in Ländern wie Nepal und Indonesien als Glücksbringer.

Fleisch: Bärentatzen gehören zu den beliebtesten, teuersten und exotischsten asiatischen Gerichten. Es hilft gegen Rheuma, Schwäche und Beri-Beri in Verbindung mit Paralyse. Chinesische Texte besagen, daß chronisch Kranke kein Bärenfleisch essen sollten. Sowohl frisch als auch aus Konserven ist Bärenfleisch eine beliebte neue Speise im heutigen Japan.

Gallenblase: Dies ist der begehrteste Körperteil des Bären. Es ist in erster Linie die Nachfrage nach Gallenblasen, die den Bären zu einer wertvollen Ware macht. Mit Hilfe der Gallenblase bekämpft man Erkrankungen der Leber, des Herzens und des Verdauungstraktes. Man heilt damit aber auch Bindehautentzündung, Blindheit bei Neugeborenen, Kinderkoliken, Hämorrhoiden und Zahnverfall.

Tatze: Verhütet Erkältungen und wirkt auf den Körper generell stärkend und vitalisierend.

▼ Das Überleben der Bären wird dadurch in Frage gestellt, daß man ihre Körperteile hoch handelt.

C. Servheen

DIE BÄRENHALTUNG AUF FARMEN

Heute werden Bären in China auf Farmen gehalten, um mit ihren Gallenblasen die Bedürfnisse der traditonellen Medizin zu befriedigen und – wie aus China von offizieller Seite verlautet – zugleich, um den Druck von den wilden Bärenpopulationen zu nehmen. Die Gallenflüssigkeit wird lebenden Bären durch ein Katheter abgemolken, das man ihnen operativ in ihren Gallenblasen implantierte. Auf derartigen Farmen leben in China zur Zeit mindestens 8000 Bären – vermutlich mehr, als noch in den chinesischen Wäldern zu finden sind. Obwohl dieser Melkvorgang nicht besonders schmerzhaft ist, bildet er für die Tiere eine Belastung, zumal die meisten von ihnen ihr gesamtes Leben in kleinen, engen Käfigen verbringen.

Mag diese Form der Gallegewinnung eine interessante Entwicklung darstellen, eine Hilfe zur Erhaltung dieser Tiere ist sie nicht. Zur Zeit verwenden die chinesischen Wissenschaftler ihre Bemühungen nicht mehr auf die Bedürfnisse wildlebender Bären, sondern darauf, wie auf den Bärenfarmen die Geburtenrate steigt und die Galleproduktion möglichst erhöht wird. Noch bedauerlicher aber ist, daß die Chinesen, indem sie der Nachfrage der Bärengalle entsprechen, dazu beitragen, das Bild des Bären als ei-

DIE KRAFT ZU HEILEN

BARRY SANDERS

Sowohl die Eingeborenen Nordamerikas als auch die Menschen Indiens halten den Bären für den größten Arzt der Wälder. In den Vereinigten Staaten tragen die Medizinmänner der Pomo Bärenfelle bei ihren Heilungszeremonien, und bei den Tewa ist das Wort für »Arzt« gleichbedeutend mit dem für »Bär«. Die Cheyenne kurieren Durchfall mit einer Pflanze, die bei ihnen »Bärennahrung« heißt, und die Crow benutzen die sogenannte »Bärenwurzel«, um Heiserkeit zu heilen. Die Potawatami nennen die Wurzel einer jeden Heilpflanze »Bärenkartoffeln«, und das Allheilmittel der Ojibwa nennt

sich einfach »Bärenmedizin«. Die Inder brauen eine Heilmixtur mit dem Namen *Karadi Panchamritham* zusammen, was auf Sanskrit soviel bedeutet wie »Bärendelikatesse mit fünf Zutaten«. Sie haben es Bären abgeschaut, die sie beim Sammeln von Pflanzen beobachteten. Mit Sicherheit darf man zwischen den englischen Begriffen »barley«, »beer« und »bear« (»Gerste«, »Bier« und »Bär«) eine gemeinsame etymologische Wurzel vermuten. Die lange Liste englischer Pflanzennamen, die mit Bären zu tun haben, bezeugen die breite botanische Kenntnis dieser Tiere:

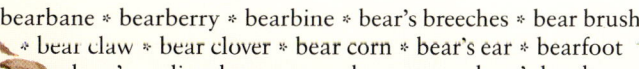

bearbane * bearberry * bearbine * bear's breeches * bear brush
* bear claw * bear clover * bear corn * bear's ear * bearfoot
* bear's garlic * bear grape * bear grass * bear's head
* bear huckleberry * bear moss * bear oak
* bear's paw * bear's tail * bear's tongue
* bear's weed * bearwood * bear's wort

Bärenohr   Bärentraube
(*Arctotis*)   (*Arctostaphylos alpina*)

Bärenhose (*Acanthus spinosus*)

ner Ware noch im Bewußtsein zu vertiefen, anstatt den Tieren einen eigenen Wert beizumessen. Und schließlich hat die auf den Farmen gewonnene Galle die Nachfrage nach wilden Gallenblasen nicht zum Erliegen gebracht, da zahlreiche Anhänger der traditionellen Medizin erstere gegenüber der aus der Natur stammenden Galle als minderwertig ansehen. Angeblich führt die Ernährung wildlebender Bären zu qualitativ besseren Gallensalzen.

Die Bären der Welt werden den kommerziellen Druck, dem sie überall ausgesetzt sind, nicht sehr viel länger ertragen können. Die einzige Hoffnung, die Nachfrage zu zügeln, besteht in schützenden Gesetzen und wirkungsvolleren Methoden, diesen Nachdruck zu verleihen, sowie einer öffentlichen Aufklärungsarbeit. Von allen diesen Möglichkeiten verspricht die letztgenannte die besten Erfolge, zumal sich niemals die Einhaltung eines Gesetzes durchsetzen läßt, ohne daß jene mitarbeiten, die damit leben müssen.

Aufklärungsprojekte, die die asiatische Sichtweise des Bären verändern sollen, müssen die Traditionen einer jeden bärenkonsumierenden Kultur berücksichtigen. Sollten derartige Kulturen ihre Einstellung gegenüber den Bären und dem Konsum ihrer Organsysteme nicht verändern, werden ganze Populationen asiatischer Bären verschwinden, ehe auch nur irgendjemand eine Chance hatte, deren Lebensweise und Lebensräume zu dokumentieren. Die übrigen Bärenpopulationen auf der Welt könnten diesem Niedergang bald folgen.

Im Herbst 1991 fand man einen 360 Kilogramm schweren Rekord-Schwarzbären tot in einem kanadischen Nationalpark – es fehlte ihm nur die Gallenblase. Damit wird deutlich, daß bis heute die Bären in der Wildnis weitaus weniger wert sind als die Summe ihrer verkäuflichen Einzelteile.

▶ In Nordkorea gibt es Farmen, auf denen Bären ihr ganzes Leben in kleinen Käfigen verbringen. Dabei zapft man in gewissen Abständen ihre Gallenflüssigkeit über Dauerkatheter ab. Auch in China ist diese Form der Haltung verbreitet.

C. Servheen

BÄREN UND MENSCHEN IN NORD-AMERIKA

STEPHEN HERRERO

Jahrtausende des Zusammenlebens führten bei Bären und Menschen zu wechselseitigem Respekt, und beide gehen einander aus dem Wege, es sei denn, ein Mensch befindet sich auf Bärenjagd. Dagegen greifen Bären den Menschen nur ausnahmsweise an, vermutlich, weil Tiere mit einer aggressiven Tendenz zuvor umgebracht wurden. Wenn also Bären und Menschen einander begegnen, geschieht dies zumeist friedlich, doch die wenigen Ausnahmen machen die Menschen vorsichtig. Sobald ein Bär in der Entfernung auftaucht, kann es wichtig sein, die Art zu bestimmen. Handelt es sich um einen Schwarzbären, kann man unter Umständen näher herankommen, um das Tier besser zu beobachten, sollte dabei aber stets eine respektvolle Distanz einhalten. Ist es jedoch ein Braunbär (ein Grizzly), sollte man sich ganz weit – mindestens einige hundert Meter – entfernt halten.

Die Beobachtung von Bären ist nicht unbedingt als eine Begegnung anzusehen, da das Tier im Idealfall gar nicht merkt, daß es beobachtet wird. Allerdings bietet die Beobachtung aus der Ferne eine wunderbare Möglichkeit, die Lebensweise der Bären kennenzulernen. Die typische Sichtung eines nordamerikanischen Schwarzbären oder eines Grizzly beginnt vielleicht damit, daß ein Mensch auf einem mehrere hundert Meter entfernten Hügel einen dunklen oder hellen Punkt entdeckt.

ERNÄHRUNGSWEISE

Grundsätzlich befinden sich Bären auf Nahrungssuche oder ruhen sich aus. Im Frühjahr werden die Tiere wahrscheinlich Grastriebe und breitblätterige Pflanzen fressen. Handelt es sich um einen Grizzly, gräbt er vielleicht die süßen Wurzeln von *Hedysarum* oder anderer Arten aus. Dies kann durchaus in eine Kraftdemonstration ausarten und offenbart zugleich einige unverwechselbare Merkmale der betreffenden Art. Das Ausgraben von Wurzeln ist kein mechanischer Akt; vielmehr setzt das Tier seine Kraft in besonderer Weise ein. Der Grizzly gräbt an einem Hang und schält die Grassoden regelrecht ab – als höbe er einen Teppich an – um einen Blick darunter zu werfen. Hat er eine Wurzel herausgeholt, benutzt der Bär seine einzelnen Finger, um sie zu reinigen, ehe er sie frißt.

Im Frühjahr vertilgen die Bären nicht nur Pflanzen. Häufig erbeuten Schwarz- und Grizzlybären neugeborene Wapitis, andere Weißwedelhirsche oder Elche, die sie entweder mit den Augen oder mit der Nase aufspüren. Dabei halten Grizzlybären ihre große, schwarze Nase in die Luft, atmen tief ein und wandern weiter. Häufig bleiben sie wieder stehen, um die Luft zu prüfen, bis sie ihre Beute entweder sehen oder wittern. Während sie neugeborene Hirschkälber töten, noch ehe sich diese auch nur erheben, entbrennt manchmal eine wilde Jagd, sobald das Kalb alt genug ist, um fortzulaufen. Bären sind imstande, etwa einen oder zwei Kilometer weit zu rennen und entwickeln dabei Geschwindigkeiten bis zu 50 Stundenkilometer. Sobald ein Wapitikalb eine Woche alt ist, läuft es schneller, wenn auch nicht eleganter, als ein Bär. Auf unebenem Terrain ist der Bär normalerweise leicht im Vorteil, so daß er innerhalb von Sekunden zu einem stark proteinhaltigen Mahl kommen kann.

Mark Newman/Tom Stack & Associates

BEIM SPIELEN

Vielleicht zeigt sich das Wesen eines Bären am deutlichsten beim Spiel, und auch dieses Verhalten läßt sich beobachten – natürlich aus respektvoller Entfernung. Ganz junge Tiere spielen häufig mehrere Minuten lang, und bei den stärker an die Bäume gebundenen Schwarzbären werden auch beim Spielen häufig Bäume einbezogen. Einmal wurden zwei junge Schwarzbären beim Spiel auf einer kleinen Kiefer beobachtet. Eines der Jungtiere kletterte auf den Baum und bog ihn leicht zum Boden, worauf auch der zweite nachkletterte und die Spitze des Baumes beinahe den Boden berührte. Einer von ihnen sprang dann ab; der andere schwang hin und zurück und klammerte sich am Baum fest, bis der Spielkamerad wieder hochgeklettert war. Die Tiere wiederholten das Spiel immer wieder. Selbst alte, männliche Grizzlies spielen gern. So beobachtete man einmal ein älteres Männchen, das im Frühjahr einen Schnee-hang überquerte. Es hielt kurz inne, um den Hang hinunterzuschauen, warf sich dann darauf, und rollte und schlidderte hinunter. Unten angekommen, schüttelte sich das Tier, blickte auf den Hang zurück, dessen Gipfel einige hundert Meter weiter oben lag und kletterte wieder hinauf, um abermals hinunterzurutschen.

SCHWARZBÄREN

Die häufigste Bärenart Nordamerikas ist der Schwarzbär. Man sollte sich jedoch von dem Namen nicht in die Irre führen lassen, denn die Farbe dieser Tiere reicht von beinahe weiß oder bläulich bis zu ihren verbreiteten Varianten von schwarz, braun, blond oder zimtfarben. Eine nähere Beschreibung der für diese Art typischen Merkmale ist an anderer Stelle dieses Buches zu finden.

Schwarzbären zeichnen sich durch eine große Toleranz gegenüber Menschen aus. Ein Wanderer muß

▼ Wenn sie in der Wildnis sich selbst überlassen bleiben, gehen die meisten Braunbären dem Menschen aus dem Weg oder ignorieren ihn. Manchmal jedoch kommen Menschen allzu nahe heran, zum Beispiel um Fotos zu machen. In solch einem Fall kann ein Bär angreifen, weil er sich bedroht fühlt.

also nur selten befürchten, daß ein Schwarzbär ihn aus dem Gebüsch heraus angreift. Wenn sie durch menschliche Lebensmittel oder Abfälle an Lagerplätzen und Straßen gelockt werden, tolerieren Schwarzbären zumeist die sich in der Nähe befindenden Menschen, ohne daß es zu Zwischenfällen kommt. Dennoch passierten 95 Prozent aller Verletzungen durch Bären auf Campingplätzen oder an Straßen, wo sie gewohnheitsmäßig nach Nahrung suchten. Manchmal füttern Menschen Schwarzbären mit der Hand und gehen fort, sobald die wenigen Krumen aufgefressen sind. Dies kann der Moment sein, in dem der Bär zubeißt. Oder eine im Zelt schlafende Person drückt ihr Gesäß gegen die äußere Zeltwand, worauf ein nahrungssuchender Bär vielleicht einen Probebiß riskiert. Obwohl nur wenige Menschen bei Begegnungen auf Camping- oder Rastplätzen verletzt wurden, hat man zahlreiche Schwarzbären er-

Johnny Johnson/Animals Animals/Stock Photos

▼ Wo immer sich die bevorzugten Lebensräume von Menschen und Grizzlies überschneiden, wie in den Flußtälern und in der Umgebung von Seen, besteht die Möglichkeit, daß beide einander begegnen. Junge Grizzlies neigen dazu, menschliches Eigentum zu untersuchen. Häufig werden sie in derartigen Situationen erschossen, weil sie Menschen potentiell gefährlich werden.

Michio Hoshino/Minden Pictures

schossen, zumal sie bei der Nahrungssuche zunehmend aggressiver werden, je mehr Erfahrungen sie mit Menschen haben.

Wird man unter solchen Umständen mit einem Schwarzbären konfrontiert, empfiehlt es sich normalerweise, ein aggressives Verhalten zu zeigen, zu schreien und auf das Tier zuzulaufen. Meistens zieht sich der Bär dann zurück. Hat er sich jedoch selbst zum Picknick eingeladen und genießt die Köstlichkeiten, die man für sich selbst vorgesehen hatte, sollte man ihn am besten nicht dabei stören. Hat ein Schwarzbär einmal zu fressen begonnen, kann man ihn nur schwer zum Fortgehen bewegen, ehe nicht alles vertilgt ist.

Wie nun, wenn man auf einer Fährte wandert und plötzlich einem Schwarzbären gegenübersteht? Zwar werden die meisten fortlaufen, doch wenden andere ihr gesamtes Imponierverhalten auf, als wollten sie ihr Gegenüber in Stücke reißen, wenn dieses sich nicht zurückzieht. Obwohl es normalerweise nicht so weit kommt, zählt immer der Eindruck. Der Bär schnauft oder atmet laut ein und aus und schlägt dann auf den Boden, oder er kommt auf den Menschen zu wie ein Güterzug. Weicht man nicht zurück, wird die wahre Natur dieses Dramas offenbar: Der Scheinangriff endet unmittelbar vor dem Menschen. Der Bär möchte nur zum Ausdruck bringen, daß man gehen soll und wünscht keinen Kontakt.

Indem beide Kontrahenten den Abstand zueinander vergrößern, kommen sie zu einer gewissen Einigung. Selbst Weibchen, die Junge führen, werden in der Regel fliehen, oder sie verhalten sich grundsätzlich nur so lange aggressiv, bis sich ihre Jungen auf Bäume zurückgezogen haben. Nach einer Weile klettert die Mutter hinterher oder bleibt neben dem Baumstamm stehen. Hält man sich vor Augen, wieviele Schwarzbären drohen und »schreien«, ist es schon erstaunlich, wie selten sie letztlich angreifen. Als man alle Aufzeichnungen durchging, die seit 1900 in Nordamerika vorliegen, konnten nur wenige Fälle nachgewiesen werden, in denen Schwarzbärenweibchen ihre Jungen verteidigten und dabei Menschen angriffen.

Es kommt allerdings gelegentlich vor, daß der Schwarzbär für Menschen zu einer ernsthaften Bedrohung wird. Nachweislich wurden seit 1900 immerhin 35 Menschen von diesen Tieren umgebracht. In wenigstens 90 Prozent dieser Fälle dürften die Bären die Menschen als Beute betrachtet haben. Derartige Zwischenfälle ereigneten sich typischerweise am hellen Tage, und die Opfer waren Wanderer. Grundsätzlich blieben die Bären ganz still und unauffällig – sie griffen einfach an. Ein Mensch, der es mit solch einem Bären zu tun bekommt, muß Widerstand leisten und kämpfen. Stellt er sich tot, dürfte der Bär eher geneigt sein, seine Mahlzeit zu beginnen. Man

kann Steine, dicke Knüppel oder Messer als Waffen verwenden. In einer Gruppe können Menschen, wenn sie zusammenhalten, einen angreifenden Bären zumeist abwehren. Einige wenige derartiger Angriffe erfolgten in der Nacht, als die Opfer schliefen, zumeist in entlegenen Gegenden, wo die Tiere nur wenig Erfahrungen mit Menschen besaßen.

Unter anderem wird die Vorstellung, gefährliche Bären zu eliminieren, dadurch gestützt, daß in allen Nationalparks Nordamerikas zusammengenommen – wo zahlreiche Schwarzbären und viele Menschen herumlaufen – nur ein einziger Mensch bisher einem solchen Tier zum Opfer fiel. Allerdings werden ungewöhnlich aggressive Bären aus den Populationen der Nationalparks regelmäßig entfernt.

Schießlich darf man nicht vergessen, daß in Nordamerika über eine halbe Million Schwarzbären leben. Während innerhalb eines größeren Zeitraumes ein Mensch ums Leben kam, erlegen Menschen in jedem Jahr Zehntausende von Schwarzbären.

BRAUNBÄREN
Jeder weiß, wie gefährlich Braunbären sind. Oder ist das übertrieben? Zweifellos geht der Grizzly, der Beherrscher der Wälder Nordamerikas, dem Menschen aus dem Wege. Versuche im Yellowstone-Nationalpark haben gezeigt, daß, wann immer Menschen versuchten, möglichst nah an Grizzlies heranzukom-

▲ An Orten wie dem Katmai National Wildlife Reserve in Alaska findet man Lachse und Angler in gleichermaßen großer Zahl. Da den Bären mit den Fischen eine reiche Nahrungsquelle zur Verfügung steht, werden sie auf der Suche nach Nahrung nur selten von Zeltplätzen angelockt. Sie haben sich an Menschen gewöhnt, die vorüberziehen, und ignorieren sie, sofern die Besucher nicht zu dicht herankommen.

anderer Weise an Menschen gewöhnt. Die meisten Opfer derartiger Angriffe (es waren bisher nur zehn) waren von den Tieren als Beute angesehen und wenigstens teilweise verzehrt worden. Man kann sich kaum etwas Entsetzlicheres vorstellen als von einem riesigen Tier aus dem Zelt gezogen zu werden, das die Absicht hat, einen zu fressen. Es entbehrt nicht einer gewissen Ironie, daß unsere eigenen Naturschutzpraktiken zu solchen Zwischenfällen führten. Da Bären heute wesentlich schwerer an Lebensmittel

Alan Carey/Photo Researchers, Inc.

Alan Carey/Photo Researchers, Inc.

▲ Es ist nicht ratsam, Lebensmittel in einem Zelt aufzubewahren, da dies einen Bären praktisch dazu auffordert, hineinzugehen und sie sich zu holen. Erfolgt so ein Besuch am Tage, wenn niemand da ist, wird nur die Zeltausrüstung beschädigt. Wenn der Bär jedoch nachts kommt, während die Menschen schlafen, werden mit hoher Wahrscheinlichkeit entweder der Bär oder die Menschen verletzt.

men, die Senderhalsbänder trugen, die Bären in 90 Prozent aller Fälle flohen, ohne aggressives Verhalten zu zeigen. In den übrigen Fällen zogen sie sich zurück, nachdem sie Drohverhalten gezeigt hatten. Nicht ein einziges Tier griff jedoch wirklich an. Alljährlich durchwandern Hunderttausende von Menschen die Gebiete der Grizzlybären, und nur wenige von ihnen werden jemals durch die Tiere verletzt.

Die Umstände, unter denen Unfälle mit Grizzlies vorkommen, sind mit denen der Schwarzbären kaum zu vergleichen. Während der sechziger und zu Beginn der siebziger Jahre nahm die Camping- und Wanderbewegung in Nordamerika drastisch zu, und häufig sammelten sich in der Umgebung der Zeltplätze Abfälle an. In den Fällen, in denen es zu Angriffen kam, ergaben Nachforschungen, daß sie auf den Erfahrungen beruhten, die der Bär bisher gesammelt hatte. In fast jedem Fall hatte der angreifende Bär schon häufig menschliche Lebensmittel oder Abfälle zu sich genommen oder hatte sich in und Abfälle herankommen, haben auch die Angriffe abgenommen. Dennoch bleibt an einigen Stellen das Problem bestehen, daß sich in Nationalparks lebende Grizzlies an Menschen gewöhnt haben.

So etwas ist in jedem Fall gefährlich. Schon seit 20 Jahren suchen kleine, von Fachleuten geleitete Gruppen an den McNeil-Fällen zu Fuß Bären auf, um sie zu beobachten. Dabei kommt es manchmal vor, daß sich einer der 30 dort lebenden Bären einem Menschen bis auf zehn Meter nähert. Dennoch wurde

bisher niemand verletzt, und nur wenige Bären mußten erschossen werden. Dieses ungewöhnlich hohe Maß an Sicherheit erreichen die Führer dadurch, daß sie dafür sorgen, daß die Handlungen der Besucher berechenbar bleiben und die Bären keine Gelegenheit bekommen, sich Menschen mit Nahrung anzuschließen.

Allerdings ist dieses Maß an Berechenbarkeit, wie man es an den Wasserfällen des McNeil River findet, in den meisten anderen Nationalparks oder unbe-

▼ Haben sich Braun- oder Schwarzbären einmal daran gewöhnt, Abfälle zu fressen, ist es schwierig, sie zu verjagen. Da sie nun Menschen mit Nahrung assoziieren, werden die Bären unter Umständen ungehalten und verletzen oder töten sogar einen Menschen, der sie nicht füttern will.

MENSCHEN IN EISBÄRENGEBIETEN

IAN STIRLING

Der vollständig carnivore Eisbär geht mit Menschen in einer ganz anderen Weise um als andere Arten. Wenn ein Eisbär Menschen angreift, dann zumeist, weil er hungrig ist, aber nicht, weil er auf kurze Distanz überrascht worden wäre.

Obwohl Menschen Eisbären wesentlich seltener über den Weg laufen als anderen Bärenarten, kommt es häufiger zu Zwischenfällen, wobei in der Regel die Bären erschossen werden. Dies liegt daran, daß Menschen, die sich in diesen Gebieten aufhalten, viel häufiger bewaffnet sind. Zwischen 1965 und 1985 kennt man 19 Fälle aus den nordwestlichen Territorien und Manitoba (Kanada), bei denen Menschen verletzt oder getötet wurden, während allein von 1976 bis 1986 insgesamt 230 Eisbären umgebracht wurden.

P. L. Clarkson

Norbert Rosing

Die meisten Angriffe der Bären erfolgten zwischen Mitternacht und sechs Uhr morgens, wenn die Menschen noch schliefen. Dies entspricht dem zeitlichen Rhythmus der Eisbären, Robben zu jagen: Sie jagen im allgemeinen nachts und schlafen am Tag. Bei den meisten Eisbären, die Menschen angriffen, handelte es sich um unterernährte, noch nicht geschlechtsreife Männchen. Derartige Tiere besitzen noch wenig Erfahrung und sind daher bei der Jagd weniger erfolgreich. Sie werden zudem leichter durch größere Bären von ihrer Beute vertrieben. Wenn sie die Wahl haben, etwas anzugreifen, das so fremdartig riecht wie ein Mensch, oder zu verhungern, werden sie sicher die erste Möglichkeit wählen.

Wenn ein Eisbär einen Menschen angreift, erfolgt der letzte Schlag typischerweise aus nächster Nähe, und der Mensch hat das Tier zumeist nicht bemerkt. Am besten schützt man sich durch ein aufgeräumtes, gutbeleuchtetes Lager, mit Hunden und Wächtern, die nach nahenden Eisbären Ausschau halten. Man sollte die Bären verjagen, sobald man sie zu Gesicht bekommt. Sie sollten keine Gelegenheit bekommen, irgendetwas zu fressen. Wenn die Tiere mit einer menschlichen Begegnung eine unangenehme Erfahrung verbinden, werden sie Menschen in Zukunft wahrscheinlich meiden.

▲ Als man bei Churchill an der Westküste der Hudson Bay Versuche mit verschiedenen Abschreckungsmitteln für Eisbären durchführte, mußte man die Reaktionen der Bären aus nächster Nähe beobachten. Zum Schutz des Beobachters baute man einen Käfig. Dadurch stellte man sicher, daß kein Bär durch unverantwortliches Verhalten eines Forschers gefährdet wurde.

◄ Eisbären haben keine natürlichen Feinde und kommen häufig in die Nähe menschlicher Siedlungen oder Lagerplätze.

Richard P. Smith/Tom Stack & Associates

rührten Gebieten, in denen noch Grizzlies leben, nicht gegeben. Dadurch kann es zu überraschenden Begegnungen kommen. Wenn ein Bär einen Menschen in einer Entfernung von 50 Meter oder weniger entdeckt, wird er normalerweise so schnell fliehen, wie er kann. Manchmal jedoch zeigt er sich angriffslustig. Dabei klappt er die Kiefer zusammen, erzeugt laute Geräusche und schlägt auf den Boden. Manchmal greift er sogar an. Glücklicherweise handelt es sich in den meisten Fällen um Scheinangriffe.

Heute sind unerwartete Begegnungen, insbesondere mit weiblichen Grizzlies, die ihre Jungen schützen wollen, die häufigste Ursache für Unglücksfälle. Wird man unter derartigen Umständen verletzt, bleibt ein Krankenhausaufenthalt unumgänglich, wenngleich Todesfälle nur selten eintreten. Nur eine einzige Person wurde bisher in einem nordamerikanischen Nationalpark bei einer derartigen Begegnung mit einem Grizzlybären getötet.

Ist man in einem von Grizzlies bewohnten Gebiet zu Fuß unterwegs, muß man wachsam sein, die Natur kennen und ständig die Lage einschätzen. Weiß man, welche Bären mit welcher Wahrscheinlichkeit zu unterschiedlichen Jahreszeiten vorkommen und

beachtet man, welche Spuren sie in der Wildnis hinterlassen, ist man besser gegen Überraschungen gerüstet. Zweifellos ist die Anwesenheit eines Bären umso wahrscheinlicher, je frischer seine Spuren sind. Bewegt man sich zudem geräuschvoll durch Gebiete, in denen sich mutmaßlich Bären verbergen, kann man sie warnen, so daß sie sich zurückziehen, ehe man ihnen bedrohlich nahekommt. Zudem wächst durch die geräuschvolle Fortbewegung auch das eigene Selbstvertrauen.

Wird man als Wanderer trotz aller Vorsichtsmaßnahmen von einem Grizzly angegriffen, hält man die Verletzungsgefahr dadurch gering, daß man sich tot stellt und mit dem Gesicht nach unten auf dem Boden liegenbleibt. Verhält man sich dann still, wirkt man auf den Bären weniger bedrohlich.

Selbst wenn man häufig Grizzlygebiete besucht und einige Vorsichtsmaßregeln beachtet, sind die Chancen, verletzt zu werden, nur gering. In Nationalparks, in denen Grizzlybären leben, wurde unter ein bis zwei Millionen Besuchern nur ein einziger verletzt. Und unter den Wanderern und Campern des Hinterlandes liegt die Verletzungsrate bei nur einem auf 5000 bis 1 000 000 Besuchern.

▲ Ein Bär, der einen Menschen so nahe herankommen läßt, hat vermutlich schon einmal Abfälle gefressen und wird vielleicht ungehalten, wenn man ihn nicht füttert. Kommt es dann zu einem Zwischenfall, wird jedoch nicht der Mensch, sondern der Bär bestraft.

SICHER IN BÄRENGEBIETEN

PETER CLARKSON

Obwohl die Chancen extrem gering sind, einem Bären aus der Nähe zu begegnen, machen die Größe, die Kraft und die Geschwindigkeit der Bären auch den glühendsten Naturfreund vorsichtig, wenn er sich in einem von Bären bewohnten Gebiet bewegt. Früher begegnete man der empfundenen Bedrohung, daß man jeden Bären erschoß, der den Weg kreuzte, womit dadurch in zahlreichen Gebieten die Bärenpopulationen ernsthaft in Mitleidenschaft gezogen wurden. Heute, da wir mehr über Bären und deren Lebensweise wissen, kennen wir auch Möglichkeiten, mit ihnen zusammenzuleben. Wenn Bären überleben sollen, ist eine friedliche Koexistenz unumgänglich.

Sich über Bären informieren

Da Bären fünf bis sechs Monate des Jahres im Winterschlaf verbringen, bleiben ihnen nur die übrigen sechs bis sieben Monate, um sich zu ernähren, fortzupflanzen und einen Überwinterungsplatz zu suchen. Ob sie überleben, hängt davon ab, ob sie genügend Energie speichern können, um sich über den Winter und sonstige magere Zeiten zu bringen. Daher sind sie ständig auf der Suche nach Nahrung. Besonders Bärenmütter mit Jungen sind darauf angewiesen, da sie nicht nur sich selbst, sondern auch ihre Nachkommen ernähren müssen.

Wenn man sich über Bären und deren Lebensräume informiert, wird man imstande sein, potentielles Bärenland zu erkennen, die Spuren (Fuß-, Grabspuren und Kotreste) und Nahrungspflanzen dieser Tiere zu identifizieren,

Michael Leach/Oxford Scientific Films

so daß man weiß, wann diese Tiere in der Nähe sein könnten. Weiß man zudem, wie Bären sich zueinander und zu anderen Wildtierarten verhalten, wird man leichter verstehen, wie sie sich Menschen gegenüber benehmen. So empfindet zum Beispiel ein Bärenweibchen jeden, der sich seinen Jungen nähert, als potentielle Bedrohung. Daher sind Bärenmütter mit Jungen so gefährlich.

Sicherheitsmaßregeln

Reisen oder zelten Sie nicht allein in Gebieten, wo Bären leben. Empfehlenswert sind Gruppen von drei oder mehr Personen, da mehr Augen die Tiere oder Anzeichen für deren Gegenwart eher bemerken. Zudem verursachen mehr Menschen auch mehr Geräusche, die den Bären warnen, so daß er sich zurückziehen kann. Allein die Größe einer Gruppe hält einen Bären häufig davon ab, nahe heranzukommen.

Seien Sie wachsam, wenn Sie in einem Bärengebiet zelten oder wandern, und halten Sie nach Bären oder deren Anzeichen Ausschau. Beim Wandern sollten Sie gut einsehbare Wege wählen, denn es ist wesentlich einfacher, einem in der Ferne entdeckten Bären auszuweichen, als wenn er schon nahe herangekommen ist. Entsprechend sollten Sie nur dort zelten, wo Sie die Umgebung überblicken können. Bären werden einem Zeltlager wahrscheinlich fernbleiben, wenn nur wenige Sträucher in der Nähe stehen, und man sieht sie auch leichter kommen, wenn sie die Umgebung erkunden wollen.

Halten Sie den Zeltplatz und sich selbst sauber, um die Ausbreitung von Gerüchen zu reduzieren. Bären werden von allen möglichen Gerüchen angelockt: von Nahrung, Abfällen, Latrinen, Fischen und Fettprodukten. Abfälle sollten in luftdichten Behältern aufbewahrt, verbrannt oder in aufbruchsicheren Containern gesammelt werden. Durch sorgfältige Planung vor der Reise lassen sich Abfälle vermeiden, etwa indem

man auf überflüssige Verpackung verzichtet und nur soviel Essen zubereitet, wie im Moment erforderlich ist. Niemals sollten Sie Abfälle vergraben, denn die Bären wittern sie und graben sie wieder aus.

Bewahren Sie Lebensmittel und Ausrüstungsgegenstände dort auf, wo Bären nicht herankommen. So kann man zum Beispiel in Gegenden mit hohen Bäumen ein Päckchen zwischen zwei Baumstämmen oder Ästen aufhängen. Einige Zeltplätze stellen auch bärensichere Behälter zur Verfügung. Das Innere Ihres Autos oder die Motorhaube bilden sichere Unterbringungsmöglichkeiten. Wanderer mit Rucksäcken können bärensichere Behälter verwenden, um zu verhindern, daß Bären deren Lebensmittel vertilgen.

Füttern Sie niemals Bären oder andere wilde Tiere. Wenn sie an Campingplätzen Nahrung oder Abfälle finden, werden sie bald Zeltlager und Menschen mit etwas Freßbarem assoziieren. Fragen Sie Ortskundige nach den Aktivitäten der Bären aus letzter Zeit und darüber, ob es jemals Probleme mit Bären gab. Nähern Sie sich den Tieren niemals, um Fotos aus der Nähe zu schießen. Es lohnt sich nicht, Ihr Leben oder das des Bären nur für ein Foto zu riskieren.

Wie man sie entdeckt

Die besten Helfer, Bären aufzuspüren, sind häufig Menschen. Sie können die Umgebung eines Zeltplatzes oder Wanderweges überwachen und nach Bären Ausschau halten. Unter gewissen Umständen, etwa wenn eine geologische Grabungsmannschaft einen Fundort bearbeitet, wird ein Bärenwächter abgestellt, der die Gruppe nötigenfalls warnen kann.

Obwohl Hunde sehr wirkungsvoll herannahende Bären entdecken können, sollten nur eigens dafür abgerichtete Tiere eingesetzt werden. Den unerfahrenen Familienpudel sollten Sie lieber daheim lassen.

Man kann verschiedene Warnsysteme einsetzen, die einen nahenden Bären ankündigen. So kann ein Wanderer im Hinterland einen kleinen, tragbaren Zaun verwenden. Derartige Vorrichtungen bestehen aus einem einfachen Draht, der bei Berührung eine Glocke auslöst, doch gibt es auch kompliziertere elektrische Alarmsysteme. Sicherheitsdienste bieten unterschiedlich wirksame Lichtschranken, Infrarot- und Mikrowellensensoren sowie Sonardetektoren an. Vergewissern Sie sich, wenn Sie ein System auswählen, daß es weitgehend wartungsfrei arbeitet und sich für Ihre Anforderungen eignet.

Sobald ein Bär entdeckt wird, kann man die Situation einschätzen und Sicherheitsmaßnahmen ergreifen. Wenn möglich, sollten zuerst alle einen sicheren Ort aufsuchen. Je nach den Umständen kann man dann entscheiden, ob man das Gebiet verläßt oder den Bären vertreibt.

Wie man Bären vertreibt

Für kurze Zeit schützen Abwehrmittel Menschen und deren Eigentum vor der unmittelbaren Gefahr. Langfristig vermitteln sie dem Bären ein unerfreuliches Erlebnis und verhindern, daß sie Menschen und Campingplätze mit Nahrung assoziieren. Somit reduzieren Abwehrmittel die Zahl problematischer Situationen mit Bären.

Grundsätzlich nähern sich Bären einem Zeltplatz aus Neugier, und die meisten werden sich rasch zurückziehen, sobald sie Menschen in der Nähe entdecken. Es ist jedoch wichtig, daß man sie vertreibt, sobald sie sich in der Umgebung blicken lassen, und es ist wesentlich leichter zu verhindern, daß sich ein Bär an menschliche Nahrungsmittel gewöhnt, als diese Gewohnheit zu brechen, sobald sie einmal ausgebildet ist. Normalerweise reicht es, wenn Sie schreien, Töpfe zusammenschlagen oder mit den Armen wedeln. Manchmal wird sich ein Bär nicht gleich davonmachen, wenn er Menschen auf einem Zeltplatz oder auf einem Wanderweg entdeckt hat, ehe er sich windwärts bewegt hat, um sich über die Witterung darüber zu vergewissern, was er gesehen hat.

Aber nicht alle Bären ziehen sich zurück, nachdem sie festgestellt haben, daß dort Menschen sind. Forschungsarbeiten über Bären-Abwehrmittel haben gezeigt, daß Lärmerzeuger wie Knallkörper, Nebelhörner, Leuchtpistolen oder Warnschüsse zwar einige Bären verschrecken, daß andere sich jedoch daran gewöhnen, sobald sie sie mehrfach gehört haben, sofern sie die Geräusche nicht mit Schmerz assoziieren.

Nicht alle Bären lassen sich abschrecken. So kommt es vor, daß alte Bären, die sich nicht mehr auf normale Weise ernähren können oder junge Exemplare, die noch nicht geschickt genug sind, nach Nahrung zu suchen, in ihrer Verzweiflung an Zeltplätzen aggressiv nach Nahrung suchen.

Campingplätze gegen Bären sichern

Da Bären über einen ausgeprägten Geruchssinn verfügen, duftet für sie auch der sauberste Zeltplatz wie eine Vorspeise. Um diese Tiere am Betreten eines Lagers oder einer Hütte zu hindern, sollte man einige Vorsichtsmaßnahmen ergreifen. Jegliche Nahrung, Abfälle oder duftende Materialien, etwa Reservekanister aus Plastik und Ölbehälter, sollten in bärensicheren Containern aufbewahrt werden. Auf dauerhaft eingerichteten Campingplätzen sollten anziehend wirkende Substanzen in bärensicheren Gebäuden oder Verstecken untergebracht sein. Ein Haus läßt sich gegen Bären absichern, indem man Läden an Fenstern und Türen anbringt. In einigen Fällen können auch Bretter mit durchgeschlagenen Nägeln (sogenannte »Bear boards«) Türen, Fenster und Hausecken sichern.

Vorübergehend lassen sich Zeltlager dadurch schützen, daß man alle anziehend wirkenden Stoffe hoch über dem Boden und für Bären unzugänglich aufhängt oder in bärensicheren Behältern verstaut. Zur Unterbringung von Lebensmitteln eignen sich wiederverschließbare 200-Liter-Fässer. Zelte oder Gebäude, die man gegen Bären nicht sichern kann, sollten geleert und offen gelassen werden, so daß Bären eindringen können, ohne etwas zu beschädigen. Wenn sie nichts zu fressen finden, werden sie mit hoher Wahrscheinlichkeit wieder fortgehen. Auch elektrisch geladene Zäune, angefangen bei mehrkabeligen stationären bis zu einfachen tragbaren Modellen, sind dazu geeignet, Bären auf Distanz zu halten.

◄ In den meisten Nationalparks geben Schilder und Merkhefte den Besuchern Ratschläge, wie sie sich bei einer potentiellen Begegnung mit einem Bären verhalten sollen.

▼ Achten Sie auf Trittspuren, wenn Sie sich in Bärenland befinden. Die großen Krallenabdrücke dieser Vorderpfote verraten, daß sie von einem Braunbären stammen.

Art Wolfe

BÄREN
IN ZOOLOGISCHEN GÄRTEN

▲ In den Wandermenagerien des 19. Jahrhunderts hatte das Wohlergehen der Bären noch einen geringen Stellenwert. Eine beliebte Form der Unterhaltung bestand darin, die Tiere zu ärgern.

▼ Außerhalb Chinas ist der Große Panda eine seltene Attraktion. Einige wenige wurden westlichen Ländern als diplomatische Geschenke überreicht.

JOHN SEIDENSTICKER

Die meisten Menschen sind in der Lage, Bären zu erkennen, und wenn sie einen Zoo besuchen, erwarten sie normalerweise, dort welche vorzufinden. Lange ehe es Einrichtungen wie zoologische Gärten gab, waren Bären die üblichen Attraktionen der Menagerien. Heute leben etwa 1100 Bären in den 400 Zoos und verwandten Einrichtungen, die sich der internationalen Datenbank für Tierarten (International Species Inventory System = ISIS) anschlossen, um die Herkunft ihrer Tiere zu verfolgen.

ZURSCHAUSTELLUNG UND HALTUNG VON BÄREN

Bären sind wahre Künstler im Ausreißen. Die geringste Fehlkalkulation seitens des Halters oder Gehegeplaners kann dazu führen, daß ein Bär das Weite sucht. Man kennt zahlreiche Zoogeschichten über Bären, die ihren Gehegen entwichen sind. Eine besonders ansprechende Geschichte handelt von einem Schwarzbären und einem Lippenbären, die auf dem Grundstück eines großen amerikanischen Zoos

nächtliche Ausflüge unternahmen und vor Sonnenaufgang ihre Gehege wieder aufsuchten. Die Spuren,
die sie hinterließen, sprechen dafür, daß ihr Treiben
schon eine Weile andauerte, ehe man ihr Gehege um-
baute, um ihren nächtlichen Ausflügen ein Ende zu
bereiten. Auch der National Zoological Park in Washington (USA) weiß von entflohenen Bären zu berichten. Die meisten waren am Mittag ausgerissen,
immer wenn jemand vergessen hatte, ein Schloß zu
überprüfen. Diese Ausbrüche verraten uns eine
Menge über den geistigen Horizont eines Bären.
Diese Tiere sind extrem neugierig und beobachten
genau. Eine unverschlossene Tür wird sofort erkannt
und untersucht. Und wenn sie in einem Gehege eine
schwache Stelle finden, lassen sich nicht locker, ehe
sie nachgegeben hat.

Früher wurden Zoo-Bären üblicherweise in Gruben untergebracht. Die berühmten Bärengruben von
Bern (Schweiz) wurden – mit Unterbrechungen – von
1450 bis zur Mitte des 19. Jahrhunderts benutzt.

Carl Hagenbeck, der große Erneuerer zoologischer
Gärten, entwarf zu Beginn dieses Jahrhunderts das
Design der Bärengehege, das in den meisten zoologischen Gärten noch heute Anwendung findet. Er
führte künstliche Gebirge aus Beton ein, unter denen
Höhlen und Gänge verborgen waren. Zwischen den
Tieren und dem Publikum befand sich nur ein
trockener Graben. In einigen Zoos wurden diese Gehege zunächst durch Gitter von den Besuchern getrennt, die jedoch in letzter Zeit durch trockene Gräben ersetzt wurden.

Da Bären keine spezielle Nahrung benötigen, lassen sie sich in Zoos relativ leicht halten. Allerdings
waren ihre Gehege zumeist öde und leer. Dafür gibt
es zwei Gründe: Erstens führt ihre Neugier und ihre
Kraft dazu, daß sie alle erreichbaren Gegenstände
zerstören. Zweitens mußten die Gehege mit einem
Betonboden versehen sein, um den Parasitenbefall zu
kontrollieren, denn sie waren leicht sauberzuhalten.
In dieser sterilen, lebensfeindlichen Umgebung ent-

▼ Neben dem Braunbären ist der Eisbär am
häufigsten in zoologischen Gärten zu finden.
Seine Beliebtheit stammt zum Teil daher, daß
jedermann ihn sofort erkennt.

Andi Cole

Bettmann/Hulton

wickeln einige Bären stereotype Verhaltensweisen, etwa ein ständiges Auf- und Abwandern. Allerdings ermöglichen die Fortschritte bei der Bekämpfung von Parasiten inzwischen, den Boden mit Laub zu bedecken und mit Gras zu bepflanzen. Alte Gehege lassen sich umbauen, und neue werden in einer artgerechten Haltung entsprechend angelegt, so daß sie die funktionalen Verhaltensweisen der Bären fördern.

TRENDS IN DEN BESTANDSZAHLEN DER ZOOBÄREN

Am Beispiel der Aufzeichnungen des National Zoological Park in Washington lassen sich Trends der Zoobestände von Bären über den Zeitraum des 20. Jahrhunderts verfolgen. Bis 1975, als die alten Gehege umgebaut wurden, hielt der National Zoo etwa 30 Bären im Jahr. Heute sind auf der dreifachen Fläche nur noch neun Tiere untergebracht. Gibt man einem Bären mehr Raum, ist dies sicherlich eine Möglichkeit, seine Lebensqualität zu erhöhen.

Im Laufe der Jahre änderte sich auch die Zusammensetzung der im Zoo gezeigten Bärenarten. Zu Anfang stellte der Zoo überwiegend Braun- und Schwarzbären zur Schau sowie zusätzlich einige

▲ Als die zoologischen Gärten und Menagerien entstanden, waren Braunbären in Westeuropa weithin verfügbar. Sie zählen daher zu den ersten Bären, die in Gefangenschaft gehalten wurden.

◀ Im Londoner Zoo im Regent's Park waren Braunbären schon 1835 eine große Attraktion.

Richard Gardner/Rex Features London

▲ Ein Großer Panda reist in der Ersten Klasse. In eigens für sie gebauten Käfigen reisen sie per Flugzeug, um die Dauer und Belastung einer Reise möglichst gering zu halten.

Munesuke Yamamoto/Seaphot Ltd/Planet Earth Pictures

◄ Ein Großer Panda ergötzt sich in einem Wasserbecken an seinem Spiegelbild.

▼ Anstelle von Gittern und steilwandigen Gruben sehen moderne Bärengehege weniger bedrückend aus. Zum Schutz der Besucher gibt es nur noch tiefe, trockene Gräben.

Kragen- und Eisbären. Um 1945 war es das Bestreben, möglichst viele verschiedene Arten nebeneinander zu zeigen, und mit Ausnahme des Großen Panda waren alle Bärenarten zu sehen. Mit Sicherheit hätte der Zoo auch den Panda gezeigt, wenn ihm dies möglich gewesen wäre. Allerdings gelangten 1972 auch diese seltenen Tiere – unter entsprechendem Pomp, versteht sich – durch ein Geschenk der Volksrepublik China in den Zoo. Und noch 1975 zeigte der Zoo mit Ausnahme des Kragenbären alle Arten.

Heute wenden sich die zoologischen Gärten von der Praxis ab, möglichst viele Arten in zahlreichen Exemplaren zu halten, sehen moderne Bärengehege weniger bedrückend aus. Zum Schutz der Besucher gibt es nur noch tiefe, trockene Gräben. Stattdessen bemühen sie sich, die Lebensqualität der Zoobären zu verbessern. Heute hält der National Zoo zwei Große Pandas, drei Brillenbären, drei Lippenbären und einen Braunbären. Noch immer setzt sich über

Comstock

195

DAS LEBEN DER ZOOBÄREN BEREICHERN

ALISON AMES

Seit dem Altertum werden Bären in Gefangenschaft gehalten. Leider haben sich die Umstände ihrer Unterbringung seitdem kaum verbessert. Man hält sie üblicherweise in großen, betonbedeckten Gruben, die – wenn überhaupt – nur wenige bewegliche Objekte enthalten, um die Tiere zu zerstreuen. Zudem gibt es weder Erde noch Sand, um darauf zu laufen, zu spielen oder zu schlafen. Ihr Gesichtsfeld ist gewöhnlich auf das Innere der Grubenwände beschränkt, und nur selten haben die Tiere die Möglichkeit, sich vor den Blicken der Besucher oder der Nachbarschaft ihrer Käfiggenossen zurückzuziehen. Auch ihr natürliches Sozialverhalten wird nur selten berücksichtigt. So halten zum Beispiel viele Zoos ihre Bären als Pärchen – obwohl eine solche Verbindung außerhalb der Paarungszeit bei Bären kaum jemals vorkommt. Die meisten in Gefangenschaft gehaltenen Bären bekommen lediglich vorbereitete Nahrung, die mit minimalem Aufwand zu verzehren ist. Unter derartigen Umständen zeigen viele Zoobären schnell abnormes Verhalten.

Die ursprünglich auf leichte Haltung und Sicherheit angelegten Bärengruben befriedigen nicht im geringsten die physischen und psychischen Grundbedürfnisse dieser Tiere. In letzter Zeit haben jedoch zahlreiche Zoos ihre tägliche, routinemäßige Haltungspraxis verändert, um den Bären mit den gegebenen Möglichkeiten eine anregendere Umgebung zu bieten. So schuf man verbesserte Fütterungsabläufe, legte den Bären Gegenstände ins Gehege, die sie untersuchen können, und teilweise wurden die Gehege auch umgebaut.

Zur Veränderung der Fütterungsgewohnheiten gehört zum Beispiel, die Fütterungszeiten auszudehnen und die Nahrung für die Bären interessanter zu gestalten. Anstelle von vorbehandeltem Fleisch, Früchten und Gemüse gibt man ihnen heute die verschiedensten Nahrungsmittel im Rohzustand, etwa Fleisch am Knochen, ganze Kadaver kleiner Tiere, Schalentiere und ganze Früchte. Für all dies müssen die Bären ihre Pranken, Klauen und Zähne einsetzen. Auch die Anlieferung der Nahrung wurde insofern umgestellt, als die Bären jetzt längere Zeit danach suchen müssen. Zusätzlich zur Hauptmahlzeit erhalten sie nun zerkleinerte Früchte und Gemüse, zerteiltes Fleisch, Rosinen und Johannisbeeren. Dies alles wird so über das Gehege verteilt, daß die Bären zum Fressen herumwandern müssen. Zudem fördern einige verpackte Nahrungsobjekte, etwa in Eisblöcken eingefrorenes Fleisch oder Nahrung in Plastikbehältern, die Geschicklichkeit der Tiere. Eine solche Fütterung, die den Tieren Aktivität abverlangt, wird mehrfach am Tag durchgeführt, um sie über längere Zeit aufmerksam zu halten und zu beschäftigen. Die erste Fütterung erfolgt gleich ganz früh morgens, um den Streß abzubauen, der mit der Erwartung der Nahrung verbunden ist.

Bären sind intelligente Tiere und benötigen daher Ablenkungsmöglichkeiten innerhalb ihrer karg eingerichteten Gehege. In einigen Zoos erhalten sie neuerdings Gegenstände wie Plastikkegel, die sonst zum Absperren von Straßen eingesetzt werden, Stoßfänger von Booten, Gartenschläuche, alte Gummistiefel und Plastikbehälter, so daß sie ihre angeborene Neugier daran befriedigen können. Auch Holzscheite und mit Blättern besetzte Äste stehen ihnen als Nahrung oder Spielzeug zur Verfügung. Nachdem sie die Rinde und die Blätter abgestreift haben, tollen die Bären gern mit dem verbleibenden Holz herum. Um die Objekte immer wieder interessant zu machen, legen die Wärter täglich neue Gegenstände hinein und nehmen dafür andere heraus. Bären sind von derartigem Spielzeug grundsätzlich fasziniert und behandeln es keineswegs immer destruktiv. Manchmal gehen sie mit den Objekten sorgfältig und in einer geplanten Weise um; in einigen Fällen schufen sie damit sogar komplizierte Spiele.

Stellt man den Tieren große Baumstämme, Grasflächen und Gruben mit Sand, Erde, Rindenstücken oder Kieseln zur Verfügung, zeigen sie ein wesentlich natürlicheres Verhalten, als es ihnen in einer leeren Betongrube möglich wäre. Alle Bärenarten, auch der Eisbär, können klettern, graben, Ruhelager bauen und mit Tatzen und Schnauze nach Nahrung suchen. Und gerade diese grundlegenden Verhaltensweisen müssen bei Gefangenschaftstieren angeregt werden. In Zukunft sollte Bärengehege so gebaut sein, daß ihre Bewohner sich möglichst natürlich verhalten können.

◀ ▲ Innovative Gehegegestaltungen ermöglichen den Bären eine gesunde und stimulierende Umgebung.

Alison Ames

G.C. Kelley/Photo Researchers Inc.

◀ Bären verfügen über hochentwickelte manipulative Fähigkeiten, mit denen sie ihren Lebensraum nach Nahrung absuchen. Stellt man ihnen unbekanntes und mechanisch widerstandsfähiges Spielzeug zur Verfügung, können sie sich stundenlang damit beschäftigen.

▼ Einige Bärengruben wurden nachträglich mit Felsen und Betonhügel ausgestattet, um ihnen ein natürlicheres Aussehen zu verleihen. Ohne Bäume zum Klettern und ohne Spielzeug bleibt das Leben für diesen Malaienbären jedoch langweilig.

die Hälfte der bei ISIS registrierten Zoobären aus Braun- und Eisbärcn zusammen, obwohl sich die zoologischen Gärten langsam den weniger bekannten tropischen Arten zuwenden – dem Lippenbären, dem Malaienbären und dem Brillenbären. Für die Zoos sind diese Arten insofern vorteilhaft, als sie ganzjährig aktiv bleiben und nicht, wie Braun- und Schwarzbären, einen langen Winterschlaf halten und während dieser Zeit für die Besucher nicht sichtbar sind. Die Lebensweise der nördlichen Bärenarten ist heute durch umfangreiche Feldstudien gut bekannt. Umso weniger weiß man dagegen von den tropischen Bären, und hier können Beobachtungen in zoologischen Gärten wertvolle Beiträge liefern.

DIE BÄRENZUCHT IN ZOOS

Viele Informationen über Tragzeiten, Wurfgrößen, Fortpflanzungszeiten und Lebenserwartung von Bären stammen von Aufzeichnungen über Zoobären. Mit der bemerkenswerten Ausnahme des Großen Panda war die Zucht von Bären immer schon relativ

Wayne Lawler/AUSCAPE International

Richard Packwood/Oxford Scientific Films

Tom McHugh/Photo Researchers Inc.

Kenneth W. Fink/Ardea London Ltd

einfach. Ein größeres Problem bestand jedoch darin, die Überlebenschancen der Jungtiere zu verbessern.

Man vergleiche nur einmal die Umgebung, in der weibliche Eisbären oder die meisten Braunbären ihre Jungen gebären und in der diese ihre ersten Lebensmonate verbringen. Die Wurfhöhlen sind kühl, dunkel, ruhig und ungestört. Ganz anders in einem Zoo: Auch wenn das Weibchen in einer Höhle eingeschlossen wird, sind da noch die ständig ein und aus-

gehenden anderen Bären mit ihren Düften und Rufen. Die Handwerker verrichten ihre Arbeit, und die Wärter laufen ihre Runden. Die Lichter auf dem Grundstück werden ein- und ausgeschaltet, und häufig kommen noch die Geräusche und Vibrationen der Pumpen und Filter hinzu, die das Wasser in den Becken kühlen und sauber halten. Es gibt also Störungen im Überfluß. Der Schlüssel zur erfolgreichen Aufzucht junger Bären liegt also darin, die Störungen möglichst gering zu halten. Wenn die Zoos Möglichkeiten finden, die Weibchen mit ihren Jungen abzuschotten, können sie die Überlebensrate der Nachkommen stark erhöhen. Heute schließen sich zahlreiche zoologische Gärten zusammen, um gemeinsam Bärenzuchtprogramme durchzuführen. Einige Bären, etwa die tropischen Arten, sind so stark bedroht, daß man sie wahrscheinlich nur noch durch die Zoo-Populationen retten kann.

▲ Querliegende Baumstämme geben Bären in ihrem Gehege die Möglichkeit, einander aus dem Weg zu gehen.

◄ (Oben) Nur wenig ist dazu geeignet, den Malaienbären in seinem Käfig zu stimulieren. Unter solchen Umständen laufen Bären häufig ruhelos auf und ab.

◄ Als exzellente Kletterer machen Schwarzbären von den in ihren Gehege stehenden Bäumen regen Gebrauch.

BÄRENMISCHLINGE

JOHN SEIDENSTICKER

Die Beschreibung und Klassifizierung der Arten spielt eine bedeutende Rolle, wenn man die Vielfalt der Natur untersucht. Ernst Mayr hat einmal darauf hingewiesen, daß die Zahl der Artdefinitionen, entsprechend den unterschiedlichen Vorstellungen über eine Art, praktisch unbegrenzt sei.

Zu Beginn dieses Jahrhunderts durchforsteten die Taxonomen des Museum of Natural History (Smithsonian Institution) alle Bärenexemplare, die aus den entlegenen Winkeln Nordamerikas eintrafen – aus dem westlichen und nördlichen Kanada sowie aus Alaska. Dabei waren ihnen die »großen Braunbären« besonders rätselhaft. Aber dies war nicht das erste Mal, daß C. Hart Merriam, der Wissenschaftler, der versuchte, hier einen Sinn hineinzubringen, mit verzwickten taxonomischen Problemen zu kämpfen hatte. Die großen Braunbären, die in weiten Gebieten Nordamerikas, Asiens und Europas lebten, waren zweifellos eng miteinander verwandt, jedoch unterschieden sich die Bären unterschiedlicher Herkunft in Größe und Fellfarbe. Nachdem alle Untersuchungen abgeschlossen waren, kam Merriam zu der Auffassung, daß es allein in Nordamerika 87 beschriebene Formen gab –

▲ Dieser Mischling eines Braunbären und eines Eisbären besitzt sowohl den kantigen Kopf des Braunbären als auch die größeren Füße und das am Unterkörper längere Haar des Eisbären. Die helle Färbung an Kopf und Hals gibt vielleicht Hinweise auf die ersten Veränderungen, die bei der Entwicklung von Eisbären aus Braunbären aufgetreten sein mögen.

National Zoological Park, Smithsonian Institution

darunter Arten und Unterarten –, und er stellte sie alle in die Untergattung *Ursus*.

Bären waren in zoologischen Gärten gerngesehene Tiere, und alle diese großen Braunbärenarten verursachten ein weiteres großes Problem für den National Zoological Park in Washington, aber auch für alle anderen Zoos, die vor der Entscheidung standen, welche der großen Braunbären sie für die Zucht zusammenführen sollten. Schon bald fand man heraus – manchmal durch aktive Forschung, in anderen Fällen aber auch, weil der eine oder andere Bär es in der Fortpflanzungszeit schaffte, an einen Artgenossen im Nachbargehege heranzukommen –, daß sich die Unterarten und Arten, aus denen sich die Gruppe der großen Braunbären zusammensetzte, mühelos untereinander sowie mit den Braunbären Europas und Asiens kreuzen ließ. Aus diesen Paarungen gingen wiederum fortpflanzungsfähige Bastarde hervor.

Es entsprach der damaligen taxonomischen Erkenntnis, daß umherwandernde Säuger mit gutentwickelten Mechanismen zur geographischen Isolation der Arten (also Faktoren, die sich in Populationen unterschiedlicher Gebiete ergeben, die keine Möglichkeit haben, sich zu kreuzen) nur selten in der Wildnis bastardisieren. Entsprachen nun die erfolgreichen Kreuzungen der Braunbären in den Zoos einem vollständigen Zusammenbruch der Fortpflanzungsisolation unter den Bärenarten und damit einer unnatürlichen Situation, oder bildeten alle diese großen Braunbären wirklich eine einzige Art? Diese Frage war Bestandteil einer wissenschaftlichen Auseinandersetzung darüber, ob es möglich sei, die »wahre Natur« einer Art durch diese »Zuchtexperimente« festzulegen.

Die Lage spitzte sich noch zu, als man entdeckte, daß Braunbären auch mit Eisbären erfolgreich Bastarde bildeten, denn die Taxo-

nomen hatte diese Bären zuvor unterschiedlichen Gattungen zugeordnet: *Ursus* und *Thalarctos*. Bären sind eben alle Bären, wie ein Bericht aus dem National Zoological Park deutlich macht: »... plötzlich befand sich das Männchen zusammen mit dem Weibchen in demselben Gehege, ohne daß die Wärter dies vorgesehen hatten. Dennoch paarte sich das Eisbärenmännchen mit dem Kodiakbären-Weibchen, einem Braunbären von der Alaska-Insel Kodiak, und im Winter des Jahres 1936 kamen drei kleine Mischlinge zur Welt. Um herauszufinden, ob auch die zweite Hybridgeneration überlebensfähig war, kreuzte man zwei weibliche Bastarde mit ihrem Bruder, und es wurden wieder zwei Jungtiere geboren.« Im folgenden spekuliert der Bericht über die Möglichkeit, daß Braun- und Eisbären doch näher verwandt sein könnten als die Taxonomie ahnen läßt, die beide noch unterschiedlichen Gattungen zuordnet.

Die ganze Fragestellung, wieviele Arten großer Braunbären eigentlich existierten, klärte sich endgültig erst am Ende der sechziger Jahre. Dann nämlich führten zusätzliche Indizien und verfeinerte Definitionen einer Art und deren geographischer Isolierungsmechanismen die Taxonomen dazu, nur noch eine Braunbärenart, *Ursus arctos*, anzuerkennen. Nun stand auch fest, daß es sich bei Braunbären und Eisbären (*Ursus maritimus*) zwar um engverwandte, aber unterschiedliche Arten handelte.

Geplante und unbeabsichtigte Zusammenführungen, aber auch die Aufzucht junger Bären unterschiedlicher Arten führten zu folgender Mischlings-Nachkommenschaft: Eisbär x Braunbär, Braunbär x Schwarzbär, Braunbär x Kragenbär, Kragenbär x Schwarzbär und Lippenbär x Malaienbär. Die aus diesen Kreuzungen hervorgegangenen Mischlinge belegen, daß diese Bärenarten eng untereinander verwandt sind. Allerdings dürfte diese interspezifische Bastardisierung aufgrund ihrer verhaltensphysiologischen und geographischen Isolationsmechanismen in der Natur selten vorkommen.

Wie stehen diese hybridisierenden Bären nun zu den beiden übrigen Bärenarten, dem Großen Panda (*Ailuropoda melanoleuca*) und dem Brillenbären (*Tremarctos ornatus*)? Mit Hilfe verschiedener molekularer Techniken, darunter der vergleichenden Chromosomen-Morphologie, haben Wissenschaftler die Bären in drei Unterfamilien eingeteilt: Der Große Panda steht mit 42 Chromosomen allein in den Ailuropodinae, und der Brillenbär mit 52 Chromosomen gehört ebenfalls allein der Unterfamilie der Tremarctinae an. Alle übrigen Arten (Braunbär, Eisbär, Schwarzbär, Kragenbär, Lippenbär und Malaienbär) besitzen 74 Chromosomen und gehören zu den Ursinae.

Einst waren die Bärenmischlinge eine Hilfe, um Verwandtschaftsverhältnisse unter den Bären zu klären, doch bilden sie heute nur noch ein Überbleibsel unserer Vergangenheit. Die Vorstellung, daß sich die »wahre Natur einer Art« durch Kreuzungsexperimente bestimmen lasse, wurde durch die Fortschritte biologischer Technik überholt.

◀ Es gibt in Japan acht Bärenparks, die insgesamt beinahe 1000 Exemplare beherbergen: Die Bären leben häufig zu dicht beieinander und leiden an Infektionen. Zudem erliegen die Männchen manchmal den Verletzungen, die sie sich einander während der Paarungszeit zufügen, wenn sie sich um Weibchen streiten.

George Holton

Philippe Henry/Oxford Scientific Films

◀ Die zoologischen Gärten haben heute erkannt, daß die Bären gesünder bleiben, wenn man sie möglichst natürlich hält, wie zum Beispiel in diesem Bärenpark in Orsa (Schweden). Die Tiere verhalten sich nomraler, und auch die Besucher reagieren positiv.

SELBSTÄNDIG ÜBERLEBENDE POPULATIONEN

Zu den primären Zielen des Zoo-Managements gehört es heute, in Gefangenschaft lebende Populationen so zu betreuen, daß sie sich selbst erhalten und eine möglichst große genetische Vielfalt bewahren. Gegenwärtig leben in den zoologischen Gärten jedoch von einigen Arten erheblicher Zahlen wildgeborener Exemplare. Häufig werden verwaiste oder als gefährlich empfundene Schwarzbären eingefangen und in Zoos eingeliefert. Dies gilt auch für einige Braunbären. Zudem werden Zoobären relativ alt. So sind zum Beispiel 30 Prozent aller in Zoos lebender Eisbären älter als 20 Jahre. Diese Tiere waren gefangen worden, ehe die Richtlinien für selbständig überlebende Zoo-Populationen eingerichtet wurden.

BÄREN IN ZOOLOGISCHEN GÄRTEN			
Art	Zahl	Prozentsatz der in Gefangenschaft geborenen Tiere	Zahl der zoologischen Gärten
Großer Panda	7	14	4
Lippenbär	60	72	24
Malaienbär	107	47	42
Brillenbär	112	88	39
Kragenbär	117	60	34
Schwarzbär	149	42	62
Eisbär	256	60	85
Braunbär	271	77	104

Compiled by W. Sugg from ISIS, December 1991

BÄREN IM ZIRKUS

ALISON AMES

Auf der ganzen Welt wurden Bären über Jahrhunderte zur Unterhaltung der Menschen eingesetzt. Römische Skulpturen zeigen Gladiatoren, die sich mit Bären und anderen wilden Tieren Schaukämpfe liefern; tanzende Bären und das Reizen von Bären haben in Europa eine Tradition, die bis ins Altertum zurückreicht. Das Bärenreizen war ein beliebtes Spektakel, bei dem ein gefesselter und manchmal geblendeter Bär mit Hilfe von Pfeffer, Stöcken und Hunden gequält wurde. Erst Mitte des 19. Jahrhunderts wurde dies durch ein Gesetz des Parlaments verboten.

Lauros-Giraudon

The Granger Collection

▲ Dieses römische Flachrelief aus Elfenbein stammt aus dem vierten Jahrhundert. Es zeigt den Consul Aerobindus als Sponsor einer Zirkusveranstaltung. In der Arena treten Bären auf.

▲ (Rechts) Ein Poster des berühmten Doppelzirkus Ringling Bros und Barnum & Bailey von 1920. Es wirbt für die Bärennummer, bei der die Tiere Rad fuhren, auf Stelzen gingen und sogar Rollschuh liefen.

Bei den ersten wilden Tieren, die in den Vereinigten Staaten zur Schau gestellt wurden, handelte es sich um einheimische Arten. Es waren auch Bären darunter, die von Farmern und Jägern gefangen und in einer primitiven Weise abgerichtet wurden, um die Aufmerksamkeit des Publikums zu erregen. Um die Mitte des 18. Jahrhunderts waren Wandermenagerien entlang der Ostküste häufig zu finden.

MIT BÄREN ARBEITEN

In den meisten modernen Zirkussen werden die Bären dazu abgerichtet, ihre Geschicklichkeit und Intelligenz zu zeigen. Diese Eigenschaften, gepaart mit der Größe und Kraft dieser Tiere, machen das Zuschauen zu einem faszinierenden Erlebnis, aber auch zu einer gefährlichen Herausforderung, sie zu dressieren. Bei den Dompteuren gelten Eisbären als ungewöhnlich lernfähig. Allerdings wissen sie dabei, daß ein Eisbär möglicherweise um sich schlägt, wenn er nicht sofort versteht, was von ihm verlangt wird. Diese Veranlagung in einem extrem carnivoren Tier macht die Abrichtung von Eisbären außerordentlich gefährlich, und es wurden mehr Dompteure und Besitzer von Eisbären getötet als von irgendeiner anderen Bärenart.

Aus einem anderen Grund gilt der Kragenbär für ebenso gefährlich wie der Eisbär. Trotz ihrer geringeren Größe und Kraft sind Kragenbären ungewöhnlich schlau und verleiten ihre Dompteure zu verhängnisvollen Fehlern. Sie bemerken sofort, wenn etwas anders läuft als es sollte und machen sich dies zunutze, etwa wenn ein Trainer dem Bären den Rücken zuwendet oder sich dem Tier von der falschen Seite nähert.

Im Gegensatz dazu lassen sich Schwarzbären im Zirkus beinahe wie Hunde abrichten. Insgesamt zeigen diese Tiere ein ausgeglichenes Temperament, lernen gut und scheinen in Gefangenschaft die menschliche Gesellschaft zu schätzen.

Was die Gefahren und Fähigkeiten betrifft, siedeln die Dompteure die verschiedenen Unterarten des Braunbären zwischen dem Kragenbären und dem Schwarzbären an. Aufgrund seiner ungewöhnlichen Größe und Stärke erregt ein abgerichteter Kodiak-Bär besondere Aufmerksamkeit. Nur wenig ist darüber bekannt, in welchem Umfang sich Lippen-, Malaien- und Brillenbären dressieren lassen. Derartige Tiere sind selten, und nur wenige Zirkusse konnten sie jemals zeigen. Allerdings sagen die Dompteure, die mit ihnen arbeiten durften, daß Lippenbären und Malaienbären sehr schwierig abzurichten seien.

DRESSURMETHODEN

In letzter Zeit mußten sich die Zirkusse eine genaue Betrachtung ihrer Dressurmethoden gefallen lassen. Man vermutet, daß die Tiere mit Drogen behandelt werden, daß man sie kastriert, die Zähne ausreißt, die Knochen bricht oder durch Schläge gefügig macht, damit sie gehorchen. Während inkompetente Dompteure vielleicht derartige Methoden anwenden, sind seriöse Trainer der Ansicht, daß ein Tier, das auf solche Weise gefügig gemacht werden müsse, sich zur Abrichtung nicht eigne.

Der Dompteur muß Vertrauen, Respekt und Freundschaft seiner Bären erwerben. Verschreckte Exemplare können sich nicht konzentrieren und werden häufig aufsässig und wild. Die Dressur beginnt mit einem ersten Treffen zwischen Mensch und Tier, wobei der Bär lernt, den Menschen in unmittelbarer Nähe zu dulden. Potentielle Angriffe werden in der Regel mit einer Peitsche abgewehrt, doch bildet diese nur ein Abschreckungsmittel und wird das Tier kaum jemals berühren. Eine Peitsche dient nicht dazu, das Tier gefügig zu machen.

Das Ziel der Dressur wird durch positive Förderung und die Wiederholung angestrebter Verhaltensweisen erreicht. Die Tiere werden durch Lob, Berührung und Leckerbissen belohnt, und diese Belohnun-

gen werden schrittweise immer seltener eingesetzt, bis das Tier es geschafft hat, mehrere Aktivitäten hintereinander vollständig durchzuführen. Im letzten Stadium der Dressur arbeiten mehrere Bären unter Umständen zusammen. Da Bären berechenbare Abläufe schätzen, verfügt jedes Tier über ein Repertoire von Aktivitäten und weiß auch, wann es diese zeigen soll. Wenn ein Bär seinen Einsatz verpaßt oder nicht das tut, was ihm beigebracht wurde, „retten" die übrigen Bären in der Manege häufig die Situation.

DIE PFLEGE VON BÄREN

Die Pflege von Bären ist nicht immer einfach, zumal ein Zirkus normalerweise häufig unterwegs ist. Auf der Reise, vor der Errichtung des Lagers, aber auch täglich zwischen den Trainingszeiten, müssen die Tiere in Käfigen untergebracht werden. Zwar ist es keineswegs wünschenswert, Bären in einem kleinen Reisewaggon einzusperren, doch kann die Zeit, die ein Bär in einem Käfig verbringen muß, relativ bequem und interessant gestaltet werden. Das Tier benötigt hinreichend Streu und eine sorgfältig ausgewählte Nahrung. Viele Jahre lang wurden Zirkusbären mit Ochsenköpfen ernährt, so daß sie – wie in der Wildnis – das Fleisch mit ihren Tatzen, Klauen und Zähnen herunterholen mußten. Füttert man sie

▲ Dressurakte mit dem Großen Panda wurden zum beliebten Mittelpunkt des Chinesischen Zirkus. Kritiker sind allerdings der Meinung, daß man diese Tiere angesichts der kleinen Wildbestände nicht mehr für die Zirkusarbeit fangen sollte.

gleich morgens, sind die Bären bis zu ihrer ersten Übungsstunde beschäftigt.

Viele Zirkusse errichten für ihre Tiere eigens Übungspferche, und andere führen sogar mobile Schwimmbecken für ihre Eisbären mit.

Der Alltag eines Zirkusbären beginnt mit der morgendlichen Fütterung. Es schließen sich mehrere Übungseinheiten an, und gut dressierte Bären werden häufig wie Haushunde auf dem Gelände spazierengeführt.

Ein Zirkusbesitzer ist an zufriedenen, gesunden Tieren interessiert. Heruntergekommene Exemplare liefern keine gute Vorstellung.. Allerdings ist eine angemessene Tierpflege kosten- und zeitaufwendig, so daß man die Anschaffung sorgfältig überlegen sollte. Wenn Zirkusbesitzer nicht bereit sind, Geld für große, sichere Übungspferche, für hochwertiges Futter, bequeme Reisewagen und gute Dompteure auszugeben, sollten sie lieber keine Bären halten. Da in Gefangenschaft gehaltene Schwarzbären die Nähe zum Menschen und intensives Training offenbar schätzen, scheinen sie für die Haltung im Zirkus die am besten geeignete Art zu sein.

▲ Hier zeigt Gabriele Bella auf seinem Bild aus dem 18. Jahrhundert, wie Bären auf dem venezianischen Campo San Angelo gequält werden. Manchmal wurden die Tiere geblendet, ehe man sie mit Hunderudeln angriff, auspeitschte oder zwang, auf den Hinterfüßen zu »tanzen«.

▶ In einem Wanderzirkus tanzen europäische Braunbären zum Takt eines geschlagenen Tambourins. Dieses Foto entstand 1905 im französischen Loire-Tal und wurde als Postkarte veröffentlicht.

TANZBÄREN

ALISON AMES

Schon seit dem Altertum werden Bären zum Tanzen abgerichtet, und auch in der indischen und türkischen Folklore gibt es Geschichten über Tanzbären. Der Anblick eines großen, aufgerichteten Tieres, das von einem Fuß auf den anderen trat, war bald so populär, daß sich diese Praxis über ganz Europa ausbreitete. In Griechenland und in der Türkei sind tanzende Braunbären noch häufig zu sehen, während in Indien Lippenbären auf den Straßen zahlreicher größerer Städte tanzen. Normalerweise gehören diese Tiere Zigeunern, die sie als Jungtiere in der Wildnis gefangen haben.

In den meisten Fällen wird man die Bärenmutter töten müssen, um an ihre Jungen heranzukommen. Sobald das Tier gefangen wurde, beginnt die Dressur. Solange der Bär noch klein ist, läßt er sich leicht dadurch trainieren, daß man ihn an den Ohren emporzieht oder einfach einen Leckerbissen über seinen Kopf hält. Wenn das Tier größer geworden ist, wendet man brutalere Trainingsmethoden an. In Griechenland und in der Türkei durchbohrt der Dompteur Oberlippe und/oder Nase des Bä-

ren und zieht einen Ring hindurch, während man in Indien häufig den Gaumen des Tieres durchbohrt. Dann lassen sich die Bären leicht dadurch lenken, daß man an der Kette zieht, die an dem Ring befestigt ist.

Es ist schriftlich überliefert, daß Tanzbären häufig abgerichtet wurden, indem man heiße Scheite unter ihre Füße stellte. Während der Übungsstunden wurde Musik gespielt, so daß die Bären lernten, den Schmerz in ihren Füßen mit dem Takt der Musik zu assoziieren. Wo immer später Musik erklang oder ein Tamburin geschlagen wurde, richteten sich die Tiere auf und hoben in Erwartung des Schmerzes die Füße vom Boden. Zwar leugnen die meisten Zigeuner heute, derartige Verfahren angewandt zu haben, doch existierte in Smorgony in Litauen eine berühmte Schule zur Abrichtung von Tanzbären, die genau nach dieser Technik arbeitete. Ein Raum der Schule besaß einen Boden, der auf hohe Temperaturen gebracht werden konnte. Wenn die Delinquenten hineingeführt wurden, waren ihre Hinterfüße in leichtes Tuch gewickelt, so daß sie sich beim Betreten des heißen Fußbodens sofort aufrichteten, um

▲ Mittelalterliche Holzschnitte zeigen, wie Bären für die Vorstellung abgerichtet wurden.

▼ Ein türkischer Zigeuner mit seinem dreijährigen europäischen Braunbären Mercan.

▲ Im 19. Jahrhundert lebten viele Bären in Rußland in Gefangenschaft. Diese Zeitungsillustration zeigt Bären an der „Akademie zur Dressur Junger Bären" bei Samourgun.

▼ Diesem Bären aus Indien wurden die Nebenhöhlenknochen gebrochen, um einen Ring einsetzen zu können.

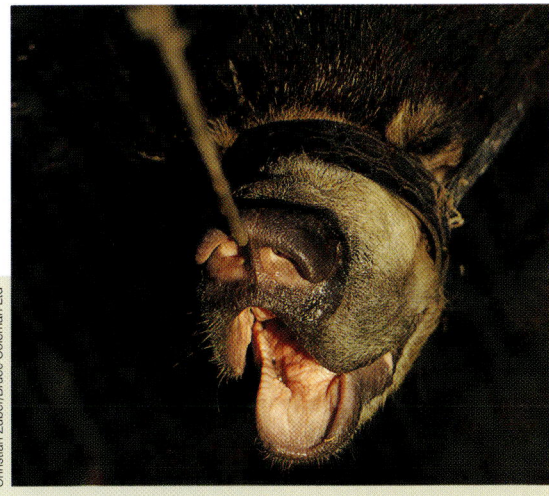

ihre Vorderfüße zu schützen. Dann hoben sie abwechselnd die Hinterfüße, um den Schmerz zu lindern.

Nach Schätzungen gibt es in Griechenland etwa 25 Tanzbären, in der Türkei mehr als 100 und in Indien über 1000. Zwar ist es heute in allen diesen Ländern ungesetzlich, aus der Wildnis stammende Bären zu besitzen, doch kann man dem Gesetz kaum Geltung verschaffen. Es ist häufig unmöglich nachzuweisen, daß die Bären wirklich aus der Natur stammen. In Griechenland und in der Türkei plant man, Schutzgebiete für beschlagnahmte Tanzbären zu schaffen. Aber der einzige Weg, diese Tradition zu brechen, besteht darin, daß Touristen nicht mehr dafür zahlen, sich mit diesen Tieren fotografieren zu lassen.

BÄREN ERFORSCHEN

ANDREW E. DEROCHER UND IAN STIRLING

Bären sind nicht leicht zu erforschen. Erstens sind sie in geringer Dichte über große, weitentlegene Gebiete verteilt. Sie sind Menschen gegenüber scheu und in Waldgebieten kaum zu sehen. Außerdem sind sie groß, kräftig und potentiell gefährlich, wenn man ihnen nahekommt.

▲ Parkwärter bringen einen betäubten Bären in Sicherheit, ehe er eine Ohrmarke erhält und gemessen wird. Das Tier wurde auf einem Schlitten festgebunden, um sicherzustellen. daß es beim Transport über das rauhe Gelände nicht verletzt wird.

▶ Gibt man einem Bären, der sich in einer Fußfalle verfing, den Betäubungsschuß, tut man dies am besten aus sicherer Entfernung. Hier bekommt ein Eisbär an der Westküste der Hudson Bay (Kanada) den Betäubungspfeil.

Frühe Untersuchungen an Bären beschränkten sich darauf, die Tiere von weitem zu beobachten, ihre Nahrung anhand des Kotes zu bestimmen und aus ihren Spuren, Grabungsaktivtitäten oder den gerissenen Beutetieren Erkenntnisse abzuleiten. Obwohl auf diese Weise zahlreiche wertvolle Informationen gewonnen wurden und derartige Ansätze noch immer zum Einsatz kommen, besitzen diese Verfahren mehrere gravierende Einschränkungen.

Zum Durchbruch der Erforschung großer Carnivoren kam es mit der Entwicklung von Betäubungsdrogen und Transportverfahren, die Tieren und Biologen Sicherheit gewährten. Dadurch wurde es möglich, einzelne Tiere zu wiegen, zu messen, mit einer Marke oder einem Senderhalsband zu versehen, so daß man sie über mehrere Jahre verfolgen konnte.

In den meisten Fällen werden zunächst Versuchstiere eingefangen. Eine gebräuchliche Methode besteht in der Verwendung einer mit einem Federmechanismus versehenen Fußfalle, die an einem Baumstumpf oder -stamm angebracht wird. Wenn der Bär auf den Auslöser tritt, zieht sich eine auf dem Boden liegende Kabelschlinge um seinen Knöchel zu. Die Falle wird entweder beködert oder an einem stark benutzten Bärenwechsel aufgestellt. Die Fallen werden aus Stücken von großkalibrigen Kanalrohren hergestellt, die an einem Ende verschlossen sind und am anderen eine Falltür aufweisen. Als Köder setzt man die jeweilige Lieblingsnahrung ein: Honig für Lippenbären, Robben für Eisbären und Biber für Grizzlies. Sobald der Bär die Falle betreten hat, schließt sich die Tür selbsttätig, da der Köder an einem Auslöser befestigt ist. Den gefangenen Tieren wird mit einer an einer kurzen Stange befestigten Spritze ein Betäubungsmittel verabreicht. Besonders große Tiere werden normalerweise aus der Entfer-

Norbert Rosing

Daniel J. Cox

◄ (Links) Mit Hilfe von Fallen, die aus Teilen von Kanalrohren gefertigt wurden, fängt man überwiegend gefährliche Bären in der Umgebung besiedelter Gebiete. Für Mensch und Tier sind diese Fallen weitaus sicherer als Fußangeln. Der Bär kann sich praktisch nicht verletzen, und Menschen, die trotz der Warnschilder nahe herankommen, bleiben unversehrt.

◄ (Rechts) Obwohl junge Bären bei ihrer Geburt winzig sind, wachsen sie rasch heran. Weibliche Schwarzbären sind relativ umgänglich und leicht in ihren Höhlen zu betäuben, so daß man die Wachstumsrate ihrer Jungen untersuchen kann.

nung mit einem Gewehr immobilisiert, das einen mit einem Betäubungsmittel gefüllten Pfeil abschießt. Letzterer besitzt einen Kolben, der dem Bären beim Auftreffen die Droge an der Schulter oder am Rumpf injiziert. Derartige Betäubungspfeile lassen sich vom Hubschrauber aus abschießen, so daß man Bären auch im offenen Gelände fangen kann.

Innerhalb der ersten Minuten nach der Injektion kann man mit den meisten Bären gefahrlos umgehen. Nachdem sichergestellt wurde, daß das Tier normal atmet und bequem liegt, werden im allgemeinen folgende Daten aufgenommen: Geschlecht, Länge, Brustumfang, physischer Zustand, Kopfbreite und -länge, Größe der Pranken, eventuelle Narben, Färbung, Abnutzung oder Beschädigung der Zähne und Fortpflanzungsstatus (ob ein Weibchen von Jungen begleitet wird, allein oder trächtig ist). Grundsätzlich wird jedem Bären an der Innenseite seiner Oberlippe eine individuelle Nummer eintätowiert, und an einem kleinen Loch im Ohr befestigt man eine Marke aus Plastik oder Metall. Ein kleiner, funktionsuntüchtiger Prämolar wird mit zahnmedizinischem Werkzeug herausgezogen. Später im Labor wird der Zahn mikroskopisch analy-

siert, um das Alter des Bären zu bestimmen.

Man kann biologische Proben sammeln, um wissenschaftliche Fragen zu klären. So entnimmt man zum Beispiel mit einem kleinen Biopsiegerät etwas Fett aus dem Rumpf und kann so den Gehalt toxischer Chemikalien in einem Bären bestimmen. Milchproben erhält man durch Injektion des Hormons Oxytocin, das die Milch freisetzt. Um die Zusammensetzung des Blutes zu analysieren, zapft man es aus der Vene eines Hinterbeins ab. Informationen über den Trächtigkeitszustand eines Weibchens erhält man aus dem Progesterongehalt seines Blutes.

Wenn man herausfinden will, wieviele Bären ein Gebiet bewohnen, führt man häufig Projekte durch, bei denen Tiere markiert und wiedergefangen werden. Dabei werden einige Tiere der Population gefangen, erhalten eine Marke und werden wieder freigelassen. Nachdem sich die markierten und unmarkierten Exemplare wieder verteilt haben, wird eine zweite Stichprobe gemacht. Mit Hilfe des Verhältnisses markierter und unmarkierter Tiere im zweiten Fang wird die Populationsgröße geschätzt.

Auch Sender, die am Hals der Bären befestigt werden, dienen den Forschern häufig dazu, Individuen

ALTERSBESTIMMUNG BEI BÄREN

WENDY CALVERT

Das Alter eines Bären wird auf die gleiche Weise bestimmt, wie man es bei Bäumen tut, indem man nämlich Jahresringe zählt. Im Falle der Bären befinden sich die Ringe im Zementgewebe ihrer Zähne.

Zähne bestehen überwiegend aus Dentingewebe, dessen Krone mit Schmelz und dessen Wurzel mit Zement bedeckt ist. Sowohl das Dentin als auch der Zement wachsen während der gesamten Lebenszeit eines Säugers. Während das Dentin langsam die im Zentrum des Zahns gelegene Pulpahöhle ausfüllt, wächst der Zement nach außen und trägt dazu bei, den Zahn im Kiefer zu verankern. Dieses Wachstum erfolgt das ganze Jahr hindurch, jedoch in den verschiedenen Jahreszeiten in unterschiedlichen Raten, so daß sich im Zahn dünne Linien eines langsamen Wachstums mit breiteren Linien eines rascheren Wachstums abwechseln.

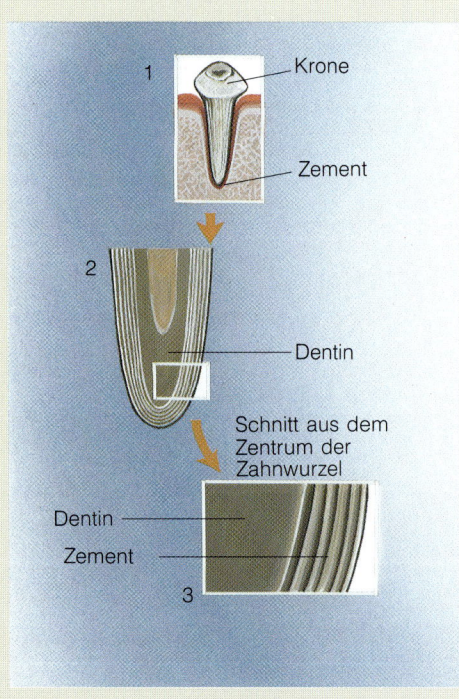

1 Krone
Zement
2
Dentin
Schnitt aus dem Zentrum der Zahnwurzel
Dentin
Zement
3

▼ 1. Ein kleiner Zahn, der keine Funktion mehr besitzt, wird aus dem Unterkiefer des Bären extrahiert und die Wurzel anschließend in Säure aufgeweicht. 2. Ein kleiner Abschnitt aus dem Zentrum des Zahns wird unter dem Mikroskop untersucht. 3. In jedem Jahr lagert sich eine dünne Zementschicht außen auf die Wurzel eines Bärenzahnes auf. Daher ist es möglich, das Alter des Bären zu bestimmen, indem man die sogenannten Annuli dieser Schicht zählt.

Zwar beschrieb schon Grizzly Adams in der Mitte des vorigen Jahrhunderts das Wachstum des Dentins in den Eckzähnen von Bären, doch wurden die Zähne erst Mitte der fünfziger Jahre zur Altersbestimmung herangezogen, nachdem der Zusammenhang zwischen dem Alter und den Wachstumsschichten auch bei anderen Säugern bestätigt worden war.

Bei den Bären besteht eine Jahresschicht aus einer dünnen, dunklen Linie, die sich im Winter ausbildet, sowie einer breiteren, helleren Linie, die vom Frühjahr bis zum Herbst entsteht. Der für die Untersuchungen bevorzugte Zahn ist der erste kleine Prämolar, der hinter jedem Eckzahn sitzt und keine Funktion mehr hat. Er läßt sich bei betäubten Bären leicht herausziehen oder aus Kiefern gewinnen, die Jäger zur Verfügung stellen. Das Kalzium des Zahns wird durch eine Säurebehandlung entfernt. Er wird dadurch so weich, daß man dünne Schnitte anfertigen, auf Objektträgern färben und unter dem Mikroskop betrachten kann.

Die Leichtigkeit, mit der man diese Schichten zählen und das Alter bestimmen kann, variiert unter den Bärenarten, ja selbst unter den Populationen einer einzigen Art. Da im allgemeinen jede Zementschicht dünner ist als die vorangehende, sind diese Linien bei älteren Exemplaren nicht so leicht zu erkennen und daher schwieriger zu zählen. Dennoch kann ein Kenner das Alter eines alten Bären genau bestimmen.

4
3
2
1

Wendy Calvert

▲ Der Zahnzement eines 27jährigen Schwarzbären (*Ursus americanus*) vergrößert dargestellt. Man beachte oben im Bild die immer kleiner werdenden Abstände der Jahresringe zwischen dem Alter von fünf bis 27 Jahren.

zu identifizieren und zu orten. Die Signale werden mit Antennen empfangen, die sich entweder auf dem Boden oder in einem Flugzeug befinden, und in letzter Zeit wurden auch Satelliten eingesetzt.

Die Radiotelemetrie dient gewöhnlich dazu, die grundlegendste Frage zu klären, nämlich wie groß das Streifgebiet eines Tieres ist und welche Lebensräume es bewohnt. Um dies zu klären, zeichnet ein Forscher im Laufe des Jahres – besser sogar über mehrere Jahre – Dutzende von Ortungen mehrerer Tiere auf. Die saisonale Benutzung verschiedener Lebensräume läßt sich mit Hilfe von Satelliten- oder Luftaufnahmen festhalten. Manchmal werden Gebiete auch gezielt nach Spuren der Bären abgesucht, etwa nach Exkrementen, markierten Bäumen, Schlaf- und Freßplätzen (gegrabene Löcher oder beschädigte Sträucher). Anhand des Kotes rekonstruieren die Biologen, was die Bären gefressen haben. Allerdings kann sich eine hochverdauliche Nahrung dem Zugriff entziehen, so daß die Kotproben allein nichts über die relative Bedeutung verschiedener Nahrungsobjekte aussagen.

Das Verhalten der Bären wird unmittelbar beobachtet. Die Biologen halten fest, wie die einzelnen Bären miteinander und mit ihrer Umgebung umgehen. Einige Wissenschaftler haben auch Bären un-

tersucht, die daran gewöhnt waren, in der Nähe von Menschen zu leben.

Die ökologische Forschung an Bären erfordert Projekte, die einen Zeitraum von fünf bis 30 Jahre umspannen, da bei kürzer angelegten Zeitspannen manchmal unzutreffende Schlußfolgerungen über Anforderungen an die Lebensräume, Ernährungsweise oder Populationsdynamik getroffen werden. Und selbst bei den langwierigsten Studien, die bis heute durchgeführt wurden, etwa denen über Grizzlybären im Yellowstone-Nationalpark (USA) oder denen über Eisbären bei Churchill (Kanada), beginnen die Wissenschaftler erst jetzt, die Ökologie dieser Tiere zu verstehen.

Zwar werden in den meisten Fällen lebende Bären untersucht, doch gewinnt man Informationen über Populationen auch dadurch, daß man Geschlecht und Alter der von Jägern erlegten Tiere aufzeichnet. Zudem verraten die Abschußzahlen den verantwortlichen Wildschützern, welche Auswirkungen die Jagd auf die Populationen haben kann.

Neuentwickelte Forschungstechniken lassen sich auch auf Bären anwenden. Heute setzt man das Verfahren des DNA-Fingerprinting ein, um unterschiedliche Populationen zu identifizieren und die Vaterschaft von Jungtieren zu bestimmen.

▲ Wenn man Bären im Wasser betäubt, ist es wichtig, daß die Nase des Tieres nicht untertaucht, denn sonst würde es ertrinken. Mit einiger Erfahrung kann ein Forscher sehr wohl unterscheiden, welcher Bär gefahrlos gehandhabt werden kann und welcher nur ruht und daher immer noch angriffsbereit ist.

SCHWARZBÄREN, DIE AN MENSCHEN GEWÖHNT SIND

LYNN L. ROGERS

Früher galten Schwarzbären als zu gefährlich, um sie aus der Nähe zu studieren, und hinzu kam die Besorgnis, daß Beobachtungen aus der Nähe die Bären zu einem unnatürlichen Verhalten bringen könnten. Allerdings haben Forscher im nordöstlichen Minnesota jetzt herausgefunden, daß Schwarzbären nach einer Gewöhnungszeit von etwa 100 Stunden menschliche Beobachter durchaus dulden und ignorieren.

Anfangs fütterten die Forscher die Bären, um sie anzulocken. Zuerst verhielten sich die Tiere wachsam und verteidigungsbereit und erschienen manchmal sogar aggressiv, was die Wissenschaftler jedoch ihrer Furcht zuschrieben. Niemand wurde ernsthaft verletzt, und nach einiger Zeit entwickelte sich ein gegenseitiges Vertrauen. Einige der Bären wurden eingefangen und mit Senderhalsbändern ausgestattet.

Bald hörten die Biologen auf, die Bären zu füttern und beobachteten nur noch deren alltägliche Aktivitäten: Nahrungssuche, Schlafen am Tage und in der Nacht, Paarung, Aufzucht der Jungen, Spielen, die Markierung von Territorien, die Vertreibung fremder Artgenossen, die Erbeutung von Hirschkälbern und das Anlegen von Überwinterungshöhlen. Bemerkenswerterweise lernten es die Bären, die Laute und Bewegungen der in der Nähe sitzenden Beobachter zu ignorieren und dabei dennoch das geringste Rascheln aus weiter Entfernung wahrzunehmen.

Die Beobachtungen der aus der Nähe untersuchten Bären deckten sich mit den Befunden, die man in früheren Jahren in demselben Gebiet gemacht hatte. Damals hatte man 103 mit Senderhalsbändern ausgestattete Bären von Lastwagen und Flugzeugen aus verfolgt. Es wurden keine Abweichungen in der Größe der Territorien, dem Gehalt der Exkremente, der Aktivitätsrhythmen, jahreszeitlichen Wanderungen, sozialen Beziehungen, des Winterschlafs und der Häufigkeit, mit der Bären gefährliche Verhaltensweisen entwickelten, festgestellt. Beide Gruppen lebten von den Wäldern, wobei aus der Nähe beobachtete Bären Einblicke erlaubten, die aus der Ferne niemals möglich gewesen wären.

Um zum Beispiel herauszufinden, was Bären fressen, waren die Biologen früher auf die Untersuchung der Exkremente angewiesen, was zu unvollständigen Informationen führen konnte, wie die Nahbeobachtungen zeigten. Insektenlarven, Fleisch und Sukkulenten erwiesen sich als die bevorzugte Nahrung, die jedoch aufgrund ihrer hohen Verdaulichkeit kaum jemals im Kot nachzuweisen war. Besonders beliebt waren Zeltraupen, die für die meisten Vögel einen üblen Geschmack besitzen.

Die Beobachtungen zeigten erstmals, welche Nahrungsmengen wildlebende Bären zu sich nehmen. So plünderte ein Bär die Winterreserven von Eichhörnchen und fraß an einem einzigen Tag 3000 Haselnüsse. Auch Gräser waren bereits im Frühjahrskot gefunden worden, doch war es niemals gelungen, ihre Art und Herkunft zu identifizieren. Die an Menschen gewöhnten Bären legten beides offen und zeigten auch, welche Bedeutung die Grasflächen des Tieflands und Feuchtgebiete für die Bären im Frühjahr besitzen. Auch Teile von Hirschkälbern wurden im Kot gefunden, doch weiß man nicht, ob sie erbeutet oder schon tot waren, als die Bären sie fanden. Zwei der an Beobachter gewöhnten Bären haben nachweislich innerhalb eines Jahres 13 Hirschkälber erbeutet.

Ein solcher Fall ereignete sich, als die Beobachter eines Morgens eine sechsjährige Bärenmutter mit ihren beiden Jungen begleiteten. Die Tiere suchten einen Baumstumpf nach dem anderen nach Ameisenpuppen ab, als die Mutter plötzlich eine neue Witterung aufnahm. Als sie die Spur gefunden hatte, lief sie mit großen Schritten einen bewaldeten Hügel hinauf und prüfte dort den Boden und die Luft mit der Nase. Die Beobachter und die Jungtiere folgten ihr. Als die Bärin dann bemerkte, daß sie zu weit gelaufen war, warf sie sich herum, stieß gegen einen der Wissenschaftler und warf sich auf ein Hirschkalb, das sich unter den Zweigen einer jungen Tanne hingekauert hatte. Sie tötete das Tier, verjagte die zurückgekehrte Hirschkuh und ging zu ihrer Beute zurück. Zu Anfang teilten sich Mutter und Kinder die Milch, die im Magen des Kalbs geronnen war. Innerhalb von Stunden hatten sie auch den letzten Knochen ihrer

Beute geknackt, um das Mark zu fressen. Am Ende des Tages führte die Bärin ihre Jungen und eine neue Mannschaft von Beobachtern eine kurze Strecke über ein Moor zu einem Hügel. Hier ließ sie sich neben einer knorrigen Fichte nieder, die die Jungen bei Gefahr erklimmen konnten. Sie gab ihren Jungen Milch, kuschelte sich mit ihnen ins Gras und schlief ein, während die Menschen nur wenige Meter entfernt waren.

Eine andere Bärin verriet, in welchem Umfang sich Herzfrequenz und

Daniel J. Cox

Körpertemperatur mit den Jahreszeiten verändern. So schlief sie zum Beispiel ein, kurz bevor sie sich eine Überwinterungshöhle gegraben hatte. Die Hand eines Beobachters ruhte dabei auf ihrer Femoralarterie, und dieser verzeichnete einen plötzlichen Abfall ihres Pulses auf nur 22 Schläge in der Minute – dies entspricht weniger als einem Drittel des Ruhepulses im Sommer.

Zur Zeit werden an verschiedenen Stellen Nordamerikas an Menschen gewöhnte Schwarzbären erforscht. Diese Arbeiten verraten, wie Schwarzbären auf Räuber, Beutetiere, stechende Insekten, Düsenflugzeuge, aber auch auf nicht identifizierte Geräusche, wie Wind und Schnee, und starke Sonneneinstrahlung, reagieren. Sie zeigen, welch unheimliches Erinnerungsvermögen diese Tiere an Freßplätze, Wasserlöcher, Fluchtbäume und Gefahrenquellen besitzen. Man kann nun dokumentieren,

wie sich die Aktivtitäten der Bären mit den Jahreszeiten ändern. Die Biologen dokumentieren Lautäußerungen, Körpersprache, Methoden der Duftmarkierung, soziales und territoriales Verhalten und selbst die Tötung eindringender Artgenossen. Sie fanden heraus, daß die Mütter ihre Jungen auch dann noch wiedererkennen und tolerieren, nachdem sie unabhängig geworden sind. Was aber am wichtigsten ist: Die Bären bieten Informationen darüber, wie sie ihre Lebensräume nutzen, so daß es den Forstbeamten möglich wird, angesichts einer immer weiter zunehmenden menschlichen Bevölkerung Lebensräume für Bären zu reservieren.

▼ Dieser junge, beerenfressende Bär läßt sich von einem nur wenige Meter entfernten Beobachter gar nicht stören. Seitdem man Schwarzbären auf diese Weise beobachten kann, hat man zahlreiche Einzelheiten ihres Ernährungsverhalten herausgefunden.

DIE ZUKUNFT DER BÄREN IN DER WILDNIS

CHRISTOPHER SERVHEEN

Sechs der acht Bärenarten verzeichnen einen starken Rückgang ihrer Bestandszahlen und Verbreitungsgebiete. Dies ist dem menschlichen Bevölkerungszuwachs und der immer stärker wachsenden Nachfrage nach Ressourcen zuzuschreiben.

Die Entwicklungsgeschichte der Bären reicht zehn Millionen Jahre zurück. In dieser Zeit sind zahlreiche Varianten des grundlegenden Bauplans dieser Tiere aufgetaucht und wieder verschwunden. Wenn Bärenarten ausstarben, so zumeist infolge einer zwischenartlichen Konkurrenz, einer Veränderung des Nahrungsangebots oder katastrophenartiger Umweltveränderungen. Heute müssen Bären, um zu überleben, gegen Menschen antreten, der nur gegen die eigene Art einen Konkurrenzkampf verliert.

DIE VERGANGENHEIT
Am besten lassen sich die Zukunftsaussichten der Bären durch einen Blick in die Vergangenheit verstehen. Das Verbreitungsgebiet des Bären wurde erstmals vor 3700 Jahren beeinflußt, als der Braunbär

▲ Die umfangreiche Jagd auf Braunbären im mittelalterlichen Deutschland, wie sie in dieser Jagdzeitschrift aus dem 19. Jahrhundert dargestellt ist, führte dazu, daß die Tiere im Osten von Deutschland um 1770 und in Bayern um 1836 ausgerottet waren.

▼ In Schweden holzt man die Wälder in Bärengebieten in relativ kleinen Einheiten ab, damit sich die Tiere in noch unberührte Bereiche zurückziehen können.

aus dem heutigen Dänemark verschwand. Zwar ist die genaue Ursache noch nicht bekannt, doch dürften Menschen daran beteiligt gewesen sein. Auch auf den Britischen Inseln waren einmal Braunbären zu Hause, wurden jedoch bald als eine Bedrohung für Mensch und Vieh empfunden: Das letzte Tier wurde etwa zu Beginn des zwölften Jahrhunderts erlegt. Bis zum Ende des 16. Jahrhunderts lebten die europäischen Braunbären noch in einer einzigen Population,

deren Verbreitung sich von Spanien und Portugal über Frankreich, Deutschland, Italien, Österreich und bis nach Osteuropa erstreckte. Obwohl die Bärenjagd in der Regel nur den Adeligen zustand, wurden mit wachsender Bevölkerung überall Bären, aus sportlichen Gründen oder weil sie das Vieh bedrohten, erlegt. Im Laufe der Jahre wurden die Methoden der Bärenjagd immer weiter verfeinert.

Am Ende des 17. Jahrhunderts waren die spani-

▼ In einem Fluß des Katmai-Nationalpark in Alaska fängt ein Braunbär einen Lachs. Südlich der kanadischen Grenze sind diese Braunbären auf dem amerikanischen Kontinent beinahe ausgestorben.

Richard Drews

▲ Auf dieser Briefmarke vom Anfang dieses Jahrhunderts ist ein Forscher dargestellt, der einen Bären mit mythischen Ausmaßen erschießt. Oft wurden Forscher gezeigt, die Bären erlegten.

Mary Evans Picture Library

▲ Einst lebten Braunbären im gesamten Westeuropa. Sie wurden jedoch ausgerottet, weil sie mit dem Menschen um Lebensraum konkurrierten und dessen Vieh rissen.

▼ Die besten Erfolge für die langfristige Erhaltung des Braunbären versprechen die Schutzgebiete Alaskas. In diesen Refugien sind die Bären eine touristische Attraktion, was ihrem Schutz noch einen wirtschaftlichen Anreiz verleiht.

Stephen Krasemann/NHPA

▶ (Gegenüber, oben) Die Braunbären Hokkaidos (Japan) leben heute überwiegend in Nationalparks. Aber selbst dort sind sie durch die bestehenden Gesetze nur unzureichend geschützt.

▶ (Gegenüber, unten) Mülldeponien sind für hungrige Bären attraktiv, bringen jedoch die Gefahr mit sich, daß die Tiere sich vergiften. Hier sieht man inmitten des Abfalls die seltene weiße Kermode-Variante des Schwarzbären.

schen Braunbärenbestände auf die nördlichen Gebirge Kantabriens zurückgedrängt, so daß diese von der nächsten im Osten vorkommenden Population, die die Pyrenäen an der französischen Grenze bewohnte, isoliert wurde. Damit setzte der Zerfall der einheitlichen europäischen Braunbärenpopulation ein. In dem Maße, in dem das ausschließliche Jagdrecht der Adeligen im 19. Jahrhundert immer mehr an Bedeutung verlor, beschleunigte sich die Ausrottung des Braunbären aus den meisten Gebieten Westeuropas. Den Tieren blieben nur noch wenige Lebensräume, und sie galten bei den Menschen zumeist als eine räuberische Plage. Wenn Dorfbewohner Bären töteten, galten sie als Helden, und es gab Männer, die sich rühmten, im Laufe ihres Lebens 50 oder noch mehr Bären erlegt zu haben.

Heute leben die noch erhaltenen Braunbären Europas in mehreren fragmentierten Populationen entlegener Berggebiete, und selbst in derartigen Gegenden ist ihr Überleben keineswegs gesichert, solange nicht intensive Schutzmaßnahmen ergriffen werden. Die Geschichte über den Rückgang der europäischen Braunbären, eine Tragödie, die überwiegend während der letzten 150 Jahre erfolgte, läßt sich auf die meisten Bärenpopulationen der Welt übertragen.

GEMEINSAME VORLIEBEN FÜR BESTIMMTE LEBENSRÄUME

Bären und Menschen haben gemeinsame Vorlieben für gewisse Lebensräume, etwa leicht zugängliche, fruchtbare Talsohlen. Die Gebiete, in denen Bären wildwachsende Nahrung im Überfluß finden, sind zumeist auch diejenigen, in denen man am erfolgreichsten Ackerbau und Viehzucht treiben kann, wo also der Mensch seine Höfe und Siedlungen errichtet. Hinzu kommt, daß Bären als opportunistische Allesfresser gern die Nahrung zu sich nehmen, die auch der Mensch bevorzugt. So kommt es an allen derartigen Stellen unausweichlich zu Zusammenstößen zwischen Bären und Menschen.

Bären töten das Vieh, zerstören Bienenstöcke, plündern Ölpalmen-Plantagen und verwüsten Obstbäume, indem sie die Früchte abreißen. Zudem vergreifen sie sich an Getreidefeldern und Kornspeichern und graben Gärten um. Die meisten Menschen finden sich damit nicht ab und entfernen diese Tiere. Da jedoch menschliche Wohngebiete und landwirtschaftliche Aktivitäten immer weiter in die Lebensräume der Bären vordringen, werden attraktive, vom Menschen produzierte Nahrungsmittel den Tieren zunehmend näher gebracht. Daher fungieren vom Menschen besiedelte Gebiete häufig als Anziehungspunkte für Bären umliegender Gebiete. Anschließend ergeben sich Konflikte zwischen Mensch und Tier, und die Bären werden eliminiert. Dieses Potential der Anziehungskraft verstärkt die ohnehin verheerenden Auswirkungen menschlicher Siedlungsaktivität in von Bären bewohnten Gebieten.

DIE AM STÄRKSTEN BEDROHTEN ARTEN

Die am stärksten bedrohten Bärenarten sind der Große Panda, der Lippenbär, der Brillenbär und der Kragenbär. Besonders betroffen sind die asiatischen Arten, da hier die menschliche Bevölkerung am schnellsten wächst. In zahlreichen Gebieten Asiens sind schon große Waldgebiete zugunsten menschlicher Siedlungen und der Holzwirtschaft verlorengegangen, und dieser Wald ist für das Überleben der Bären unverzichtbar. Über die Verbreitung asiatischer Bären liegen kaum Informationen vor, und beinahe schwerer noch wiegt, daß nicht einmal grundlegende Tatsachen über ihre Lebensweise bekannt sind, geschweige denn darüber, welche Anforderungen sie an ihre Lebensräume stellen. Ohne derartige

SCHÄTZUNGEN DER WALDFLÄCHEN UND ABHOLZUNGS-RATEN IN DEN TROPEN		
Land	Nebelwald-gebiet (pro 1000 Hektar)	Jährliche Abholzung in Prozent
Tropisches Amerika:		
Paraguay	4 070	4,7
Costa Rica	1 638	4,0
Haiti	48	3,8
El Salvador	141	3,2
Jamaica	67	3,0
Nicaragua	4 496	2,7
Ecuador	14 250	2,4
Honduras	3 797	2,4
Guatemala	4 442	2,0
Kolumbien	46 400	1,8
Mexiko	46 250	1,3
Panama	4 165	0,9
Belize	1 354	0,7
Dominikanische Republik	629	0,6
Trinidad und Tobago	208	0,4
Peru	69 680	0,4
Brasilien	357 480	0,4
Venezuela	31 870	0,4
Bolivien	44 010	0,2
Kuba	1 455	0,1
Französisch-Guayana	8 900	k. Angab.
Surinam	14 830	k. Angab.
Guayana	18 475	k. Angab.
INSGESAMT	678 655	0,6
Tropisches Asien:		
Nepal	1 941	4,3
Sri Lanka	1 659	3,5
Thailand	9 235	2,7
Brunei	323	1,5
Malaysia	20 995	1,2
Laos	8 410	1,2
Philippinen	9 510	1,0
Bangladesch	927	0,9
Vietnam	8 770	0,7
Indonesien	113 895	0,5
Pakistan	2 185	0,3
Burma	31 941	0,3
Kambodscha	7 548	0,3
Indien	51 841	0,3
Bhutan	2 100	0,1
Papua-Neuguinea	34 230	0,1
INSGESAMT	305 510	0,6

Source: FAO, 1981. Tropical Forest Assessment Project (GEMS): Tropical America, Tropical Asia. FAO/UNEP, Rome, Italy

Informationen wird es nicht möglich sein, dem intensiven Einfluß der Habitatumbildung zu begegnen. In großen Teilen ihrer Verbreitungsgebiete sterben örtliche Populationen aus, und die Lebensräume der Bären werden fragmentiert.

Der Große Panda. Der Große Panda ist die am stärksten bedrohte Bärenart, und nur noch etwa 1000 Individuen leben in sechs isolierten Populationen der zentralchinesischen Gebirge. Obwohl die Planungen für ein umfangreiches Schutzprogramm kürzlich fertiggestellt wurden, bleibt immer noch fraglich, ob sich die komplizierten Maßnahmen durchsetzen lassen, die das Überleben des Panda garantieren sollen. Trotz der darauf ausgesetzten Todesstrafe werden diese Tiere noch immer gewildert: Das Fell eines einzigen Exemplares kann in Taiwan oder Japan Zehntausende von US-Dollars erbringen.

Der Große Panda wurde von Dr. George Schaller, dem größten Fachmann für diese Tierart, als ein »klassisches Beispiel für eine aussterbende Art« bezeichnet. Die Ursachen für diese Anfälligkeit liegen in ihrem begrenzten und isolierten Verbreitungsgebiet sowie einer darin zunehmenden menschlichen Präsenz. Zudem sind sie auf eine einzige Nahrungsquelle, den Bambus, angewiesen, und ihre Körperteile erzielen hohe Preise, was die Aktivitäten der Wilderer noch steigert. Den Panda vor dem Aussterben zu bewahren, bildet eine der größten Herausforderungen der Naturschutzarbeit.

Der Lippenbär. Der Lippenbär bewohnt den indischen Subkontinent, einen dichtbewohnten Teil der Welt. Die meiste Zeit des Jahres konkurriert dieses Tier nur wenig mit dem Menschen, da es sich überwiegend von Insekten und Baumfrüchten ernährt. Seine größte Bedrohung besteht in der immer weiter wachsenden menschlichen Bevölkerung und der Fragmentierung seiner Lebensräume. Aus zahlreichen Gebieten, in denen er früher häufig war, ist der Lippenbär heute verschwunden, und man findet ihn überwiegend in den Reservaten Indiens und Nepals. Außerhalb dieser Schutzgebiete dürfte er auf lange Sicht kaum eine Überlebenschance besitzen. Wenn aber die Populationen ausschließlich auf Reservationen beschränkt bleiben, werden sie in bedrohlicher Weise voneinander isoliert. Vermutlich wird das Verbreitungsgebiet dieser Art noch weiter zurückgehen, da die Bedürfnisse des Menschen nach Waldprodukten und Lebensraum immer stärker wachsen.

Der Brillenbär. Da der Mensch seine Lebensräume in Ackerland verwandelt, steht der südamerikanische Brillenbär zunehmend unter Druck. Immer mehr Menschen dringen in die Gebirgsregionen vor, drängen das Verbreitungsgebiet des Brillenbären immer weiter nach oben und entreißen ihm die Lebensräume des Tieflands. Die Fragmentierung der Bärenpopulationen schreitet fort, und in vielen Gebieten weiß man sogar überhaupt nichts über die ihre Verbreitung. Diese Art ist besonders stark bedroht.

Der Kragenbär. Die Verbreitung des Kragenbären stand einst nur hinter der des Braunbären zurück, doch umfaßt sein Verbreitungsgebiet große Teile Asiens, in denen die menschliche Bevölkerung rasch zunimmt. Indem sich der Bär an Feldfrüchten vergreift, wird er zum direkten Nahrungskonkurrenten des Menschen, so daß er in den meisten Gebieten bereits zu kleinen, isolierten Populationen zurückgedrängt wurde, die lokal vom Aussterben bedroht sind. Gewisse Körperteile dieses Bären bilden stark

Odazima

Myron Kozak

WARUM BÄRENPOPULATIONEN SO ANFÄLLIG SIND

ANDREW E. DEROCHER

Es gibt ein ökologisches Prinzip, dem zufolge nur eine Art im ökologischen Gefüge eine bestimmte Stellung einnehmen kann. Wenn zwei Arten um dieselbe ökologische Position konkurrieren, wird eine von beiden irgendwann unterliegen. Menschen und Bären besitzen eine lange Geschichte des Wettbewerbs um dieselben Ressourcen. Während früher eine gegenseitige Achtung und das Meiden des jeweils anderen zu einem Gleichgewicht führte, hat eine ungerechtfertigte Furcht, genährt von vielen Mythen und Sensationsberichten, gemeinsam mit der Einführung der Feuerwaffen, dieses Gleichgewicht zerstört. Nur wenige Menschen sind bereit, mit Bären zu koexistieren, was dazu führt, daß diese Tiere in der

▶ In vielen Gebieten ernähren sich Schwarzbären häufig von Beeren. Wenn einmal nur wenige Beeren vorhanden sind, treibt der Hunger die Bären in besiedelte Gebiete. Die Menschen fühlen sich bedroht, und die Bären werden häufig erschossen.

▼ Trophäenraum eines Jagdführers in Alaska. Sehr begehrt ist das Fell eines großen Eisbären. Nach dem amerikanischen Gesetz zum Schutze der Meeressäuger von 1972 dürfen amerikanische Sportjäger keine Eisbären in Alaska töten oder legal erworbene Felle aus anderen Ländern einführen.

Daniel J. Cox

Stephen J. Krasemann/Bruce Coleman Ltd

Nähe von Menschen häufig schon als »problematische Bären« bezeichnet werden, ehe es überhaupt zu Zwischenfällen kam.

Bejagung und Verlust der Lebensräume können sich verheerend auf Bärenpopulationen auswirken. Ironischerweise hängt diese Anfälligkeit ausgerechnet mit den Aspekten ihrer Populationsdynamik zusammen, die sie zu einer so erfolgreichen Gruppe gemacht haben. Bären sind daran angepaßt, in einer veränderlichen Umwelt eine stabile Population aufrechtzuerhalten. Sie leben im allgemeinen in niedriger Dichte, und die Weibchen pflanzen sich erst in einem Alter fort, in dem sie genügend Erfahrungen gesammelt haben, um für ihre Jungen sorgen zu können. Sie führen nur wenige Jungen auf einmal und umsorgen sie zwei bis drei Jahre lang, um ihnen die besten Überlebenschancen zu geben. Um die niedrige Fortpflanzungsrate auszugleichen, erreichen Bären grundsätzlich ein Alter von über 20 Jahren, was ihnen Zeit gibt, die Population stabil zu halten. Allerdings bergen alle diese Eigenschaften den Nachteil in sich, daß Bären einen Rückgang ihrer Bestände nur schwer verkraften. Selbst eine Population, die so weit überwacht wird, daß man Abschußquoten erlaubt, kann leicht schlagartig zurückgehen, und es vergehen dann viele Jahre, ehe sie sich wieder erholt hat.

Bären zu erforschen ist alles andere als leicht und daher schwierig zu organisieren. Kennt man die Bestandszahlen einer Bärenpopulation nicht, kann der Naturschützer falsche Entscheidungen treffen, die zu einer übermäßigen Bejagung führen. Veränderungen in der Population, die auf zu hohe Abschußquoten hindeuten, etwa Verlagerungen der Alterszusammensetzung und des Geschlechterverhältnisses, treten nicht immer deutlich zutage und werden unter Umständen erst dann bemerkt, wenn der Schaden schon eingetreten ist.

Eine Computer-Simulation von Eisbärenpopulationen hat gezeigt, daß die Population unweigerlich zurückgeht, sobald die Abschußquote der Weibchen zwei Prozent übersteigt. Für die Erhaltung der Bären ist der Schutz weiblicher Tiere also besonders wichtig, jedoch kann ein Jäger das Geschlecht eines Bären häufig nur schwer bestimmen, ehe er abdrückt. Selbst der Schutz von Weibchen, die Junge führen, ist schwer durchsetzbar, weil die Jungen manchmal nicht zu sehen sind. Und in kleinen Populationen können die Tiere örtlich auch dadurch ausgerottet werden, daß man nur wenige erwachsene Weibchen abschießt.

Verhaltensmerkmale, wie eine variable Ernährungsweise (eine Ausnahme bilden hier die Pandas, deren extreme Spezialisierung sie verletzlich macht), rasches Lernvermögen, eine

Steve McCutcheon/AUSCAPE International

▲ Die organisierte Braunbärenjagd unterstützt die Wirtschaft einiger Bergregionen Alaskas und des nordwestlichen Kanada. Um die Bestände zu erhalten, werden die Abschußzahlen streng kontrolliert.

ausgeprägte Neugier, weit umherstreifende Jungtiere und die entschlossene Verteidigung der Jungen waren für die Bären während ihrer Entwicklungsgeschichte entscheidende Hilfen zum Überleben. Allerdings bringen sie gerade diese Verhaltensweisen mit Menschen in Konflikt. Ihre Neugier und die Fähigkeit, die verschiedenartigste Nahrung zu verdauen, erlauben ihnen, ihre natürliche Nahrung durch Getreide und Vieh zu ersetzen, und rasch haben sie neue Nahrungsquellen erschlossen. Und wenn die Menschen die Bären nicht töten, geschieht es häufig durch deren Abfälle. Manchmal suchen Bären Müllplätze auf und vergiften sich durch den Genuß von Motoröl, Blechdosen, Autobatterien und Frostschutzmitteln. Bei Konflikten müssen die Bären eingefangen werden, aber immer häufiger findet sich kein Platz mehr, an dem sie wieder freigelassen werden könnten.

Der Verlust ihrer Lebensräume ist für Bären besonders kritisch, weil sie riesige Gebiete benötigen, um Populationen von einer Größe zu erhalten, die Inzucht vermeidet und die genetische Variabilität auf einem Mindestniveau hält. Die meisten Reservate sind entweder nicht groß genug oder besitzen nicht die richtige Form, um hinreichend große Ökosysteme zu umfassen, in denen eine Bärenpopulation überleben kann. Daher kommen viele Bären mit Menschen an den Rändern ihrer Schutzgebiete in Konflikt.

Manchmal kommt es vor, daß sich Bären aus einem gewissen Umfeld in einem kleinen Gebiet konzentrieren, wo es Nahrung im Überfluß

gibt, so etwa an einem von Lachsen durchzogenen Bach oder Stellen, an denen besonders viele Beeren wachsen. Werden die Bären an solchen Stellen bejagt, können große Teile der Population verlorengehen, ehe ein Rückgang der Bestände überhaupt bemerkt worden ist.

Durch sorgfältig geplante Pufferzonen kann man erreichen, daß die kritischen Lebensräume der Bären unberührt bleiben und dabei gleichzeitig die Holzgewinnung und den Bergbau in entlegenen Gegenden erlauben. Wenn sie Gelegenheit dazu bekommen, sind Bären häufig imstande, sich neuen Umweltbedingungen anzupassen. Allerdings erwachsen zusätzliche Probleme daraus, daß es Jägern und Wilderern durch die Anlage neuer Straßen zunehmend leichter gemacht wird, an die Bären heranzukommen. Die bedeutendste Form der Bedrohung dürfte heute darin bestehen, daß die Bären wegen ihrer hochbezahlten Körperteile, die in der traditionellen Medizin Verwendung finden, gewildert werden.

Aufgrund der geringen Fortpflanzungsrate weiblicher Bären könnten Substanzen wie polychlorierte Biphenyle (PCBs) in der Nahrungskette oder verschiedene Einflüsse globaler Klimaveränderungen viele Populationen leicht auslöschen.

Wenn Bären aus einem Gebiet entfernt wurden, sind sie schwer wieder anzusiedeln, was in erster Linie daran liegt, daß erfahrene Weibchen fehlen, die ihren Jungen beibringen, wie man für sich sorgt. Zudem haben die Menschen, nachdem die Bären einmal entfernt wurden, nur selten ein Interesse daran, sie wieder einzuführen.

▲ Durch die Ausweitung der Ölgewinnung wird auch die karge arktische Küste Alaskas immer stärker besiedelt. Dieses Lager bei Prudhoe Bay liegt nur wenige Kilometer von einem Gebiet entfernt, in dem Eisbären Robben jagen.

begehrte Artikel der traditionellen asiatischen Medizin, was die Anfälligkeit der Tiere noch erhöht.

Auf der koreanischen Halbinsel wurde diese Art praktisch ausgelöscht, und auch auf der japanischen Insel Kyushu wurde sie durch Überjagung ausgerottet. Die noch vorhandenen japanischen Populationen werden jedoch schon seit langem übermäßig belastet, indem man die Tiere als Schädlinge oder aus sportlichen Motiven abschießt. Mit hoher Wahrscheinlichkeit werden die Bestandszahlen und Verbreitungsgebiete noch weiter zurückgehen, wenn man nicht zum Schutz dieser Art andere Maßnahmen ergreift. Zwar gelingt es den auf den dichtbesiedelten Inseln Taiwan und Hainan noch verbliebenen Populationen, unter Schwierigkeiten zu überleben, doch weiß man über sie nur wenig, geschweige denn, wie lange sie noch überleben können.

Unter allen Populationen dieser Art steht es um die Kragenbären Ostsibiriens noch am besten. Allerdings

dürfte die zunehmende Holzgewinnung in dieser Region sowie die Bereitschaft der Asiaten, hohe Preise für die Gallenblasen und Tatzen der Bären zu zahlen, auch diese Populationen bald bedrohen.

Der Malaienbär. Diese Art bewohnt die tropischen Tiefland-Regenwälder Südostasiens, und ihre Lebensräume werden zunehmend von menschlicher Siedlungs- und Forstaktivität erodiert. Durch neu hinzuziehende Siedler treten immer mehr Konflikte zwischen Menschen und Malaienbären auf, was zu einem Rückgang der Bärenbestände und einer Fragmentierung und Isolierung ihrer Lebensräume führt. Die Zukunft dieser Art wird davon abhängen, ob genügend große Waldgebiete erhalten bleiben, die überlebensfähige Populationen ernähren und in denen Menschen nicht siedeln dürfen. Zwar können Malaienbären auch in Gebieten überleben, in denen schon Holz geschlagen wurde und in denen der Wald nachwachsen durfte, doch haben sie keine Chance, wo der Wald gerodet wurde und Häuser wie Pilze aus dem Boden schießen. Angesichts der Bevölkerungszunahme im Verbreitungsgebiet des Malaienbären erscheinen dessen Zukunftsaussichten fraglich.

Der Braunbär. Von allen Bärenarten ist der Braunbär am weitesten verbreitet, doch dürfte dies kaum sein Überleben garantieren. Allzu schnell hat der Mensch

WIE DER GRIZZLYBÄR BEINAHE AUSGEROTTET WURDE

CHRISTOPHER SERVHEEN

Einst lebte der Braunbär oder Grizzly in einer praktisch unzerteilten Population in der gesamten westlichen Hälfte Nordamerikas, vom Polarmeer bis nach Zentralmexiko. Nach Schätzungen gab es um 1800 etwa 50 000 von ihnen. Als Lewis und Clark 1803 und 1804 das Innere des Kontinents erforschten, begegneten sie 17 Exemplaren und versuchten, beinahe jeden von ihnen zu erlegen.

Die Siedler betrachteten den Grizzly als ein gefährliches Tier, der ihr Vieh raubte und ihnen ihr Land streitig machte. Ein großer Teil der Literatur des alten Westens besteht aus Geschichten über Bärenjagd, über Menschen, die von Bären getötet oder angefallen wurden oder über Bären, die sich als berüchtigte, verschlagene Viehräuber hervortaten. In den Augen der Siedler waren die Grizzlies den amerikanischen Ureinwohnern vergleichbar – Geschöpfe, die man unter Kontrolle bringen oder eliminieren mußte.

Die Grizzlies wurden erschossen, in Fallen gefangen, vergiftet und von Pferden aus mit Lassos gefangen. Zunächst wurden sie von den fruchtbaren Gebieten des Tieflands und der Prärien entfernt, dann aus den Gebirgstälern. Bald waren nur noch die Exemplare übrig, die in den Bergen wohnten. Am Ende des 19. Jahrhunderts

war die gesamte Rasse, die auf den Prärien gelebt hatte, verschwunden – in weniger als 100 Jahren, nachdem die ersten Weißen dieses riesige Gebiet betreten hatten.

Mit den Siedlern zusammen kamen Rinder und Schafe ins Land, die sich am besten in den üppigen, feuchten Gebieten halten ließen, in denen Gräser und anderer Pflanzen gediehen. Diese Pflanzen waren auch für die Grizzlies von Bedeutung, die zu 80 bis 90 Prozent vegetarisch leben. Da nun das Vieh die natürliche Nahrung der Bären verzehrte, begannen diese zunehmend, das Vieh zu schlagen, und die Siedler wurden nicht müde, den Räubern nachzustellen. Zuerst weidete man das Vieh noch im Tiefland, doch zu Beginn des 20. Jahrhunderts trieb man die Schafe zu Beginn des Sommers auf die Bergweiden. Als sie nun in die Jagdgebiete der Grizzlies vordrangen, kamen tödliche Gifte gegen Raubtiere – etwa Strichnin – mit ihnen. Und als die Bestände der Schafe in den zwanziger und dreißiger Jahren ihren Höhepunkt erreichten, waren die Bären am stärksten dezimiert. Viele Gebiete, die heute als Wildnis gelten, wurden damals weidlich von den Schafen genutzt.

Nun wurde der Rückgang des Grizzly endlich mit Sorge betrachtet. So führten die schwindenden Bestände dieser Bären in Montana während der vierziger Jahre zu einem mehrjährigen Jagdverbot. Allerdings wurden nur wenige Stimmen zu Gunsten der Grizzlies laut. Erst als Craighead seine Arbeit über die Biologie der Grizzlybären im Yellowstone-Nationalpark vorgelegt hatte und daraufhin die Müllplätze des Parks geschlossen wurden, erkannte man die Misere dieser Tiere.

Im Jahre 1975, 173 Jahre nach der Expedition von Lewis und Clark und nachdem 98 Prozent aller Grizzlies und deren Lebensräume vernichtet waren, erklärte man dieses Tier gesetzlich zu einer bedrohten Art. Heute werden alljährlich über zwei Millionen US-Dollar für Versuche aufgewendet, den noch vorhandenen Bären das Überleben zu ermöglichen.

den Braunbären in Europa und Nordamerika beinahe ausgerottet, und die noch verbliebenen Populationen sind alles andere als sicher. Nach Schätzungen einer kürzlich erfolgten Bestandsaufnahme der kanadischen Braunbären sind mehr als 60 Prozent dieser Populationen gegenwärtig bedroht.

Zwar leben die meisten Braunbären in Rußland, jedoch werden auch diese durch die gegenwärtigen politischen Veränderungen und die zunehmende Ausbeutung der Rohstoffe im ganzen ostsibirischen Raum (hier leben die größten noch verbliebenen Populationen) gefährdet. Der Bedarf an harter Währung, die sich durch Ausbeutung der Bärenhabitate erzielen läßt, dürfte in zahlreichen Gebieten bald Zerstörungen nach sich ziehen.

Eisbären. Obwohl die Populationen der Eisbären weniger bedroht scheinen als die anderer Bärenarten, bleiben auch sie anfällig, insbesondere unter dem Aspekt der Öl- und Gasgewinnung. Vielleicht bietet der Schutz des Eisbären das beste Beispiel dafür, wie man den Anforde-

rungen einer Bärenart angemessen begegnet, sobald sich die Regierungen in kooperativer Weise darüber geeinigt haben, die Abschüsse zu begrenzen und die Lebensräume zu erhalten (vergleiche den Kasten *Das internationale Abkommen zum Schutz der Eisbären*, Seite 230).

Der Schwarzbär. Der Schwarzbär ist die häufigste Bärenart. In den meisten Gebieten, in denen seine

▲ Auf der offenen Prärie hatten die Grizzlies gegen die schnelleren Pferde keine Chance, und sie konnten nirgendwo hin entkommen.

▶ 1975 wurde der Grizzlybär in Amerika zu einer bedrohten Art erklärt.

▼ Der einst auf den Prärien des Westens häufige Grizzly lebt heute nur noch in Teilen Montanas und Idahos.

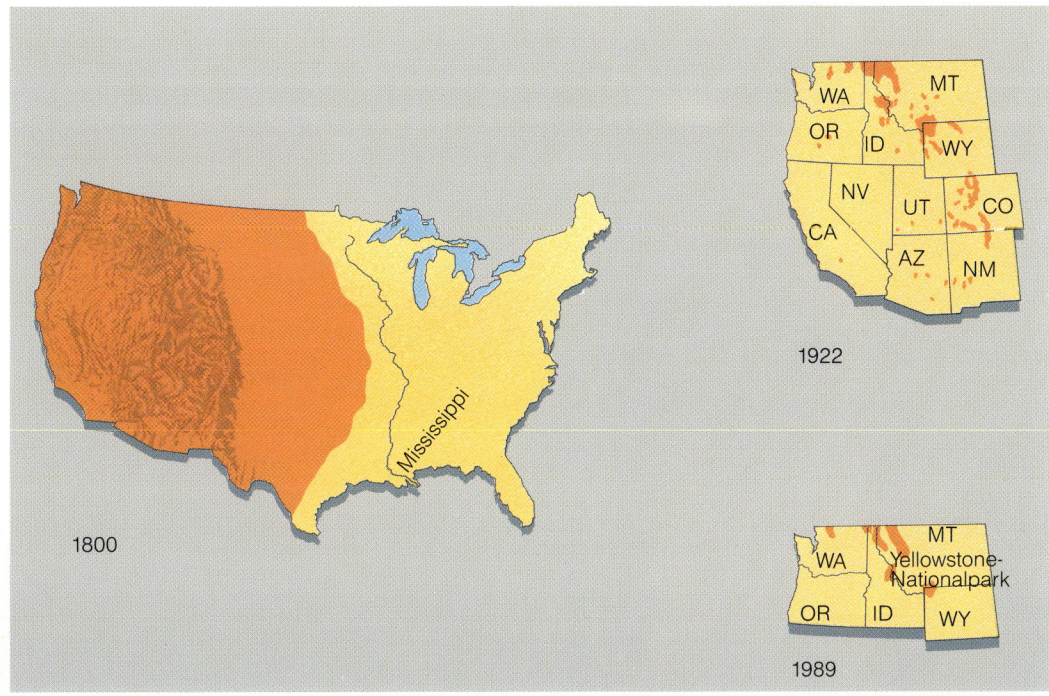

1800

1922

1989

219

GRIZZLY ADAMS

ANDREW E. DEROCHER

James Capen Adams, später als »Grizzly Adams« bekannt, wurde am 1807 in Medway (Massachusetts, USA) geboren. Nachdem er – jeweils nur mit bescheidenem Erfolg – als Schuhmacher, Dompteur und Rinderzüchter tätig gewesen war, wanderte er zu den Hügeln Kaliforniens aus. Hier begann er einen Handel mit Tierfellen und fing Tiere lebend für zoologische Gärten und Schausteller.

In seinen besten Jahren war Adams von mittlerem Wuchs, aber drahtig und muskulös. Er hatte Nerven aus Stahl und war ein ausgezeichneter Schütze. Bei einem Ausflug lief ihm ein weiblicher Braunbär mit einjährigen Jungtieren über den Weg. Während er in Position ging, um die Mutter zu erschießen, erblickte sie ihn und erhob sich auf die Hinterbeine. Sein erster Schuß traf ihre Brust. Die Bärin griff an, also ergriff er sein zweites Gewehr und schoß ihr durch das aufgerissene Maul ins Gehirn. Mit seinem Lasso fing er die Jungtiere ein – ein Männchen und ein Weibchen - fesselte sie, legte ihnen einen Maulkorb an und kettete sie an einen Baum.

Anders als sein Image in den Filmen nahelegt, war Adams ein strenger Dompteur. Lady Washington, das weibliche Jungtier, wurde so lange geprügelt, bis es gehorchte, und Adams lehrte sie, hinter einem Maultier herzulaufen, an das sie gebunden wurde. Trotz dieser Behandlung wurde sie eine umgängliche Gefährtin. Um nachts nicht auszukühlen, schlief Adams mit der Bärin in seinem Rücken und einem Feuer vor sich. Er brachte Lady Washington und seinem anderen Grizzly, Ben Franklin, bei, auf Jagdausflügen sein Gepäck und die erlegte Beute, zumeist Hirsche, zu tragen.

Später zog Adams nach San Francisco und gründete das Berg-Museum. Dabei warb er für seine Ausstellung, indem er mit seinem Grizzly Ben und verschiedenen anderen Bären durch die Stadt zog. Zu seiner Menagerie gehörten Schwarzbären, Kuguare, Jaguare, Wapitis, Affen, ein Pavian, ein Seelöwe, Schlangen und ein Bison. Bald hatten Adams und sein Museum einen entsprechenden Ruf, und er begann, seinen Ruhm durch Erzählungen seiner Beutezüge zu mehren. Da er jedoch nach vier Jahren noch immer kein Geld gemacht hatte, zog er mit seinen Tieren nach Osten und schloß sich dem großen Zirkus von P. T. Barnum an.

Seine Karriere nahm ein Ende, als einer seiner abgerichteten Bären, General Fremont, ihm einen kräftigen Schlag auf den Kopf versetzte. Trotz dieser Verletzung zeigte Adams seine Tiere jedoch weiterhin bis kurz vor seinem Tod im Jahre 1860.

Grizzly Adams wurde als ein Mann der Berge romantisiert, obwohl er die Bären eher ausbeutete als umsorgte. Er betrachtete sie als eine Herausforderung, die man unterwerfen oder töten muß, und von den Bären, die er erlegte, verkaufte er Fleisch, Fell und Fett – alles gegen gutes Geld. Er war keineswegs ein besonderer Naturfreund, und im Gegensatz zu einigen anderen Jägern aus früherer Zeit, war es ihm niemals ein Anliegen, die Bären oder deren Lebensräume zu schützen. In Wirklichkeit war er eine treibende Kraft, die Braunbären Kaliforniens auszurotten.

Archive Photos

◀ Die Geschichte von Grizzly Adams ist in den Vereinigten Staaten so populär, daß dieser Mann der Berge mit seinen Bären zum Helden einer erfolgreichen Fernsehserie wurde.

Lebensräume noch nicht fragmentiert wurden, und in weiten Teilen seines Verbreitungsgebiets sind die Bestände noch sicher, da der Bär als Jagdwild gehegt wird. Wo Populationen jedoch zusammenschrumpfen und isoliert werden, sind sie bedroht.

DIE ERFORDERNISSE ZUM SCHUTZ ALLER BÄREN

Menschen können durchaus mit Bären zusammenleben und deren Zukunft gewährleisten, wenn sie die Bedürfnisse dieser Tiere berücksichtigen. Den Bärenarten mit den gegenwärtig besten Aussichten – Eisbären und Schwarzbären – geht es deswegen so gut, weil ihre Bestände von Regierungsprogrammen überwacht werden und die Menschen ihrer Umgebung sie schätzen. Als Beute einer regulierten Jagd, aber auch als dekorative Fotomotive oder einfach als Glieder der natürlichen Gemeinschaft stehen sie hoch im Kurs. Die Leute, die neben diesen Bären leben, sind bereit, ihren Beitrag zur Hege dieser Tiere zu leisten und deren Bedürfnisse zu berücksichtigen, wenn sie Holz schlagen, Erholungsausflüge in die Wildnis unternehmen oder ihre Abfälle entsorgen.

Im Prinzip bleibt den übrigen sechs Bärenarten eine solche Unterstützung durch die ansässige Bevölkerung verwehrt. Es ist auch unwahrscheinlich, daß sich die Bedürfnisse der Bären in örtlichen Gemeinschaften der Dritten Welt noch so rechtzeitig ins Bewußtsein bringen lassen, daß diese Bären und ihre Lebensräume überleben können. Er dürfte vielmehr erforderlich sein, die Erhaltung der Bären an populärere Ziele zu binden, etwa die Erhaltung der Wasserscheide, eine naturverträgliche Forstwirtschaft, an die Produktion anderer Waren und die Verbesserung der Lebensqualität.

Um ein Beispiel zu nennen, könnte man die Erhaltung der Wasserscheide zum Zwecke einer berechenbaren Wasserversorgung mit einer naturverträglichen Forstwirtschaft verbinden. Man würde die Holzgewinnung also so betreiben, daß der Wald sich regenerieren kann und dazu große, zusammenhängende Waldgebiete aussondern, die nicht bewohnt werden dürfen. Sobald Wälder nicht mehr fragmentiert werden, hätten auch die Bären eine Chance, auf längere Sicht zu überleben.

Der Ansatz über die Lebensqualität könnte in den Entwicklungsländern so aussehen, daß fortgesetzt Ressourcen garantiert werden, die zukünftigen Generationen Nahrung und Arbeitsplätze geben. Dabei kann man berücksichtigen, welche Vorteile von den Bären entweder direkt erwachsen – etwa in Gestalt von Körperteilen für die traditionelle Medizin – oder indirekt in Form der Touristen-Dollar jener Menschen, die die Bären jagen oder fotografieren möchten.

Die Zukunft des Kragenbären, des Malaienbären, der asiatischen Braunbären und vielleicht auch des Lippenbären wird davon abhängen, ob es gelingt, innovative Projekte zu entwickeln, die derartige Initiativen unterstützen. Schutzprogramme für Lebensräume und Tierarten müssen unmittelbar mit der Verwaltung von Ökosystemen und der Erhaltung biologischer Vielfalt verbunden sein. So könnte die Erhaltung der Bären in der Tat zum Schlüsselfaktor des Schutzes bedrohter biologischer Systeme werden, in denen diese Tiere leben. Zugleich würde daraus ein immenser Nutzen für den Menschen erwachsen, da diese Ökosysteme gleichermaßen für das Überleben der Bären und der Menschen unverzichtbar sind.

Mike McKavett/Bruce Coleman Ltd

◀ In Indien sind die Lippenbären auf Nationalparks angewiesen, in denen hinreichend großflächige Lebensräume geschützt werden, die kleinen Populationen das Überleben ermöglichen.

DIE FRAGMENTIERUNG DER LEBENSRÄUME

Die Fragmentierung der Lebensräume führt dazu, daß Bärenpopulationen in kleinen, isolierten, biologischen Flächen und zudem in kleiner Zahl leben müssen. Diese kleinen Populationen sind in besonderem Maße vom Aussterben bedroht, da die Vielfalt ihrer Ressourcen begrenzt ist und keine Möglichkeit besteht, daß Bären anderer Populationen einwandern. Durch dieses Auseinanderreißen ihrer Lebensräume schwinden gegenwärtig kleine Populationen von Braunbären, Schwarzbären, Malaienbären, Lippenbären, Kragenbären, Brillenbären und Großen Pandas unwiederbringlich dahin.

Viele Populationsfragmente sind so klein, daß selbst ein absoluter Schutz ihr Überleben nicht mehr garantieren kann, obgleich einige Tiere noch viele Jahre überleben. Um den Tieren in derart isolierten Gebieten eine Chance zu geben, bedarf es umfangreicher Eingriffe, etwa der regelmäßigen Einfuhr auswärtiger Bären. Alternativ müssen durch Ankauf kleiner Landgebiete Korridore geschaffen werden, über die die Populationen in Verbindung bleiben.

Die beste Lösung dieses Problems besteht natürlich darin, die Fragmentierung durch entsprechende Maßnahmen von vornherein zu vermeiden, so daß die Bären in großen, zusammenhängenden Populationen leben können. Menschliche Aktivitäten, die zur Fragmentierung führen – Siedlungs- und Plantagenbau, Waldrodung und die Umleitung von Gewässern-, sollten auf ihre möglichen Auswirkungen auf die Lebensräume der Bären geprüft werden.

In den meisten Gebieten, in denen Bären zu Hause sind, ist die Fragmentierung schon erheblich fortgeschritten. Eine Ausnahme bilden vielleicht einige Bereiche Ostsibiriens und begrenzte Gebiete Südostasiens. Ist eine Fragmentierung erst einmal eingetreten – zumeist infolge zahlreicher agrarwirtschaftlicher Entscheidungen in kleinem Maßstab –, ist sie kaum wieder rückgängig zu machen. Es entspricht einer traurigen Tatsache, daß einmal eingetretene

Gerald Cubitt/WWF

▲ Obwohl Malaienbären, wie dieser hier im Tanjung Puting Nationalpark, in Indonesien geschützt sind, werden ihre Lebensräume durch Abholzung und die zunehmende Landnutzung für den Ackerbau immer weiter reduziert. Zudem gelangen die Körperteile indonesischer Bären in anderen asiatischen Ländern auf den Markt.

Morten Strange/NHPA

◀ Einst bildeten die Dschungel der Welt eine Zuflucht für viele große, tropische Carnivoren wie etwa den Malaienbären. Heute durchschneiden Straßen den Regenwald, wie hier in Malaysia, da die Nachfrage nach Holz zunimmt.

DIE WIEDERANSIEDLUNG DES SCHWARZBÄREN IN ARKANSAS

KIMBERLY G. SMITH, JOSEPH D. CLARK UND SCOTT D. SHULL

Die Geschichte von Arkansas ist so eng mit dem Schwarzbären verbunden, daß dieses Land noch bis zum Beginn dieses Jahrhunderts als der »Bärenstaat« bekannt war. In der Mythologie der amerikanischen Grenzbewohner nahmen Legenden über große Bären in Arkansas einen besonderen Rang ein, und vor noch nicht allzu langer Zeit berichtete eine populäre Kinderbuchreihe über den mythischen »Arkansaw-Bären«.

Für die frühen Siedler wurde der Schwarzbär zu einer wertvollen Ware, lieferte er ihnen doch Felle, Fleisch, Fett und Schmalz. Und Bärenfelle, die zum Trocknen vor dem Haus ausgespannt waren, galten als Statussymbol. Das sogenannte »Southern fried cooking« hat seine Wurzeln im Gebrauch von Bärenfett, das ein unverwechselbares Aroma und eine knusprige Oberfläche ergab.

Eine ungezügelte Jagd und infolge von Forst- und Landwirtschaft zerstörte Lebensräume führten dazu, daß die Bären um 1920 in Arkansas beinahe vollständig ausgerottet waren, und um 1930 waren sie aus der Umgebung von Missouri und Oklahoma verschwunden. Die letzte Bastion des einheimischen Arkansas-Bären befand sich in der östlichen Delta-Region, nicht weit vom heutigen White River National Wildlife Refuge, wo nach Schätzungen 1940 nur noch 25 Bären am Leben waren, 1950 immerhin wieder 40 bis 50. Heute werden das Schutzgebiet und seine Umgebung wieder von 160 bis 175 Bären bewohnt.

Im Jahre 1958 begann die Arkansas Game and Fish Commission (AGFC), Schwarzbären im inneren Hochland des westlichen und nördlichen Arkansas (im Ozark- und Ouachita-Gebirge) wieder anzusiedeln, wo seit der Jahrhundertwende keine Bären mehr gelebt hatten. Anfangs setzte man hier 40 in Minnesota gefangene Tiere aus, und im Sommer der Jahre 1962 bis 1968 folgten weitere aus Minnesota und aus dem südlichen Manitoba (Kanada). Als der Leiter der AGFC 1965 die Fanggenehmigung von bis zu 100 Bären aus Minnesota erteilte, stellte er in seiner Verfügung fest, daß das Projekt keine Publicity erhalten sollte. Es scheiterte schließlich an den Kosten und an der zunehmenden Besorgnis über Bären, die Ausflüge in die Städte unternahmen.

Die Bären, die umgesetzt werden sollten, wurden in Fallen aus Fässern, häufig in Stadtgebieten, gefangen, jedoch handelte es sich nicht um gewohnheitsmäßig gefährliche Exemplare. Während der letzten Jahre des Projektes übersiedelte man verstärkt Weibchen und junge Männchen. Die Tiere wurden auf Pritschenwagen nach Arkansas transportiert, von denen jeder sechs Bären in Einzelkäfigen aufnehmen konnte.

Man setzte die Tiere an besonders entlegenen Stellen aus oder dort, wo es reichlich Nahrung und Wasser gab. An diesen Orten stellte man mit Hundefutter gefüllte Tröge auf, damit die Bären ihre neue Heimat nicht mit hungrigem Magen kennenlernen mußten, und einige von ihnen bedienten sich auch.

Die Bären aus dem Norden Minnesotas und aus Südmanitoba gehören derselben Unterart, *Ursus americanus americanus*, an, ebenso wie diejenigen Exemplare, die man in den Ozark- und Ouachita-Bergen entdeckt hatte. Vermutlich wurden an drei Stellen insgesamt 254 Bären ausgesetzt, obwohl – was in Ermangelung detaillierter Aufzeichnungen nicht auszuschließen ist - weitere Tiere auch anderenorts freigelassen worden sein dürften. Zwei Ansiedlungsstellen befanden sich im Ozark National Forest, nämlich das Piney-Creek-Wildschutzgebiet und Black Mountain, heute als das White-Rock-Wildschutzgebiet bekannt. Die Freilassungsstelle im Ouachita National Forest befand sich im Muddy-Creek-Wildschutzgebiet. Bis zum Jahre 1973 hielt man die Aktion im White-Rock-Wildschutzgebiet für einen Fehlschlag, denn man hatte keine Beweise für eine fortgesetzte Fortpflanzung gefunden und nur hin und wieder Bären gesichtet. Dagegen erachtete man die beiden anderen Stellen als vollen Erfolg. Allen Befürchtungen zum Trotz haben die Bären im White Rock überlebt, und dieses Gebiet weist heute eine der höchsten Populationsdichten der Schwarzbären in diesem Staat auf. Dies brachte wertvolle Informationen über den Zeitraum, der manchmal erforderlich ist, um sich über die erfolgreiche Wiederansiedlung eines Raubtiers zu vergewissern, das sich langsam fortpflanzt und in geringer Dichte lebt.

Im Jahre 1988 begann die AGFC eine dreijährige Studie in den Ozarks und Ouachitas, um die Zahl der dort lebenden Bären zu bestimmen, und die Forscher schätzen den Bestand im inneren Hochland auf etwa 2100 Exemplare. Es überrascht kaum, daß die Bären in den Nachbarstaaten Oklahoma und Missouri auftauchen, wo jetzt etwa 300 zusätzliche Bären leben. Ausgehend von einem Anfangsbestand von etwa 250 Individuen haben sich die Schwarzbärenpopulationen im westlichen und nördlichen Arkansas in 20 bis 30 Jahren nahezu verzehnfacht, wodurch sich dieses Wiederansiedlungsprojekt als eines der erfolgreichsten erwies, die jemals mit großen Carnivoren durchgeführt wurden.

Ursachen für den Erfolg

Mehrere Faktoren trugen zum Gelingen dieses Projektes bei: Die Bären wurden über einen längeren Zeitraum ausgesetzt; zudem waren in jedem Jahr viele Tiere betroffen. Die Bären wurden in qualitativ hochwertigen Lebensräumen freigelassen, und viele der Freilassungstellen waren sehr

◀ Diese Karte von Arkansas zeigt die Freilassungsstellen und die gegenwärtige Verbreitung des Schwarzbären innerhalb dieses Staates. Die Bären des White River National Wildlife Refuge bilden die Restpopulation der einheimischen Bären von Arkansas.

OZARK-HOCHLAND
Piney Creek WMA
White Rock WMA
ARKANSAS-TAL
DELTA
Muddy Creek WMA
OUACHITA-GEBIRGE
White River National Wildlife Refuge
GOLF-KÜSTENEBENE

• Freilassungs-stellen
■ Verbreitungs-gebiet

▶ Jäger vor Pine Bluff im östlichen Arkansas um die Jahrhundertwende. Diese Männer lebten davon, daß sie die örtlichen Märkte mit Wildfleisch versorgten.

▼ Zahlen gefährlicher Bären, die vom Personal der Arkansas Game and Fish Commission von 1977 bis 1991 gefangen und wieder freigelassen wurden. Besonders viele Tiere wurden 1990 gefangen, einem Jahr, in dem die Nahrung knapp war.

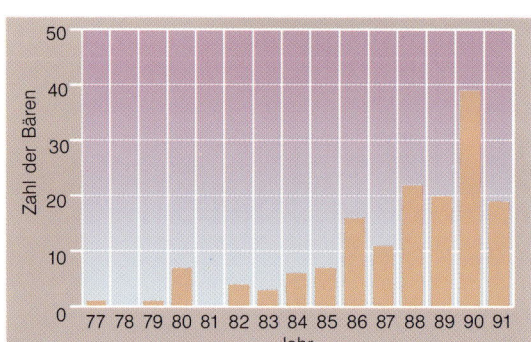

Courtesy Arkansas Game and Fish Commission

Zahl der Bären / Jahr
77 78 79 80 81 82 83 84 85 86 87 88 89 90 91

entlegen. Rückblickend mag auch von Bedeutung gewesen sein, daß Einzelheiten des Projektes kein öffentliches Interesse erlangten. Obwohl nur skizzenhafte Aufzeichnungen über das Projekt vorliegen, wurden die Bären in Arkansas offenbar über einen Zeitraum von elf Jahren (1958 bis 1968) über acht verschiedene Jahre ausgesetzt, zumeist vielleicht 20 bis 40 Individuen pro Jahr. Wieder könnte man rückblickend sagen, daß dies vielleicht die effektivste Individuenzahl war, mit der man pro Jahr ein carnivores Säugetier dieser Größe aussetzen kann. Vielleicht wuchsen die Erfolgschancen auch dadurch, daß man keine in Gefangenschaft aufgezogenen, sondern in der Wildnis gefangene Bären einsetzte, die sich auch in einer veränderten Umgebung durchzuschlagen wußten.

Die Entscheidung, mehrere Freilassungsstellen im Zentrum des historischen Verbreitungsgebiets der Bären von Arkansas vorzusehen, war insofern von Bedeutung, als die Erfolgschancen nicht von einem einzigen Ort abhingen. Sowohl die Ozarks als auch die Ouachitas bieten den Schwarzbären hochwertige Lebensräume wegen der Fülle und Vielfalt der Früchte und Beeren im Sommer sowie der Eicheln und Nüsse im Herbst. Zudem sind diese Gebiete nahezu frei von Tieren, die den Schwarzbären gefährlich werden können, da es im inneren Hochland weder Wölfe noch Pumas mehr gibt. Daher ist die Überlebensquote erwachsener Bären in beiden Gebieten gestiegen.

Erstaunlicherweise gibt es zwischen den Bärenpopulationen der Ozarks und der Ouachitas größere Unterschiede. So umfaßte in den Ozarks die durchschnittliche Wurfgröße 1,4 Jungtiere, in den Ouachitas dagegen 2,4. Auch die Zahl der Jungen, die das erste Jahr überlebten, war in den Ouachitas fünfmal höher. Ebenso faszinierend ist die Tatsache, daß etwa ein Viertel aller Schwarzbären in den Ozarks ein braunes Fell besaßen, während dies in den Ouachitas nur auf drei Prozent aller Bären zutraf. Da die Unterlagen nicht vollständig sind, läßt sich die Farbe der an den einzelnen Stellen freigelassenen Bären nicht mehr feststellen, jedoch sprechen mündliche Berichte dafür, daß – wenn überhaupt – nur wenige braune Schwarzbären in den Ouachitas ausgesetzt wurden. Geht man davon aus, daß die Fellfarbe genetisch gesteuert wird, könnte eine solche Variabilität genetische Unterschiede zwischen den Populationen repräsentieren, die vielleicht einer Unausgewogenheit des ursprünglichen Bärenbestandes entsprechen.

Kevin Lynch

▲ Ein gefährlicher Bär wird in einem abgelegenen Gebiet in den Ouachita Mountains wieder ausgesetzt, 200 Kilometer von der Stelle entfernt, wo er eingefangen wurde.

Die Reaktion des Menschen

Große Raubtiere machen dem Menschen den Wohnraum streitig. Es verwundert daher kaum, daß es mit dem Anwachsen der Bärenbestände auch immer häufiger zu Konflikten mit Menschen kam. Seit den siebziger Jahren haben die Beschwerden über Schwarzbären in Arkansas ständig zugenommen, und die Zahl der Bären, die daraufhin von Grund-

besitzern eingefangen wurden, erreichte Ende der achtziger Jahre einen Höhepunkt. Das Personal der AGFC beschäftigt sich heute mehr mit Beschwerden über Bären als mit denen über alle anderen Säugetiere zusammengenommen. Ironischerweise führte die Zunahme der Probleme zwischen Bären und Menschen zu einer ernsthaften Diskussion zwischen Wildschützern und zahlreichen Bürgern von Arkansas.

Bären werden in erster Linie dann lästig, wenn sie nach Nahrung suchen. Die Probleme sind ganz verschieden: In einigen Fällen sind die Bären einfach nur da (was viele Landbesitzer als gefährlich ansehen), in anderen kommt es zur Sachbeschädigung. Besonders häufig sind diese Zwischenfälle, wenn die natürliche Nahrung, wie Beeren und Eicheln, knapp wird. In solchen Zeiten neigen die Tiere eher dazu, sich menschlichen Siedlungen zu nähern, um etwa Abfälle oder Haustierfutter zu fressen. Auf der Nahrungssuche beschädigen oder betreten die Bären manchmal auch ein Haus. So erwischte eine Frau in den Ozarks vor kurzem einen Bären, der ihre Küchenschränke durchwühlte.

Hin und wieder beklagen die Bienenzüchter der Ozarks erhebliche Verluste, wenn die Bären Bienenstöcke zerstören. Gleichermaßen verwüsten sie Getreidefelder und Obstgärten und schlagen manchmal auch Vieh. So kommt es vor, daß die Grundeigentümer störende Bären erschießen, obwohl dies ohne eine staatliche Genehmigung illegal ist.

In Arkansas sind zwei- bis dreijährige männliche Bären für 84 Prozent aller Zwischenfälle verantwortlich. Junge Männchen werden von dominanten älteren Geschlechtsgenossen in hochwertigen Lebensräumen nicht geduldet und somit in die Randbezirke, etwa in landwirtschaftlich genutzte Gebiete, abgedrängt. Dadurch wächst die Wahrscheinlichkeit von Zwischenfällen mit Menschen. Zur Zeit fängt man diese Störenfriede in Tonnenfallen und läßt sie mehrere Kilometer entfernt wieder frei.

Obwohl die Wiederansiedlung der Schwarzbären in Arkansas hinsichtlich der heute dort lebenden Zahl erstaunlich erscheint, kann man das Projekt erst dann als einen vollen Erfolg werten, wenn die Bewohner des inneren Hochlandes die Gegenwart dieser Tiere vollständig akzeptiert haben. Geht man von der negativen öffentlichen Meinung aus, die Bären gegenüber am Ende der sechziger Jahre herrschte, ist zu bezweifeln, daß das Umsiedlungsprogramm damals auf eine breitere Unterstützung getroffen hätte. Allerdings ergab eine jüngst unter den Landeigentümern von Arkansas durchgeführte Befragung (genau diese Bevölkerungsgruppe war Bären gegenüber angeblich negativ eingestellt), daß mehr als 80 Prozent von ihnen Wert darauf legte, die Zahl der Bären in ihrem Gebiet mindestens beizubehalten, wenn nicht zu erhöhen. Ganz offensichtlich betrachten viele Landeigentümer in Arkansas die Wiedereinführung des Schwarzbären heute als überwiegend positiv.

Mary Ann Owens

Save Mountain Habitats

▲ Auf einer Briefmarke, die für Berglandschaften wirbt, ist ein Braunbär abgedruckt.

▼ Wenn Braunbären überleben sollen, benötigen sie riesige Flächen unberührten Landes. Diese Voraussetzung erfüllen auf dem nordamerikanischen Kontinent nur noch entlegene Gebiete Alaskas und Nordwestkanadas.

Verluste von Dauer sind, da eine Behebung der Lage hohe soziale und wirtschaftliche Investitionen erfordert. Nur wenige Regierungen können sich den Luxus leisten, kleine, isolierte Bärenpopulationen am Leben zu halten. So hat China festgestellt, daß es etwa zehn Millionen US-Dollar kosten wird, die sechs getrennten Panda-Populationen untereinander zu verbinden und damit ihre Überlebenschancen zu vergrößern.

Zukünftige Aktivitäten in noch unfragmentierten Lebensräumen der Bären müssen sorgfältig abgewogen werden, um ihre Auswirkungen möglichst gering zu halten. Mit ihren Lebensräumen verlieren wir auch die Möglichkeit, Bären zu erhalten.

TIERRESERVATE
Da der Druck des menschlichen Bevölkerungswachstums die Möglichkeiten begrenzt, große Areale als Tierreservate auszusparen, ist es unabdingbar, die Hege von Bären sorgfältig in menschliche Wirtschafts- und Umweltsysteme zu integrieren. Es

Michio Hoshino/Minden Pictures

Norbert Rosing

wäre jedenfalls ein Fehler, die Zukunft der Bären in den Reservaten zu sehen, da hierdurch nur fragmentierte, zum Aussterben verurteilte Populationen entstehen können, sofern diese Gebiete nicht dafür ausgerichtet sind, mindestens den Anforderungen von 300 bis 500 Bären zu entsprechen. Zwar mögen die Vertreter von Erschließungsprojekten glücklicher sein, wenn man wilde Tiere auf Parks und Reservate begrenzt, doch entspricht dies nicht umweltpolitischer Verantwortung. Integration und nicht Isolation ist der Schlüssel zu der Zukunft dieser Tiere.

BILDUNGSPROGRAMME

Wenn Menschen die Bären schätzen und dafür eintreten sollen, sie zu erhalten, muß man sie besser informieren. Derartige Aufklärungsaktionen sollten an Schulen durchgeführt werden, dort, wo die Entscheidungsträger für das Ressourcen-Management der Zukunft sitzen. Heute wissen die Fachleute, was getan werden muß, um Bären und deren Lebensräume zu schützen. Die Schwierigkeit besteht darin, die öffentliche Unterstützung zu finden, mit der sich die erforderlichen Maßnahmen durchführen lassen.

Die gemeinsame Geschichte von Menschen und Bären reicht in die Zeit zurück, als sie zum Überleben dieselben Höhlen teilten. Heute ist der Mensch zahlenmäßig im Vorteil und kann in seinem unablässigen Bedarf an Ressourcen jeden tierischen Konkurrenten verdrängen. Andererseits hat er das Wissen und die Fähigkeit, seine Bedürfnisse gegen diejenigen anderer Geschöpfe auszugleichen. Die folgenden 20 Jahre werden erweisen, ob wir bereit sind, dieses Wissen einzusetzen, um den Bären der Welt eine Zukunft zu geben.

▲ Das empfindliche Gleichgewicht zwischen den Eisbären und den Inuit am Rande des Eismeeres wird bei diesen beiden jungen Bären deutlich. Sie untersuchen einen Schlitten, der vielleicht eines Tages zu ihrer Jagd eingesetzt wird.

DIE BEOBACHTUNG VON BRAUNBÄREN IN ALASKA

JACK W. LENTFER

Alaska ist bekannt für seine küstenbewohnenden Braunbären (*Ursus arctos*) und deren Jagdmöglichkeiten. Weniger bekannt sind die Schutzmaßnahmen, durch die Braunbären, die sich in bestimmten Gebieten konzentrieren, jahrzehntelang nicht gejagt werden durften. Dadurch entwickelten sich hervorragende Möglichkeiten, die Tiere zu beobachten. Vor nicht allzu langer Zeit gab es Leute, die in den Bären überwiegend Konkurrenten der Lachsfischerei oder einfach Jagdwild sahen. Heute dagegen ist man weithin der Meinung, daß Gebiete, in denen Braunbären geschützt werden, der Erholung im Freien und dem Tourismus dienen und damit auch der Wirtschaft Alaskas Nutzen bringen. Zu

den am meisten geschützten Gebieten gehören McNeil River, Pack Creek und Brooks River.

Das vielleicht bekannteste dieser drei Bärenschutzgebiete ist McNeil River, das etwa 350 Kilometer südwestlich von Anchorage an der Nordostküste der Halbinsel von Alaska liegt. In den fünfziger Jahren erkannte man die einzigartige Konzentration der dort lebenden Bären, und man beschloß, in diesem Gebiet die Jagd zu verbieten. So wurde 1967 das McNeil River State Sanctuary gegründet und für Jäger gesperrt. Hier sammeln sich Braunbären von Mitte Juni bis Ende August. Sie fangen zunächst den Blaurückenlachs, der den Mikfik Creek zum Laichen aufsteigt und wenden sich später den Keta-Lachsen zu, die sich in unmittelbarer Nähe des Meeres unter den McNeil-Fällen sammeln. 60 bis 100 einzelne Bären lassen sich aufgrund physischer Merkmale – etwa der Fellfarbe – am McNeil River unterscheiden, und keiner von ihnen trägt Senderhalsbänder oder Plastikmarken.

Die Beobachtung der Bären wird von einem Vertreter des Alaska Department of Fish and Game geleitet, der die Besucher vom Zeltplatz zu den verschiedenen Beobachtungsplätzen begleitet. Die Bären haben gelernt, diese Stellen mit der Anwesenheit von Menschen zu assoziieren. Obwohl die Tiere manchmal bis auf zehn Meter herankommen, erhielten sie niemals etwas zu fressen oder einen Zugang zu Abfällen, und daher werden die Besucher von ihnen ignoriert.

Noch immer gibt es zwei ungelöste Probleme in der Verwaltung des McNeil River Sanctuary. Ein Kanal, der 1991 an der Mündung des Paint River, fünf Kilometer nördlich des McNeil River, für die Fische angelegt wurde, erlaubt den Lachsen, die Wasserfälle zu umgehen und neue Laichwege im Abfluß des Paint River zu gründen. Dadurch dürfte sich die Zahl der Bären reduzieren, die am McNeil River zu sehen sind. Ein weiteres Problem hat mit der Jagd zu tun. Obwohl sie im McNeil River Sanctuary und im südlich anschließenden Gebiet verboten ist, nahm die Jagd in den achtziger Jahren nördlich des Schutzgebietes zu. Da einige McNeil-Bären sich zeitweilig in diesem Gebiet aufhalten, besteht für sie eine große Gefahr. In Gebieten, in denen Tiere sich an Menschen gewöhnt haben, kommt es zu Auseinandersetzungen zwischen Befürwortern und Gegnern der Jagd.

Der Zugang der Besucher wird durch das Los und Aufenthaltsgenehmigungen geregelt, die an bis zu vier aufeinander folgenden Tagen gültig sind. Vom 1. Juli bis zum 26. August (während dieser Zeit treten die höchsten Konzentrationen der Bären auf) werden zehn Besucher pro Tag zugelassen. Die Zulassungen sind heiß begehrt, und nur wenige Bewerber sind erfolgreich. Derartige Zulassungen können Sie beim Alaska Department of Fish and Game, 333 Raspberry Road, Anchorage, Alaska, 99518, USA, beantragen.

Pack Creek befindet sich im oberen Seymour Canal auf der Admiralitätsinsel, 45 Kilometer

Jeff Foott/AUSCAPE International

südlich von Juneau im Südosten Alaskas. Hier dürfen die Bären schon seit Mitte der dreißiger Jahre nicht mehr gejagt werden. Kürzlich erst wurde das Schutzgebiet vergrößert, und das Kerngebiet des Pack Creek wurde zum Stan Price State Wildlife Sanctuary. Hier am Pack Creek versammeln sich bis zu 30 Braunbären, um Keta-Lachse und Buckellachse zu fressen. Die beste Beobachtungszeit liegt normalerweise zwischen Mitte Juli und Mitte August. Man kann die Tiere vom Boden oder von einem Beobachtungsturm aus sehen, der zwei Kilometer vom Strand entfernt liegt.

Hier sind maximal 24 Besucher pro Tag zugelassen, die vom Alaska Department of Fish and Game und dem US Forest Service überwacht werden. Bewerbungsformulare erhalten Sie vom Forest Service Information Center, 101 Egan Drive, Juneau, Alaska, 99801, USA. Auch in den Gebieten, die an Pack Creek grenzen, darunter Swan Cove im Norden und Windfall Harbor im Süden, ist die Jagd auf Bären verboten. Diese Gebiete eröffnen Möglichkeiten, Braunbären in unverfälschter Wildnis zu beobachten. Es sind nur wenige andere Menschen in der Nähe, und man benötigt keine Genehmigung.

Brooks River befindet sich im Katmai National Park auf der Halbinsel Alaska, 470 Kilometer südwestlich von Anchorage. Hier sind die Bären geschützt, seitdem das Gebiet 1931 zum Nationalpark erklärt wurde. Die Bären sammeln sich im Juli, um den Blaurückenlachs zu fressen, der zum Laichen den Brooks River aufsteigt. Etwa 35 unterschiedliche Bären

lassen sich am Brooks Camp identifizieren. Nach ihrer Ankunft werden die Besucher von Brooks River über das Verhalten der Bären und über Vorsichtsmaßnahmen aufgeklärt. Genehmigungen sind nur für die Benutzung des Zeltplatzes erforderlich. Man kann die Bären in der Nähe der Lodge und des Campingplatzes beobachten, jedoch befindet sich der bekannteste Beobachtungsplatz an einem niedrigen Wasserfall am Brooks River zwischen Naknek Lake und Brooks Lake. Diese Stelle kann man nach drei Kilometern von der Lodge aus mühelos erreichen.

Brooks River liegt 55 Kilometer von King Salmon entfernt und ist nur mit dem Boot oder per Flugzeug erreichbar. Genehmigungen für einen Zeltpatz und weitere Informationen können sie beim National Park Service, PO Box 7, King Salmon, Alaska, 99613, USA, anfordern.

◀ Am McNeil River werden die Zeltplätze sauber gehalten, und man darf keine Abfälle fortwerfen. Daher assoziieren die Bären den Menschen nicht mit etwas Freßbarem und ignorieren ihre Beobachter selbst in nächster Nähe.

▼ Ein junger Braunbär taucht aus dem McNeil River auf. Während der 20 Jahre, in denen Menschen die Bären hier schon beobachten, wurde nicht eine einzige Person angegriffen.

Stefan Meyers/Ardea London Ltd

DER EISBÄREN-TOURISMUS BEI CHURCHILL, MANITOBA

IAN STIRLING

Churchill, Manitoba, an der Westküste der kanadischen Hudson Bay gelegen, ist vielleicht der Ort, an dem man am leichtesten Eisbären beobachten kann. Tatsächlich nennt sich die Stadt selbst voller Stolz die »Hauptstadt der Eisbären«, und in jedem Herbst sammeln sich hier Menschen aus aller Welt, um diese spektakulären Carnivoren aus der Nähe zu betrachten. Diese Touristen tragen heute in erheblichem Maße zum Einkommen der Stadt bei. Ähnlich den Großsäugern Ostafrikas wurde den Eisbären von Churchill der Status zuteil, einen bedeutenden Teil des Welterbes der Tierwelt zu bilden.

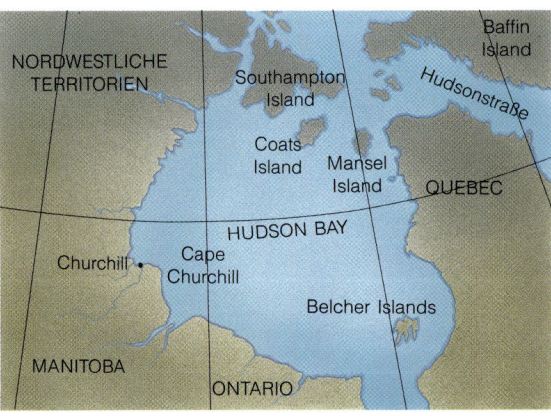

▲ Die Stadt Churchill an der kanadischen Hudson Bay ist für die Möglichkeiten bekannt, die sie zur Beobachtung von Eisbären bietet.

Daß die Eisbären im Herbst bei Churchill so zahlreich sind, hat einen einfachen Grund. Über den größten Teil des Jahres jagen sie Robben auf dem Eis der Hudson Bay, das jedoch im Frühsommer aufbricht. Da sich das Eis am längsten vor der Küste von Manitoba und Ontario hält, kommen die Bären hier an Land, um das Zufrieren des Meeres im nächsten Herbst abzuwarten. Im allgemeinen bleiben die erwachsenen Männchen an der Küste, während die Familiengruppen und subadulten Tiere ins Inland ziehen. Während der vier Mo-

nate ihres Landaufenthalts finden sie nur wenig zu fressen, so daß die Bären von ihren Fettreserven zehren müssen. Etwa in der Mitte des Herbstes wandern einige Bären entlang der Küste nach Norden. Da Churchill an der Küste liegt, gelangen einige der Bären auf ihrer Wanderung in die Nähe der Stadt. Tatsächlich werden Eisbären in der Umgebung von Churchill in jedem Herbst schon seit Ende des Jahres 1619 gemeldet, als die ersten Europäer dort überwinterten, und den einheimischen Fallenstellern der Region waren sie schon lange vorher bekannt.

Obwohl Eisbären dem Menschen normalerweise aus dem Wege gehen, kommt es vor, daß gerade jüngere Tiere und Mütter mit ihren Jungen ihre Fettreserven im Herbst verbraucht haben und hungrig werden. Auch sie wandern an die Küste, und einige gelangen in nördlicher Richtung nach Churchill. Die Gerüche, die von Abfällen ausgehen, locken einige Bären in die Stadt hinein. So war es Ende der sechziger und Anfang der siebziger Jahre keineswegs ungewöhnlich, im Oktober 20 oder mehr Eisbären an den städtischen Mülldeponien anzutreffen. Dabei durchwühlten die

Konrad Wothe/Oxford Scientific Films

Tiere den Müll einträchtig neben den Menschen. Einige Tiere drangen auch ins Innere der Stadt vor und brachen in Gebäude ein. Insgesamt benahmen sich die Eisbären recht gesittet, obwohl sie zweifellos ein gewisses Maß an Sachbeschädigung verursachten und viele Menschen in Furcht versetzten. 1968 brachte ein Bär (nachdem er provoziert worden war) sogar ein Schulkind um. Es überrascht daher nicht, daß die Tiere grundsätzlich als Plage angesehen und auch so behandelt wurden. Einige der Problem-Bären wurden in der Umgebung der Stadt eingefangen und anderenorts freigelassen (von diesen waren viele jedoch bald wieder da). Andere wurden in Zoos verfrachtet oder einfach erschossen. Dennoch hatten die Medien in jedem Herbst ihr großes Ereignis; Zeitungsartikel und Filme zeigten eine von Bären besetzte Stadt, und Churchills Ruhm wuchs.

Aufgrund dieser Publicity reisten die Leute in diese Stadt, um die Eisbären zu sehen. Man mußte lediglich einen Lastwagen oder ein Taxi mieten und zum Müllplatz fahren. Allerdings fielen 1980 zwei Ereignisse zusammen, die die Zukunft des Eisbärentourismus verändern sollten. Len Smith, ein Bürger von Churchill, der von den Eisbären fasziniert war, baute seinen ersten »Tundra-Buggy«, ein Fahrzeug, das einem Bus ähnelte, jedoch große, breite Reifen besaß, um die Tundra möglichst wenig zu beschädigen. Mit seinem Tundra-Buggy fuhr Len Besucher hinaus, um – mit Sicherheit für beide Seiten – die Tiere zu beobachten. In jenem Herbst verfaßte die National Geographic Society eine Dokumentation, *Polar Bear Alert* (»Eisbärenalarm«), aus der hervorging, wie Churchill mit dem alljährlichen Einfall der Eisbären fertig wurde, und dazu gehörte auch ein Ausflug im Tundra-Buggy. Dies verlieh der Publikumswirksamkeit einen weiteren Vorschub. 1981 fand die erste kommerziell gebuchte Eisbärentour mit dem Tundra-Buggy statt, und seitdem nahm das Geschäft immer weiter zu.

Im Jahre 1981 sah das Manitoba Department of Natural Resources ein, daß es untragbar war, sogenannte Problem-Bären einfach zu erschießen. Man errichtete daher ein »Gefängnis«, in dem bis zu 16 einzelne Bären und vier Familiengruppen untergebracht werden konnten. Also wurden die Problem-Bären nicht mehr erschossen, sondern bis zum Zufrieren des Meeres »eingelocht«

Daniel J. Cox

◀ Einige Eisbären, die Churchill aufsuchen, werden eingefangen und im Netz mit einem Hubschrauber mehrere Kilometer nach Norden geflogen. Während sie noch unter Betäubung stehen, läßt man sie wieder frei.

und dann auf dem Eis wieder freigelassen. Da die Bären während dieser Zeit von ihren Fettreserven leben, müssen sie nicht gefüttert werden, und man umgeht so das Risiko, daß sie Nahrung mit der Anwesenheit von Menschen assoziieren. Dieses Programm war außerordentlich wirkungsvoll und rettet alljährlich mehreren Eisbären das Leben.

Insgesamt ist der Wert des Eisbärentourismus bei weitem höher als die Erlöse einer Jagd auf diese Tiere sein könnten. Der Erfolg des Tourismus bei Churchill inspiriert nun auch die Einrichtung anderer Stellen, an denen man lebende, ungestörte Eisbären beobachten kann. Gegenwärtig bemüht man sich um ein Gleichgewicht zwischen dem Umfang an Aktivtitäten, die die Bären und die Tundra noch verkraften, ehe die Fahrzeuge und gutmeinende Touristen das Gebiet negativ beeinflussen.

◀ Wenn Eisbären einen Tundra-Buggy untersuchen, wirken sie zwar friedlich, doch können sie sich ungeheuer schnell bewegen. Es ist immer gefährlich, den Kopf oder die Arme aus dem Fahrzeug zu lehnen.

▼ Eine der Aussichten, die ein Besucher in Churchill vom Tundra-Buggy aus genießen kann.

Daniel J. Cox

DAS INTERNATIONALE ABKOMMEN ZUM SCHUTZ DER EISBÄREN

IAN STIRLING

Heute ist der Eisbär keine bedrohte Art mehr, doch vor etwa 25 Jahren bestand die Sorge, daß es so kommen könnte. Während der sechziger Jahre führte der steigende Wert der Eisbärenfelle gemeinsam mit dem zunehmenden Gebrauch von Schneefahrzeugen zu einem noch nicht gekannten Anwachsen der Abschußzahlen. So wuchs zum Beispiel in Alaska die Zahl der geschossenen Trophäen von 139 im Jahre 1961 auf 399 im Jahre 1966. Und während sich in Kanada die Abschußzahlen von 1953 bis 1964 zwischen 350 und 550 bewegten, stiegen sie 1967 auf 726 an. Dabei weiß man noch nicht einmal, wieviele Abschüsse nicht gemeldet wurden. In Svalbard, einem arktischen Archipel unter norwegischer Hoheit, wurden nach dem Krieg alljährlich über 300 Bären erlegt und in Grönland mehr als 100. Obwohl die Jagd auf Eisbären 1956 in der Sowjetunion zurückging, waren seit Beginn des 18. Jahrhunderts bis zu dieser Zeit mehr als 150 000 Eisbären im sowjetischen Eurasien erlegt worden.

Im Jahre 1965 wurde die erste Konferenz zum Schutz der Eisbären in Fairbanks (Alaska) abgehalten. Anschließend trafen sich die Wissenschaftler der fünf Eisbärennationen (Kanada, Dänemark, Norwegen, USA und UdSSR) in regelmäßigen Abständen, und 1973 wurde ein internationales Übereinkommen zum Schutz der Eisbären und ihrer Lebensräume in Oslo (Norwegen) ausgehandelt und unterzeichnet. Dieser Meilenstein des Naturschutzes war das erste Abkommen, das von sämtlichen Anliegerstaaten des Polarmeeres unterzeichnet wurde. Unter anderem wird geregelt, daß die Jagd auf Eisbären, die überwiegend den Einheimischen vorbehalten sein soll, innerhalb wissenschaftlicher Vorgaben kontrolliert wird. Zudem werden Forschung und Hege dieser Tiere auf internationaler Basis koordiniert.

Aus ökologischer Sicht dürfte Artikel II der grundlegendste Teil des Übereinkommens sein. Es heißt dort: »Jedes Vertragsmitglied soll in angemessener Weise dafür sorgen, *daß die Ökosysteme, zu denen die Eisbären gehören, geschützt werden* (kursive Absetzung durch den Autor). Dabei soll den Habitat-Komponenten wie Überwinterungs- und Freßplätzen sowie den Wanderungsaktivitäten Rechnung getragen werden. Die Eisbärenpopulationen müssen nach gesunden Naturschutzpraktiken behandelt werden, die sich auf die besten wissenschaftlichen Informationen stützen.« Seitdem wurde ein gewaltiger Forschungsaufwand getrieben. Man untersuchte so ziemlich alles, angefangen von der Populationsdynamik, Wanderungs- und Fortpflanzungsaktivitäten, Gebieten, in denen Wurfhöhlen angelegt werden, dem allgemeinen Verhalten und der Beziehung zu Beutearten bis zum Gehalt toxischer Chemikalien in den Tieren. Da-

her wird der Eisbär nicht mehr durch Überjagung bedroht. Betrachtet man jedoch die Ungewißheit globaler Klimaveränderungen und der Umweltverschmutzung, besteht keinerlei Grund zur Selbstzufriedenheit. Hinzu kommt, daß dieses Übereinkommen zwar als Mittel zum Naturschutz gut funktioniert, aber nicht auf gesetzlichem Wege durchsetzbar ist und man bisher auch keine Infrastruktur entwickelt hat, um seine Einhaltung zu gewährleisten.

Trotz aller Vorbehalte bilden die Geschichte der Eisbärenforschung und die Strategien, die man zum Schutz der Tiere einschlug, einen internationalen Erfolg für den Naturschutz, zumal in einer Zeit, in der große Carnivoren weltweit durch Umweltschäden unter Druck geraten.

Steve McCutcheon/AUSCAPE International

Norbert Rosing

▲ (Oben) Die Eisbärenjagd ist ein wichtiger Teil der Kultur und Wirtschaft der Inuit von Alaska, Kanada und Grönland. Obwohl man die meisten Felle verkauft, werden noch viele auf Grönland zu Kleidung verarbeitet.

▲ Wo Bären nicht gejagt werden, fürchten sich die Tiere auch nicht vor herannahenden Autos. Dadurch werden sie, etwa in Nationalparks, häufig zur Beute von Wilderern, oder sie werden – insbesondere nachts – auf der Straße überfahren.

Norbert Rosing

Das Übereinkommen mit den Inuvialuit-Inupiat

Artikel VII des internationalen Übereinkommens für die Eisbären besagt, daß »sie [die Vertragspartner] sich mit anderen Parteien über die Nutzung [durch internationale Gebiete] wandernder Eisbärenpopulationen beraten sollen...« Dies kann im konkreten Fall jedoch kompliziert werden. So nutzen die kanadischen Inuvialuit und die Inupiat aus Alaska beide dieselbe Unterpopulation an der südlichen Beaufortsee. In Kanada wurden die Jagdsaison und die jährlichen Abschußquoten gesetzlich streng kontrolliert und durchgesetzt. In Alaska war dagegen das Gesetz der Vereinigten Staaten zum Schutz der Meeressäuger von 1972 in Kraft getreten, das weder die Zahl der Bären beschränkte, die Eingeborene für ihren Lebensunterhalt töten durften, noch irgendeinen Schutz für Weibchen mit Jungen oder Bären in Wurfhöhlen vorsah. Also war es legal, Eisbären in Alaska zu überjagen, und die Regierung könnte erst aktiv werden, wenn die Subpopulation ausgerottet wäre!

Obwohl die Nutzung in Kanada überwacht wurden, fluktuierten die verzeichneten Abschüsse in Alaska in weitem Rahmen und ließen sich nicht steuern, so daß diese Subpopulation der Eisbären der Gefahr der Überjagung ausgesetzt blieb. Einen internationalen Vertrag auszuhandeln hätte zehn oder 20 Jahre erfordert, und es hätte dann zu spät sein können. Stattdessen handelten die eingeborenen Jäger auf der Basis des internationalen Übereinkommens und nach dem gegenwärtigen Stand wissenschaftlicher Erkenntnis ihren eigenen Nutzungsvertrag aus. Obwohl dieser einer formalen Grundlage entbehrt und daher im Krisenfall nicht einklagbar wäre, bildet die Tatsache, daß er auf die Initiative der Eingeborenen zurückging, einen Grund zur Freude, und es dürfte daher kaum jemals nötig sein, seine Einhaltung gewaltsam durchzusetzen. Zwar hat das Abkommen zwischen Inuvialuit und Inupiat, wie man einräumen muß, seine zeitliche Bewährung noch vor sich, – sollte es jedoch erfolgreich sein, könnte es Vorbild für die Lösung ähnlicher Probleme mit anderen Bärenpopulationen sein.

▼ Eine höchst ungewöhnliche Tierfreundschaft: Bei Churchill befreundete sich dieser Eisbär mit einem angeleinten Husky. Mehrere Tage lang besuchte der Bär den Hund, und die Tiere spielten zusammen ohne jedes Anzeichen von Bedrohung oder Furcht.

LITERATUR

Bromley, M. 1989. Bear-People Conflicts: Proceedings of a Symposium on Management Strategies. Northwest Territories Department of Renewable Resources, Yellowknife, NWT. (Erhältlich bei Publications Division, Department of Culture and Communications, Government of NWT, Yellowknife, NWT X1A 2L9, Kanada.)

Bunnell, F.L. und Tait, D.E.N. 1981. »Population dynamics of bears-implications.« Seiten 75-98 in C.W. Fowler und T.D. Smith (Hrg.), The Dynamics of Large Mammal Populations. John Wiley & Sons, New York, NY.

Craighead, F.C. 1979. *Track of the Grizzly.* Sierra Club Books, San Francisco, CA.

Elman, R. 1992. *Bears: Rulers of the Wilderness.* Todtri Productions Ltd, New York, NY.

Erdbrink, D.P. 1953. *A review of fossil and recent bears of the Old World.* Zwei Bände. Drukkerij Jan de Lange, Deventer, Holland.

Ewer, R.F. 1973. *The Carnivores.* Weidenfeld & Nicholson, London.

Gould, E. und McKay, G. (Hrg.) 1990. Encyclopedia of Animals: Mammals. Malard Press, New York, NY.

Grzimek, B. 1990. *Enzyklopädie der Säugetiere.* Fünf Bände. Kindler-Verlag, München.

Herrero, S. 1985. *Bear Attacks.* Winchester Press, Piscataway, NJ.

Jonkel, C. und Cowan, I. McT. 1971. »The black bear in the spruce-fir forest.« Wildlife Monographs, 27.

Kurtén, B. 1966. »The Pleistocene bears of North America, I: Genus *Tremarctos*, spectacled bears.« *Acta Zoologica Fennica*, 115: 1-120.

Kurtén, B. 1967. »The Pleistocence bears of North America, II: Genus *Arctodus*, short-faced bears.« *Acta Zoologica Fennica*, 117: 1-60.

Kurtén, B. 1976. *The Cave Bear Story.* Columbia University Press, New York, NY.

Larsen, T. 1978. *The World of the Polar Bear.* Hamlyn Publishers, London.

Mills, J.A. und Servheen, C. 1991. *The Asian Trade in Bears and Bear Parts.* World Wildlife Fund. (Erhältlich bei WWF Publications, PO Box 4866, Hampden Post Office, Baltimore, MD 21211, USA.)

Murie, A. 1981. The Grizzlies of Mount McKinley. US National Park Service Monograph Series, No. 14.

Pearson, A.M. 1975, The Northern Interior Grizzly Bear, *Ursus arctos* L. Canadian Wildlife Service Report Series, 34.

Proceedings of the International Association for Bear Research and Management. (Die Original-Forschungsergebnisse über die Biologie und das Management von Bären, vorgestellt auf neun internationalen Konferenzen der Jahre 1968 bis 1991. Kopien der Berichte der vierten bis neunten Konferenz sind erhältlich bei Dr. M. Pelton, Department of Forestry, Fisheries and Wildlife, PO Box 1071, University of Tennessee, Knoxville, TN 37901, USA).

Rockwell, D. 1991. *Giving Voice to Bear: North American Indian Myths, Rituals, and Images of the Bear.* Rinehart Publishers, Niwot, CO.

Rogers, L.L. 1987. »Effects of food supply and kinship on social behavior, movements, and population growth of black bears in northeastern Minnesota.« Wildlife Monographs, 97.

Rosenthal, M. 1989. *Proceedings of the First International Symposium on the Spectacled Bear.* Chicago Park District Press, Chicago, IL.

Schauter, G.B., Jinchu, H., Wenshi, P., und Jing, Z. 1985. T*he Giant Pandas of Wolong.* University of Chicago Press, Chicago, IL.

Servheen, C. 1990. »The status and conservation of the bears of the world. « International Conference on Bear Resources and Management. Monograph Series, No. 2.

Shepard, P. und Sanders, B. 1985. *The Sacred Paw: The Bear in Nature, Myth, and Literature.* Viking Penguin, Inc., New York, NY.

Stirling, I. 1988. *Polar Bears.* University of Michigan Press, Ann Arbor, MI.

Stirling, I. und Derocher, A.E. 1990. »Factors affecting the evolution and behavioral ecology of the modern bears.« International Conference on Bear Research and Management, 8: 189-204.

Stock, C. 1972. Rancho La Brea, LA County. Science Series, No. 20. Museum of Natural History.

Storer, T.I. und Tevis, jr., L.P. 1955. *California Grizzly.* University of California Press, Berkeley, CA.

Nowak, R.M. 1991. *Walker's Mammals of the World.* Fünfte Auflage. Zwei Bände. Johns Hopkins University Press, Baltimore, MD.

FÜR JUNGE LESER

Mathews, D. 1989. *Polar Bear Cubs.* Simon & Schuster, New York, NY.

Larsen, T. 1990. *The Polar Bear Family Book.* Verlag Neugebauer, Salzburg, Österreich.

Stirling, I. 1992. *Bears.* Sierra Club Books, San Francisco, CA.

Explorer Archives/AUSCAPE International

Ed. de Laplante, del!

Die Herausgeber möchten insbesondere folgenden Personen ihren Dank für die Hilfe aussprechen, die sie bei der Erstellung dieses Buches unterstützt haben: Sylvie Abecassis, Larry Agenbroad, Michelle Boustani, Julia Burke, Greg Campbell, Helen Cooney, Paul Geros, Selena Hand, Veronica Hilton, Arsen Kasbecki, Emilee Mead, Tristan Phillips, Andrew Rundle, Beverley Sharpe, Natalie Vellis und Darren Ward.

Zudem danken wir folgenden Autoren für Hinweise und Hilfe bei der Herstellung der Abbildungen: Fred Bunnell, Wendy Calvert, Shelley Cox, Valerius Geist, Robert S. Hoffmann, Judy Mills, Stephen O'Brien, Christopher Shaw, Kimberly Smith, Blaire van Valkenburgh, Alasdair Veitch und W. Chris Wozencraft.

Wir haben nach Kräften versucht, die Copyright-Besitzer des in diesem Buch veröffentlichten Materials zu berücksichtigen. Sollte eine Quelle unerwähnt geblieben sein, wenden Sie sich bitte an Weldon Owen.

ABBILDUNGEN

Die Habitusdarstellungen der Seiten 20-21 und 38-49 stammen von David Kirshner, alle übrigen, soweit nicht anders erwähnt, von Frank Knight.

Schädel des Eisbären und des Seelöwen, Seite 20
Nach Heptner und Sludskii, 1992.

Molekulares phylogenetisches Familienschema, Seite 28
Nach einem Diagramm in Scientific American, Nov. 1987, »The Ancestry of the Giant Panda« von Stephen J. O'Brien, Seite 107.

Skelett der linken Hand eines Grizzly und eines Großen Panda sowie die Tatzen des Schwarzbären und des Großen Panda, Seite 52
Nach D.D. Davis, 1964, »The Giant Panda«. Fieldiana; Zoology Memoirs 3: 1-339.

Relative Schädelproportionen des Grizzlybären und des Großen Panda, Seite 56
Nach D.D. Davis, 1964, »The Giant Panda«. Fieldiana; Zoology Memoirs 3: 1-339.

INDEX